新迷影丛书·主编 李洋

TOWARDS
AN ONTOLOGY
OF
MEDIA

●

走向媒介本体论

欧美媒介理论文选

韩晓强 主编

中国国际广播出版社

总　序

　　丛书以"新迷影"为题，缘于"电影之爱"，迎向"电影之死"。

　　"迷影"（cinéphilie）即"电影之爱"。从电影诞生时起，就有人对电影产生了超乎寻常的狂热，他们迷影成痴，从观众变成影评人、电影保护者、电影策展人、理论家，甚至成为导演。他们积极的实践构成了西方电影文化史的主要内容：电影批评的诞生、电影杂志的出现、电影术语的厘清、电影资料馆的创立、电影节的兴起与电影学科的确立，都与"电影之爱"密切相关。从某种角度看，电影的历史就是"迷影"的历史。"迷影"建立了一系列发现、评价、言说、保护和修复电影的机制，推动电影从市集杂耍变成最具影响力的大众艺术。

　　电影史也是一部电影的死亡史。从电影诞生时起，就有人不断诅咒电影"败德""渎神"，预言电影会夭折、衰落，甚至死亡。安德烈·戈德罗（André Gaudreault）曾说电影经历过八次"死亡"，而事实上，电影经历的"死亡"次数要远超过这个数字。1917年，法国社会评论家爱德华·布兰（Edouard Poulain）出版了图书《反对电影》，公开诅咒电影沦为"教唆犯罪的学校"。1927年有声电影出现后，卓别林在《反对白片宣言》(1931)中宣称声音技术会埋葬电影艺术。1933年，先锋戏剧理论家安托南·阿尔托（Antonin Artaud）在《电影83》杂志发表文章，题目就叫《电影未老先衰》，他认为电影让"千万双眼睛陷入影像的白痴世界"。而德国包豪斯艺术家拉斯洛·莫霍利-纳吉（László Moholy-Nagy）在1934年的《视与听》杂志上也发表了文章，宣布电影工业因为把艺术隔绝在外而必定走向"崩溃"。到了1959年，居伊·德波（Guy Debord）在《情境主义国际》的创刊号上公开发表了《在电影中反对电影》，认为电影沦为"反动景观力量所使用的原始材料"和艺术的消极替代品……到了21世纪，"电影终结论"更是在技术革新浪潮中不绝于耳，英国导演彼得·格林纳威（Peter Greenaway）和美国导演昆汀·塔伦蒂诺（Quentin Tarantino）分别在2007年和2014年宣布"电影已死"。数字电影的诞生"杀死了"胶片，而胶片——"迷影人"虔诚膜拜的电影物质载体，则正在消亡。

电影史上，两个相隔一百年的事件在描绘"电影之爱"与"电影之死"的关系上最有代表性。1895年12月28日，魔术师乔治·梅里爱（Georges Méliès）看完了卢米埃尔兄弟的电影放映，决心买下这个专利，但卢米埃尔兄弟的父亲安托万·卢米埃尔（Antoine Lumière）却对梅里爱说，电影的成本太高、风险很大，是"一个没有前途的技术"。这可看作"电影终结论"在历史中的第一次出场，而这一天却是电影的生日，预言电影会消亡的人恰恰是"电影之父"的父亲。这个悖论在一百年后重演，1995 年，美国批评家苏珊·桑塔格（Susan Sontag）应《法兰克福评论报》邀请撰写一篇庆祝电影诞生百年的文章，但在这篇庆祝文章中，桑塔格却认为电影正"不可救药地衰退"，因为"迷影精神"已经衰退，唯一能让电影起死回生的就是"新迷影"，"一种新型的对电影的爱"。所以，电影的历史不仅是民族国家电影工业的竞争与兴衰史，也不仅是导演、类型与风格的兴替史，更是"迷影文化"与"电影终结"互相映照的历史。"电影之爱"与"电影之死"构成了电影史的两面，它们看上去彼此分离、相互矛盾，实则相反相成、相互纠缠。

与亨利·朗格卢瓦（Henri Langlois）、安德烈·巴赞（André Bazin）那个"迷影"运动风起云涌的时代不同，今天的电影生存境遇已发生翻天覆地的变化。电影不再是大众艺术的"国王"，数字技术、移动互联网和虚拟现实等新技术缔造了多元的视听景观，电影院被风起云涌的新媒体卸下了神圣的光环，人们可以在大大小小各种屏幕上观看电影，并根据意志而任意地快进、倒退、中止或评论。在视频节目的聚合中，电影与非电影的边界日益模糊，屏幕的裂变、观影文化的变化、内容的混杂与文体的解放，电影的定义和地位承受着前所未有的挑战。因此，恪守特吕弗（François Truffaut）与苏珊·桑塔格倡导的"迷影精神"，可能无法让电影在下一次"死亡诅咒"中幸存下来，相反，保守主义"迷影"或许还会催生加速电影衰亡的文化基因。一方面，"迷影"倡导的"电影中心主义"建构了对电影及其至高无上的艺术身份的近乎专断的独裁式想象。这种精英主义的"圈子文化"缔造了

"大电影意识"，或者"电影原教旨主义"，它推崇"电影院崇拜论"，强调清教徒般的观影礼仪，传播对胶片的化学成像美感的迷恋。另一方面，"迷影文化"在公共场域提高电影评论的专业门槛，在学术研究中形成封闭的领地意识，让电影创作和电影批评都拘囿在密不透风的"历史—行话"的系统中。因此，捍卫电影尊严及其神圣性的文化，开始阻碍电影通过主动的进化去抵抗更大、更快的衰退，"电影迷恋"与"电影终结"在今天比在历史上的任何时候都显现出强烈的张力。

电影的本质正在发生变化，"迷影"在流行娱乐中拯救了电影的艺术身份与荣耀，但这条历史弧线已越过了峰值而下坠。电影正面临痛苦的重生，它不再是彼岸的艺术，不再是一个对象或者平行的现实，它必须突破藩篱，成为包容所有语言的形式。浩瀚汹涌的视听世界从内到外冲刷我们的生活和认知，电影可以成为一切，或一切都将成为电影。正因如此，"新迷影丛书"力求用主动的寻找回应来自未来的诉求，向外钩沉被电影学所忽视的来自哲学、史学、社会学、艺术史、人类学等人文学科的思想资源，向内在电影史的深处开掘新的边缘文献。只有以激进的姿态迎接外部的思想和历史的声音，吸纳威胁电影本体、仪式和艺术的质素，主动拓宽边界，才能建构一种新的、开放的、可对话的"新迷影"，而不是用悲壮而傲慢的感伤主义在不可预知的未来鱼死网破，这就是本丛书的立意。我们庆幸在寻找"新迷影"的路上得到了学界前辈的支持，相识了许多志同道合的伙伴，会聚了一批充满激情的青年学者，向这些参与者致敬，也向热爱电影的读者致敬，并恳请同行专家们批评指正。

导言
理解媒介理论

韩晓强　2024 年 9 月 11 日于重庆石瓦坡

弗里德里希·基特勒曾经表达过这样一种观点，即媒介是多元的，不可能只存在一种媒介或一类媒介。如果媒介只剩下一种（无论是某些理论家所押注的数字还是算法），并且被其全然拉平（level up），那么我们大可以说："媒介不存在！"[1] 基特勒曾经如此质疑软件，也是基于相同的认识论立场，因为对他来说，媒介必然意味着差异，关于媒介的理解也必然始于差异，始于一种媒介同另一种媒介之间的对比或者类比。

这或许解释了为什么即便媒介亘古已有，但关于媒介的思辨却是一个相当晚近的现象，媒介理论——这个绝对新生的事物，直到众所周知的"新媒体"（作为"旧媒介"的差异性对照）涌现之后方才到来。按照彼得斯模糊的估量，这个时间点大致可以被确定在 1964 年，这个年份或许不如 1968 年、1989 年、2000 年那般富于历史断代性，但从媒介思想史的寻根溯源上，他敏锐地发现这一年同时诞生了媒介理论的一系列奠基性的著作，除了麦克卢汉闻名遐迩的《理

1　［德］弗里德里希·基特勒著，《留声机 电影 打字机》，邢春丽译，上海：复旦大学出版社，2017 年，第 2 页。

解媒介》，还有安德烈·勒鲁瓦·古昂的《姿势与言说》（*Le Geste et la Parole*）、利奥·马克斯的《花园里的机器》、马尔库塞的《单向度的人》、列维·斯特劳斯的《生食与熟食》、玛格丽特·米德的《文化演进的连续性》（*Continuities in Cultural Evolution*）、诺伯特·维纳的《神与哥连》（*God & Golem, Inc.*）、吉尔伯特·西蒙东的《个体与物理 - 生物起源》（*L'individu et sa Genèse Physico-biologique*）、尼克拉斯·卢曼的《形式组织的功能及后果》（*Funktionen und Folgen formaler Organisation*）、斯图亚特·霍尔的《通俗艺术》（*The Popular Arts*）以及莱姆为数不多的学术名作《技术大全》。[1]

这个时间横断面足够让所有的媒介研究者惊讶，尽管上述作品中的大多数未必属于严格意义上的媒介理论，但也无一例外地呈现了媒介理论本质上的跨学科脉络。作为一种研究路径，它既从古生物学、技术哲学、文化研究、人类学、控制论、文学、艺术等相关学科汲取养分，又以独特的姿态联结、调和并打通了上述学科。因此，与其说是诸多学科以其多样与异质性的状态汇入了媒介理论的拱廊，不如说媒介理论本身就是当下诸学科之间的"媒介"。

媒介理论可以说是在这个时段涌现（emergence）出来的，这不但恰逢网络和互动媒介的兴起，也与福柯诊断"知识型"（épistémè）断裂的那个时代大致重合。当时的思想界、文化界和艺术界都面临着普遍的范式更迭（尽管福柯否认他在提及"知识型"时参考了托马斯·库恩的范式理论，但人

---

1 ［美］约翰·杜海姆·彼得斯著，《奇云：媒介即存有》，邓建国译，上海：复旦大学出版社，2020 年，第 17 页。

们不难发现其中的相似性）。除了孕育中的 1968 年的"五月风暴"，北美的录像艺术、法国的电影新浪潮都贡献了越来越多思考其创作媒介本身的艺术作者，比较有代表性的包括安迪·沃霍尔、白南准、让·吕克-戈达尔等。与其说当时的艺术创作从内容转向了形式，不如说是他们不再将媒介"视为当然"，而是将其视作一个问题、一种途径。这也是以"先锋派"（Avant-garde）为名的现代主义艺术家获得诸多赞誉（以及同样之多的诋毁）的原因。

著名艺术批评家克莱门特·格林伯格是将这一切理论化的关键人物，他声讨学院派艺术（academism）并坚决捍卫现代主义的前提，就是后者致力于清除绘画的"幻觉内容"或"文学轶事"，并且以破坏和清空内容的方式来指向艺术自身的媒介，换句话说，这就是一种本体论的思想。麦克卢汉的思想与之异曲同工，尽管他在《理解媒介》中声称从立体主义绘画中获得了"一种媒介的内容总是另一种媒介"的理念，但这一说法实际上来自和格林伯格同时代（且同龄）的艺术理论家贡布里希。[1]基于对艺术的观察，二人的思考模式在本质上属于一种传统现象学的还原论，即立足于"再现内容"和"基底媒介"的辩证，通过削减前者而让后者发出自己的声音。这与海德格尔关于"存在"和"存在者"的论述在哲学上是同源的，考虑到后期（20 世纪 60 年代）海德格尔更多在思考"物"（thing）和"集置"（Ge-stell），他对媒介理论的贡献显然超出了人们的想象，甚至业已成为某种基础性的理论显学。

1　[英] E. H. 贡布里希著，《艺术与错觉：图画再现的心理学研究》，杨成凯、李本正、范景中译，南宁：广西美术出版社，2012 年，第 4-5 页。

上述三人，即是思辨实在论哲学家格拉汉姆·哈曼所称的"媒介理论的三位黑骑士"，他们在上世纪完成的奠基性工作尚未被全然消化，也许就是依靠这种重读和重新发现，哈曼才敢冒天下之大不韪地声称："哲学最终可能只不过是媒介理论而已！"[1] 彼得斯则认为，在媒介研究雄心博大、在其最高涨的时候，它会将自己视为形而上学的后继学科——以所有的人和所有的事为其研究对象。[2]

相较于格林伯格和海德格尔在其自身学科（艺术和哲学）中的显赫地位，人们更多将麦克卢汉同基特勒和维兰·傅拉瑟（也译威廉·弗卢塞尔）并列为媒介理论的"圣三位一体"，他们享有类似费里尼、伯格曼和塔可夫斯基在电影艺术领域的地位。基特勒在某种程度上是德国媒介理论的开创者，他的身上有着部分现象学的来源，但更鲜明的继承则来自福柯、拉康与德里达等法国哲学家，他对硬件设备的极度痴迷与其借助拉康的三界理论打造的"留声机—电影—打字机"的三元结构形成了一定程度的吊诡，以至我们没有任何把握称他为"实在论者"。傅拉瑟也存在类似的吊诡，因为他似乎同时作为一个绝对正统的现象学家以及绝对异端的现象学家，后者来自其犹太神学背景（他的堂弟大卫·傅拉瑟就是一位声名显赫的犹太神学家），也来自其流散巴西、长期不见容于主流学术界的遭遇。[3] 傅拉瑟的媒介研究文本主要集中在20世纪

1 ［美］格拉汉姆·哈曼著，《铃与哨：更思辨的实在论》，黄芙蓉译，重庆：西南师范大学出版社，2018年，第219页。
2 ［美］约翰·杜海姆·彼得斯著，《奇云：媒介即存有》，邓建国译，上海：复旦大学出版社，2020年，第348页。
3 Anke Finger, Rainer Guldin, Gustavo Bernardo, *Vilém Flusser: An Introduction*, Minneapolis: University of Minnesota Press, 2011.

80 年代的三部曲《摄影哲学的思考》、《技术图像的宇宙》以及《书写还有未来吗？》，但他对姿势、食人文化、录像媒介的思考也散见于其目前仍然不断被发现、研究、编辑的零散文稿当中。

这三位媒介研究的中流砥柱分别逝世于 1980 年、1991 年和 2011 年，但他们的弟子和后继者形成了自身的学派，从埃里克·麦克卢汉、罗伯特·洛根、理查德·卡维尔到杰伊·大卫·博尔特和理查德·格鲁辛，这些北美研究者职业生涯的大部分成果就是在重释和推进麦克卢汉的研究，从过热到逆转、从理解媒介到理解新媒介，麦克卢汉的主流地位一如既往。但在中国，麦克卢汉进入学术视野完全是 21 世纪发生的事情，在何道宽 2000 年翻译第一版《理解媒介》之前，中国学者几乎没多少人认识麦克卢汉，更不用说会提及媒介研究。截至当前，麦克卢汉的诸多著作仍未能译介为中文，目前能读到的仅有《理解媒介》、《机器新娘》、《谷登堡星汉璀璨》以及作为文集的《麦克卢汉精粹》。

这是一个不寻常的现象，当媒介研究在 21 世纪 10 年代的中国全面崛起时，人们只会觉得麦克卢汉略显老旧，当然，他确实经历了一轮又一轮的"提升、过时、再现和逆转"，也只有他经得起如此迭代，不断变得昏暗又重新绽放光芒。麦氏的贡献不但在于出版了最早和最重要的奠基文本，也在于他开创和定义了媒介研究这一学科。在此之后，雷吉斯·德布雷在法国开创了"媒介学"（mediology），基特勒在德国引领了硬件哲学以及后来的"媒介考古学"（media archeology）。随后则是 20 世纪末开始聚焦网络新媒体并横跨整个主流学界的"软件研究",以及 21 世纪受惠于唐娜·哈拉维和布鲁诺·拉图尔等人的"后人类"和"后生态"媒介研究。随着诸多学者开始将摄影、电影等媒介都加上 post 这个后缀,我们似乎早已进入了一个"后媒介"的时代,从元宇宙到生成式 AI,越来越频繁的媒介革命似乎都在将过往的媒介推至身后,这种新奇裹挟着流量泛滥于研究,对热点的过度追逐几乎让我们忘记了媒介研究的历史。

也正是在这个《理解媒介》问世 60 周年的时刻,我们既要回溯整个"麦克卢汉"之后,也要梳理媒介理论的系统发展脉络,这显然是个艰巨的任务。目前国际上还未有系统的媒介理论史专著,因为这是太过繁重、太花气力、太考验学识经验又未必讨好的工作(毕竟媒介研究的方向太多、范围太广,以至随便枚举几人就有着全然异质的理论背景和研究方向)。因此,相关的著作历来是以文集的形式出现的,这其中一个标志性的文本是 W.J.T. 米歇尔与马克·汉森主编的《媒介研究批评术语集》(2010),这是二人邀请媒介领域各方面的权威专家编写的词条汇编,可以从关键词的角度引导我们理解媒介研究的版图。另一本重要的文集则是埃尔基·胡塔莫与尤西·帕里卡合编的《媒介考古学:方法、路径与意涵》(2011),这本文集介绍了整个媒介考古学的激进和多维面向,也让其理论方法盛极一时。但在 2020 年之后,我们不难发现无论是胡塔莫、帕里卡还是齐林斯基都越来越淡化"媒介考古学"这个说法,并且越来越回归广义概念上的"媒介研究"。

除此之外,业内的经典文集还有全喜卿与托马斯·基南合作主编的《新媒介,旧媒介》(*New Media,Old Media*),以及由思辨实在论旗手伊恩·汉密尔顿·格兰特等人主编的《新媒介：关键导论》(*New Media: A Critical Introduction*)。由于新媒介的理论读本已入汗牛充栋且彼此有着内容交叠，这里就不再赘述。但需要注意的是，这些文集都影响了《走向媒介本体论：欧美媒介理论文选》的选编工作。主编这个文集的初衷，不但是因为国内目前尚无一本关涉媒介理论发展的普遍性读物，也是因为我们对其驳杂的面向感到新奇而陌生。常年浸淫在英文学术圈的研究者或许未必需要这个通识性的辅助工具，但对正在全面翻译、接轨国际媒介研究的中文学界来说，这样一本文集可能就是不可或缺的。

事实上自 2010 年来，国内对媒介研究的重视让麦克卢汉之后的一众作者，如基特勒、傅拉瑟、德布雷、马诺维奇、齐林斯基、克莱默尔、彼得斯、曼纽尔·卡斯特、克劳斯·皮亚斯、丽莎·吉特尔曼、马修·富勒、基尔特·洛文克等人的代表性著作被翻译成中文，即便译本成色各异，但对普及媒介理论方面皆有不同程度的贡献。除此之外，像中国传媒大学出版社的"媒介道说"系列，也以媒介研究的角度重新梳理了本雅明、海德格尔、维利里奥、基特勒、哈贝马斯、齐泽克、卡斯特等人的学说，换句话说，随着媒介研究成为形而上学的后继学科，所有的理论和现象都能经由媒介研究的角度进行重新解读，《走向媒介本体论：欧美媒介理论文选》的诉求是作为一把标尺，一方面用于对照和补足一些理论家的既有中文文献，另一方面则是用一种系统的态度呈现这种重读的可能性。

《走向媒介本体论：欧美媒介理论文选》集合了麦克卢

汉之后全球最具代表性的理论家的代表性文章，部分是他们的重要论文，部分是他们的著作摘选，其标准是能够呈现这位理论家在媒介研究方面的核心观点，从而能够展示媒介研究多元而又分散的历史版图和相关脉络。本书分为三个部分，出于不愿生硬定性和保持多元开放的目的，我们并未给出相应的标题——读者们自可意会，但这里还是要介绍一下本书的架构原则。

麦克卢汉之后

关于媒介研究在麦克卢汉之后是怎样演化和发展的，人们可能有各种各样的线索，但最重要的是"媒介本体论"的线索。但媒介本体论应该如何描述？在《走向媒介本体论》一文中，基特勒认为媒介的问题自古希腊开始就被忽视和掩埋了，这无异于经历了 2000 年的沉睡，直到海德格尔切入技术哲学后才苏醒过来。他以非凡的思路联通了亚里士多德和海德格尔，也同时联通了海德格尔的 1936 和书写本文的 2009，这种时间跨度让一种媒介硬件的狂热在压抑中爆发和重归，一如特洛伊的冲天大火。基特勒的这篇文章写于其职业生涯的晚期，虽然行文一如既往地晦涩，但却是媒介研究绕不开的宣言文本。

维兰·傅拉瑟正在面临他从极冷到极热的阶段，他的著作和文集被不断编译出来，目前中文版已经有 20 世纪 80 年代的媒介三部曲以及《后历史》、《表象的礼赞》、《传播学》和《设计的哲学》（台版）。除了针对摄影、技术图像、书写和姿势的现象学反思，傅拉瑟还指出了媒介研究转换的关键要义，即"我不看照片，我看的是摄影"[1]。他既经由一套具身动势将通常的研究转向媒介，又通过这种"适配"模式呈现了前历史、历史、后历史的时间辩证。《线与面》作为他的论文遗作和相对晚近的思考，实际上用一种更为简练的方式推进了媒介三部曲的思考。

西比尔·克莱默尔将问题上升到图表，对柏拉图的线段比喻和康德的直观学说展开了回溯性观察，空间是如何被把握的，这个问题无疑等同于"空间是如何经由图表媒介所介导的"，我们每个人都应该超越《美诺》中的年轻奴隶，而不应该将这一切视为当然。图表认知推动了"世界的网格化"，这是德国"文化技艺"（cultural techniques）传统中的一个关键领域，《痕迹、文字、图表：反思空间性、直观和图形的实践与思考》接续了克莱默尔《传媒、计算机、实在性：真实性表象和新传媒》（中译本 2008 年）的思考，探讨的是自我图景和世界图景的构成机制。

齐林斯基和胡塔莫是最早提出"媒介考古学"概念的两位学者，都以惊人的博学著称，但研究的主题也各自明确，他们的一个重要相似点在于同时作为学者、收藏家和策展人，致力于各种媒介和艺术实践。齐林斯基最为关注的是视听媒介，《视听》一文便是其同名著作的导言，我们可以从中看到他为何执意将电影和电视这些主流媒介作为媒介史上的"间奏"（Entr' actes）。胡塔莫的兴趣一直以来都在全景画和广告

1　南希·罗斯对此有出色的阐释："罗兰·巴特看的是照片，傅拉瑟看的是摄影……通过将主体定格为一种姿势，一种意识状态与事务状态之间的特殊运动，他能够以一种其他摄影理论家从未有过的方式，站在摄影师的立场上来看待摄影。"参见 Nancy Roth, "The Photographer's Part", *Flusser Studies*, vol. 10, November 2011, p.14.

牌等视觉媒介，《墙上的讯息：一种公共媒介显示的考古学》揭示了他在这方面弥足珍贵的经验性考古学，这甚至让他可以跻身为屏幕研究方向的绝对代表性人物。

雷吉斯·德布雷，这位法国左翼斗士、格瓦拉的昔日战友，后续创立了法国的媒介学研究。当然他更多的兴趣在于文明传播或者基督教传播，或者说得更确切为"传承"（transmission）。德布雷提出的最关键的术语是"媒介域"，因此《媒介域：一个基本概念》这篇简短的介绍性文章及其附带的图表是了解德布雷媒介思想的关键。值得注意的是这篇文章是2005年和露易丝·梅尔佐合写的，梅尔佐思考了数字计算机时代的新情境，在德布雷的话语域、图表域和视频域的基础上增加了"超级域"这个部分，这是目前"媒介域"思想最完整的版本。

相比而言，德国学者约瑟夫·沃格尔的《生成—媒介：伽利略的望远镜》是非常独特的文章，它内蕴了德国文化技艺的传统，但又在一定程度上取道德勒兹的生成学说以及拉图尔的行动者网络理论，他反思伽利略望远镜如何从一种仪器变成一种媒介的过程，与拉图尔思考巴斯德微生物的途径异曲同工。这种系统且科学的思路打开了媒介研究的一种方法论向度，人们可以借由相同的模式去研究各种不同的"生成媒介"的过程。

博尔特和格鲁辛的《再媒介化》最终将我们带回到对麦克卢汉的重释，这篇文章摘取了同名书籍的关键篇章，在1999年的世纪之交，这本书的出版具有标志性的意义——这不但体现在二人提出了直接性（immediacy）和超媒介性

（hypermediacy）性的辩证，同时也将媒介用作动词，将"再媒介化"视为麦克卢汉转译链（从媒介到讯息）的一种新的表述，同时也为思考世纪之交的新媒介提供了独特的思路。在后续诸人的拓展中，再媒介化又成为一种可逆的操作，以至于让麦克卢汉的原始思想变成了一种流动的媒介理论。

档案、控制论与软件

自福柯、德里达、阿斯曼夫妇等人奠基了档案和记忆研究后，这个方向就成为一个重要的文化技术主题。然而档案绝非僵死的文本，而是活动的、可操作的。沃尔夫冈·恩斯特的《正在进行的双系统：古典档案与数字记忆》便是在分析两种形态档案的基础上，延续了他对"操作媒介考古学"的系统思考，这是一个记忆问题，但不只是人的记忆，也是非人的记忆。这位洪堡媒介研究掌门人用独特的物质主义逻辑探讨了时间性艺术（档案）如何归档的问题，这也是目前所有媒介艺术关注的核心问题。

在《模拟、数字与控制论幻相》中，克劳斯·皮亚斯贡献了精彩的控制论考古学，这位以硬件和游戏研究见长的德国学者的另一个重要身份就是两卷本《控制论：梅西会议全集》（*Cybernetics: The Macy Conferences 1946—1953*）的主编。在这篇文章中，克劳斯揭示了 20 世纪 60 年代开始出现的一种普遍现象，即用控制论来解释一切，这就是他借助福柯的"人类学幻相"并予以定名的"控制论幻相"。凯瑟琳·海尔斯同样是控制论研究的权威学者之一，但在《我们如何成为后人类》这部作品之外，我们不难发现她更多的兴趣在于科幻文学以及电子文本，《表层印刷、深层代码：媒介特异性分析的重要性》的聚焦点不仅是电子超文本，更是当代学者强调的媒介特异性（medium specificity），它指向了媒介间不可化约的残余是媒介转译和再媒介化过程的遗留物。这篇论文最终通向了她一年后的重要著作《我的母亲是一台计算机》（*My Mother Was a Computer*）。

尽管档案理论和控制论无一例外地被视为新媒介研究的排头兵，但随后的网络和软件才是其最重要的基地。在欧美学界，顶着"软件研究"（software studies）名号的学者数不胜数，最具代表性的作者无疑是韩裔加拿大学者全喜卿、西班牙理论家曼纽尔·卡斯特、荷兰媒介学者基尔特·洛夫克以及美国学者列夫·马诺维奇和亚历山大·加洛韦。此外，这一阵营还可以包含马修·富勒、本杰明·布拉顿等富于创新性的当代学者。

全喜卿是媒介研究亚裔学者中的佼佼者，她的软件研究以极端详尽著称，同时也作为《新媒介，旧媒介》的主编获得业内关注。在《论软件，或视觉知识的持存》这篇绝对代表性的文章中，全喜卿描述了编程和知识生产、传递中潜在的意识形态过程，这里面不但有未被拆解的模块化机制，还有一种内在隐秘的男权主义，它恰恰是架设在这一无人称的媒介程序当中的。作为媒介研究中代表性的女性学者及女性主义者，全喜卿对如何揭示这种看似无利害的程序构造提出了一条可能的思路。[1]

---

1 在《界面效果》一书中，加洛韦用一整章的内容来解析这篇文章，参见 Alexander R. Galloway, *The Interface Effect*, Cambridge/Malden：Polity Press, 2012, pp.54-77.

《一种权力的网络理论》是曼纽尔·卡斯特的标志性文章，尽管他的诸多作品如《认同的力量》《网络社会》《信息时代三部曲》《千年终结》《传播力》《网络星河》《信息化城市》都早已在十多年前被翻译成中文（这让他成为诸多媒介理论家当中被翻译最多的一位），但这篇文章仍然贡献了精粹性的新观点，卡斯特在文中提出了四种网络权力——网络准入权力（networking power）、网络规则权力（network power）、网络支配权力（networked power）和网络建构权力（network-making power），网络就是这四种权力交织而成的动态矩阵。

基尔特·洛文克的《何为社交媒体中的社交？》展现了他在社交媒体领域的深耕效果，这位阿姆斯特大学的媒介学者更习惯用媒体化且不乏哲学深度的风格写作，如此才能以相同的姿态刺破其讨论的新时代现象。与其风格类似的还有美国学者列夫·马诺维奇，他曾经因出版《新媒体的语言》而名扬国际，成为媒介领域引用的标杆，但作为艺术实践者和持续观察者，他研究了诸多视听现象和用户机制，并习惯以博客文章的方式先行发表。《日常媒介生活实践：从大众消费到大众文化生产？》借用了法国哲学家米歇尔·德·塞托的相关术语，但分析的是网络 AMV 的用户机制，马诺维奇始终期待媒介、档案和作品变得民主且可以被广泛共享，这篇文章便呈现了这种新媒介格局下的诉求，除此之外，马诺维奇目前致力于 AI 艺术的思考，并且产出颇丰。[1]

在探讨互联网协议的诸多作品中，大概没有哪个文本能

1　马诺维奇目前出版了两部 AI 艺术的研究著作，参见 Lev Manovich, *AI Aesthetics*, Moscow: Strelka Press, 2019; Lev Manovich, Emanuele Arielli, *Artificial Aesthetics: Generative AI, Art, and Visual Media*, 2024（E-book）.

够同亚历山大·加洛韦的《协议》（2004）一书相提并论，这本书也是他的博士论文修订版。如果说在20世纪初这位哲学博士就能以互联网协议作为选题，这是否验证了媒介理论可能是哲学的后继学科？《协议 VS 制度化》一文作为本书的重要摘录，详细描绘了整个互联网协议发展的机制及其历史，同时也引入了作者本人的图表化阐释。尽管加洛韦后期广泛研究界面、游戏、电子媒介等诸多命题，同时也有游戏开发者的身份，但协议研究仍然是他职业生涯的绝对标签之一。

后人类、后生态

媒介理论在21世纪发展到了何种样态，继而又会转向何种方向？马克·汉森那篇著名的《媒介理论》可谓精确地诞生在这个节点上。汉森指出媒介理论呈现为媒介物质性和媒介现象学之间的一种往复振荡，呈现为经验和技术逻辑之间不可化约的张力。这种振荡和张力恰恰体现在媒介化（mediation），媒介理论更接近这样的动名词，这意味着技术逻辑要接纳具身性，认可西蒙东意义上的转导（transduction）逻辑。作为一位极其重视身体研究的理论家，汉森的多部著作都延续了西蒙东-斯蒂格勒的"人与技术共同进化"的逻辑，同时对基特勒、海尔斯、马诺维奇等人过于机械论的媒介思想展开了系统批评，尤其是他的《新媒介的新哲学》（*New Philosophy for New Media*）系统批判了马诺维奇的《新媒体的语言》。汉森的学说也深度影响了罗杰·库克的电影研究著作《后电影视觉：运动影像媒介与观众的共同进化》（2020）。

身体同样是后人类哲学的一个核心概念，尽管后人类思想在最近十年才随着哈拉维、布拉依多蒂、海尔斯等人的译介进入国人视野，但从媒介研究的角度而言，尤金·萨克的研究最具代表性——2004 年根据其博士论文修订出版的《生物媒介》（*Biomedia*）一举奠定了他在媒介研究领域的地位，本文集选编的《数据制造肉身：生物技术与后人类话语》可以视为该书思想的一个精编版本，讨论了在生物和基因技术背景下由反熵主义、人本主义、技术主义所交织出来的后人类媒介话语。萨克此时积极吸纳了后人类哲学的遗产，同时激进地将话语主体从人类推及所有的生物，他支持哈拉维式的 SF 政治和信息化谈判，同时将"后有机生命"视为生物媒介的未来。

正如萨克关注生物中的虫群和噪声，帕里卡这位媒介考古学的代表人物，则是以研究计算机病毒、垃圾邮件等问题起家的。2010 年出版的《昆虫媒介》是他迄今最为雄心勃勃的项目（这篇文章即是该书的导言），该书不仅承接一种典型的赛博格主义，也步入了他所命名的"兽性媒介考古学"（bestial media archaeology）。帕里卡将其视为一种转折和一种手段，大规模地考察了昆虫技艺以及媒介行为学的问题，并且总结了昆虫媒介的三个关键词：强度（intensity）、集合体（assemblage）和图解（diagram）。我们不难发现帕里卡这一项目背后的德勒兹幽灵，借由一种动物的"情动技术"，媒介研究者们可以将之推及到任何非人物种。

马修·富勒和安德鲁·高菲的《走向邪恶媒介研究》是帕里卡主编的《垃圾邮件书》中的一篇重要文章，对"邪恶媒介"这个自创的术语，富勒指出它是一套非正式的实践及知识体系的工作方式，以策略（stratagems）为标志，这或多或少意味着某种无人性的马基雅维利主义。富勒的总体研究可以被概括为"媒介生态学"（media ecology），目前国内已经出版了相关译著，但他更出色的研究是 2010 年的《邪恶媒介》（*Evil Media*），相比于该书晦涩的哲学架构，《走向邪恶媒介研究》具体呈现了邪恶媒介运作的 16 种策略，可以视为一篇理想的导读文章。

在讨论媒介哲学迈向一种行星架构的过程中，媒介生态学自然是一个中介，但更具贡献的研究来自彼得斯的"基础设施媒介"。从《对空言说》到《奇云：媒介即存有》，彼得斯发展出一套完整的基础设置媒介学说，他的百科全书式博学让其闪烁着芒福德和麦克卢汉式的光彩。按照彼得斯的说法，媒介是调节自然与文化之间交通的基础设施（infrastructures），在提供秩序和遏制混乱方面发挥着后勤的功用。这不仅延续了海德格尔的集置思想，也很容易同当下的 ANT（行动者网络理论，拉图尔）和 OOO（客体导向本体论，哈曼）思想找到共鸣。《基础设施主义：媒介作为自然与文化之间的交通》一文试图在延续《奇云：媒介即存有》概念框架的同时，尝试了将"交通"作为一种基础设施媒介进行个案阐释，同时提出了"基础设施主义"的口号，他甚至如此重释了麦克卢汉的书名，即这既是"理解媒介"，也是指基础设施位于世界之下（stand under the world）。

阿曼达·拉格奎斯特的《生存媒介：走向一种数字被抛境况的理论化》是将德国生存哲学引入媒介研究的重要文章，她从雅斯贝尔斯、海德格尔与汉娜·阿伦特处获得灵感，以重释当今数字时代的虚体生存境况，这种链接性的文化让当代人面临一种显而易见的被抛状态（thrownness），即技术强制性的生活世界。拉格奎斯特在此考察了网络纪念、哀悼、数字来世等媒介化的生存议题，并且归纳了四个涉及生存论的主题：死亡、时间、此在和在世存在。这篇文章也是拉格奎斯特2022年新书《生存媒介》（*Existential Media*）的一个先行版本。

《作为历史主体的媒介》出自丽莎·吉特尔曼2006年的著作《新新不息：媒介、历史与文化数据》，该书的中译本亦刚刚上市。作为一位媒介史学家，吉特尔曼对具体的媒介更感兴趣，她对纸张、电话、电报、录音媒介、互联网都进行过详尽的研究，并且在某种意义上继承了卡洛琳·马尔文（Carolyn Marvin）的思想，即一切媒介都可能变成新物。尽管她的研究看起来秉持传统（尤其体现在史学和民族志的方法上），但我们也不难发现她背后的齐物思想，即祛魅了媒介的"自然"，并且在其中征用了越来越多的行动者——按照她的说法，媒介是独特且复杂的历史主体，它们的历史必须是社会性和文化性的，而非一种技术如何催生另一种技术的故事，也非孤立的天才对世界施展魔法的故事。

我们需要怎样的媒介理论？

眼下媒介研究已然抵达其最高涨的时刻，正在成为各学科的基本问题，这是一个相当积极的现象。但需要注意的是，媒介研究既非某个学科的自留地，也非各个学科的普遍边缘，它或许没有自己的"专属对象"，但反过来一切都可以成为其研究对象。媒介研究从建制上来说，应该纳入一个称为"传媒"的院系，进而将印刷、电讯、电影、电视、电子游戏等相关研究纳入在内——尽管欧美高校开始了类似的实践，但在全球范围内，这个诉求似乎还遥遥无期。

媒介研究目前还是一个"跨学科"的终极范例，它无所不包且异质混杂，研究者们往往发现自己会迷失在一片混沌当中，仿佛一个游戏玩家处在一个宏大无边的开放世界地图，必须捡拾碎片、拼接信息，但这个地图永远不可能探索完整（尽管我们知道它实际存在，也赶不上它扩张的速度），就如现在没有人能够再撰写一本百科全书——今天我们只有维基百科，它需要的是人们贡献局部的力量：建立词条、整理和修改词条、制作分类、打上标签、添加超链接，厘清部分的概念和线索。媒介研究不需要奥古斯丁那样撰写权威大全的圣者，而是需要集体（collective）的贡献。

《走向媒介本体论：欧美媒介理论文选》探索的就是这样的集体贡献，它整理了麦克卢汉之后最具代表性的媒介理论家的文章（他们正是那个贡献中的"集体"），以求让读者能够窥见其目前大致的历史脉络和研究版图，至少能够提供一种学习媒介理论的参照系。在这个前提下，我们的原则是系统性优先，兼顾每一篇选文在媒介理论发展中的意义，尽可能呈现思想变化的完整性，而非一味谋求最新——文集中没有优先选择每位理论家最新的文章，也没有选择 AI 媒介的文章，这并不意味着内容滞后，而是在弥补重要的知识和资料空缺之前，仅仅言"新"并不符合我们编辑这本媒介理论文选的初衷。

我们应该如何认识媒介理论的知识轨迹？它在关注什么，又转向了哪些新的领域和方法？这些问题或许没有现成的答案，但媒介研究的"中国集体"已经开始出现，除了大量的著者、译者、编者以及活跃在公众号、博客、播客、豆瓣、知乎的媒介研究者在做大量贡献，国内目前也已经有了大量相关的会议、论坛、工作坊和研究团体，来自哲学、物理学、心理学、人类学、传播学、艺术学等领域的学者都已经参与进来，形成了一个多元、复杂乃至不乏矛盾性的大熔炉。这恰恰就是媒介研究应有的境况：每个学者都有自己的特异性和坚持，每个人都有做媒介研究的思路和方法，前提是获得足够的知识储备和持久的修行，毕竟，只有少数人才能成为这个领域的赫尔墨斯。

目　录

第一部分

第二部分

第三部分

第一部分

走向媒介本体论*

（2009）

［德］弗里德里希·基特勒/著　王敏燕　韩晓强/译

　　是否可以用欧洲的本体论视角来思考媒介？这是个既关键又棘手的问题。出于种种理由，众多传播媒介的技术和数学理论应运而生，甚至还有麦克卢汉或沃尔特·翁（Walter Ong）的学说等潜在神学理论。然而，亚里士多德的"形而上学"所界定的本体论从一开始就对媒介充满敌意，无论是物理媒介还是技术媒介。相对于其他理论家，哲学家更容易忘记到底是哪种媒介支撑着他们的绝对实践。

　　我将从这样一个假设开始，即哲学（海德格尔称欧洲形而上学）必然无法将媒介视为媒介。这种忽视始于亚里士多德。首先，亚里士多德的本体论致力于事物的质料和形式，而非事物在时间和空间中的关系。（物理）媒介（tò metaxú）的绝对概念在他的理论中被贬低到感官知觉（感性）层面。其次，因为希腊人并未在明确的音素（speech elements）和明确的字母（alphabetic letters）之间做出区分，作为哲学自身技术媒介的绝对文字（writing）的概念从亚里士多德开始就处

* ［德］弗里德里希·基特勒（Friedrich Kittler）著，《走向媒介本体论》（Towards an Ontology of Media），王敏燕、韩晓强译，原文载《理论、文化与社会》（Theory, Culture & Societ），第26卷，第2-3期，2009年，第23-31页。

在了缺失状态。

我将说明这种哲学疏漏的简短历史，从托马斯·阿奎那和勒内·笛卡尔到费希特和黑格尔，都表明只有在海德格尔那里，只有当他将哲学转向"思"的时候，有关技术媒介的意识才开始增长。这是因为：首先，《存在与时间》已经将眼镜和电话等日常媒介的不易觉察性主题化了；其次，在20世纪30年代，海德格尔不再用存在论的术语描述广播等大众媒介，而是以历史化术语描述它们；最后，在二战之后，他将计算机的出现视为哲学自身的事实性终结。然而，这一终结导致在海德格尔之后更有必要［在"存在的历史"（seinsgeschichte）方面］提出一个问题，也就是为什么亚里士多德开创的哲学逻辑最终通向了图灵、香农等人的机械化问题。

在海德格尔去世50年后，我认为他的问题必须用更精确的方式来解决。数学在媒介史中的主导作用再也不能像某些柏拉图式错误那样被误读了。与之相反，在建立一个时代的过程中，希腊算数也曾如"存在"和"本体论"等概念那样起到根本作用。这是历史上第二次——一种二进制的通用媒介可以用于编码、传输和储存即将出现的一切，无论是书写、计算、影像还是声音。

一

对亚里士多德来说，媒介的缺席显而易见。提出"我们如何以及用多少种方式去谈论存在作为存在"的本体论问题，无异于给出一个答案，即存在于其最富足的意义上具备质料和形式（húle and eîdos）的双重含义。当然，我们还可以提出其他问题，如一个东西是黑的还是白的，它在何时何地出现，但正如亚里士多德所说，所有这些范畴相对于质料和形式而言都是次要的。我们仅在亚里士多德的 12 部书中摘出两个显著的例子，即使它们都归于"形而上学"名下：（1）当且仅当融化的铜，经由一位天赋卓然的艺术家之手而呈现出神或者女神的具体形貌时——为了赞美他 / 她，一种可称之为雕塑的存在才得以成立。（2）当且仅当充满定形化信息的男性精液与无定形的经血相混合，一个作为人类的新个体才会诞生。因此，对世界上的任何一种存在而言，虽然"四因"（four grounds）[1] 都是必要且充分的，但质料因和形式因却是最为必要的。

1971 年，马歇尔·麦克卢汉给他的大学校长写了一封信：

亲爱的克劳德：

　　周日，我获得了一生中的最大发现。这是在我为伊尼斯的《帝国与传播》写序言时发现的，这本书即将由多伦多大学出版社再版。简而言之，这个发现如下：2500 年以来，西方世界的哲学家在有关生命本源（entelechy）的研究中，一直将所有技术排除于质料—形式之外。伊尼斯一生的大部分时间都在试图解释希腊文化是如何被文字及其对口头传统的影响所摧毁的。同时，他也试图将人们的注意力引向技术带来的心理及社会后果。但他并没想到，我们的哲学系统地将技术排除在思想之外，徒留自然和生命形式被归于质料—形式说。（信件 429 号）

---

1 古希腊哲学家亚里士多德提出的一种观点，"四因"由质料因、形式因、动力因和目的因组成，其中目的因是终极的、最重要的。

因此，你可以看到伟大媒介史学家的最大发现为何容易出错。麦克卢汉在关于亚里士多德的"形而上学"的论述中将其真正的含义弄反了。恰恰相反，我们有充分的理由假设，质料和形式最初源自技术事物的范畴，后来才或多或少被强行转入自然范畴。

　　海德格尔的《艺术作品的本源》（*Origin of the Artwork*）提出了令人信服的论证，即相对于石头和树木，质料和形式在雕塑中的自行呈现对我们来说更为明显。然而，这一事实将麦克卢汉的文献错误变成了历史真理。正是由于质料和形式的对立源于技术而非自然或生命形式，本体论才系统地将媒介技术逐出其领地。这两个范畴存在于一个事物以及同一个在场事物中，它们的汇聚与融合抑制了源自其生命本源的所有距离、缺失和虚无。存在，无论是自然的存在还是技术的存在，已经以"本源和实体"（entelécheia and ousía）的形而上学形式，而非诸多相互对立的形式（如过去／将来、存储／传输）被思考了 2500 多年（这与海德格尔的说法一致）。

　　然而，看起来令人惊讶的是，媒介在亚里士多德那里又确实存在。不是作为他本体论的一部分，而是作为他精神物理学（psychophysical）理论的一部分。知觉必须以物理媒介或物理元素为前提，以便将某些实际感知的"质料／形式存在"与有感知能力的动物灵魂联系起来，这一论述在《论感觉及其对象》中比《论灵魂》中更为明确。亚里士多德强烈反对坚持原子论的诸多先辈，根据他们的说法，无法察觉的微渺影像或幻象从既有的物体中自行流射出来，毫无阻力地穿过虚空（tò kenón），最终抵达我们的眼睛或耳朵。这位也是宫廷御医之子（这绝非偶然）的哲学家果断地说："不。"在倾听的情况下，事物与鼓膜之间以及鼓膜与耳蜗之间必然有空气。在观看的情况下，质料变得更为复杂：在事物和人的虹膜（顺便说一句，亚里士多德赋予其一个美妙的名字——新娘）之间必须有空气，而虹膜与视网膜之间必须有水。自恩培多克勒开始，火、水、气、土就被视为阿弗洛狄忒用爱来搅拌以形成我们和谐宇宙的四种神圣根源。自留基伯和德谟克利特等原子论者开始，这四种元素同样是构成文字或者元素的前提。然而，亚里士多德谈到了两个作为"居间"的元素，也就是空气和水。换句话说，他是第一个将常规的希腊语介词"居间"（metaxú）转换为"媒介"这个哲学名词或概念的人。在缺席与在场、远离与接近、存在与灵魂之间，并非空无一物，而是有一种媒介关系（mediatic relation）。按照海德格尔晚期关于"时间与存在"（time and being）的一次讲座，我们也可以说"媒介存在"（es gibt medien）。因此，麦克卢汉非但不能对亚里士多德施以讽刺和毫无依据的指责，反而应该感谢这位伟大的古希腊造词者，因为他预示了"媒介存在"至少是自然或物理的媒介存在。

相反，麦克卢汉这一承接"媒介即讯息"的观点对亚里士多德而言是无法想象的，充分的理由在于，除他之外没有任何希腊人能在口语声音和书面表达之间做出区分。因此，深植于古希腊文化中的便是诗歌、音乐、最早且唯一元音表（vocalic alphabet）之间的特殊同一性，这开启了原子论者通往宇宙构成的四种字符或元素的可能。即使在亚里士多德那里，声音与书写（phone and graphe）的区别也只在写作时提过一次，即语音是存在的符号，而书写文字不过是那些声音的二级符号。正如德里达指出的那样（尽管过于笼统），形而上学总是已然忘记了技术媒介——从书写本身到成文（书籍），而这乃是其自身的前提。

二

在每个历史细节中挖掘这种健忘与技术变革的疯狂巧合，是一个漫长且痛苦的过程。只要我们暂时转向哈罗德·亚当·英尼斯而非他所谓的传人麦克卢汉，并指出某些划时代变革——这些变革在某个或同一时刻改变了书籍制作以及本体论概念，似乎就足够了。你可能会将其视为一个愚蠢且微不足道的问题，然而这一问题非但哲学家不予关心，连自封为解构主义者的德里达也不曾提及。与灯光师、画家、科学家、历史学家和诗人相比，思想家更容易遗忘他们的媒介。媒介本体论的缺席或许是最深层的（这意味着毫无根据）存在原因（raison d'être）。我们不妨来举一些例子。

无论是前苏格拉底时代的哲学家、亚里士多德还是他们的拉丁语普及者，都曾经在莎草手卷上书写字母文字。读者不得不用他们的右手打开这些所谓的"文卷"，大声朗读其文本，然后用左手将阅读材料卷起，以再次构成简易的存储媒介。在古典时代，当苏格拉底这位旧无产者之外的所有能思考的人都懂得如何写作和阅读的时候，教育和学习的基础就形成了。古希腊词汇"逻各斯"（lógos）具有内在的双重含义：这意味着我们给出的所有原因都等同于我们讨论自然的各种依据。只有当拉丁语注定无法转译这种希腊语的模糊性时，逻各斯才于第一层意义上成为喻令（oratio），在第二层意义上成为尺度（ratio）。你可能会说，罗马人虽然没有将其概念化，但以此引入了技术媒介和物理媒介的第一次区分。这或许解释了为何亚里士多德式的二元性，如声音与标记、语音与言说、意义与指称等，被后来希腊化的三位一体所取代：斯多葛学派的克利西波斯不仅区分了意义（tà semaíntonta）和指称（tà semainónema），而且指出整个媒介化的质料/形式也同样经由机遇（tà túnchana）——幸运女神堤喀（Tyche）乐于让其发生的偶然且不可言说的事件组织起来（D. L. VII 62）。这是历史上的第一次，即语言似乎无法与存在具备相同外延，言说与文本作为贫乏的纯粹媒介丧失了它们所有的支配性。

尽管有这种斯多葛式的英勇之举，古代文卷的阅读实践在罗马还是没有发生太大变化。只要每一种思想都依赖荷马和诗人（尽管这种说法未被承认），就完全没必要在这本书和那本书之间进行比较。只有当基督成功颠覆整个罗马时，才迫切需要图书技术的变革。像奥古斯丁这样的基督教神父/作家承担起比较三种相互矛盾的书籍传统这一前所未闻的责任：一项如此可怕的、不可能的乃至愚蠢的任务——即使他预料到我们实际所做的事情——但阿弗洛狄忒已经为我们免除了这种苦头。

奥古斯丁为调介（或驳斥）荷马、摩西和其他使徒为数众多且相互矛盾的作品而使用了自己的书籍，这相对于所谓的异教徒来说有很大的媒介优势。基督教作家是最早从莎草手卷转向装订羊皮书的人之一。这种媒介技术的变化使得不同来源的书籍之间的共时性比较与调和更为方便，它对哲学的形式和内容都产生了系统性的影响。古希腊哲学文献的编辑者只能以简单的时序讨论先前的哲学家（例如从苏格拉底到色诺芬、柏拉图再到亚里士多德），但像托马斯·阿奎那这样的经院哲学思想家就能够参阅各种各样的书籍。因此，为了解决其《神学大全》（*Summa Theologiae*）中讨论的每个问题，阿奎那在做每个决定前都会参考《圣经》的原句、亚里士多德的定义以及早期基督教领袖们的琐碎论述。

显然，古腾堡闻名遐迩的印刷术终止了所有多声部的、但仍属于手写模式的论证。有赖于印刷技术和排版技术，书籍才变得越来越本土化、民族化，由此，勒内·笛卡尔开创了一种新的本体论。他的书大部分是用法语写的，但出于政治上的原因，这些书又是在荷兰这个新教国家出版的。为了让自己成为现代意义上的作家，他遗忘了——至少假装遗忘了所有的传统流派、作者和权威。他那著名的"沉思的自我"不过是一个坐在火炉前被供以墨水、钢笔和许多空白纸张的寂寞身影。笛卡尔出于其无与伦比的清晰性与明确性（这奇怪但也足够明显）而接受的唯一论据是现代数学的运算符和操作数，即 26 个字母及其正负、根号等数学变形。换句话说，本体论再次变成了初等代数的一个分支，就像古希腊的毕达哥拉斯所做的一样。

就像你从米歇尔·福柯那里获知的一样，笛卡尔模式能使现代宇宙论中的一切存在和基准（人除外）变得井然有序。当伊曼努尔·康德给他的后继者带来一种新秩序，让他们将先验自我（transcendental ego）置于本体论之中的时候，一切都绝非易事。例如，费希特在大学的课程中拒绝让学生使用传统教科书，而这些教科书从圣托马斯时代以来就被哲学家用于评注或阐释。相反，费希特每个夏天都会写完其杰作的一个章节，他首先在自己的学生面前阅读，然后才以小册子的形式出版以供大众阅读。以这种做法，费希特完全无法预测或预见他的课程将会在1794年那个漫长的夏季学期结束时得出最终的哲学结论。在某种意义上，我们可以说德国理念论不仅已经预见到柏林洪堡大学的新学术自由，而且预见了更著名的尼采的哲学片断（philosophic fragments）。

让我们最后概括一下本体论的媒介史。希望你已经意识到尽管哲学总是涉及像以太、光和水这样的物理媒介及元素，但它完全忽略了自身的技术媒介——从古代手卷到现代畅销书。因此，现在是时候继续进行被称为"时间与存在"的革命了。如你所知，年轻的海德格尔在1927年就在号召"摧毁形而上学"。这等于证明实际的在场（presence）并非最崇高的本体论属性。与之相反，通过未来与过去的双重缺席，诸如我们一样的存在才能与他人的存在区分开来。距离被证明为我们在世存在（being-in-the-world）的一个显著特征。质料，如我们用于手工制鞋的皮革，已经不仅是亚里士多德式的质料，而且已经与死去的动物有关，因此也与更普遍的自然有关。形式，如一个铁锤，呈现为最适合我们的手以及其将要进行的工作的形状。一般的房间或者特定的位置与抽象的笛卡尔坐标系完全无关，而是与我们的行走与观看、谈话与聆听相关。因此，对于海德格尔这位近视者来说，他在街上所遇到的一位朋友不仅比柏油路更近，也比他鼻子上的眼镜更近。当海德格尔给汉娜·阿伦特打电话的时候，后者那挚爱的声音比电话听筒更接近他本人。最终，现代人成为广播新闻的消费者，世界性的消息让他远离了自身存在的真实性。

正如你已经观察到的，在前两个案例中，眼镜和电话与亚里士多德的眼睛和耳朵是一一对应的。技术媒介已经取代了精神物理媒介。在其绝对终点或者毁灭时刻，本体论变成了一种距离、传输和媒介的本体论。在第三个案例中，这更加引人注目。无线电或者海德格尔和那个时代的德国人所称的 Rundfunk，是作为一项新发明而被明确引入的，该发明意味着"人类'消除距离'的存在趋势已经在历史上得以实现"。

这个结论显然是错误的。我并非说海德格尔应该将无线电的发明归功于海因里希·赫兹或者伽利尔摩·马可尼，而是他根本不该将其归因于人。这就是为何仅仅十年之后，他谈到飞机和无线电发射是我们笛卡尔时代特有的技术媒介。三十年后，他甚至意识到现代机械工具——尤其是战后的计算机再也无法被视为具有外延和内涵的对象，而这正是我们非物质的笛卡尔主体所表征的自身。反观当下，一端是计算机技术，另一端是人，它们通过无穷的反馈回路和危险的技术本质不可分割地连接在一起。至此，亚里士多德的逻辑学不再是教授们的任务，而是由数字计算机执行，这样的哲学已经走到了历史的尽头；然而与此同时，思维的曙光或任务才刚刚开始。海德格尔用简洁的话语要求我们第一次重新思考这种欧洲媒介史，而这恰恰发生在欧洲思想因其全球性扩张而消失的那一刻。这一递归式反思应该从最早的古希腊思想家——诗人开始，经由亚里士多德在物理学和逻辑学之间的重大区分，最终通向我们近来的逻辑机制和算数机制。这就是到目前为止我试图以不太海德格尔的语言为读者们勾勒的内容。

请允许我做两个关键性评论来结束这项任务，这两个评论可能仅仅表明了海德格尔的1964年和我们的2009年之间的历史距离。首先，我认为非常错误的是海德格尔将数学本体论的引入归功于柏拉图，而事实上柏拉图更像是导致它们长期分离的推手。其次，通过将"存在的历史"（history of being）描述为一系列思想家且仅仅属于这些思想家，海德格尔忽视了同时期发生在数学中的关键创新。例如，将柏拉图的形而上学与其伟大先驱毕达哥拉斯的自然数理论联系起来，或者将经院哲学的编号问题 / 书籍与当代印度—阿拉伯发明的数字联系起来显然是可行的，虽然也是冗长的。最后，笛卡尔和莱布尼茨的情况最能说明问题。他们都将自己的新式数学转化为对应的新本体论，反之亦然。一般来说，技术媒介只是某些月亮的可见面，其阴暗面则是数学和物理学，因此这种海德格尔式疏漏所遗失的东西格外有助于实现我们的共同目标。

海德格尔摧毁质料和形式之间二元对立的毕生梦想，可以借助于数学和计算机科学轻松实现。当然，质料仍然重要，形式也仍然活跃在诸如信息等话语当中。但是，如果一种媒介本体论希望通过艺术的技术状态而被理解，它就应该懂得如何去阅读设计图、规划图、主板设计、工业线路图等，以便从一开始，也就是从高科技硬件中理解其绝对范畴。考虑到所谓的冯·诺依曼架构很可能不是最佳架构，但今天却近乎标准化了，我们看到了寄存器、总线和随机存取储存器。

从结构上讲，存储在寄存器中的二进制数字执行逻辑操作和数学运算，多条总线传输命令、数据和地址，而随机存取内存（RAM）则为命令、地址和数据提供存储空间。此外，这一三重架构显然是一个反馈回路，它在许多分形维数中自我迭代，从纳米级、毫米级直到让我们这些终端用户进行交互的可见层。命令、地址和数据，也就是过程、传输和存储的对象，这不仅可以在计算机架构中被检索到，也可以在技术媒介的整个递归历史中检索到。图书馆是用来存储书籍这一媒介的媒介，电报电缆自南北战争以来就一直是军事指挥的传输媒介。每当本体论思想或者数学著作改变文化历史进程的时候，基本的数据处理就发挥了作用。与其让人类、存在和机器困囿于质料／形式的二分法，我们至少应暂时尝试去阐明由命令、地址和数据构成的新三位一体。在固体物理学和冯·诺依曼架构（如你所知，它们是错综复杂地交织在一起的）的双重条件下，这将成为一种媒介本体论。

在荷马的《伊利亚特》中，赫克托尔有一句名言："神圣的特洛伊终有被毁灭的那一天。"我们无法预言，但也悲观地预见了烈火冲天的夜晚。也许一个玫瑰色的新黎明将会出现，并实现固体物理学家最珍视的梦想：基于并联和微小量子状态的计算机取代了基于大型和串行硅连接的计算机。届时，我或我的后继者将撤回本文。

线与面*

（2002）

［捷］维兰·傅拉瑟 / 著　韩晓强 / 译

> 线性思维（文字）与平面思维（图像）之间正在展开一场
> 关键对抗，这可能催生一种新的文化形式。

各种"面"（surface）在我们的环境中变得日趋重要，例如电视屏幕、宣传海报、杂志页面等。在过去，"面"相对罕见，虽然照片、绘画、挂毯、彩绘玻璃（vitreaux）、洞穴画都在围绕着人类，但这些"面"的数量和重要性都不及现在围绕着我们的那些"面"。因此，过去的人们没有像今天这样迫切地试图理解"面"在人类生活中的作用。在过去还有一个重要得多的问题：理解"线"（line）的含义。自字母文字发明以来（也就是说，自西方思想开始自我表达以来），书面行文（written lines）就以一种需要解释的方式围绕着人们。一切再清楚不过：这些"线"意味着我们在其中生活、行动和受苦的三维世界，但这些"线"又是如何表达这个世界的呢？

在关于这一问题的诸多回应之中，对现代文明最具决定性的答案来自笛卡尔。他肯定了"线"是"点"（points）的

---

* ［捷］维兰·傅拉瑟（Vilém Flusser）著，《线与面》（Line and Surface），韩晓强译，原文载《主流》（*Main Currents*），第 29 卷，第 3 期，2002 年，第 100-106 页。

话语，而每一个点都是世界上某事物的一个象征（一个概念）。因此，"线"通过将世界投射为一系列连续结构，以过程的形式将其表征出来。西方思想是"历史性的"（historical），因为它将世界设想成"线"，也就是一个过程。这种历史感（historical feeling）首先由犹太人——书[1]（线性书写）的民族阐述出来绝非偶然，但也无须夸大其词：只有极少数人知道如何阅读和书写，不识字的大众并不信任（或催生）线性的历史，因为它们出自操控文明的抄写员和书记员之手。然而，印刷术的发明让字母系统变得通俗化，可以说，在过去一百多年中，西方人的线性历史意识造就了我们的文明景象。

如今的情况亦非如此。书面行文虽然比之前出现得更为频繁，但对普罗大众而言，其重要性已经不如"面"（我们无须先知来告诉我们，"一维的人"正在消失）。现在，这些"面"意味着什么才是问题所在。当然，我们可以说它们意味着世界，就像曾经的"线"一样，但它们又是如何意味着这个世界的呢？它们是否足以适配这个世界，又是如何适配这个世界的呢？它们所呈现的世界与书面行文所呈现的世界，又是否是同一个世界呢？问题在于，一方面要找出"面"与世界之间的适配性，另一方面要找出"面"与"线"之间的适配性。这不是一个思维与事物之间的适配性问题，而是一方面用"面"表达的思维，另一方面用"线"表达的思维。

仅陈述上述问题，就已经困难重重。其中一个困难在于，这个问题只能通过书面行文的方式来说明——以引出问题的方式来表述问题。另一个困难与下列事实相关：尽管以"面"

---

1 指《圣经》。——译者注

表达的思维如今在世界上占主导地位，但这种思维并不像以"线"表达的思维那样注重自身的结构（我们欠缺一个在严谨性和细致性层面上与亚里士多德式线性逻辑相媲美的二维逻辑）。此外，还有一些困难，我们不能通过说"以'面'表达的思维是'综观的'（synoptic）或者'融合的'（syncretism）"来予以回避。我们不妨承认这些困难，然后试着思考上述问题。

从"平面思维"到"线性思维"的适配性

我们可以提出以下问题：阅读书面行文和阅读图片之间有何差异？这很容易回答：阅读书面行文时，我们从左到右阅读一行文字，从上一行文字跳到下一行文字，按序翻页；阅读图片时，我们的眼睛在其表面上，沿着画面结构所暗示的隐约可见的路径穿行。区别似乎在于，阅读书面行文时，我们遵循着其强加给我们的某种结构；而在阅读图片时，我们在其呈现给我们的结构中自由移动。

然而，这并非对我们提问的一个准确回答。它表明了两种阅读都是线性的（因为路径也是"线"），而两者之间的差异与自由度有着一定关联。如果我们更细致地思考一下，便会发现情况绝非如此。事实上，我们可以按照上述方式阅读图片，但并非一定如此。或者说，我们可以一目了然地抓住画面的整体，然后通过上述提及的路径进行分析（这就是通常情况下的惯例）。事实上，这种先综合后分析的双重方法（这个过程在一次阅读中可能会重复多次）正是阅读图片的特点。这向我们道出了阅读书面行文和阅读图片之间的区别：如果我们要得到其信息，就必须跟随书面行文；但在图片中，我们可能首先获得信息，然后再试图去分解它。这指出了一维之线和二维之面之间的差别：前者旨在到达某个地方；后者已经就位，旨在揭示它如何到达。这是一种时间性差异，关涉现在、过去和未来。

很明显，这两种阅读类型都涉及时间——但这是相同的时间吗？想来似乎如此，因为我们可以用分钟来计量两种阅读所用的时间。但这一简单的事实也会让我们在此停步，我们如何解释阅读书面行文通常要比阅读图片花费更多的时间？是阅读图片更让人厌烦，以至我们不得不更早停下来？还是图片本身所传递的信息通常比较"短"？另外，如果说这两个过程所涉及的时间是不同的，而以分钟为单位的测量未能揭示其中的差异，不是更合理的说法吗？如果我们接受后一种说法，就可以说阅读图片所需要的时间更短，是因为阅读图片接收其信息的时刻更为密集、更为紧凑，启动得也更快。

如果我们把阅读书面行文的时间称为"历史时间"，就应该把阅读图片的时间另外命名，因为"历史"有"去某个地方"的意思，而阅读图片不需要去任何地方。这一点证明起来很容易：描述一个人在图片中看到的东西，比观看它要花的时间多得多。

如果我们不把阅读书面行文与阅读图片相比较，而是将其与看电影相比较，这两种时间之间的差异就变得更大。我们都知道，一部影片是一个线性的图片序列，但在阅读或观看一部影片时，我们会忘记这一事实。的确，如果我们想看懂一部影片，就必须忘记该事实。那么，我们又是如何阅读电影的呢？科学界已经提出了这一问题，并得到了来自生理学、心理学和社会学领域的一些详尽的解答［这一点很重要，因为知道这些答案会让电影和电视制作人改变影视制作，从而改变观看者（人类）的行为］。但科学的答案立足于"客观性"，无法揭示阅读电影的存在论层面，而这恰恰是此类思考中最重要的方面。

我们可以说，阅读小说就像阅读一系列图片。但这些图片与实际上构成电影的图片——构成胶盘的逐格照片并不等同。它们更像是戏剧场景中的活动图像，这也是为什么阅读电影经常被比作阅读舞台剧，而非阅读图片。这是一个误解，因为舞台是三维的，我们可以走入其中；而屏幕是二维的投影，我们永远无法穿透它。剧院通过事物来再现事物的世界，而电影则是通过事物的投影来再现事物的世界；对电影的阅读在一个平面上进行，就像我们阅读图片一样（尽管它是对"有声图片"的阅读，这个问题我们会在稍后探讨）。

我们如何阅读电影？可以通过尝试列举阅读过程中的不同时间层次来进行描述。第一种时间是场景图片彼此相随的线性时间；第二种时间是其中每张图片本身都在运动的时间；第三种时间是我们阅读每格画面所需要的时间（这与阅读绘画所需要的时间相似，但是更短）；第四种时间是电影所讲述的故事的时间。此外，还很可能存在其他更复杂的时间层次。

如今我们很容易简化一切，说电影的阅读与书面行文的阅读相似，因为它也是按照文本（在第一个时间层面）进行的。这种简化在某种意义上是对的，因为在电影中和在书面行文中一样，我们只有在阅读结束后才能得到信息。但这是一种误解，因为在电影中（与书面行文不同，但与绘画相似）我们可以先掌握每个场景，然后再进行分析。这揭示了一个核心差异：阅读电影同样在"历史时间"中进行，与阅读书面行文的时间同属一类，区别是"历史时间"在电影阅读中发生在一个全新和相异的层面上。我们很容易将这种差异形象化。在阅读书面行文时，我们按照历史性给定的诸点（概念）进行。在阅读电影时，我们按照历史性给定的诸面（图像）进行。书面行文是一个朝向一维的计划（从点到线的展开），电影是一个从二维开始的计划。现在，如果我们所说的历史是一个朝向某物的计划，那么很显然，阅读书面行文时所体现的"历史"与阅读电影时所体现的"历史"便有着全然不同的意义。

"历史"一词在含义上的这种根本性变化仍然晦暗不明，原因很简单：我们还没有学会如何阅读电影和电视节目。我们仍然将它们当作书面行文来阅读，而没有掌握其内在的平面性质。但这种情况会在不久的将来发生改变。现在的技术已经容许读者在电影和电视节目的放映过程中控制与操纵图像的顺序，并在上面叠加其他图片。视频示波器和多媒体表演已经明确指出了这种可能性。因此，一部影片的"历史"将会是部分层面由读者设计或操控的东西。它甚至会变得部分可逆。现在，这些发展意味着"历史自由"（historical freedom）一词有了根本上的新含义。对那些以书面行文来思考的人而言，这个术语意味着在历史中对历史采取行动的可能性。然而对那些以电影来思考的人而言，这意味着从外部对历史采取行动的可能性。之所以如此，是因为那些以书面行文来思考的人站在历史当中，而以电影来思考的人则是从外部看待历史。

将书面行文阅读和电影阅读简化等同的做法，并未考虑到电影是"有声图像"的事实。这当然是问题所在。就视觉而言，电影是平面的；但就听觉而言，它又是空间的。我们融入了声音的海洋，令其穿透我们；我们对立于图像的世界，仅仅是因为它围绕着我们。"视听"（audiovisual）这一术语掩盖了此中区别［奥特加·加塞特似乎和许多人一样，在言及我们所谓的"情形"（circumstancia）时忽略了这一区别。视觉主义者与听觉主义者当然是生活在不同的世界中］。我们可以本能地感受到立体声电影中的声音如何在其平面上增加了一个第三维度（这与未来可能出现的三维电影没有任何关系，因为三维电影不会引入三维，而仅仅"投射三维"，就像通过透视法进行绘画一样）。这里的第三维度破坏了电影的平面阅读，形成了对平面思维者的挑战，只有未来才能揭示这会带来何种后果。

让我们重述一下前文试图说明的内容。直到最近，正统的西方思维更多是以书面行文而非以平面的方式进行表述，这是一个重要的事实。书面行文给思维强加了一个特定的结构，以此通过点的序列来表征世界，这暗示着一种书面行文读写者的"历史性在世存在"。除此之外，诸多"面"一直存在，它们同样表征了这个世界。这些"面"给思维强加了一种非常不同的结构，因为它们通过静态的图像来表征世界。这意味着制造和阅读这些平面图像的人的"非历史性在世存在"。最近，思维表达的新渠道出现了（如电影和电视），正统的西方思维也正在利用这些渠道。它们给思维强加了一个根本性的新结构，因为它们通过运动影像来表征世界。这意味着那些制造和阅读运动影像的人的"后历史性在世存在"。就此而言，我们可以说这些新的渠道将书面行文的时间性纳入图片中，将书面行文的线性历史时间提升到平面的层级。

如果所言属实，那么这意味着"平面思维"正在吸收"线性思维"，或者至少开始学习如何进行这般操作。这意味着景象、行为模式和人类文明的整个结构发生了根本性变化。这种人类思维结构的变化，正是目前危机的一个重要方面。

从"平面思维"到"事物"的适配性

现在，让我们问一个完全不同的问题，以一块石头为例。那块（把我绊了一跤的）石头与它的照片有什么关系？它如何与其矿物学解释发生联系？这也很好回答：照片以图像的形式再现了那块石头；矿物学解释则以线性话语的形式表征了这块石头。这意味着，如果我阅读了这张照片，就能够想象这块石头；如果我阅读了解释的书面行文，就能思考它。照片与解释是我和这块石头之间的媒介；它们将自己放在石头和我之间，并向我介绍了这块石头。但我也可以直接走向这块石头，让它绊一跤。

到目前为止，一切都解释得通，但我们都知道事情没那么容易。我们能做的最好的事情就是尽力忘记学校里学过的这类知识，原因如下：西方的认识论建立在笛卡尔式假说的基础上，这意味着思维要服从书面行文，它并未赋予摄影作为一种思维方式的应有之义。让我们试着忘掉这些吧，根据我们学校的传统，将思维适配于事物，也就意味着将概念适配于广延（由点到体）。如果我们要避免学院派的贫乏状况，就必须根据大众媒介的情况，来重构真理与谬误、虚构与现实的整套问题。

然而，我们所提供的石头的例子并非目前的典型情况。我们可以直接走到石头面前，但对于目前决定我们的大多数事物——无论是解释中出现的事物，还是在图像中出现的事物，我们都无法如此操作。遗传信息、越南战争、α粒子、碧姬·芭铎的乳房等，也都属于这样的事物。我们没有对这类事物的直接经验，但我们还是为它们所决定。对于这样的事物，似乎没必要质询一种解释或者图像如何与其适配。在我们欠缺直接经验的地方，媒介本身才是于我们而言的所谓事物。所谓的"知道"，就是要学会如何在这种情况下阅读媒介。至于这些"石头"（α粒子或芭铎的乳房等）是否真的位于某个地方，或者是否仅仅出现在媒介当中，一点儿都不重要；这些"石头"始终是实在的，因为它决定了我们的生活。我们可以更坚决地指出：我们知道，一些决定我们的事物是由媒介刻意制造的，如总统的演说、奥运会和重要的婚礼等。那么质询媒介是否适配于这些事物，到底有什么意义？

尽管如此，我们还是可以回到石头上，将其作为一个极端且非典型的案例。毕竟我们还留有一些直接的经验，尽管它正在减少（我们生活在一个不断扩展的宇宙当中：媒介向我们提供了越来越多无法直接体验的事物，并逐一拿走了我们可以直接交流的事物）。现在，如果我们仍然拼命抓住石头不放，就可以大胆做出如下陈述：大致来说，我们生活在三个领域——直接经验的领域（实际存在的石头）、图像的领域（照片）以及概念的领域（解释）。可能还有其他的领域，此处暂不加以考虑。方便起见，我们可以将第一个领域称为"既定事实的世界"（the world of given facts），将其他两个领域称为"虚构的世界"（the world of fiction）。现在，我们最初的问题就可以如此陈述：在我们目前的情况下，虚构是如何与事实建立关联的？

有一点显而易见：虚构经常通过替代或指向的方式来伪装事实（这在石头的案例中表现为照片及其解释）。虚构如何做到这一点？答案是通过象征（symbols）。象征指某一事物按照惯例被指定为其他事物的代表（无论这种惯例是隐含的、无意识的，还是明确的、有意识的）。象征所表征的事物是它们的意义。因此，我们必须询问，虚构世界的各种象征与事物的意义之间如何产生关系？这就将我们的问题转移到媒介的结构上。如果我们挪用第一段中所说的内容，就可以如此回答该问题：书面行文将事物的象征同事物的意义以点对点的形式关联起来（它们"构想"其所指的事实），而平面则通过其二维背景将事物的象征同事物的意义关联起来（它们"想象"其所指的事实——如果它们指的确实是事实而非空洞的象征）。由此，我们的情况提供了两种虚构：概念虚构（conceptual fiction）与形象虚构（imaginal fiction），它们与事实之间的关系取决于媒介的结构。

如果我们试图阅读一部影片，就必须承担一个屏幕强加给我们的视点；如果不这样做，我们就什么都读不懂。视点来自影院中的座椅。如果我们坐在那把椅子上，就能读懂影片的含义。如果我们拒绝坐在椅子上并靠近屏幕，就只能看到无意义的光点。然而，如果我们试图阅读一份报纸，我们无须承担一个强加给我们的视点。如果我们知道某个象征"a"是什么意思，如何看待它并不重要，因为它总是意味着自身。但是，除非我们已经了解其象征的含义，否则我们还是无法阅读报纸。这揭示了形象代码、概念代码的结构以及它们各自去代码化手段之间的差异。形象代码（如电影）取决于预先决定的观点，它们是主观的；它们基于无须有意识学习的惯例，它们是无意识的。概念代码（如字母系统）取决于预先决定的观点，它们是客观的；它们基于必须有意识学习和接受的惯例，它们是有意识的。因此，形象虚构以主观和无意识的方式关联到事实，而概念虚构则以客观和有意识的方式关联到事实。

这可能导致我们做出如下解释：概念虚构（"线"的思维）比形象虚构（"面"的思维）更优越、更后近，因为它使事实和事件变得客观和有意识。事实上，这种解释到最近还在支配着我们的文明，它仍然解释着我们对大众传媒的唾弃态度。但这是错误的看法，原因如下：当我们将图像转化为概念时，我们分解了图像，并对其进行分析。可以说，我们在图像上抛出了一张概念的点状网（point-net），仅捕捉那些未曾逃过网眼的意义。因此，概念虚构的含义比形象虚构的含义窄得多，尽管它相较起来更为清晰明确。事实通过形象思维得到更充分的表征，通过概念思维得到更清晰的表征。形象媒介的信息更为丰富，概念媒介的信息则更为鲜明。

就事实与虚构而言，我们现在可以更好地理解目前的状况。我们的文明将两种类型的媒介置于人们的支配之下：线性虚构的媒介（如书籍、科学出版物、电脑打印件等）以及平面虚构的媒介（如电影、电视图像和插图杂志等）。第一种类型的媒介可以在我们自身和事实之间，以一种明确的、客观的、有意识的或概念的方式进行调介，但它的信息相对有限。第二种类型的媒介能在我们自身和事实之间，以一种矛盾的、主观的、无意识的或想象的方式进行调介，但它的信息相对丰富。我们均可以参与这两种类型的媒介，但参与第二种类型的媒介，需要首先学会使用其技术。这解释了我们的文明为何区分为精英文化（针对那些几乎只参与线性虚构的人）与大众文化（针对那些几乎只参与平面虚构的人）。

对这两个群体来说，了解事实是一个问题，但于彼此而言未必相同。对精英阶层而言，问题在于线性虚构越是客观、清晰，就越贫乏，因为它往往会与它想要表征的事实（所有的意义）失去联系。因此，线性虚构的信息不能再令人满意地适配我们对世界的直接经验。对大众文化而言，问题在于图像在技术上越完美，它们就越富足，就越能完全替代它们最初可能表征的事实。因此，事实不再是必要的；图像可以代表自身，进而放弃所有原始的意义。它们不再需要适配世界的直接经验，这种经验已被废弃。换句话说，线性虚构的世界，即精英世界，正越来越多地披露其徒具概念性的、虚构性的特征；而平面虚构的世界，即大众的世界，正越来越成功地掩盖其虚构特征。由于缺乏适配性，我们无法从概念思维通向事实；由于缺乏使我们区分事实与图像的标准，我们也无法从形象思维通向事实。在这两种情况下，我们都失去了对"现实"的感觉，与之渐渐疏远（例如，我们不能再说 α 粒子是否是一个事实，或者芭铎的乳房是否是真的，但我们现在可以说，这两个问题的意义已经微乎其微）。

但很可能的状况是，我们的这种疏离不过是一种过往危机的症状。目前正在发生的可能是试图将线性思维纳入平面思维、将概念纳入形象、将精英媒介纳入大众媒介（这就是第一部分试图论证的内容）。若是如此，形象思维可以变得客观、有意识和清晰化，同时保留其富足的内容，因此可以在我们自身和事实之间以一种比先前更有效的方式进行调介。但这将如何发生呢？

这一发展涉及一个转译的问题。到目前为止，情况大致如此：形象思维是将事实转译为图像，概念思维则是将图像转译为概念（首先是石头，继而是石头的图像，最后是对该图像的解释）。在未来，情况可能如此：形象思维将会是从概念到图像的转译，而概念思维是从图像到概念的转译。在这样的反馈情况下，一个适配的模型最终可以被阐述出来。首先会有一个事物的图像，继而有对该图像的一种解释，最后会有关于这种解释的图像。这将催生一个事物的模型（而这个事物最初是一个概念）。这个模型可能适用于一块石头（或者其他一些事实，或什么都不适用）。因此，一个事实，或者一个事实的缺失，将会被披露出来。事实和虚构（匹配或非匹配模型）之间将会再次存在一个区分标准，而现实感则将得到复原。

刚才所说的并非认识论或本体论的推测（因此是非常有问题的）。它是对目前趋势的观察。科学和其他线性思维的表述（如诗歌、文学和音乐等），正在越来越多地诉诸形象的平面思维；它们能够如此行事，是因为平面媒介的技术进步。以类似的方式，这些平面媒介，包括绘画、图形和海报等，正在越来越多诉诸线性思维；它们能如此行事，也是因为自身技术的进步。因此，尽管上述内容可能有理论上的问题，但它们已经在实践中开始慢慢实现了。

从根本上来说，这意味着形象思维正变得有能力去思考概念。它可以将一个概念转化为其"对象"，因此可以成为概念思考的元思维。到目前为止，概念只能从其他概念的角度来思考，也就是只能通过反思来思考。反思性思维是概念思考的元思维，其本身也是概念性的。而现在，形象思维可以开始以平面模型的形式来思考概念。

毫无疑问，这一切都太程式化了。人类文明的实际情况要复杂得多。例如，还有一些倾向是在圆中或者三维中进行思考。当然，这类三维媒介一直存在，旧石器时代的雕塑便证明了这一点。但现在发生的事情截然不同。一个可以被多元感受的、能激起身体感觉的视听电视节目并非雕塑。这是思维通向事实身体表征的一大进步，其结果甚至不能被怀疑。毫无疑问，它将使我们能够思考目前无法想象的事实。当然，人类文明中也有一些其他倾向，这未能在上述图式中被考虑到。但我们希望它们能达到当前的目的：展示人类危机的一个方面，并展示人类克服危机的一种可能性。

回到我们的论点上，目前我们在我们自身与事实之间安排了两种媒介——线性媒介与平面媒介。线性媒介变得越来越抽象，并失去了所有的意义。我们面对的思考表明，它们可能在一种创造性的关系中联结在一起。一种新的媒介可能由此浮现，容许我们重新发现一种"现实感"；如此，我们可能为一种新的思维类型开辟领域，该思维有其自身的逻辑和自身的编码象征形式。简而言之，线性媒介与平面媒介的综合，可能催生一种新的文明。

走向后历史的未来

现在让我们扪心自问，这种新的文明有何种外观？如果我们从历史的角度来审视当下的文明，它首先呈现为一种从想象到概念的思想发展［首先是壁画和《维伦多尔夫的维纳斯》，然后是字母系统和其他线性模式，最后是公式翻译语言（Fortran）］。但这一简单的历史观到某个时刻势必令我们失望。我们现在的形象媒介（如电影等）显然是概念思维的发展。首先，它们源自科技，而科技自然是概念性的。其次，形象媒介是概念思维的发展，是因为它们沿着线性话语之线前行，而这也是概念性的（《维伦多尔夫的维纳斯》可能讲述了一个故事，但电影讲述故事的方式不同；它沿着一条线，以历史的方式讲述）。因此，我们必须纠正我们的解释：当下的文明看起来不是从图像到概念的线性发展的结果，而是一种从图像到概念再到图像的螺旋式运动的结果。

我们可以做如下陈述：当人类将自己视为世界的主体时，当他从世界中抽身而出来思考它时——即当他成为人时——他能如此行事，主要归功于他想象世界的奇特能力。由此，他创造了一个图像世界，在他自身和事实世界之间进行调介，由于这个拉开距离的过程，他开始与事实世界失去联系。后来，他学会了如何处理他的形象世界，这主要归功于人类的另一种能力——构想的能力。通过在概念中思考，他不仅受制于一个客观的事实世界，也同样受制于一个客观的图像世界。然而，如今通过再次求助于其想象的能力，他开始学习如何处理自己的概念世界。通过想象，他如今开始将他的概念客观化，从而将自己从这些概念中解放出来。在第一个立场中，他站在静态图像之中（在神话中）；在第二个立场中，他站在线性发展的概念中（在历史中）；在第三个立场中，他站在使概念有序化的图像之中（在结构中）。但这第三种立场意味着一种绝对新式的在世存在，以至其多方面的影响难以被把握。

让我们使用一个比喻——剧院。神话的立场将对应一位舞者表演的神圣场景，历史的立场是由一位演员在剧中承担的角色来表征的。结构主义的立场可能与剧作家的立场相对应。舞者知道自己在执行某种仪式，他知道象征模式是他所要表征的现实之需求；如果他采取不同的表演，那将是一种对现实的背叛、一种罪过，他在其中唯一的自由就是犯罪。演员知道他在演戏，他知道其表演的象征本质是一种戏剧惯例。因此，他可以用各种方式来解释这一惯例，进而改变或修正此惯例，这便是他的自由，严格来说是一种历史自由。剧作家知道，他在戏剧媒介强加给他的限制范围内提出了一个惯例，他试图赋予该惯例某种意义，他的自由就是结构性的。从舞者的角度看，演员是个罪人，剧作家是个魔鬼。从演员的角度看，舞者是个无意识的演员，剧作家是一位掌控者。从剧作家的角度看，舞者是一个木偶，而演员是一个有意识的工具，能让他（剧作家）不断从中学习。

然而，剧院的例子并非完美无缺。它未能充分展示第三个立场，因为这还没有真正存在于戏剧中，它还是太新近了。姑且让我们尝试另一个案例，它能更清楚地揭示第三个立场：电视观众的未来角色。这位观众会拥有一个任其支配的、包含各种节目磁带库的电视剧场（video-theatre），他能够以多种方式混合材料，进而促成他自己的节目。但他能做的实则更多：拍摄自己的节目，包括自己和其他人在内，并且记录在磁带上，然后在电视屏幕上播放。因此，他将在自己的节目中看到自己。这意味着观众将会控制节目的开端、中段和结尾（在他电视剧场的限制之内），他将能够在节目中扮演他想要的任何角色。

这一图式更清楚地揭示了历史性在世存在和结构性在世存在之间的区别。观众仍然由历史（电视剧场）决定，他仍然在历史中行动（通过让自己出现在屏幕上）。但是在他构成一个历史过程，以及他可以在该历史过程中承担他想要的任何角色的意义上，他又是超越历史的。这可以更有力地予以说明：尽管他在历史中行动并为历史所决定，但他对历史本身不感兴趣，而是对组合各种历史感兴趣。这意味着历史对他而言并非一出戏剧（就像对历史的立场而言：它成了一场游戏）。

这种差异基本上是两种立场之间的时间性差异。历史的立场位于历史时间以及过程之中；结构的立场位于那种将过程视为形式的时间中。就历史的立场而言，过程是事物生成的方法；就结构的立场而言，过程是事物出现的方式。从结构的立场看事物的另一个角度是将过程视为决定事物的参数或尺度。历史方法将事物分解为不同的阶段——它是历时性的。结构方法将诸阶段连接为形式——它是共时性的。就这种方法来说，过程是否对应事实，取决于当事人的观点。

此外，那些在历史的立场中处在对立面的事物（物质—能量、熵—负熵、正极—负极等）在结构的立场上是互补的。这意味着就结构的立场而言，包括战争和革命在内的历史上的冲突根本不像是冲突，而是作为游戏中的一系列互补的动作。这就是为何结构的立场经常被那些从历史角度看问题的人称为"非人的立场"。它是非人的，但这也是一种新型的人性特征，只是还未被旧特征体系内的成员认可。

这里潜藏着一个问题。所有关于第三个立场的说法都是以书面行文呈现的，因此是概念思维的产物。但是，如果这个观点哪怕只是部分正确，第三个立场就无法被概念化，他必须用现在正在形成的那种想象力来想象。因此，这篇文章只能算是建议性的文本。另外，除非我们试图将概念纳入图像，否则我们将成为一种新的野蛮形式（混乱想象力）的受害者。无论如何，这一事实可能为这篇文章提供了一种合理解释。因为现在的事实是第三个立场正在被认定和生效，无论我们能否对其进行构思，它都会随着时间推移而克服历史的立场。

那么，让我们回顾一下既有的论点，以尝试提出新文明可能采用的形式。我们面前有两个选择。首先，形象思维有可能无法成功地容纳概念思维。这可能导致人类普遍的去政治化、去行动化和异化，导致消费社会的胜利和大众传媒的极权主义。这样的发展看起来非常像当下的大众文化，但形式更为夸张和粗暴。精英文化将会永远消失，从而让历史在该术语的任何意义层面终结。其次，形象思维将会成功容纳概念思维。这将导致新的交流类型，而人们会有意识地接受结构的立场。如此，科学就不再仅仅是话语和概念的模型，而是诉诸形象的模型。艺术将不再致力于事物（作品），而是提出模型。政治不再为价值的实现而战，而是精心设计可操控的行为模式等级。简而言之，所有这一切都意味着在一种新宗教性的存在景象中，一种新的现实感将阐明自身。

所有这些或都是乌托邦。但它并非奇幻。观察这一场景的人会发现一切都已然就位，已然以"线"与"面"的形式在运作了。到底会有怎样的后历史时代的未来，这取决于我们每个人。

痕迹、文字、图表：反思空间性、直观和图形的实践与思考*

（2014）

［德］西比尔·克莱默尔 / 著　王敏燕 / 译

图解与认知

　　如果说人文科学中存在某种重要的二分法（dichotomy），那么它应该位于词语和图像、再现和表现、话语和图像的符号形式之间。我们所说的"语言"转向（linguistic turn）、"图符"转向（iconic turn）或"图像"转向（pictorial turn）都证实并加强了这种概念上的二分法。然而，有一类数量可观的再现工具挑战了符号的二分秩序：考虑一下文字、表格、图形、图表或是地图，它们自身呈现为语言与图像的结合，让我们将这一类别称为"图解"（diagrammatic）。图解的共同特性来自点、线、面之间的互动。在图解中，"讲述"（saying）和"展现"（showing）共同发挥作用，从而创造出一种"可操

---

* ［德］西比尔·克莱默尔（Sybille Krämer）著，《痕迹、文字、图表：反思空间性、直观和图形的实践与思考》（Trace，Writing，Diagram：Reflections on Spatiality，Intuition，Graphical Practices and Thinking），王敏燕译，原文载《图像的力量：情感、表达、解释》（*The Power of the Image: Emotion，Expression，Explanation*），安德拉斯·贝内德克与克里斯托弗·尼里主编，彼得·朗出版社，2014年，第3-22页。

作的象似性"（operative iconicity）。[1] 这些图形再现、开启了一个兼具审美体验和认知体验的领域。它们不仅是再现知识对象的媒介，还是生产和开发那些特定对象的仪器。知识不只是通过图解才得以再现、传输和散播，它还由图解制造并扩展开来。

本文将论述图解在思考和理解中的作用，以及它实现这种作用的方式。我的假设是，存在一种与图解相关联的认知功能，从而使不可感的（imperceptible）理论对象变得可见、可触摸。直观——康德所说的"anschauung"——和思维在图解中是如此紧密地捆绑在一起，从而开启了我们对不可感对象的知觉探究。本文的基础假设是，"可操作的象似性"的认知功能是以存在于可视性、空间性和图形主义（graphism）之间的特别关联为基础的。让我们看看乘法表的诺谟图（the Nomogram，图1）这个简单的例子。

诺谟图是对数学函数操作性的可视化。这个诺谟图将所要执行的乘法过程转化为平面上的图式（schematic）操作。[2] 两侧的线条代表要相乘的项（因数），中间的线条展示等式的结果（积数）。为了实现这个乘法操作，这两个因数之间放置了一条线 / 一把尺，积数可以在线 / 尺越过中线的地方被找到。

1　Sybille Krämer，"Operative Bildlichkeit：Von der 'Grammatologie' zu einer 'Diagrammatologie'? Reflexionen über erkennendes 'Sehen'"，in *Logik des Bildlichen: Zur Kritik der ikonischen Vernunft*，Martina Heßler and Dieter Mersch，eds.，Bielefeld：transcript，2009，pp.94-122.

2　Thomas Hankins and Robert Silverman，*Instruments and the Imagination*，Princeton，NJ：Princeton University Press，1999，p.53.

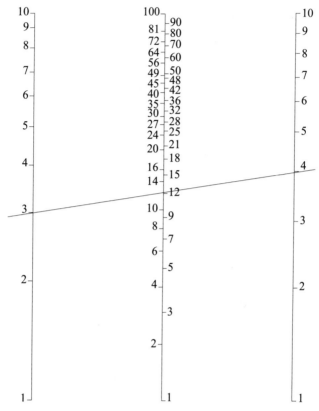

图1 乘法表的诺谟图

　　由此产生了一种纸张工具（paper-tool），即一种解决算术问题的仪器。在这个简单的例子中，我们看到"可操作的象似性"的一个重要方面：它是一种借助空间秩序来解决问题的现象。数字是理论实体，在世界上没有物质形式。但是在这三个线条的帮助下，这些抽象实体被给予了一个拟物（quasi-physical）的位置。通过向上升序的数字线条，这个数字的（numerical）纸张空间获得了一种清晰的方位性（directionality）和定向功能（orientation）。数字在线条上的位置越高，它的数值就越高。这种"更高或更低"的地形学（topological）特性对应着量化的、算术的特性。这是一种呈现为垂直线条以及在其具体实例的应用中呈现为水平线条的算术法则，它作为解题技巧的一部分而变得可见。与许多其他案例类似，在这个案例中，我们不是对纸张（with paper）进行思考，我们是在纸上（on paper）进行思考。

现在让我们来看看第二个例子（图 2 和图 3）：贾斯特罗和维特根斯坦的鸭兔图。[1]这张具有两种面相的图片最先被哲学家约瑟夫·贾斯特罗所讨论，[2]后来出现在《哲学研究》的一个段落，维特根斯坦在此阐释我们使用"观看"（see）一词的复杂性：面相观看（aspect-seeing）本身就是一种思考行为，正如它是一种观看行为。尽管这始终是同一张图片，但是当我们看着这幅图画时，我们能看到两种不同的可能性。虽然我们总是能够看到兔头或是鸭头，但我们永远无法真正感知这个"格式塔"与另一个"格式塔"之间的交替。对于维特根斯坦来说，面相转变（aspect-change）的不可见性正是面相观看所涉及的思考症状。

1　Ludwig Wittgenstein，*Philosophical Investigations*，Oxford：Basil Blackwell，1953，Part II，sect. p.xi.

2　Joseph Jastrow，"The Mind's Eye"，*Popular Science Monthly*，vol. 54，January 1899，pp.299-312.

图2　贾斯特罗的鸭兔图

图3　维特根斯坦的鸭兔图

　　让我们仔细审视这种面相转变。鸭头到兔头之间的交替不仅意味着格式塔的重组，还意味着表面结构体阵列（the

alignment of structure）的重组，而后者恰恰是格式塔转变（gestalt-change）的根本前提。如果我们以喙为前，那么这个图画作为鸭的图式（duck-schema）就是定向左侧的：代表鸭的眼睛的这个点"看"向了纸张的左侧边缘。然而，如果我们把这个图画想象为一只兔，那么就会重新定向右侧：同一个点，现在成为兔的眼睛，凝视着纸张的右侧边缘。维特根斯坦将这种突然的转变与思维本身联系在一起。这种转变仍然是不可见的，它源于观看者在表面上进行的方位性的完全重新定向。

铭文表面

我们生活在一个三维的世界，然而却被覆盖着二维图像和二维文稿的表面所包围。我们不断在扁平表面上将真实世界的充盈和虚拟世界的幻影再现为绘画、图形、图式以及描述等。铭文表面的存在是如此不证自明，以至我们几乎没有意识到它们所体现的特殊空间形式。[1] 平面化（flattening out）的技术——使三维变成二维——是现代科技的主要原理：联想一下扁平的屏幕，计算机显示器以及手机表面等；不过，这种平面化的文化技艺作为一种审美和认知原则，也有其漫长而又丰富的传统。对视觉艺术以及科学和哲学来说，影子和剪影都是同样重要的现象，这并不让人意外。[2]

---

[1] David Summers，*Real Spaces: World Art History and the Rise of West Modernism*，London：Phaidon Press，2003.

[2] Steffen Bogen，"Schattenriss und Sonnenuhr：Überlegungen zu einer kunsthistorischen Diagrammatik"，*Zeitschrift für Kunstgeschichte*，vol.68，no.2，2005，pp.153-176.

让我们回顾一下关于普林尼所记载的陶匠布塔德斯的女儿的传说，她把即将远航的爱人的影子绘在墙壁上。该事件标志着"走向平面"的绘画创作的诞生。

同时，让我们思考一下日晷的"影子手"（shadowhand），也就是"指时针"（gnomon）。它与一个带铭文的、负载图像的表面相互作用，是许多古代文化中测量时间的认知仪器，兼具实用性和理论性功能。这个图像向我们展示杆的影子如何在日晷上与铭文表盘相互作用，从而标记时间的流逝。

毕达哥拉斯学派将指时针作为一种数字角度（number-angle）并将其运用于有形数（figure numbers）的建构，从而发现并检验了算术的特性和法则（图4）。[1]

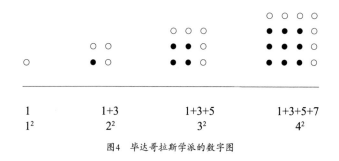

图4 毕达哥拉斯学派的数字图

对铭文和图绘表面的认知运用是最高等级的文化成就。让我们提出一个有点投机的问题：表面的发明之于思维的移动性和创造性的重要程度是否等同于轮子的发明之于身体的

---

1 Oscar Becker, *Das mathematische Denken der Griechen*, Göttingen：Vandenhoeck & Ruprecht, 1966; Sybille Krämer, *Symbolische Maschinen*, Darmstadt：Wissenschaftliche Buchgesellschaft, 1988, pp.28-31.

移动性和创造性的重要程度？

接下来的反思试图更好地阐明空间性和图形主义在铭文的"可操作的象似性"中的关系。我将会呈现这种特殊形式的空间性的概念基础，并且将注意力转移到某些具体案例，这些案例涉及哲学史上空间性和图形主义的关系。

空间性的面向

至少存在四种空间性的面向，这对于理解其认知功能格外有帮助。

一、作为平面性的空间性

在环绕我们的现实中，我们的身体创造出一个由三部分构成的定向矩阵：我们在上下、左右以及前后之间进行区分。借助这种基于身体的强大结构，我们可以赋予周围环境以基本顺序。铭文平面的优势在于，这种基本定向矩阵能够投射为某种二维的事物。但有一个重要的例外：当"后面"（behind）或"下面"（beneath）不再存在的时候，这种优势也就无从谈起了。要知道，在剪影和图形主义中，深度是被排除在外的。

需要牢记的是，我们的现实不存在平面；但是，我们处理大量对象表面的方式就好像它们并不存在深度一样。借由这种人为的二维性，一个可移动的、手动操作的以及完全可由肉眼感知的微小地带就产生了。平面性的综观体验（synoptic experience）中产生了"概览"（overview）：一种外部观察者能够把握的"制图视角"（cartographic perspective）或鸟瞰视图。对于参与三维生活世界的我们来说，这种位置遥不可及。然而通过这种铭文表面，我们发现了一个截然不同的空间，它似乎完全屈服于我们的视觉感知和查验、触控以及控制的能力。

二、作为方位性／定向功能的空间性

将上下对称和左右对称的身体矩阵投射到平面的结果是，这个平面会获得一种方位上的阵列或定向。这种定向对于制作图形对象来说很重要，对于阅读、查验以及解释铭文来说也很重要。让我们来看一下文稿：所有的文稿都遵照二维的矩阵，它们从左到右（或相反）、从上到下（或相反）排列；带有文字的纸张旋转 90 度时就变得无法阅读。同样地，地形图需要东西轴和南北轴作为指示；而在方位性的转变中，维特根斯坦的鸭兔图不断涌现出来。

伊曼努尔·康德认为，空间性必然包含一种方位上的阵列或定向。[1] 这就是为什么一个对象可以在属性上与另一个对象完全相似，好比左手和右手的轮廓。但它们仍然不是重合的（congruent），因此也就不是同一的：左手手套并不适用于右手。这种"非重合对象"（incongruent objects）只有当它们的旋转方位——向左或向右——被描述时才能被描述。[2] 伊曼努尔·康德确信，这种左右的定向和旋转的方位无法用口头描述，只有通过直观才得以显现。

1　Immanuel Kant, "Von dem ersten Grunde des Unterschiedes der Gegenden im Raume", in Kant, *Vorkritische Schriften bis 1768*, Wilhelm Weischedel, ed., Frankfurt/M.: Suhrkamp, 1977, vol. 2, pp.991-1000.
2　关于康德与非重合性的文章，参见 James van Cleve and Robert Frederick, *The Philosophy of Right and Left: Incongruent Counterparts and the Nature of Space*, Dordrecht: Kluwer Academic Publishers, 1990.

三、时间的空间化

在我们对世界的感知中，空间与时间所占的权重通常相同。然而，我在这里断言：每当我们身处一种不确定的情况时，我们必须在实践上或在理论上为自身定向，而空间往往会凌驾于时间之上。图形铭文和绘画都是时间性的过程——但它们的价值却来自将时间体验之连续性（one thing after another）转化为空间体验之同时性（one thing next to the other）的能力。尽管对铭文的查验和阅读是以时间的形式发生的，但是图解的根本效果却是将时间中所执行的动作空间化——让这种动作可以再次变得富有流动性和时间性。这会导致时间的减速和松弛。我们的神经细胞以闪电般的速度运作——我们的说话能力也是如此。但是，书写和绘制的技艺是繁重的、耗时的。而这恰恰是它们的认知优势：当我们在迟缓的物质性铭文表面上制造、查验和修正思想的痕迹时，我们与思维那自发、无常的内在生命的不稳定流动保持了至关重要的距离。与此同时，我们在二维表面创造了一个领域，其中时间的不可逆性已然撤销，而我们作为终将死亡的物种必须屈服于它：所有已排序的都可以被重新排序。

四、结构空间与运动空间

一般来说，存在两种互斥的再现性空间形式：一方面是静止的结构空间，以不同地点的并存以及它们之间的关系为特征；另一方面是运动空间，形成于行动者的运动过程，在时间性上与他们绑定在一起。[1]综观的地形图——鸟瞰视野的景色——是结构空间的模型；而针对一系列运动（"向右，再向

1　Michel de Certeau，*Die Kunst des Handelns*，Berlin：Merve，1988，p.217.

左……")连续的、以参与者为定向的描述则是运动空间的典型再现形态。通常，结构空间和运动空间被视为一种二分法原则。但是，当我们着眼于使用地图进行定向越野的实践时，我们会注意到使用者在地图的帮助下（多亏他用手指对地图进行的索引式自我投射），能够在其自身的运动和行动领域中转化一个未知的地带。从结构的空间性到基于运动的空间性的这种蜕变，正是现代概览地图的决定性前提和目标。我们称其为"制图冲动"（cartographic impulse）。借此，这两种空间原则就意味着互动而不是敌对。结构和运动协同工作，而不是彼此对抗！这里的关键点是制图冲动可以被应用于知识领域的精神定向，也就是可以用于思考和理解。但是，为了理解这种通过平面铭文的空间性来实现智识行为的方式，我们首先必须讨论图形主义的一些原理特征。

图形主义的智识潜力

一、媒介的双重语言

我的出发点在于这样的观察：从人类学的视角来看，人类展现出一种内在于媒介的根本的双重语言：我们"拥有"的不仅是一种听觉语言，还是一种视觉语言，包括模仿、姿态以及生产和阐释图形标记的能力。古生物学者安德烈·勒鲁瓦 - 古昂（André Leroi-Gourhan）提醒我们，在动物界，某些物种交流时使用的信号似乎与人类的语言相似，但不存在任何与图像的刻画以及线条的构造绘制相似的东西。[1] 我想说明

1　André Leroi-Gourhan, *Hand und Wort: Die Evolution von Technik*, *Sprache und Kunst*, Frankfurt/M.: Suhrkamp, 1980.

的是，当我们不再仅仅从交流的视角而是从其认知含义的视角来看待语言时，图形语言就会具有更深刻的可操作意义以及认知上的优先性。

二、示意图的智识性

线条如何具有认知的力量？图形主义的智识潜力扎根于何处？经验层面的线条不仅关乎长度，而且关乎宽度和深度。当然，从审美上来说，线条的物理性也是很重要的。但是，当我们将物理上的疾笔（dash）看作图式意义上的线条时，我们就把一个经验事实变成了一种非经验情况：在示意图中，线条的一维性首先呈现为一种理论上的构造。从疾笔到线条的蜕变似乎是毫不起眼的、无关紧要的。然而，它本身蕴含着象征形变（symbolic transfiguration）的潜力，借此，原先只能被思考的事物得以被感知。每个边界线条都证实了这种形变的力量，因为它区分了领土和不属于领土的范围。线条是分化之可能性的条件。在此，我们是否偶然发现了我们先验论能力的起源？

三、他律与自律

两种认知成就贯穿于铭文之中：超越自然的比喻能力以及前所未有的概念化潜力。线条首先是姿态的痕迹；线条蕴含绘图的潜力，也就是对本身不是线条的事物进行再现的能力。通过投射将三维转换为二维已然证实了这些转换行为的创造力。我们也可以用示意图再现并不存在的甚至是完全不可能的事物。在这里，我们发现线条富有想象力的设计特点：在平面上，现实可以颠倒，逻辑上不可能的事情变得肉眼可见——回想一下埃舍尔的绘画或是奥斯卡·路透·瓦德

（Oscar Reutersvärd）的不可能图形便一清二楚了。[1]

在线条中，他律和自律——外部决定和自我决定——相互交织。

四、线性结构的语法学

线条包含一个基本的形式库。为了获取这个形式库，我们需要询问自己：我们凭借一根杆（rod，直线的先驱）和一根线（thread，曲线的先驱）能够在一个表面上生成什么样的形式？杆和线构成了技艺平面化的物质基础和物理基础。杆成为用于涂抹的"触笔"（stylus），成为填充空间的笔刷；它成为日晷"影子手"的指针，而且被用作一种通用的测量和理解仪器——实际上，它在巴黎甚至是一个单一的普遍测量形式的标准尺。线能够沿着曲形放置，能够结成一张网，或是与其他线紧密编织在一起从而创造一个表面，像画布那样。[2]

制图冲动

现在，让我们回到制图冲动这个概念。"制图冲动"意味着用一个结构空间来创造一个运动空间，也就是开启一个运动和行动之可能性的复杂地带。我们对这个过程到认知领域再到许多知识领域的转移很感兴趣。正如地形图为生活世界的未知空间提供定向一样，图解也赋予思考的空间以定向和运动。理解和思考是一条道路（柏拉图）；它是一种方位（维特根斯坦）；我们必须在思考中定向（康德）；探索知识就

1　Oscar Reutersvärd, *Unmögliche Figuren: Vom Abenteuer der Perspektiven*, Augsburg: Augustus-Verlag, 1990.

2　蒂姆·英格尔德认为线条的先驱不是杆，而是痕迹和线。参见 Tim Ingold, *Lines: A Brief History*, London: Routledge, 2007.

像追随阿里阿德涅的线团穿越理解的迷宫（笛卡尔和莱布尼茨）……所有这些想法都证实了许多哲学家那里隐含的制图维度。而制图冲动就像从哲学史中解下来的一根红线，它的认知地位在许多认识论中是隐性的，但在哲学家（通常，学者也是如此）的许多可视化实践中是显性的。

打通图形和哲学之间的联结是图解学（diagrammatology）的目标。图解学这一术语的使用暗示了对德里达所说的"文字学"（grammatologie）的转型。[1] 德里达将文字（书写）这一术语扩展到任何符号的使用，而图解学则是按照"表格""清单""图形""地图"来修正"文稿"的子集，并将它们置于"作为'可操作的象似性'的图解"这一表达之下。这种"可操作的象似性"不仅应该与口头语言明确区分，也应该与技术（如 X 光或扫描显微术等）图片明确区分。

弗里德里克·谢恩费尔特（Frederick Stjernfelt）引入"图解学"术语作为一种认知概念；[2] 他还将查尔斯·桑德斯·皮尔士正名为"图解论证"的先驱。[3] 不过，除了谢恩费尔特，对"图解的空间化"的证明还出现在很多哲学家（包括柏拉图、亚里士多德、冯·库斯、拉米斯、卢勒斯、笛卡尔、莱布尼茨、兰伯特、康德、弗雷格以及维特根斯坦等）的作品中。我将只展示这种空间化在两位权威哲学家（柏拉图和康德）那里的表现方式。

1　Jacques Derrida，*De la grammatologie*，Paris：Minuit，1967.

2　Frederick Stjernfelt，*Diagrammatology: An Investigation on the Borderlines of Phenomenology*，*Ontology and Semiotics*，Dordrecht：Springer，2007.

3　Frederick Stjernfelt，"Diagrams as Centerpiece of a Peircean Epistemology"，*Transactions of the Charles S. Peirce Society*，vol. 36，issue 3，Summer 2000，pp.357-384.

柏拉图

柏拉图总是与图画的怀疑问题关联在一起，然而细看他的作品，会发现这种对图像的假定敌意无法被完全证实。事实上，柏拉图相信视觉空间形式与认知的相遇是不可避免的。这可以从他对话中的两个重要场景清楚地展现出来。

一、《美诺篇》

在《美诺篇》（82b-85c）中，苏格拉底想要证明一个人无须通过语言进行交流或明确教导就能获得数学知识。他让一个对数学一无所知的年轻奴隶把边长为 2 的正方形面积翻倍（图 5）。年轻奴隶的第一反应是将边长翻倍。然而，他很快意识到，这个新的正方形大小是原来的四倍。他接下来的想法是尝试换成一个边长为 3 的正方形，但它仍然比原来大不止一倍。这种从自发的思考到图画的转换，直接向他展现了自己的失败和无知。这个年轻的奴隶发现自己身处完全陌生的领域，失去自信并陷入困境，他告诉苏格拉底："我不知道。"在新图画以及苏格拉底更深入提问的帮助下，年轻的奴隶终于成功解决了问题：通过使用对角线作为更大正方形的边长，就可以使正方形的面积翻倍。

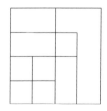 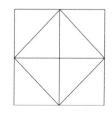

图5　美诺场景

柏拉图在此意图表达的是，知识无法传递；然而，尽管知识没办法在对话中被口头交流，但在图解和对话的游戏中被获得却是可能的。在《美诺篇》中所获得的知识是程序上的知识——一种"能够"、一种"知其所以然"，而不是一种"知其然"。事实上，"知其所以然"永远无法完全用口头表达：因为学会做某事一般是通过操作而很少通过口头描述来达成——想一下游泳或者是骑自行车，一种活动的图式就由此获得。这个年轻奴隶通过与铭文表面的探索性互动获得了这种智识上的"能够"，从而解决了数学问题。柏拉图本人将这种解题知识和"拉里萨之路"（road to Larissa，97a/b）进行比较——一个非常实践性的、高度空间性的类比，这曾让许多阐释者感到困惑。

数学通常被认为是非经验性、命题性知识的化身。千真万确，只有在意识到不仅在边长为 2 的正方形中使用对角线作为边长可以使其面积翻倍，而且同样的规则也适用于所有的正方形时，这位年轻的奴隶才算真正获得了这个数学解题的技能。然而，在通过具体可视化实验来获得这种数学见解时，如何才能不丧失数学纯粹的非经验状态？柏拉图的另一个场景回答了这个问题，来自《理想国》第七卷（509e-511e）的线段比喻。

二、线段比喻

柏拉图展示了他本体论的核心特征——这首先基于可感领域（the perceptible）、可知领域（the intelligible）以及副本和原本之间的区分——以线性图形来表示，那就是线段比喻（图 6）。苏格拉底关于这条线的构建指示如下：画出一个线条并将其分割为两个不均等的线段；较短的线段代表可感领域，较长的线段代表可知领域；可知领域允许我们访问实物（the original object），而可感领域允许我们访问其影像（the image）。每个线段又再次根据同样的非对称比例及原本和副本之间的关系进行分割。这个线条现在被分割为四个线段，每个线段都具有双重含义——既是本体论上的，也是认识论上的。每个线段都对应一个存在的领域以及与该领域相符的知识形态。

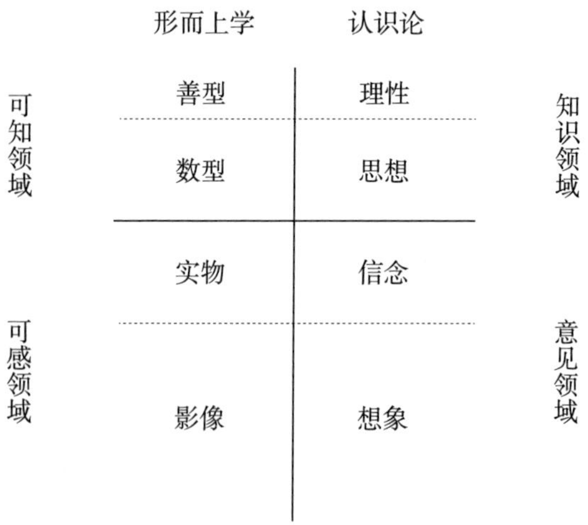

	形而上学	认识论	
可知领域	善型	理性	知识领域
	数型	思想	
可感领域	实物	信念	意见领域
	影像	想象	

图6　线段比喻

可感领域包括两个领域：首先是影像和阴影的领域，这组成了想象（eikasia）的认知状态——也就是猜想。第二个领域包含这些影像的原本——事物、植物、动物，相对应的认知活动是相信（pistis）、信仰或信念。这些线段共同组成信念（doxa）的世界。线条的第三段包括数学对象和一般概念，相关的知识形式是推论（dianoia）或理解。第四段涉及只能通过理性（noesis）来获得的思想。第三和第四段共同组成与信念相反的知识（episteme）领域。

不幸的是，本文篇幅有限，无法对线段比喻进行充分解释，所以我限定在对哲学的图解视角的两处特别重要的观察上。

（1）以可视化来理解的潜力：视觉、空间属性的任务在于以相似的比例来再现非空间的、不可感知的概念。长度和位置分别代表本体论和认识论的情况。线条的某段越长，距离线条的开头越远，与之相关的客体就越可知、越真实——至少对于柏拉图式的哲学来说是如此，而这正是线段所展示的内容。在此，至关重要的事实是通过对视觉配置的查验能够获得文本中非显性的见解。这方面的一个例子是，比例在可感领域和可知领域的概念关系中所扮演的角色。虽然这没有出现在苏格拉底的指示当中，但我们可以看到存在着一个嵌套在该比喻里的中间比例 [A/B=C/D，这可以表述为 A/B=C/D=（A+B）/（C+D）; 因此，B=C]，因此这两个中间线段的长度实际上必须是相等的。这两个线段的视觉同等性揭示了柏拉图对数学本质理解的深刻见解。柏拉图以这样一种方式来描述推论这一对应于比喻的第三阶段的认知状态：当数学家"利用与事物相关的可见形式和理性时，他们想的不是这些事物本身，而是与之类似的理念（ideals）; 想的不是他们画的形象本身，而是绝对的正方形和绝对的直径"。数学家——还可以扩展到各类科学家——必须将所研究的非感知对象表现为图像和图画的形式，从而让它们能被眼睛感知，即使他们的认知样式仍然指向非感官的、理论的对象。于特殊中见普遍，于现象中见概念：打个比方，这就是"心灵之眼"（mind's eye）的任务，在这种情况下，观看和解释是密不可分的。一种"观看式思考"（seeing thinking）和一种"思考式观看"（thoughtful seeing）产生了。这正是可感领域和可知领域的内在互动，数学图解这种既是具身的又是无形的双重生命相应地体现在线段比喻的第三段，这个线段的长度与可见事物的长度相等，但它却位于可知领域。

（2）思想所固有的空间性：可以认为线段比喻开启了有关感官知觉和智力活动以及现象领域和知识领域的区分，它建立的这种区分成为西方哲学2000多年来的生命线。然而对柏拉图来说，这种概念区分并不是绝对的、分离的"非此即彼"：因为它是通过比喻的建构方法以及视觉的解释模式来建立关联的。当然，不同的位置表明了这些领域和认知能力在认识论和本体论上是如何远离彼此的；然而与此同时，这又表明现象的、知识的线段仍然属于同一条连续绘制的线，它们之间有一种家族相似性。线条的图形主义将可感领域和可知领域之间的异质性均质化了，这不仅让它们的差异变得可见，也让它们的联系变得可见。有位阐释者提议可感领域和可知领域应绘制为两条平行线，但其实他误解了线段比喻的重要暗示——可感领域和可知领域之间的区分，是沿着同一条单一的铭文线所产生的。

因此，不同线段的连续性能够向我们展示通往理解的运动方位，在柏拉图那里指从最低级的副本到理念领域的上升运动。至于这个线条是水平绘制的（就像最古老的手抄本那样）还是垂直绘制的（更接近柏拉图哲学），都无关紧要。无论哪种方式，它都有一个方位，从左到右或是从上到下。在这个线条的方位性中，思想运动中定向的理念已经就位。理解始于影像，但并不止于影像——因为它们是幻觉——而是将它们认定为原始影像的副本；所以，思考者必须越过这些影像并努力到达最高级的层次。在柏拉图哲学中，"善"是统摄一切理念的最高原则；然而，它的战略意义内在于这样的事实：它并非一个人所能达到的实际的理解状态，而是理解所需的罗盘和引擎：善是在实践/理论问题上的定向范畴，不多也不少。

线段比喻沿着理解运动的方位将世界的结构可视化。在线段比喻之后的洞穴比喻通过三维的配置再现了知识层次的上升——而线段比喻则是通过平面上的顺序来再现的。让我们和柏拉图一起坚守这一点：思考是方位的、定向的运动。在思考和理解中，我们找到了一种固有的空间性，这预示了伊曼努尔·康德的问题："何谓在思考中定向？"

康德

康德在《何谓在思考中定向》一文中，将定向的想法变成一个认识论上的概念。[1]对康德来说，空间的定向一方面依赖于他所说的直观（anschauung）——视觉空间的直观——另一方面依赖于我们自己的具身性。康德将定向从空间运动的领域转移到认知能力的领域，由此，他揭示"anschauung"是首

1　Immanuel Kant, "Was heißt：sich im Denken orientieren", in Kant, *Schriften zur Metaphysik und Logik*, vol. 1, Wilhelm Weischedel, ed., Frankfurt/M.：Suhrkamp, 1977，pp.263-283.

要的且不可替代的思考来源。在概念性思考之下，直观获得了一种知识来源的独立状态。我们可以重建康德的这一连串思路。

（1）1768 年，康德在写于三大批判之前的《论空间中方位区分的最初根据》中发展出他关于"位置"（lage，position）和"方位"（gegend，direction）的标准区分。[1] "lage"是由事物间关系所决定的空间性形式，这一见解可以追溯到莱布尼茨。除了莱布尼茨式的空间性理念，康德还补充了术语"gegend"，指一种依赖于身体的定向方式（如上下、左右、前后的区分）并在其中展现自身的方位或定向。康德以铭文平面为例来解释"lage"和"gegend"之间的差异：当我们在页面上书写并将其翻过面来，"lage"或者说符号的位置仍然不变，但是"gegend"也就是方位改变了，文本因而变得难以辨认。铭文的平面始终是一个有着方位倾向的平面，阅读者和观察者用它来建立一种身体的关系。

（2）至关重要的是这种成为某物方位或倾向的东西是无法被口头描述的东西；它只能被展示出来。康德以非重合对象为例对此做出解释。为了描绘双手的轮廓，我们可以转动、倾斜所绘制的图画，但是我们无法仅仅通过位置的改变来覆盖左手和右手——我们无法使其完全重合。对于实际三维的双手也是如此，因此左手无法戴上右手的手套。康德认为关键在于纯粹的语言无法对左手性和右手性（left- and right-handedness）做出明确的描述。因此，为了对手性（chirality）

---

1 Immanuel Kant，"Von dem ersten Grunde des Unterschiedes der Gegenden im Raume"，in Kant，*Schriften zur Metaphysik und Logik*，vol. 1，Wilhelm Weischedel，ed.，Frankfurt/M.：Suhrkamp，1977，pp.993-1000.

做出充分的解释和理解，我们绝对需要视觉的感知。一个思考实验让这点变得明晰：如果我们必须用语言向一个外星智慧生物解释左和右的差异，那么我们不过是白费力气。对于解释方位来说，一个共同的直观空间（anschauungsraum）是必不可少的。因此，康德将直观看作真正的知识来源。可知领域连同概念领域一起，提供了它自身的知识和认知来源。离开感知的认知任务——包括数学任务——都是不可能的。

（3）随之而来的一个问题：感知总是针对某些位于时空中的单一事物的感知。那么，不可感知的概念和可感领域的经验如何相互联系？抽象的归纳和具体的经验对象如何彼此接触？康德告诉我们，二者之间的根本异质性是毋庸置疑的：概念领域和可感领域是全然"不同的"（B 176）。[1] 康德的解答如下：为了将可感领域和可知领域的异质性领域相结合，必须引入同时包含这两种特性的第三个领域。而这个在概念和感知以及可见性和可知性之间进行中介的第三个领域就是图式法（schematism）：图式"兼具可见和可知"的特性（B 178）。

图式法——是一种让我们能够去创造特定图像的想象性方法。给予概念以恰当的图像（B 179）意味着发展该概念的图式。然而，这如何应用于独立于经验的概念（例如三角形或圆形的数学概念），而我们现实中的图像永远无法与这种概念相对应吗？

1　Immanuel Kant, *Kritik der reinen Vernunft*（*Critique of Pure Reason*），1st ed.（"A"）1781，2nd ed.（"B"）1787.

（4）在此，康德区分了图像和图式。图式不仅是一种视觉结构，还是一种行为，它以"形象综合"（figural synthesis）为特征。这种通过形象综合的图式化形式的典范于康德而言就是线条：线条不是作为一种固定的区分（a stable demarcation），而是作为其自行制造的一种时间性行为被设想出来（线及其勾勒的过程）的。所以康德推理，如果我不在脑海里绘制它"从而获得有关直观的记录"，我就无法去想象任何线条（B 156）。图式确保抽象概念在感知经验中具有它的意义，但是图式本身却不需要用概念来解释。因此，想象力工作的原始起点正是我们的图形建构能力（我们的赋形能力）。康德称图式法为一种"潜藏在人类灵魂深处的艺术"（B 181）。

康德使用"草图"（monogram，B 181）一词来表示通过想象力进行的形象综合。我的假设是，构成康德哲学中思考和直观之中枢的"草图"是我们今天所使用的"图解"一词的概念先驱。

结论

我们得出结论，针对哲学和图像之间的关系存在两种普遍的误解。一种是密涅瓦的猫头鹰——如海德格尔所认为的——象征着哲学，因为它在黄昏时分起飞。这个典故表明了一个普遍的套式（topos）：肉眼所见越少，"心灵之眼"所见越多。另一种是哲学被很多人认为是一个忽视、怀疑图像的学科。思考、认知以及假设囤积在远离所有感知的纯粹语言领域之中。而我们在本文中（希望）展现的反思是这些假设都是空谈，它们忽视了哲学思考的一些根本面向。图形、空间的成形在哲学家有关知识的智识实践和理论中——无论是显性还是隐性——都占据着重要的认知地位。而我们则通过与铭文表面的互动参与到线条的认识论之中。

视听*

（1989）

［德］西格弗里德·齐林斯基／著　韩晓强／译

　　19 世纪末电影术发明的时刻，恰是技术、文化、社会过程的表现时刻及其媒介消失点，这通常被称为工业化（industrialisation）。排列在穿孔赛璐珞胶片上的照片被有节奏地投映，欺骗了人类的视觉感知，在赋予一种高度亲密性氛围的可公开访问环境的匿名性中，经历过工业化的人类主体显然发现了一种适宜且足够充分的交流满意度。可重现的梦想世界是为人类的眼睛和耳朵量身定做的，也为飞速经历过蒸汽机、机械化、铁路和电气化的主体提供了一些材料——用以满足人们对丰富的感官印象、多样化、消遣或逃避现实的渴望，同时满足人们对定向（orientation）的渴望。

　　在第一台嘈杂闪烁的赛璐珞放映机成功运行之前，在电影实际上的体制化完成之前，紧随着视听事件（audiovisual events）这一成就而来的理论化工作便已经开始了——尽管它一开始没有表现出明显的目的性。在巴黎、柏林、伦敦、纽

---

* ［德］西格弗里德·齐林斯基（Siegfried Zielinski）著，《视听》（Audiovisions），韩晓强译，原文载《视听：作为历史间奏的电影与电视》（*Audiovisions: Cinema and Television as Entr'actes in History*），阿姆斯特丹大学出版社，1999 年，第 11-22 页。本文为该书的导言部分，德文原版出版于 1989 年（首版）与 1994 年（第二版）。

约举办第一场放映的 20 年前，"观看机器"（seeing machines）[1]
的模型就已经被设计出来了，一种用于视觉复制和接收的媒
介（尽管其传送器和接收器在空间上相距甚远）也几乎同时
诞生。电报和电话分别是对该通信技术的用户进行定位的模
型，人类从而让自己成为其设备的主人。

在 20 世纪的前 30 年中，电力技术推动了许多国家在
"远程观看／电视"（tele-vision）方面的实验，甚至在试用的
基础上就将其作为大众媒介进行安装——然而有关其使用的
概念仍不明确，仅仅定位于公众和私人活动之间以及电影和
广播之间。就像它在德国的表现一样，诸如 filmfunk（指"电
影广播"或者"远程电影"）一类的早期术语就是技术变革以
一种典型且壮观的方式影响交流条件的普遍特征：从机械复
制到电子复制的转变。二战之后，家庭生活中用于远程视觉
直播（televisualliving）的室内媒介迅速被建立起来，成为一
个幻想破灭时代的大众交流消失点：在经历被法西斯挪用和
歪曲的公共领域体验后，人们退回到自己被四墙包围的私密
关系中去，与之相伴的则是个人机动性的扩展通过汽车进行。
这两种发展所针对的，皆是作为机器所有者和机器使用者的
个人。

在这款带有电子显像管（随着时间推移变得越来越大）
的家具中，世界上经过分段处理和非分段处理的部分都以惊
人的速度逐像素地被转化为图像，它快到转瞬即逝，成为投
影的空间，成为人类交流欲望的引力中心——而这些人已经

1　这一术语出自克里斯托弗·里斯（Christoph Ries）的同名书籍 *Sehende Maschinen*，
1916 年出版。

被卫星城市、公共部门住房发展以及他们拥有的家庭所俘虏。在此，它在先进资本主义的商品天堂中培育了他们的家族私人领域。到 20 世纪 70 年代中期，这种远程观看 / 电视的发展已经达到顶峰。从那时起，声音 / 影像的技术媒介化世界之生产、分配和利用皆已经卷入一个根本的转型过程。

电影化（filmic）已经进入无限的电子复制时代，因此也得到了无限的利用。电影本身则已经退化为一种高压锅、热水器（ourchlaujerhitzer）或者一种用于每年十几种跨国产品的促销机器。这些产品来自掌控金融娱乐业的公司或工业财团，像美国运通、可口可乐、通用电气、海湾西方、松下、索尼等老牌企业或者贝卢斯科尼、贝塔斯曼、基尔希、默多克、特纳等新"王朝"。他们对视听开发的兴趣在于，通过全球直连的卫星网络，以最小的努力和支出在全球范围推广其产品，由此影片可数十亿次地以付费形式发送给私人家庭或者公众亲密性的新电影院。一方面，传统的电视设备正在以新的视觉复制技术、更高更快的影像分辨率以及听觉感知可能性方面的不断发展而变成电子家庭影院。另一方面，它正在经历一种装置的置换，从而让其可以作为（日益个体化的）个人伴侣被部署到任何地方。在家中，它正在成为执行交换处理的中心，包括电子化的配对选择。更重要的是，在显示器上，尤其是当它作为个人电脑系统的一部分的时候，工作时间和休闲时间的重合趋势再次开始发挥作用。然而，新的视听网络和视听终端设备不仅适合作为各种虚构及指导性信息的分发者，而且还具有"对话能力"（dialogue-enabling）。简而言之，这实际上意味着它们也可以在各种工作流程中交互使用。

很显然,大众传播的古典体制,即作为公共播放器的电视,如今已经被庞大的视听百货商店取代了。依靠配备的遥控器、用于各种声音和视觉的单独存储及回放设备、它们自身的影像合成器等,远程视觉娱乐(televisualleisure)的行动者在银幕/监视器面前漫游于电子梦境,就像昔日的资产阶级用拱廊来展示当时的资本主义一样。这里唯一的区别是,主观层面需要的时间更少了。他们匆匆忙忙地从一个日常控制面板转到另一个,并且常常感到筋疲力尽。从卫星、铜缆、光缆或者通过光盘、光驱和磁带传送给他们的有节奏的图案和影像层,越来越多地以数字形式被组织和编程:对所有表面现象的模拟都来自高度复杂的计算。此外,它们还提供了来自传统文化领域的适当样式的片段,在此无论是新的还是旧的视听媒介都仿佛位于一个丰富的采石场中,必须挖掘到最后一块矿石。它们看似愉悦且不加选择地重新引用、重新编辑和重新拼贴了媒介表征的现实——这在过去通常被区分为次要的表征形式,但现在似乎逐渐被提升为主要的表征形式,至少看似在与其他现实的竞争中具有平等的权利。

这个过程并非关于某些业已消失的幻想话语的表达,它的内核是很具体的,也就是工业文化。视听再处理(audiovisual reprocessing)的方法比起创建复杂的新结构而言,更便宜也更快捷。这有助于根据经济原则来管理某种情况,一方面,创造性资源总是停滞不前或人为性地供不应求;另一方面,多元市场对物质需求的极端胃口无法得到满足。

视听已经成为许多媒介传播形式的混合物(amalgam),这些形式在过去是彼此分开的,因此在过渡时期,该项目的实现是为了用文化工业商品来占领人们的思想和心灵，这从19世纪就开始了。

在谈到电影和电视的终结时，我并没有宣布迄今为止最重要的两个声音 / 图像生成机构濒临解体。相反，我试图将其历史界定的意义定义为更广泛的视听实践框架中的特定文化配置。这意味着我们面对电影化及其媒介化的时代决定性品质（epoch-determining qualities）的包容，这些品质与其在电影和电视背景中的实现密不可分地联系在一起。从历史角度来看，当旧结构被并入新结构时，旧结构中的个体元素总是保留在新结构中。在可预见的未来，用以实现运动幻觉的两种凝结形式（forms of concretion）仍将继续存在，尽管其结构已经发生了变化。不过，它们已经被放逐到电影化日常现实的中心之外。传统的电视正在迅速丧失其霸权地位，电影也失势已久，即使它们作为声音和影像媒介的巨大力量会周期性的爆发。毕竟，此类媒介是最能激发人类感官的媒介。

在媒介史的这一断裂点上，这同时标志着文化进程作为一个整体的断裂，承担重新建构的任务既是必要的，也是有用的。目前正在大量生产和销售的技术系统与人工制品，以及美学和感知模式上的变化，在各个方面都非常引人瞩目。然而，这种引人瞩目的品质在很大程度上来说是肤浅的，通常只是包装或者广告的调度元素。因此，在先进视听项目中揭露其被夸大的使用价值、追溯其发展、在某种程度上披露其关系背景，并在那里寻找使用价值方面可能的新品质，就能为对抗这种现象并将其理解为某种历史性变化提供有利条件。

由于陷入困境并面对着以二进制代码为标志的大规模技术浪潮，历史编纂学中的概念确实亟须革新或进一步发展。启示录视觉（apocalyptic visions）对思维的麻痹效果与神秘化视觉一样，是干预的先决条件。[1] 二者在认识论本质上是相同的。自从第一种语言的存储媒介介入文化进程以来，预言着因新媒介（new media）兴起而导致西方文明消亡的争论就一直叫嚣不停。自19世纪（大众）文化从文学转向视觉特征的重要符号学变化开始，尤其是从无法停止的图片和影像工业生产开始，类似的争辩就爆发得越来越频繁。这类争辩变得越发刻薄，但并没有更多的说服力。争论的对象也包括那些由新符号学转变推动，但本质上基于文本的计算机文化技术。

对电影的风格效仿成为一种神话，这种神圣化一如电影经验的仪式化空间，其光晕与离散的电视视觉形成了鲜明的对比——这同样让电影从其起源中分离出来，这不仅仅是一种仍然存在于日常现实中的关联其结构和存在之能力的逐渐丧失。这种对电影神话的痴迷，与电影中的古典资产阶级艺术传统息息相关，它在加速消除电影的文化意义方面发挥了重要作用。此外，鉴于这种神话制造的负面参照点本身就表征了一种历史上已经过时的形式，也就意味着它已经变得完全不合时宜。反过来，这导致将公共广播作为电视信息唯一的适合场所来捍卫，并促成了奇特的联盟。在此，文化评论家、电影和电视的制作者都选择为之辩护。在这个星丛中，那些到现在为止仍倾向于将传统电视娱乐作为一种文化废品

1　这里指的是布莱希特的诗意概念"eingreifendes Denken"，他以之来区分某种干预历史以促进变革的思维。

推到一旁的人，终于可以持续攻击且乐享其中。另一个更能说明问题的指标是，电视如今已经被提升为公认的学术研究主题。

由技术装置引领的运动幻觉的漫长历史需要更大的持久力，但整体状况已经今非昔比。当专业投身于媒介的学者和私人研究人员忙着为媒介未来的政策／技术规划者提供研究，以让这些新技术的实施变得合法化或有针对性、确认大众对已安装技术的接受程度，或者如果他们的兴趣是书写（被视为伟大的）作品、人和体制的编年史，那么我的研究就会坚持在一条极度奢侈的道路上，问心无愧且野心勃勃地继续进行下去：我的兴趣和愿望是继续探讨媒介历史过程的一些基本问题，至少，我的目的是为这一场审判罗列材料，以便确实能提出一些问题。就如阐明这一点：有鉴于视点已经变得越来越不透明这一显见的事实，我将着手研究能表征媒介地图环节拓扑学基础的绘图板模型——这个模型是由业余爱好者、技术人员、研究人员、工业家、文化规划者、制作者和批评者建造的，到目前为止，它仅仅边缘化地或者非连续性地出现在历史书写中，但事实上它应该从媒介材料中被解码（decoded）出来、从人工制品本身中被解码出来，也就是说，从一个螺钉零件中发现整体的机器。然而，这样的重构不仅是一种奢侈，它们还会引起争论，因为模型本身就是充满争议的产物。

依靠一种简明的形式且免于召唤那些共同影响它的智性祖先，我的概念从这里开始：在过去的150年中，在工业发达国家的历史中，一个专门的、倾向于变得更加标准化、体制化的表达和活动领域已经确立。我将其称为"视听话语"（audiovisual discourse）。它涵盖了整个实践的范围，其中借助技术系统和人工制品，伴随着声音的运动感知幻觉能够像一条规则那样被计划、生产、评论或赏析。这种特殊的话语被嵌入对文化工业模型化以及对主体（那些使用人工制品并且依靠其传递讯息的人）进行征服的不断尝试的升级过程中，并且由这些过程来定义。按照福柯的术语，这种文化—工业维度具备"部署"（dispositif）的特点。出于分析的目的，它所关涉的并非不详的上层建筑，而是可辨认的历史凝结物，其裂痕和纹路都清晰可见。文化—工业已经通过多种配置将视听话语具体化了，因此它同时具备一种部署的特征。从一种媒介研究的角度来看，与思考单独的装置类型相比，这些配置更易于理解和解释，就像让-路易·鲍德里为电影框定的更广泛的意义，比如说：一种具有复杂结构的建构，电影设备的技术基础、电影放映的具体条件、电影自身以及影厅中主体的"精神机器"（mental machinery）都包含其中。[1]

在历史上不同的配置中，视听话语与一些其他专业话语以及社会上的部分实践——如建筑、运输、科技、工作与时间的组织、传统的平民／资产阶级文化或先锋文化有重叠之处。在文化工业的霸权下以这种方式出现的特殊星丛，历史性地构成了这一进程。迄今为止，在此历史过程中能区分出四种部署配置。

---

[1] 最初的论文以《部署》的名称发表，参见 Michel Foucault, "Le dispositif", *Communications*, no. 23, 1975. 这一理论化路径由弗里特曼-刘易斯（Flittermann-Lewis）进行了总结，参见 Sandy Flittermann-Lewis, "Psychoanalysis, film and television", in *Channels of Discourse*, Allen, Robert C., ed., London: Routledge, 1987, pp.172-210.

（1）运动幻觉产品。它们有赖于各类图片机器（picture machines）的异质性组合，其基本设想是利用绘制的视觉表面结合光影层级的变化、原始图片本身的可移动元素或人造物中的运动元素。当时的技术发展水平、生理学和心理学研究不允许产生的幻觉与对真实运动的感知相一致。文化工业已经以各种方式激起人们对它的关注，但在表达形式和主体定位的相对无政府状态下，它的发展还不够深入。

（2）电影。它实际上是空间和时间中完美运动幻觉的电影话语，它在亲密性的公共领域中变得具体化，文化工业元素在此占据主导地位。

（3）电视。作为运动幻觉的一种广播流的体制化，电视从外部控制且最终服务于私人领域中分散的观众。

（4）更先进的视听。它是机器、存储设备和程序构成的复杂套件，能够对视觉和听觉内容进行复制、模拟、混合，其趋势朝向它们在一个网络中被整合到一起的能力，就目前而言，它在更高级的开发阶段显示了与19世纪大部分时间相似的异质性特点。

尽管按简单的时间顺序来重构上述四种部署的诱惑很大，但这实际上是一种错误的方法。在历史上，它们是相互连锁、重叠，彼此间周期性相互吸引和排斥的关系。要将它们理解为历史上可彼此区分的部署手段，首先且最重要的就是去表征特定时间在社会文化和技术文化上占主导地位的配置。同时，要指出导致这种霸权的社会和私人关系，包括它如何将自身建立起来。

从主题上来说，我的《视听：作为历史间奏的电影与电视》一书的各章并非仅仅遵循历史过程的四部分结构，它们聚焦电影和电视的古典部署、它们的发生和起源、它们的矛盾性构成以及它们随着时间推移而终结的历史。《视听：作为历史间奏的电影与电视》的第一章还回顾了用于制作图像的早期机器，迄今为止该领域的研究很少受到关注。第四章则描绘了最近的历史发展。电影与电视化表达的发达形式已经在其他地方被广为书写，但我选择将它们作为边缘处理。

即使人们不同意这项研究的知识前提，我也希望我的工作能从两方面对总体的媒介历史做出贡献：到目前为止，近100年来针对文化工业发展的最重要线索的研究，即电影和电视研究，已经被人为地分成两部分并在这种配置下进行各自的研究。而在此，我们研究的重点是整体。迄今为止，历史编纂学还不包括这些方面，但这些方面属于视听文化实践中必不可少的社会—文化沉积物。

不可否认，文本对读者有着相当大的要求，我的重点聚焦技术—文化—主体的三元关系中媒介的重要性。鉴于技术已经获得了很高的认可度，它不仅作为文化表达的手段或对象，而且作为文化实践中应用的前提和重要背景。这一参考框架似乎特别适合作为一个中心点，围绕它能够将媒介过程的分析和描述进行分组或聚合。它最重要的品质是无法通过历史现象向我们简单揭示出来的，相反，只有通过一项不断革新的持续性任务才能予以说明，那就是相互依存（interdependence）。用否定且简洁的话来表达：并非人工制品和技术系统（为了交流）首先被发明出来，继而篡夺了文化，然后进一步将其影响强加于主体。或者反过来说，技术并非文化决定因素的偶然流出，这些因素以一维的方式制约着主体的存在、意识和无意识。然而，在这三个待调查范围之间存在一种持续的相互关系，这种关系在不同的历史星丛中或多或少受到个别因素的影响。

在上述提及的三重意义上，我们的重点对应着最近的三种知识传统，它们以隐性而非显性的方式影响了文本。[1] 我在这里强调它们，是因为过去十年间流行的媒介理论和媒介历史模型在很大程度上错误地忽略了它们，这尤其发生在西欧国家以及美国。第一种方法是以马克思主义为导向的英国文化研究、文化批评的文化研究方法，以雷蒙德·威廉斯毕生的作品为代表。[2] 文化作为一种介于生命活动、社会生活条件和个人实际发展之间的关系品质；文化作为一种生活方式的表达；媒介过程作为一种特殊的社会实践的概念——这些才是我们所感兴趣的方法的基本要素。第二种方法是最近的技术史和有关主体的系统理论方法（systems-theoretical approach），它在德国的杰出代表人物就是甘特·罗布尔（Günter Ropohl）。[3] 在此，人工物及其物质个体并未被视作孤立的实体——这种分离无论如何只能通过智力上的野蛮行动来实现——但也只能被完全理解为起源／生产和利用的统一体。第三种方法是

1　更多有关该主题的细节，参见 Siegfried Zielinski, "Im Spannungsfeld von Technik und Kultur：Audiovisuelle Apparate im Focus medienwissenschaftlicher Forschung", in *Ansichten einer kinftigen Medienwissenschaft*, Rainer Bohn, Eggo Müller and Rainer Ruppert, eds., Berlin：Edition Sigma Bohn, 1988, pp.131-142.

2　具体的总结参见 John Fiske, "British cultural studies and television", in *Channels of Discourse*, Allen, Robert C., ed., London：Routledge, 1987, pp.254-290. 书中可见威廉斯的创作年表。

3　Güenter Ropohl, *Eine Systemtheorie der Technik. Zur Grundlegung der Allgemeinen Technologie*, Munich/ Vienna：Hanser, 1979；Güenter Ropohl, *Die unvollkommene Technik*, Frankfurt：Suhrkamp, 1985.

媒介话语的元心理学方法（meta-psychological approach），尤其是由让 - 路易·鲍德里、让 - 路易·科莫利（Jean-Louis Comolli）和克里斯蒂安·麦茨在电影方面发展出来的，[1] 以及英国媒介理论家、批评家斯蒂芬·海斯（Stephen Heath）对他们的批评和进一步发展。[2] 第三种方法与前两种方法之间的摩擦只是表面上的。它们共享一种装置（apparatus）的复杂概念；但后者却很好地补充了强调社会面向的其他方法，因为它优先考虑主体在媒介话语中的位置。一种具备文化维度的装置概念的发展、一种技术作为本质部分的文化概念的发展、主体在这种关系复合体中的集成与限制，大致勾勒出了我对这一视听历史大纲的理论兴趣。它无意与其他更强调媒介过程技术结构的模型（如弗里德里希·基特勒与其学生们的模型）相竞争，但可以理解为相互补充性的存在。

　　然而，启发式程序需要与实例一起付诸实践。那么问题来了，这一问题范围只有在我实际进行写作的时候才能清晰可见。事实证明，我用来建造此建筑的许多旧砖块都没有被充分发掘出来，也没有被先前的电影和电视考古学认真对待。至于另外的，尤其是源自电视传统的部分，我需要亲手挖掘。

1　Jean-Louis Comolli，"Technique et idéologie"，*Cahiers du Cinéma*，Nos. 229-234/235 and 241，June 1971 to Sept/Oct 1972；Christian Metz，"Psychoanalysis and cinema"，in *The Imaginary Signifier*，Stephen Heath and Colin MacCabe，eds.，Houndmills/Basingstoke/London：Columbia University Press，1982，1985.

2　Stephen Heath，"Jaws，ideology and film theory"，*The Times Higher Education Supplement*，26 March 1976；Stephen Heath and Gillian Skirrow，"Television，a world in action"，*Screen*，vol.18，no. 2，Summer 1977，pp.7-60；Stephen Heath，"Contexts"，*Edinburgh '77 Magazine. No.2*，*History/Production/Memory*，1977，pp.37-43；Stephen Heath，*Question of Cinema*，Bloomington IN：Indiana University Press，1981.

与我最初对文本的计划相比，这通向了对媒介材料具体细节的更多关注。

重建一种视听的综合历史，需要受惠于电影创作的创造性和解放实践，以及对其存在基础的反思。这方面的杰出人物是亚历山大·克鲁格、让-吕克·戈达尔等具有代表性的导演、理论家、思想家和批评家，这是因为他们执着于探索电影的历史，坚持电影和非电影外部现实之间的张力关系，不断质询自己的电影语言，对文化工业维度的力量持抵抗态度，以及在电影和电视环境中对既定配置之安全感的破坏性生产。其他代表人物则是那些电子技术先锋派，如瓦莉·艾斯波特、大卫·拉切尔（David Larcher）、白南准、瓦苏尔卡夫妇（Steina and Woody Vasulka）、彼得·韦贝尔等。在他们的头脑和手中，新技术并没有成为自身的独立目标，而是不断被激怒和反思。此外，像法国的《电影手册》、英国的《银幕》《影像之后》等出版物也支持这一点。在德国，这种传统一直存在于电影期刊和电影年鉴中，如《电影评论》（Filmkritik）。它们的汇编代表着巨大的档案，但这不应该留给快速发展的博物馆，当然也不应该留给媒介历史的瓦砾堆，它们并没有被用作消失的电影文化之路标。它们的页面上发表了许多先进的思想，尤其突出了国际论坛上的讨论，在电影文化发生巨变的背景下，这些讨论仍然等待着被接纳、重新利用和发展。例如，20世纪60年代的后期，吉迪恩·巴赫曼（Gideon Bachmann）经常对电影装置进行严厉和尖锐质问的作品；哈特穆特·华托姆斯基（Hartmut Bitomsky）写于20多年前的出色拼贴作品《电影术的黄金

时代》（ *Das Goldene Zeitalter der Kinematographie* ），[1] 以及戈
达尔的《电影与电视的历史》（ *Histoire (s) du Cinéma et de La Télévision* ）初稿。[2]

---

1 Hartmut Bitomsky，"Das Goldene Zeitalter der Kinematographie"，*Filmkritik*，vol. 20，no. 9，15 September 1976，pp.394-459.

2 Hartmut Bitomsky，"Das Goldene Zeitalter der Kinematographie"，*Filmkritik*，no. 242，February 1977，unpaginated. 另见 Siegfried Zielinski，" 'Zu viele Bilder，wir müssen reagieren!' Thesen zu einer apparativen Sehprothese im Kontext von Godards 'Histoire (s) du cinéma' "，in *Strategien des Scheins. Kunst Computer Neue Medien*，Florian Rötzer and P.Weibei，eds.，Munich：Boer，1991.

墙上的讯息：一种公共媒介显示的考古学[*]

（2009）

［芬］埃尔基·胡塔莫 / 著　韩晓强 / 译

追溯丰碑式媒介

视觉媒介文化并不仅仅存在于室内空间。想想今天的城市屏幕，这一点就很明显了，屏幕最为集中的地方可能是东京涩谷地铁站对面的广场。周围建筑的墙壁被不同大小和形状的屏幕覆盖，中区的空间则被霓虹灯覆盖，一种人工的视野已经被创造出来。[1]除了颂扬和推动资本主义价值观，运动和闪烁的图像在主题或形式上都没有任何关联。[2]它们构成了一种变化的马赛克式嵌合体（mosaic），属于城市景观（cityscape）的一部分，同时也变成了城市景观。过往的行人会瞥一眼屏幕，但不容易沉浸其中。壁挂式屏幕形成的是一种环境氛围，而非一组持续关注的目标。

---

[*]　［芬］埃尔基·胡塔莫（Erkki Huhtamo）著，《墙上的讯息：一种公共媒介显示的考古学》(Messages on the Wall：An Archaeology of Public Media Display)，韩晓强译，原文载《城市屏幕读本》(Urban Screens Reader)，斯科特·麦考尔等主编，阿姆斯特丹：荷兰大学网络文化中心，2009 年，第 15-28 页。

[1]　Peter Callas, "Some Liminal Aspects of the Technology Trade", *Mediamatic*, vol. 5, no. 3, Fall 1990, pp.107-115.

[2]　少数情况下，涩谷的两个屏幕会同时展现同一主题。同样也有一些其他实验，如将路上行人的手机信息显示在大屏幕上。

尽管其重要性日益突出，但公共屏幕仍然是媒介学术研究的外围。电影与电视研究，甚至是新媒体研究，都在很大程度上忽视了它们。多数视听研究学者似乎更倾向于关注分离的和内在化的（精神上和身体上的）经验。在某种程度上，考虑到居伊·德波《景观社会》的巨大影响以及后现代建筑/城市理论对商业公共环境的重新评估——其中最重要的可能是罗伯特·文丘里、丹尼斯·斯科特·布朗及史蒂文·艾泽努尔合著的《向拉斯维加斯学习》（*Learning from Las Vegas*），[1] 公共屏幕不受关注绝对是令人惊讶的。

　　本文尝试性地探讨了公共媒介显示（displays）的考古学，讨论了它们从商标（trade signs）、横幅（banners）、广告印刷品（boradsides）到广告牌（billboards）和早期动态显示（earliest dynamic displays）的"形成阶段"。[2] 它表明这种发展总是伴随着针对它的评论话语，而这又会影响到其形式。本文焦点集中在这种显示的丰碑化（monumentalisation）意义上，但同时也应该指出，这个问题不能与同时出现的复制影像和媒介配件的微型化及其扩散截然分开。

从标示牌到标语牌和广告牌

　　彩绘或雕刻的墙面铭文能引起人们注意，这在古罗马就已经为人所知。罗马人还用标示牌（signboards）来标识工匠的作坊以及各种服务。中世纪欧洲也有类似的做法，尽管

1　Robert Venturi，Denise Scott Brown and Steven Izenour，*Learning from Las Vegas*，Cambridge，MA：MIT Press，1972.

2　Erkki Huhtamo，"Elements of Screenology：Toward an Archaeology of the Screen"，*ICONICS: International Studies of the Modern Image*，no. 7，2004，pp.31-82.

到 16 世纪才有决定性证据。带有象征性目的的金属徽章或者悬挂在从房屋正面伸出的长杆上的盾徽（coats-of-arms）被广泛地用作某种识别手段；在采用门牌号码之前，它们还可以用作地址指示器。在门上和墙壁上张贴印刷广告的习惯让更多种类的语言信息成为可能，这始于 15 世纪晚期的古腾堡革命。随着社区的发展以及资本主义控制力渐强，公共广告的作用越发重要。标示牌也发展成区分同类竞争产品和服务的工具，这与其他形式的引入相关，例如印刷的商业名片（trade cards）以及最终的报纸广告。

在宣称"服务"的、看似中性的公告中，这种说服策略得以加强。正如我们所看到的，集市、狂欢和其他公共集会在这一发展中发挥了作用。巡回演出剧团、马戏团和其他娱乐项目的市场摊位上都有大型彩绘横幅（banners），以充当某种吸引元素或者节目内容的"预览"。巡回演出的剧场企业家约翰·理查德森（1766—1836）曾经作为简朴的"便士表演者"（penny showman）开启了自己的成功事业，他雇用伦敦皇家专利剧院的著名场景画师为其服务。[1] 伴随着剧院推销者的叫卖声，这些横幅成为话语战场上堪比电影海报的武器。臭名昭著的"骗术之父"P.T. 巴纳姆（P.T. Barnum）采用了这种做法，他将正在美国博物馆展览的令人好奇的巨大横幅搬到了馆对面的百老汇大道——纽约最热闹的街道上。[2]

户外空间的印刷在 19 世纪早期变得流行起来。在伦敦，

1　参见理查德森的讣告，*The Gentleman's Magazine*, no. 7, Jan-June 1837, pp.326-327.

2　一些当代插图对此进行了说明，参见 George G. Foster, *New York by Gas-Light and Other Urban Sketches*, Stuart M. Blumin, ed., Berkeley: University of California Press, 1991, p.8.

印刷商和书商开始在其橱窗中展示讽刺性的政治雕像以及新颖的印刷品，将其转变为某种免费的"媒介图像"画廊。[1] 宣传产品和流行景观的广告印刷品开始在围栏、墙壁和门等任何可能的表面上大量使用。这不仅与伦敦和巴黎等大都会的发展或资本主义经济竞争的加剧有关，也与其他问题有关，例如对报纸上付费广告征收的重税。在公共场所做广告是一种相对便宜的渠道，并且能吸引更广泛的受众。19世纪上半叶是这一行为的狂野时期，广告史可以证明这一点。[2] 贴广告者无视任何规则，使用所有可能的表面。他们一层一层地将广告印刷品粘贴在已经被（其他广告）覆盖的墙壁上。他们相互竞争甚至大打出手，极少注意到旨在控制局势的官方法令。

　　城市景观由文本和视觉信息叠加起来，成为不断变形的、充满张力的拼凑物。在遮蔽纽约公园剧院墙壁的多层覆盖物中，记者乔治·福斯特（George Foster）认为他感觉到下列信息会吸引超现实主义者和情境主义者（Situationists）："'蒸汽阿里—糖衣—裤子—大蟒蛇—辉格党提名—原则前景—民主党人会聚—美国博物馆'等。"[3] 这里也存在一些创新，如地面上用看不见的颜色绘制的信息只有在下雨时可见，又比如

1　Diana Donald，*The Age of Caricature: Satirical Prints in the Reign of George III*，New Haven：Yale University Press，1996，pp.3，7，28，33. W. 韦尔在 1851 年也注意到这一点，他写道："印刷店的窗户，尤其是那些陈列有漫画的印刷店的窗户，具有很大的吸引力。"尽管它们无法再与火车站的标语牌相抗衡了。W. Weir，"Advertisements"，in *London*，vol. V，Charles Knight，ed.，London：Henry G. Bohn，1851，p.33.

2　Blanche B. Elliott，*A History of English Advertising*，London：Batsford，1962，pp.164-167；Philippe Schuwer，*Geschichte der Werbung*，Vebey：Editions Rencontre，1966，pp.62-63；Henry Sampson，*A History of Advertising from the Earliest Times*，London：Chatto and Windus，1875.

3　George G. Foster，*New York by Gas-Light and Other Urban Sketches*，Stuart M. Blumin，ed.，Berkeley：University of California Press，1991，p.152.

"游动的标语牌"或者"机动车标语牌"。[1] 前者指的是大街上行走的人要么拿着广告牌，要么在前胸和后背上打广告（查尔斯·狄更斯称之为"动态三明治"）。[2] 后者意味着运动广告覆盖的公共汽车或货车。在最极端的情况下，车辆可以被伪装成大型的三维物体。[3] 所有这些促成了让-路易·科莫利所描述的"可见物的疯狂"（frenzy of the visible）。[4] 静态和动态的公共图像开始逐步笼罩着城市居民的生活。

一种诱人的说法是张贴的广告印刷品起到了"原型屏幕"（proto-screens）的作用，但这可能言过其实了。作为一种信息界面，屏幕的定义应该包含硬件和软件之间的分隔。它既应该作为一个框架，又应该作为一个能传送和检索消息的界槛。在有限的意义上说，这种情况出现了——在广告张贴混乱期的几十年后，企业开始获得使用某些表面的合法权利，并且将它们租给广告商。在英国，这种做法被称为"标语牌广告"（placard advertising）。广告空间被合理地进行框体分割，而这是由购买了使用权的公司所培育的。这种新组织的"广告景观"（adscape）最早实现于火车站，行人的持续流动让它们

1　W. Weir, "Advertisements", in *London*, vol. V, Charles Knight, ed., London：Henry G. Bohn, 1851, p.37

2　韦尔和其他当代资料都提到过这一点，包括该时期"一位美国妇人的来信"，W.Weir, "Advertisements", in *London*, vol. V, Charles Knight, ed., London：Henry G. Bohn, 1851, p.37; Henry Wood, *Change for the American Notes: in Letters from London to New-York*, New York：Harper and Brothers, 1843, letter XVIII, p.39.

3　Sally Henderson and Robert Landau, *Billboard Art*, Michelle Feldman, ed., San Francisco：Chronicle Books, 1980, p.11.

4　这种现象是"图像的社会增殖效应"，但也是"可见和可再现领域的地理扩展"。科莫利还指出："存在一种显而易见的工业扩张、景观变化、城镇和大都会的生产。"参见 Jean-Louis Comolli, "Machines of the Visible", in *The Cinematic Apparatus*, Teresa de Lauretis and Stephen Heath, eds., London and Basingstoke：Macmillan, 1980, pp.122-123.

更具吸引力，旅客也可能从火车上被迫看到标语牌。在美国，"广告牌"（billboard）一词被采纳，反映了一种类似的制度化和商业发展。[1] 凯瑟琳·古迪斯（Catherine Gudis）恰如其分地总结了其意义："就像不断发展的大都会中崛起的建筑一样，广告牌促进了商业中心的积聚过程，并让图片和文字正式介入公共领域。"[2]

尽管广告牌代表着驯服野生广告的努力，但并未设法消除针对其不良影响的批评。相反，随之而来的是一系列激烈且持久的公共辩论。它在捍卫经济业务的贸易组织的形成中得到了体现，这包括北美国际广告海报协会（1872）、美加联合广告海报协会（1891），这些协会最终发展为今天的美国户外广告协会（OAAA）。同时期还成立了一些市民观察小组，如英国的 SCAPA（公共广告滥用检查社，1893）。就像其他地方的类似组织一样，它鼓励其成员记录滥用的和过量的公共广告，并为清理错误放置的以及不合适的广告牌而展开斗争。

当汽车的发明鼓励广告商不仅在城市，而且在路边竖起广告牌的时候，这种紧张局势变得更为剧烈。他们经常被指控遮蔽了自然景观，这个问题当然不会逃过讽刺漫画家的注意。一个题为"如果你想享受美国风景，就请做好准备"（1925）的卡通插图描绘了一辆车停在被广告牌包围的路边。[3]

1　这可能是在 19 世纪 70 年代发生的，尽管《牛津英语词典》提到 1851 年的一个英国例子："公园的广告牌仍然维系着公园的'剧院'风格，这似乎与美国之后的用法并没有直接联系。"

2　Catherine Gudis, *Buyways: Billboards, Automobiles and the American Landscape*, New York and London: Routledge, 2004, p.19.

3　Catherine Gudis, *Buyways: Billboards, Automobiles and the American Landscape*, New York and London: Routledge, 2004, p.186.

画上的乘客在倾斜的长梯子的顶端欣赏着风景。这一反对"垃圾、杂草和广告牌"的斗争被称为"圣战"（crusade）。[1]具体来看，女性主义的先驱弗朗西斯·鲍尔·科布"在乡间驾车的时候，用一罐油漆和一个长柄刷子（以便涂刷破坏）攻击广告牌"，这为以后的"广告克星"（adbusters）和街头批评艺术家树立了榜样。[2]

放大和缩小：媒介的格列佛效应

19世纪的户外广告之所以有趣，不仅因为它的扩散和制度化，也在于信息本身的巨大发展。早期的标示牌和广告印刷品都比较小，它们的尺寸可被认为是拟人化的，或多或少与大多数人所居住的环境相适应。不符合该原则的要素通常和权力有关，大教堂、城墙、城堡和市政厅的规模给普通百姓留下了深刻印象。哥特式的大教堂有巨大的、数千块彩色玻璃制作的玫瑰窗。站在由贝尼尼设计的罗马新圣彼得大教堂穹顶下，游客就能感受到天主教堂的力量。尽管如此，在那些非凡的公共景点中，如教堂和市政厅墙壁内置的天文钟（有时候在墙外），也通常包含相对较小的元素。这些发条操作的Jaquemarts（一种钟表品牌）会定点报时，但这种机械运动的物体不会比博览会上巡回展出的自动装置更大。

---

1 Clinton Rogers Woodruff, "The Crusade Against Billboards", *The American Review of Reviews*, July-December 1907, pp.345-347. 伍德拉夫是美国公民协会的第一任主席。
2 Earnest S Turner, *The Shocking History of Advertising*, New York：Ballantine Books, 1953, p.124. 但柯布在其自传中没有提及此事，可参见 Frances Power Cobbe, *Life of Frances Power Cobbe as Told by Herself*, London：Swan Sonnenschein and Company, 1904.

19 世纪初的一则法国卡通画指出了某种变化。它显示了两位男子试图阅读贴在墙上的公告。[1] 其中一个人正从梯子上窥视密密麻麻的资料，另一个人则在使用望远镜。这幅画的重点是往墙上张贴冗长公告的荒谬性，但其陈述可以被提炼出来。这个印刷品上不但堆积了很多东西，还沿着墙壁爬了起来，这使阅读其信息变得困难。[2] 20 世纪，情况发生了决定性变化，原因包括经济发展和城市环境的变化，以及印刷技术的进步。到 20 世纪末，人们已经能够制作多种颜色的大型彩色平面印刷海报。图形设计师学会了处理大尺寸，着重于从远处可以检测到的元素。他们简化了信息的文本部分，专注于"商标"和"品牌"。广告商开始考虑将广告牌放在"广告景观"中，并考虑尺寸和透视的问题，以增强其信息相对于周边元素的力量。

　　这种发展也导致了相反的方向。平版印刷技术（lithography）、改进后的石版彩印术（chromolitho-graphy）以及照片复印技术为生产"比平常更小"的图片提供了新的可能性。微小的、大量复制的图像散布到人们能想象的任何地方，这些图像填满了相簿和剪贴簿，也同样被用作室内消遣的原材料，例如在常见折叠屏风（房间分隔物）上呈现的彩色拼贴图像。插图杂志也是这一趋势的一部分。由此，公共图像的扩大也伴随着其反向的微型化和私有化。

　　正如我在近 20 年前所提议的那样，人们可以将这种现象

1　David Bernstein，*Advertising Outdoors: Watch this Space!*，London：Phaidon，2007，p.12.
2　广告印刷品有时也被称为"传单"（handbills），它指向另一种用途，也就是手工分配它们的做法。

视为视觉的"格列佛效应"（Gulliverisation）。[1]这一概念指向的是一种双向的光学—文化机制，这与一种普通拟人尺度的观念全然相悖。人类观察者的尺寸在"巨人国"（相对于肖像名片和商业名片而言）和"小人国"（相对于大型广告牌和空中的广告景观而言）两极来回变化。类似的情况发生在媒介"沉浸于"巨大的圆形全景画或者透视画（以及后来的电影屏幕）领域中，它对应的恰恰是使用无处不在的手持立体镜窥视三维照片的行为。

格列佛效应在公共和私人的鸿沟之间运作。以摩天大楼为终极表现的城市环境变得越来越"非人化"（inhuman），而房屋则提供了一种拟人化规模的回归。点缀着维多利亚式客厅的无数小型物件和图像（包括公众纪念碑的微缩纪念品）给居民带来了一种被控制的幻觉：仿佛在公共户外空间迷失了自己。格列佛效应也引发了关于近处（切实的）和远处（不可及的）物体的关系问题。对这些对立面进行调介已经成为广告商策略的重要部分，即使这并非明确地被提出来。广告牌赋予产品一种丰碑式的、"全体"的性质。商业名片、报纸广告和其他形式则让它们更加亲近，变得更切实且更加"个人化"。由于触手可及，这些私人物品可以充当主体（尚未）拥有之物品的替代安慰剂。一切都是由"魔术性"转换而调节的——尤其是与观察者（潜在顾客）的感知与行动密不可分的尺寸变化。

类似的"双极光学"（bipolar optics）之后在电影明星中

1　Erkki Huhtamo, "Gulliver in Figurine Land", *Mediamatk*, vol. 4, no. 3, 1990, pp.101-105.

表现出来，在诸如纳粹德国等集权社会实施的群体意识形态操控中表现出来。电影明星的照片变成了类似小雕像、可收集的商业名片一类的热门产品。促销广告牌和电影银幕上的巨大面孔被缩小到适合指尖的大小，遥远的崇拜对象被带到触手可及的层次。这些小尺寸照片是对明星信仰之期待、许诺和欲望的那出游戏（play）中最本质的部分。就像放在钱包里的全家福一样，它们的作用远远高于一张照片，因为它们代表了缺席的事物，或者说几乎就是事物本身。明星崇拜的宗教含义在此一览无余。[1] 广告、明星体系和宗教崇拜在一种"丰碑性"和"亲密性"之间相互作用。从这个意义上来说，商业广告牌可能被描述为资本主义崇拜的祭坛画。

纳粹们明白一个国家的意识形态灌输不仅取决于明确的宣传和群众仪式，也取决于那些看似微不足道的渠道。他们"精心策划"了一些群众事件和象征性活动，如大型广告牌一样的希特勒面部特写经由莱妮·里芬斯塔尔的国家资助纪录片《意志的胜利》（1935）和《奥林匹亚》（1938）中的展现，成为媒体立面（media facade）的一部分，给德国人和外国人留下了深刻的印象。然而，纳粹也在尺寸的另一端进行操控。约瑟夫·戈培尔的宣传部成立了一家名为"香烟图片服务"（Cigaretten-Bilderdienstto）的公司，负责生产一系列放在烟盒中的可收集卡片。[2] 其主题包括希特勒的日常生活、纳粹制服、奥地利的德奥合并以及国防军。能预见的是，其中还有 1936

---

1 小雕像类似于批量生产的灵修卡，其图像来自祭坛画和其他大尺寸的宗教再现作品。

2 Antonio Faeti, "Il tabacco di Goebbels", in *Figurine! Pubblicità*, *arte*, *collezionismo e industria 1867—1985*, Rolando Bussi and Enrica Manenti, eds., Modena：Edizione Panini, 1989, pp.76-89.

年柏林奥运会的一系列报道，这些报道为里芬斯塔尔的巨片（colossal film）提供了小人国的对位点。精美的收藏集、精心编写的插图说明皆为这些图片量身定做，纳粹意识形态由此被内化为"无辜"嗜好性的副产品。[1]

动态显示的到来

到19世纪末，广告牌已经成为城市环境的重要组成部分。漫画家展示了人们行走在迷宫般的"广告景观"中，在此广告牌取代了其他事物，成为一种共享的"虚拟现实"（virtual reality）。[2] 毫不奇怪，广告牌会受到文化改良主义者的不断攻击，会被现代艺术评论家针对，是因为他们呼吁一个清除装饰物、保留历史参考性以及非功能化的城市。像以往一样，当奥斯卡·王尔德赞美街头广告"将色彩注入英国街头的单调乏味中"的时候，他表达了一种其文化精英同僚中极少持有的观点。[3] 无论采取哪种态度，人们都不能忽视广告牌。然而，将广告牌视为一种媒介——文化意义上的"屏幕"（screen）并不确切。一个广告牌暗示着一种叙事，但它并非一种连续展现（sequential presentations）的媒介。无论多么巨大，它都是冻结的打印图像。它只能在梦中或者幻想中移动

1　位于慕尼黑的立体图片（Raumbild）出版社出版了德国战争效果的3D图像集，见 Hasso Wedel, *Die Soldaten des Führer's im Felde*, München：Raumbild-Verlag, 1940. 这个图集包含了100多张全景照片以及一张折叠的立体照片。

2　Henderson and Landau, *Billboard Art*, San Francisco：Chronicle Books, 1981, p.16. 另一幅表现类似想法的卡通漫画（唐奈尔作品，来自《全球民主》）已经在圣路易斯市民联盟出版，参见 The Civic League of St Louis, *Billboard Advertising in St. Lows' Report of the Signs and Billboards Committee of the Civic League of St. Louis*, St Louis：The Civil League of St Louis, 1910, p.6.

3　Elliott, *A History of English Advertising*, London：Business Publications Limited in association with B.T. Batsford, 1962, p.165.

和变化，就像巴斯比·伯克利在华纳兄弟公司音乐剧《美女》（1934）中那个极其夸张的"光学幻觉"（Optical Illusion）段落所暗示的那样。[1] 这确实是一个巨大的象征，能够将一种观念——商标铭记在旁观者的脑海中。

然而，新的动态元素已经被引入城市的广告景观中。从技术上来说，最早的运动是电力的。电灯在街道和群体活动（如世界博览会）中的崭新作用，导致"电力景观"（electric landscape）的广为散布。[2] 特别是在美国，电力变成了与象征性价值—进步以及"美国事物"（things American）相关的东西。19 世纪 70 年代后期，白炽灯发明后，便开始用于广告。在纽约，百老汇被誉为"伟大的白色大道"（Great White Way），指的便是电力广告和照明的商店橱窗让街道在入夜后成为光亮的吸引力空间。"透明的海报上是电力用火一样的文字书写的广告文本"[3]（儒勒·凡尔纳），它拥有普通广告牌所缺乏的特质。它们不仅延长了路人面对他们信息的日常时间，也可以通过有节奏地启动/关闭照明而制造某种动画。纽约诺曼底酒店的屋顶上树立了一个格外复杂的标志，它大约有七层楼高，用两万多个灯泡构成了一个发光的古罗马战车。一位记者认为，它的动作比最精美的彩色电影画面更完美、更自然。[4]

尽管电力将壮观的灯光效果变成了一种日常经验，但它

1　在影片《美女》中，由鲁比·基勒和迪克·鲍威尔扮演的一对青年恋人乘坐街车去旅行。鲁比睡着了并在梦中看到他的女伴和其他女性身处一个梦幻般风格的舞蹈场景，这就是从一个广告景观转入一个梦幻景观的过程。

2　David E. Nye, *Electrifying America: Social Meanings of a New Technology*, Cambridge, MA: MIT Press, 1990, p.32.

3　Jules Verne, *Paris au XXe Siècle*, Paris: Hachette, 1863, p.197.

4　Francis Arthur Jones, "The Most Wonderful Electric Sign in the World", *The Strand Magazine*, undated clipping, quoted in Nye, *Electrifying America*, p.52.

们并非没有先例。几个世纪以来，焰火（fireworks）一直被用于照亮建筑结构，以庆祝皇室的生育、婚礼或者战争的胜利。[1]正如乔治·普林普顿（George Plimpton）解释的那样，"机器"（machines，也被称为圣殿 temples）已经在 17 世纪被用于此目的。[2]它们是"精致的装饰结构，通常呈现为装饰有绘画的建筑物形式，这些绘画通常是寓言人物、花朵和灯，整个建筑因焰火从后方发光而成为剪影"[3]。由于明显的因素，这些"机器"通常类似于矗立在浮动河面上、桥上、开放广场上的喷泉、宫殿或者船只。当焰火燃起时，一个妙不可言的"多媒介景观"（multimedia spectacle）被释放了。尽管"普通"的焰火只能表达简单的图形（花朵等），但"机器"的表征元素却为这场节目增添了寓言和政治的含义。[4]对观察者来说，"机器"制造了这样一种图像：它被爆炸物"动画化"又最终被火焰消耗。

这样的"盛大表演"与 19 世纪晚期桥梁、建筑、雕塑上的电力照明以及城市环境中的其他元素存在某种联系。[5]根据卡

1　沃尔夫冈·西弗尔布施认为它们起源于中世纪的篝火。早在 17 世纪，它们就已经发展出由烟花大师制定的具备严格规则和自身美学的"艺术形式"。见 Wolfgang Schivelbusch, *Disenchanted Night. The Industrialization of Light in the Nineteenth Century*, Angela Davies, trans., Berkeley: University of California Press, 1983, pp.137-139.

2　George Plimpton, *Fireworks*, *Garden City*, New York: Doubleday and Company, 1984.

3　George Plimpton, *Fireworks*, *Garden City*, New York: Doubleday and Company, 1984, pp.34-35.

4　中国艺术家蔡国强将公共空间焰火用作一种艺术媒介。"黑色彩虹"系列（2005）表达了全球恐怖主义时代的反恐立场。见 Thomas Krens and Alexandra Munroe, *Cai Guo-Qiang: I Want to Believe*, New York: Guggenheim Museum Publications, 2008, pp.63-65, 180-183.

5　Carolyn Marvin, *When Old Technologies Were New: Thinking About Electric Communication in the Late Nineteenth Century*, Oxford: Oxford University Press, 1988.

洛琳·马尔文（Carolyn Marvin）的说法，从火的时代到电力时代的传统效果的转变是"非常循序渐进的"[1]。许多经典的动机，包括火焰喷泉，被简单地转译为"电光效果的词汇"[2]。我们还应该注意焰火对壮观且"安全"的媒介形式的影响，比如 Feux Pyriques（一种光学玩具，也被称为"中国焰火"）和 Chromatropes（一种魔术幻灯），而机械魔术幻灯片同样被视为一种"人造焰火"（artificial fireworks）[3]。Feux Pyriques 当然不涉及任何火焰或炸药，这些效果是由开槽的彩色图片所制造的，这些图片的背后旋转着带有抽象图案的光盘（有时这种旋转需要借助于发条）。它们在室内展示，通常与其他光学"奇迹"结合使用，就像魔灯投影通常使用 Chromatropes 作为视觉上令人陶醉的高潮（也预示着表演即将散场了）。

将动态图像带向公共环境的另一条路径是魔灯（Magic lantern）投影。从 17 世纪中叶发明以来，魔灯就被认为仅适用于黑暗的室内空间。[4] 这完全可以理解，因为可用的光源很弱，投射的影像很暗。让这种投影在公共室外空间成为可能的是照明技术的显著改善，尤其是氢氧灯（钙灯）和电弧灯

1　Carolyn Marvin，*When Old Technologies Were New: Thinking About Electric Communication in the Late Nineteenth Century*，Oxford：Oxford University Press，1988，p.153.

2　Carolyn Marvin，*When Old Technologies Were New: Thinking About Electric Communication in the Late Nineteenth Century*，Oxford：Oxford University Press，1988，pp.164，167.

3　伦敦的乔纳森和杰奎琳·盖斯特纳收藏中保留了 18 世纪原始的 Feux pyriques 设备以及一大套"软件"，我在那里有机会进行了研究。著名英国制造商卡朋特和韦斯利使用"人造焰火"为 Chromatropes 命名。我的收藏中有诸多类似的案例。

4　有关魔灯的早期历史，参见 Deac Rossell，*Laterna Magica-Magic Lantern*，vol. 1，Marita Kuhn and German，trans.，Stuttgart：Fuesslin Verlag，2008.

的发展。[1] 根据西弗尔布施的说法，早在 1840 年人们就已经试验了强大的电弧灯，它用来照亮巴黎的公共纪念碑。[2] 根据一个合理的步骤，投影的概念不仅是一束光，也是图像和文本。一种中间形态是在夜间河上游览时使用探照灯，以求将场景与黑暗的河岸隔离开。一位热情的参与者说："探照灯的魔力轴在点和点之间摆动，从而让照片上的细节比白天更清晰地展现出来。"[3]

特别是在美国（魔灯也被称为立体投影 stereopticon），19 世纪 60 年代以来，幻灯片就开始被投射到户外的屏幕、空白墙和公共纪念物上。[4] 在波士顿，一家名为"自动立体投影广告公司"的企业许诺"自动立体投影广告公司的员工会彻夜工作"，并向好奇的群众"播放您的广告"。[5] 其商业名片上的插图绘制了一个大型魔灯，它挂在一个城镇广场的脚手架上，将公司的名字和地址投射在一辆马车上竖起的屏幕上。虽然是在夜间，但在场的观众人数众多（或者是推广者希望我们相信如此）。商业户外放映已经成为一种公认的传统，虽然其完

1　这些光源的历史很复杂。两种光源都达到了能在 20 世纪中叶用于实际目的的水平。参见 Patrice Guerin, *Du solei! au xenon. Les techniques d'eclairage à travers deux siècles de projection*, Paris: Prodiex, 1995; Terenee Rees, *Theatre Lighting in the Age of Gas*, London: The Society for Theatre Research, 1978.

2　后来，法国人在非洲的殖民地战争中用它来吓退敌人，从而证明"盲目的"技术能带来意识形态或军事上的优势。Schievelbusch, *Disenchanted Night*, Berkeley: University of California Press, 1988, pp.54-57.

3　RAS, "The Hudson Seen by Search Light", *New York Evangelist*, Sept 16, 1897, p.9.

4　在《令人震惊的广告史》中，特纳于 1894 年的特拉法加日在特拉法加广场上记录了一个商业魔灯投影。关于"药丸、鞋油和手表的广告"被投射在尼尔森廊柱和国家美术馆廊柱的侧边。在《纽约时报》中，一位读者建议通过更强的光束来干扰广告。Turner, *The Shocking History of Advertising*, New York: E. P. Dutton & Company, Inc., 1953, pp.126-127.

5　未标日期的商业名片（19 世纪 60 年代），作者收藏。

整范围尚不清楚。到 19 世纪晚些时候，美国著名肥皂制造商本杰明·T. 巴比特（Benjamin T. Babbitt）对他免费进行的巡演——"使用氢氧灯或钙灯的壮观立体投影展览及歌舞表演"进行了广告宣传。[1] 入夜后，这一节目在不同城市的著名街角进行放映。据称，这些景观"比最大的全景画还大"，而且"用于运输的华丽马车"提供了额外的"万千种乐趣"。

在 1904 年，魔灯制造商 T.H. 麦卡利斯特（T. H. McAllister）描述了在室外空间中投映幻灯片的五种模式，分别是将"广告立体投影"（advertising stereopticons）投射在墙上、商店橱窗上，安装在移动马车上的屏幕上以及树立在房顶的屏幕上（使用正面投影或者背面投影）。他建议使用房顶上的投影来显示"最新新闻公告"或者"选举结果"。实际上，他提到的后一条已经使用了几十年。在一个典型的案例中，1866 年 11 月 24 日，《哈珀周刊》（*Harper's Weekly*）刊登了整页的插图，其内容是《纽约论坛报》（*New York Tribune*）办公室大楼外用魔灯来展现竞选的结果。[2] 这些年来，类似的报道也频频出现。[3] 有时还会同时使用多个魔灯及屏幕。投影的幻灯片包含有关选票的手写统计数据，这些数据被当场写在涂有乳剂的空

---

1 未标日期的商业名片（19 世纪 80 年代），作者收藏。该展览发生在一条宽阔街道和普通街道的街角，时间是晚八点（城市未知）。广告印刷品提到了之前在查尔斯顿（南卡罗来纳州）、奥古斯塔（乔治亚州）、海恩斯维尔（乔治亚州）进行的展览。巴比特的肥皂工厂则设在纽约市。

2 这一事件大约发生在午夜。*Harper's Weekly*，nov. 24, 1866, p.744.

3 参见 *Frank Leslie's Illustrated Newspaper*，nov 23, 1872（cover）：Oct 25, 1884（cover）；nov. 17, 1888, pp.223-224：nov. 15, 1890, p.262；*Harper's Weekly*，nov. 17, 1888, p.877；*Collier's Magazine*，nov. 34, no. 4, Oct 22, 1904, cover.

白幻灯片上。[1] 数据是通过电报接收的（晚些时候通过电话）。[2] 虽然短暂的时差不可避免，但为此目的来使用视觉媒介足以让我们预见今天夜间直播的电视选举。1896 年，《世纪》（*The Century*）杂志发表了有关这一奇观的生动报道：

> 人群早早就聚集到市政厅公园和报业广场上，来阅读写在玻璃幻灯片上的信息，这些信息通过立体投影手段在建筑物外的宽银幕上予以放大。最初，这些公告是模糊且不完整的，但到了午夜时分，它们的影像宽度和内容重要性都在增加。在幕间休息时，操作员会展示这样的总结："俄亥俄州共 600 个区中的 418 个投票站中，共投给民主党的约翰·史密斯 117926 票，投给共和党的詹姆斯·布朗 180460 票"；或者"乔治亚州近 20000 的选票全部投给民主党"。无事可做的时候，操作员也会展示候选人的肖像或者即兴漫画，以滑稽的寓言来展示这个人或者其立场的成功以及另一位候选人的狼狈和难堪。稍后人们最喜欢的一个环节是诸如"克利夫兰怎么了？"之类的问题被扔到屏幕上。很快，上万个嗓子开始回答这个问题："它很好！"然后继续发问："谁很好？"顿时所有的窗户都发出"C-l-e-v-e-l-a-n-d！"的山呼海啸声。[3]

这里有关受众互动的信息有趣至极；然而，选举之夜是

1　我的收藏中有两盒这样的幻灯片，并带有一个尖头笔。它们的标题为"展现魔灯中图表、图画、文字等的灯盘图解"，由布彻及其儿子在伦敦的公司制造。封面插图展示了一张带有选举结果的幻灯片。

2　麦卡利斯特的目录将其称为"临时用于选举结果的魔灯广告"——这可以轻松地依靠在玻璃上书写或绘画，使用印度墨水或者摄影师的"不透明"技术制作而成。T. H. McAllister, *Catalogue of Stereopticons*, New York：Legare Street Press, 2021, p.35.

3　"Election Day in New York", *The Century Magazine*, vol. 53, no. 1, nov 1896, p.12.

一个特殊的节日时刻。关于公共投影的大多数论述都强调了围观者作为接收者的相对被动性。这在 *Punk*（《帕克》）和 *Judge*（《法官》）等讽刺性杂志中以公共人物作为户外幻灯片放映员的漫画形式表现出来。1888 年 9 月 19 日，*Punk* 头版展现了总统柯立芝在国会大厦的穹顶上放映他对个人所得税改革的构想。几年后，*Judge* 用一个魔灯描述了臭名昭著的报纸出版商约瑟夫·普利策，他从报业大楼的阳台上向街上的群众展示其对经济政治的评价。[1]

后记：2009年的洛杉矶

短短几个月内，洛杉矶的媒介格局经历了一次重大的变革，传统的广告牌以惊人的速度被动态超亮的 LED 广告牌取代。这种广告牌已经安装了数百个，目前还在大量安装中。LED 广告牌不仅将"无限重播"（heavy rotation）的原理（这在商业广播和音乐电视台中司空见惯）延伸到公共城市环境，成千上万个背光 LED 矩阵发光，甚至能让信息在明亮的阳光下可见，更不用说夜晚了。它们不仅试图吸引人们，也捕捉他们的凝视。那些不幸生活在其光辉中的人们已经开始体验到"虚假的日出"并请求公共部门给予监管。一种社会运动正在兴起，但它在被腐败政治主宰的环境中、在公司媒体和裙带资本主义利益面前普遍的投降主义中是否会产生影响，

---

1 "A Great Democratic Editor in the Greatest Democratic City Sheds Light on a Dark Subject", *Judge*, Sept 25, 1909. 虽然这幅漫画是手绘的，但普利策的魔灯可以确定为美国西尔斯罗巴克公司在那时候出售的一种普通廉价型号。漫画家可能使用了其邮购目录作为模型。

仍然有待观察。[1]

　　我选择及时结束这篇文章来向读者保证，本文所描述的发展不仅仅具有考古学的意义。公共媒介显示的出现并非自动发生的，它们在城市空间以及城市空间之外所起的作用也并非不证自明的。它的发生是经济、政治、社会发展的结果，也伴随着话语评论、文化争论以及社会斗争。对这些要素、态度和力量的媒介考古学发掘可以为我们提供一种武器，用来对抗企业的过度行为，就像目前发生在洛杉矶的情况一样。

1　Rebecca Cathcart，"Billboards Brighten Los Angeles Night，to the Anger of Many"，*The New York Times*，nov. 6，2008，p.A19.

媒介域：一个基本概念*

（2005）

［法］雷吉斯·德布雷、露易丝·梅尔佐 / 著　韩晓强 / 译

> 请诸位严谨地对待
>
> 我将在此陈述一个概念
>
> 一个最基本的，也是奠基性的概念
>
> 因为媒介学不知道自己是一门科学
>
> 她需要足够的严谨和一致性的条件

定义

"媒介域"（médiasphère）一词指痕迹与个人的流通范围，就技术而言，它是由历史上某一时刻普遍的时间与空间方面的运输方式所决定的。

因此，这一概念为文化史提供了一个普遍的时代划分（périodisation）原则。

在历史上，媒介域这一普遍范畴被具体划分为话语域（logosphère）、图文域（graphosphère）及视频域（vidéosphère）。而今天，数字技术使其变成了一个超级域（hypersphère）。

---

*　［法］雷吉斯·德布雷（Régis Debray）、露易丝·梅尔佐（Louise Merzeau）著，《媒介域：一个基本概念》（Médiasphère），韩晓强译，原文载《媒介》（*Médium*），2005 年第 4 期，第 162-169 页。

话语域指由文字技术的发明所开启的时期，其主要特点是以口头方式传播较为稀缺的神典经文，但与图形符号系统发明之前的纯口头传播截然不同。

图文域指由印刷术的发明所开启的时期，其主要特点是以书籍传播知识和神话。

视频域指由图像光痕技术（technique de la trace photoluminense）的发明所开启的时期，其特点是数据、模型和故事的传输越来越快。

理论含义

（1）如果文化是对环境（milieu）的适应性反应，那么任何文化都不能独立于传递和运输的框架来思考，而只能从这一框架的内部去构成。

（2）正如大自然以特定的生态系统形式存在，文化也只能通过宏观的流通系统而存在。生态学之于环境，就如（有朝一日）媒介学之于文化环境：它研究的是符号总体（populations de signes）与物理运输网络之间的平衡，以及物流基础设施（infrastructure logistique）的变化对该平衡造成的破坏。

（3）每一个媒介域都支撑一个特定的时空，能调节符号扩散的平均时间（话语以世纪计算、图文以年度计算、视频以小时计算）以及一定的物理流通空间（调节可用地域的尺度）。同样，每一种类型的媒介域都会诱发一种特定话语模式的性能指数（indice de performance）。例如批判理性主义在话语域的社会传播指数较低；在图文域的社会传播指数较高，这归功于学校和印刷品；在视频域的社会传播指数最低，这是因为在视频域，情感与速度先于一致性。

（4）上述媒介域在时间上彼此相继，但显然不会相互驱逐。一种媒介域不会终结另一种媒介域，而只是将其重铸［根据慢跑效应（l'effet-jogging），有时候甚至需要由此激活］。[1] 不同的媒介域在最近到来的、技术更胜一筹的媒介域支配下得以支撑、交织和重组。

未来主义者的错误和未来主义者的失望，通常是因为高估了媒介创新的效果，同时低估了先前媒介域的文化负载及其抵抗。一般来说，使用行为比工具本身更为古早。这种解释不言而喻：根据定义，倘若技术媒介是新的，那么文化环境就是旧的。文化环境是记忆与技能的沉积，是之前所有时代媒介与工具的温室（我说的是莎草纸、羊皮纸、普通纸和计算机屏幕；我说的也是象形图与字母、文本与超文本、手稿、印刷页与闪光屏幕）。这种说法适合个人，也适合媒介域；它们按照某种资历次序叠加，最上层是最新、最优成本和最具成效的霸权层级，即今天的数字域（numérosphère，互联网），露易丝·梅尔佐称之为超级域（它能将所有数据视为平等的以及数字化的，使其可以相互链接）。

使用规范

上述事项是对三原则的某种默认，显然是不成熟和不完整的。它仍然有待完善，此处可以使用费尔南·布罗代尔的历史时间模型，并做这般假设——文化的时间 T 可以被分析

1　慢跑效应是德布雷创造的媒介学术语，指的是技术进步往往会导致陈旧观念的回归或"倒退的进步"，文化以此来缓冲技术环境中过快的变化。——译者注

为三种时间性的同时叠加：生态的和无形的媒介域时间，类似于地质学时间；一种有氛围感且可见的运动、一种敏感的或背景涌动的时间（巴洛克的、古典的、现代的时间），类似于社会历史时间；学校和工作的时间，这是一个具备短暂振荡性的短时间，类似于事件历史的时间。

换句话说，媒介域的理想—典型概念属于一种类型学（typologie），而非一种现象学，这是批评家尤其是历史学家最容易混淆的状况。它的目的是描述一个具体的现实，以及其细微差别、特殊性和重叠性，而这些性征将试图确定历史阶段发展的潜在逻辑。任何类型学都会放大形貌的突出特征（就像一个优秀漫画家的做法）；任何现象学都会对它们进行衡量和提炼（就像一个优秀摄影师的做法）。不言而喻，现实比思维图式要丰富得多。但是，倘若没有图式论（schématisme），如何才能使现实有序化，并确定其主要的演进路线呢？

媒介学家为旅行者提供了一张大型地图；历史学家对这片地域进行了调查和描述，只有懒人才会把地图当成领土。

媒介域的基本图式见表1。

表1　媒介域的基本图式[1]

流态	（布道） **话语域** 书写	（出版） **图文域** 印刷	（播放） **视频域** 视听	（加载） **超级域** 数字
潜在的指令	领圣体	表达	注意	联系

1　德布雷在《媒介学引论》中使用过这一图式，但不包括"超级域"的最后一列，此为德布雷媒介域图式的最完整版本。——译者注

流态	（布道） **话语域** 书写	（出版） **图文域** 印刷	（播放） **视频域** 视听	（加载） **超级域** 数字
符号流的控制	教会的 直接的 针对人类	政治的 间接的 针对媒介物	经济的 直接的 针对信息	技术的 间接的 针对标准
个体的地位	臣民 被命令	公民 被说服	消费者 被引诱	行动者 被激发
认同的神话	神	英雄	明星	自我
权威的论证	上帝对我言 （福音条文）	我自书中读 （印刷词句）	我从电视看 （实时影像）	我在网上寻 （各类网站）
神圣不可侵犯 的性质	不可见性 （起源） 信仰的对象	可读性 （基础） 推理的对象	可见性 （事件） 感知的对象	可得性 （虚拟） 编码的对象
集体统一的 原则	神学的 国王 上帝恩赐的	意识形态的 元首 政治的	算术的 领袖[1] 统计的	技术的 标准 垄断的
个人的核心	灵魂 （阿尼玛）	德性 （阿尼姆斯）	身体 （感觉中枢）	智力 （神经元）
向他人的表达	询唤	文本	辐射	博客
最高的承诺	你有权皈依	你有权学习	你有权回应	你有权登录
社会的记忆	老人与智者 （众生）	图书馆与博 物馆 （事物）	视频库与照 片簿 （图像）	数据库与在线 档案 （算法）
权力的地域	大地	海洋	天空	超空间

---

1 德布雷对这一栏中的"元首"和"领袖"，使用的词汇是 le Chef 和 le Leader，很明显前者指政治领导人物，而后者指舆论中的领导人物，接近于拉扎斯菲尔德的"意见领袖"。——译者注

流态	（布道） **话语域** 书写	（出版） **图文域** 印刷	（播放） **视频域** 视听	（加载） **超级域** 数字
聚集的理念	一体 （城市、帝国、 王国）	全体 （民族、人民、 国家）	个体 （人群、社会、 世界）	少数 （部落与虚拟 社区）
政治的制域	专制主义与神 权主义	民族主义与极 权主义	个人主义与无 政府主义	社区主义与多 元文化主义
时间的图形	圆 （永恒、原型） 以古代为中心	线 （历史、发展） 以遥远的未来 为中心	点 （直接、序列） 以当下为中心	虚线 （更新、实时） 以切近的未来 为中心
标准的年龄	老年	中年	青年	少年
心灵所系物	神话 （奥义，教条）	逻各斯 （乌托邦、 体系）	意象 （情感与幻想）	骰子游戏 （仿真与参与）
理论的结晶	宗教 （神学）	体系 （意识形态）	网格 （程序）	模型 （处理）
职能的人员	教士 （牧师与律 法师）	知识分子 （教师与作家）	普通人 （记者与制 片人）	专家 （服务器与程 序员）
关键的术语	信条	知识	交流	信息
参照的公理	它是神圣的	它是真的	它是可见的	它的功能
服从的对象	信仰 （狂热主义）	法律 （教条主义）	舆论 （相对主义）	互动 （建构主义）
实施的手段	传道	出版	上镜	传染
基本的结构	金字塔型	线型	辐射型	网状

生成—媒介：伽利略的望远镜*

（2007）

［德］约瑟夫·沃格尔／著　韩晓强／译

　　媒介意味着"中间"和"在中间"、"调介"和"调介者"（remediators）；它要求对这种"居间"（in-between）的作用、运作及材料进行更彻底的质疑。媒介研究的探索领域相当广阔，从史前的潮汐和星辰记录到当代无所不在的大众媒介，包括物理传输物（如空气和光线）以及符号图式（无论是象形文字、拼音文字还是字母文字）。它还包括技术与人工制品，如电器、望远镜或留声机，以及符号形式与空间再现手段，如透视、戏剧或整体的文学。然而，该领域的规模仅仅凸显了媒介研究在提供可靠信息方面的相对无能，比如它无法说明媒介如何运作、它们实际能做什么、它们到底是什么，等等。在这一广泛的领域内，我们看到了各种方法和学科传统的混合与冲突：来自文学研究、历史学、艺术史、信息工程、新闻学、经济学、传播学和科学史的诸多方法混杂在一起，没有任何特定的指导原则。此外，媒介研究与其他学科之间的关系并不明确，凸显出它缺乏一个确定的、共同

---

*　［德］约瑟夫·沃格尔（Joseph Vogl）著，《生成—媒介：伽利略的望远镜》（Becoming-media: Galileo's Telescope），韩晓强译，原文载《灰房间》（Greyroom），第 29 期，2007 年秋季刊，第 14-25 页。

的学科空间，以及其研究对象之定义（至少可以这么说）上的某些问题。在诸多学科中，有关媒介功能、效果和历史的问题被不断提及，但在回答这些问题时，我们仍缺乏一个单一、稳定、划分明确的知识范式作为依托，哪怕媒介研究已经在体制和学科上得到了广泛的认可。

由此，媒介理论可以公开宣称：不存在"媒介"这样的事物，至少它在一种稳定的类别、学科、实质和历史意义上不存在。媒介不能被简化为再现手段，如电影和戏剧；不能被简化为技术，如印刷术或电信技术；不能被简化为机器，如电报机或计算机；也不能被简化为符号系统，如文字、图像或数字。尽管如此，所有上述事物都强调"中间性"（medial）。媒介的概念不能通过指涉物质基础或传播形式、符号系统或分配技术而得到充分的解释。最近的理论立场可能给予我们一个共同的视野，以更好地理解媒介不仅仅是一套信息存储、处理与分配的程序，或者数据的时空传输程序。相反，媒介是具体的、系统化的研究对象，原因如下：它们存储和调介的一切都是在媒介本身创造的条件下被存储和调介的，这最终构成了诸类媒介。

这就是那些众所周知的格言之寓意，如"媒介即讯息""媒介决定了我们的境遇""我们学习和了解的一切，都是通过媒介实现的"。媒介是什么，媒介做什么、如何做，媒介创造的效果，媒介在文化和社会实践中的地位，媒介作为文化技术的具体作用，更不用说媒介概念本身——这些都不能被简化为一个简单的定义、模板或一系列事实。就此而言，媒介分析不只涉及传播、设备和代码，也同样涉及媒介事件

（media-events）。这些都是特殊的、双重意义上的事件：事件通过媒介来传播，但传播行为本身也同时传播了媒介固有的特定事件特征。媒介使事物可读、可听、可见、可感，但在具体操作之时，媒介也有一种抹除自我及其构成性感官功能的倾向，从而使自己变得不可感知和"麻醉化"（anesthetic）。这种双重生成—媒介（becoming-media）的情况无论如何都不能被预先确定，因为它在各种情况下都被差异性地构成一种装配、一种异质性条件和元素的"部署"（dispositive，按照福柯的说法）。生成—媒介开启了关于媒介文化效果和由媒介构成的文化在内的诸多视角，并将媒介分析从文学研究、技术史和传播史的垄断中解放出来。

首要的问题是，媒介的历史与理论必须面向媒介（更严格来说是媒介的功能及运作）在诸多异质性元素——如装置、代码、符号系统、知识形式、具体实践和审美体验——的结合中生成独特场景或情境。下面的分析检视了一个重要且典型的案例。1610 年，伽利略·伽利雷在《星际信使》（*Sidereus Nuncius*）中谈到不可思议的信息传递，从星体到望远镜，从望远镜到人眼，从眼睛到手，然后以白纸黑字传递到纸张、书籍，最后到读者。但这一事件所包含的不仅仅是一种哥白尼主义的演示、不仅仅是一种新宇宙学的来临、不仅仅是短短几天晚上潦草记录的新天体观的诞生，还标志着观察和可见性之间确定的意义如何发生了变化，以及眼睛、目光和观察对象之间关系的意义如何发生变化。此外，这一事件还涉及技术转型——在伽利略的手边和眼前，望远镜的性质从根本上被改变了，它不再是据传由荷兰磨镜师带到意大利，在展览会上展示，并最终被伽利略所剽窃的简单设备。该设备如今提供了一项独特的数据：它曾经是一种仪器，现在则变成了一种媒介。我们该如何描述这些历史步骤，或者作为望远镜生成—媒介的转型过程？

感官的去自然化

伽利略望远镜的意义不限于他将目标从大地转向天空——"在摒弃了（用望远镜观察）地球上的事物后，我将倾力探索天空"[1]；这比汉斯·布鲁门贝格（Hans Blumenberg）所指出的意义深远的理论转变更进一步，布鲁门贝格在伽利略的行动中发现了自然科学的第一次技术化（technologization）。在对苍穹进行调查之前，伽利略首先对设备本身进行了调查。这项调查，让他的天文学研究回归到"这一仪器的完备理论"，并将双透镜的铅纸管转变成一个与星体一样深不可测的对象。[2] 如此，伽利略开始在这个设备上进行实验，测试其性能、放大倍率和测量角度。透过望远镜看到的景象是由支配该景象的观测定律来补充的。视野中可见的一切，也让观察行为本身变得可见。望远镜在此作为建构性的、物质性的"理论"（就希腊语 theoria 而言），作为视觉（vision）而出现。该设备不再限于放大、拉近事物并复现它们的功用。望远镜不仅仅是感官的延伸，也不仅仅是改善或纠正感官的辅助设备，因为它的用途最终落实在"这一仪器在大地和海洋方面

1　Galileo Galilei, *Sidereus Nuncius, or The Sidereal Messenger*, Albert van Helden, trans., Chicago: University of Chicago Press, 1989, p.38.

2　Galileo Galilei, *Sidereus Nuncius, or The Sidereal Messenger*, Albert van Helden, trans., Chicago: University of Chicago Press, 1989, p.39.

的优势"[1]。相反，望远镜重新创造了感官：它定义了视觉和感官知觉的意义，将所有可见的事实转化为可构造、可计算的数据。最终，它创造的所有现象和"信息"都带有理论的痕迹。这些信息所传达的感官证据是与该证据得以确立的程序一并传达的。

这种观察的实验化（experimentalization）与某些事实有关：眼睛及其自然视觉如今只是诸多光学案例中的一部分。望远镜的放大作用并不强于人眼的缩小作用，望远镜的人工视觉也不会比人眼的视觉更自然。因此，伽利略的望远镜擦除了自然视觉、自然景象和自然之眼的坐标系。约翰尼斯·开普勒热切地跟进了伽利略的工作，并在其《折射光学》（Dioptrik）中立即领会到这一点，其副标题是"最近发明的用于视觉和可见事物的望远镜概述"。他认为，望远镜不应该"被视为一种普通的仪器"。而且，"仪器的理论"直接通向"眼睛的理论"，反之亦然。这两种理论无法脱离彼此独自发展，因为它们的相互决定性如此紧密，望远镜及其光学和定律，便重新定义了眼睛的感官能力。像望远镜一样，眼睛是应用几何学的一个案例，因为它让视网膜"被涂上了可见事物的彩色光线"[2]。1604年，开普勒已经确定眼睛是一个光学设备——由晶状体（透镜）、暗室和视网膜（屏幕）组成，并以此表明视觉本身是一种光学变形，而感官知觉是基于感官的欺骗。[3] 望远镜的例子让他更清晰地聚焦于此：眼睛和望远镜

1 Galileo Galilei, *Sidereus Nuncius*, *or The Sidereal Messenger*, Albert van Helden, trans., Chicago：University of Chicago Press，1989，p.38.

2 Johannes Kepler, *Dioptrik*, Leipzig：Engelmann，1904，pp.3-4，28.

3 Svetlana Alpers, *The Art of Describing*, Chicago：University of Chicago Press，1983，p.34. 阿尔珀斯引用了开普勒的《对维泰洛的补充》（1604）。

都是光学系统，而两者之间的任何自然差异都被抹除了。在这两种情况下，视野都意味着其自身的构造。在这两种情况下，任何可见的对象都意味着使其可见的技术操作。自伽利略以来，视觉的变化不能从既定的、自然的视觉来理解：之前肉眼所见的东西，如今被理解为一种建构。眼睛不再是亚里士多德式的让世界得以披露的可靠器官。眼睛看到多少真理，其中就蕴含多少欺骗。视觉已然失去了其作为自然证据的地位。望远镜不仅是一种辅助性仪器。就它成为一个理论对象而言，在它作为一种建构的理论而呈现自身的程度上，它撕裂了自然视觉的世界。从此开始，视觉被去自然化了（denatured）。

创造一种基本的自我指涉性

望远镜的"自我指涉性"（self-referentiality）意味着三件事。首先，望远镜既指向了观测者，也指向了被观测的对象。其次，在伽利略的观察行为中，与对象的任何关系也是与观察行为本身之间的关系。最后，望远镜的中间性质也在其自我指涉的结构中显现出来。伽利略通过望远镜观察天空所发生的惊人转变在于，当伽利略通过望远镜观察星球，尤其是月球时，他首先看到的是地球。当伽利略仔细观察月球表面时，他证实了它并非亚里士多德的第五本质（quinta essentia）所暗示的结晶般光滑和圆润，而是粗糙的、坑坑洼洼的，是一种绝对的地球式景观。他写道："月球的表面并非光滑的……相反，它是不平整的、粗糙的、遍布着凹陷与凸起的。它就像地球自身的表面，到处都有连绵的高山和深邃的峡谷。"[1] 他发现了黑暗的斑块和明亮的区域，并且注意到：

> 我们的地球上有一种几乎完全类似的景象，在日出前后，当山谷还未沐浴在日光之下，就已经能看到周围面向太阳的山脉闪耀着光芒。随着太阳升高，发光的部分增加，那些月球上的斑块也会慢慢走出黑暗。[2]

类似的例子在伽利略的反思中继续延伸，如地球是否会照亮月球，就像月球照亮了地球；或者地球是否会在月球上升起和落下，就像月球在地球上的规律一样。当伽利略通过望远镜看月球时，他不仅看到了另一个地球，也就是一个世界，而且他的"世界概念"也随着其所见改变了：地球和其他天体之间的差异被抹除了，而地球本身就是星空中的一颗。地球不再是"宇宙污秽和渣滓的垃圾堆"，而是成为多元世界中的一个。[3]

这种综合观察和自我观察的效果之一，是观察本身被赋予了条件。这种效果深深嵌入《星际信使》的文本结构之中。我们一次又一次地发现，但凡有人声称某个特定天体更"大"（thicker），那其实并非它本身更大，而是我们的视野所致；如果人们从月球上看地球，就能对比得出结论；或者说只有"从某个角度来看"，一种特定条件才会得到满足，一种

1　Galileo Galilei，*Sidereus Nuncius*，*or The Sidereal Messenger*，Albert van Helden，trans.，Chicago：University of Chicago Press，1989，p.40.

2　Galileo Galilei，*Sidereus Nuncius*，*or The Sidereal Messenger*，Albert van Helden，trans.，Chicago：University of Chicago Press，1989，p.41.

3　Galileo Galilei，*Sidereus Nuncius*，*or The Sidereal Messenger*，Albert van Helden，trans.，Chicago：University of Chicago Press，1989，p.57.

结论才会成为可能。[1]即使在表述和句法的层面上，"望远镜效应"也显而易见——事物被相对化或者被假设，言说主体的立场被赋予某种条件。正确的观察只能在某种条件下得以表达。正如哥白尼体系中的每个观察者都必须考虑到其立场的游移和相对性，因此每一项描述和每一项观察都是有条件的，并且被纳入一个自我参照的体系。就此而言，指向天空的望远镜实际上是一件哥白尼式仪器，一个创造哥白尼式世界的器官或媒介，同时也存在一个相对化的观察者，将他／她自己当作一个观察者来观察。新的天空并非分布于一个新宇宙（或多元宇宙）中的行星和恒星构造的星丛（一种集合体）。新的天空首先是视野的星丛，是一个交叉观察的系统。这意味着，不管是谁和伽利略一起透过望远镜观察天空，他／她也必然同时回头观察他／她自己——观看是一种自我观看，观察是一种自我观察，定位是一种自我定位。通过建立这些自我指涉的构成性关系——这是其生成—媒介的另一个方面——望远镜创造了一个世界。

创造一个麻醉领域

如此，感知变成了一个复杂的过程，它反过来影响到通过望远镜看到的可见性状态。可见的领域与构成性的不可见性密不可分，揭示了对媒介转变的进一步理解。媒介历史分析的关键点，不在于媒介让事物变得可见、可触、可听、可读或可感；它与其说位于一种媒介所提供的数据及信息美学方面，不如说是位于一种媒介过程的麻醉方面。回到之前的

---

1 Galileo Galilei, *Sidereus Nuncius*, *or The Sidereal Messenger*, Albert van Helden, trans., Chicago: University of Chicago Press, 1989, pp.53-57.

问题，当伽利略将他的望远镜对准天空时，他看到了什么？伽利略观察到的，然后以文字和草图捕捉到的可见之物，究竟是什么东西？是月球表面、未知的恒星、银河，还是木星的卫星？《星际信使》并未留下疑问：伽利略在他的望远镜中看到了新的可感知物，这不仅仅是太阳、月亮、星星，更是可见物与不可见物之间的区别。望远镜视觉也就成为一种二阶视觉。

这里可以参考伽利略对他根据望远镜观测而绘制的猎户座和昴星团星图的评论：

> 为了让你们看到一两个星体聚集的不可思议的图样，并从这些例子中得出对其余部分的判断，我决定复制这两个星群。我决定描绘整个猎户座，但由于它被大量的星体淹没且缺乏足够的时间，我将这次冲动推迟到另一个时段。因为在旧星体周围有五百多颗新星分布在 1 度空间或 2 度空间内，所以除了很久之前观测到的猎户座腰带三星和佩剑六星，我还增加了最近看到的另外 80 颗星，并尽可能准确地保持了其分离状态。为了便于区分，我们将已知的或古老的星体描绘得比较大，以双线勾勒；其他不显眼的星体描绘得比较小，以单线勾勒。[1]

伽利略明确指出，可见物和不可见物在此均得以再现。更确切地说，他记录了可见物与不可见物之间的关系。这里呈现的是一个双重图像，它是伽利略通过望远镜所看到的景

---

1 Galileo Galilei, *Sidereus Nuncius*, *or The Sidereal Messenger*, Albert van Helden, trans., Chicago: University of Chicago Press, 1989, pp.59-61.

象的再现，也是对可见物和不可见物之间差异的图式化记录。

正如布鲁门贝格指出的那样，这显然标志着"可见性假说"（the visibility postulate）的终结——从远古时代到中世纪，人们都相信人类仅靠其有机设备，就足以理解自然和宇宙。伽利略的望远镜视图中出现了一种新的、变化的可见性，一种可见物的可变视野。现在，一个不可见的黑暗背景出现了，并已经延伸到可见物的再现。这种变化，与望远镜和使用望远镜的新方法密切相关，也与其他因素（如透视结构）密切相关。如今，视力（sight）转向了那些从视觉中撤离的东西；它被纳入一个过程，与可见的数据一起召唤出大量的不可见或隐藏的事物。伽利略在《致公爵夫人的信》中写道：

> 如果我们想要领会写在天国地图上的更深层次的概念，就断然不能相信，这仅靠欣赏太阳和星星的光辉，观察它们的升落就足够了。因为即使是动物和学识不深的民众，也能用眼睛看到这一点。然而，这背后隐藏着如此深邃的秘密和如此崇高的思想，以至成百上千的最敏锐的头脑历经了长达千年的工作和学习，仍然无法摸透它们。与理智的人通过理性发现的奇迹相比，我们以视觉获得的东西简直微不足道。[1]

因此，望远镜所带来的是可见物与不可见物之间的差异，它所创造的首先是不可见性，或者可见的不可见性。肉眼及其所见被证明是匮乏的，任何明显的光学增益都被如今位于

---

[1] Galileo Galilei, "Letter to the Grand Duchess", in *The Gileo Affair: A Documentary History*, Maurice A. Finocchiaro, eds., Berkeley and Los Angeles: University of California Press, 1989, pp.103-104; translation modified, See also Blumenberg, "Das Fernrohr und die Ohnmacht der Wahrheit", in *Sidereus Nuncius*, Frankfurt am Main: Insel-Verlag, 1965, pp.21, 38.

我们视野之外、不可复原的事物抵消了。布鲁门贝格宣称这是伽利略认识论中的一个悖论，但这同样是望远镜生成—媒介的效果之一。一方面，望远镜提高了能见度，促进了经验知识的增长，并为哥白尼体系提供了某些证据。另一方面，这些证据也因望远镜的效果而被质疑：每一种可见性都带有临时性的烙印，每一种可见性都被一个不可见性的海洋包围。一切可见的事物都是偶然的，它们永远被不可感知和未知的事物包围。因此，这种悖论在于：望远镜视图为某些假说（像哥白尼体系）提供证据——事实上，整个证明问题被交付于视觉的经验事实，并一直作为真理的最终实例——但可见性本身却变得极具疑问，成为一个充斥着不确定性、依赖巧合、受幻觉威胁（包括视错觉）、被其部分性（segmentarity）相对化的可疑、危险、冒险的选项。[1] 临时性的痕迹始终存在：每一个通过望远镜出现的真相，都被尚未发现的真相环绕着，被"有待发现的无数真相环绕着"（按伽利略的说法）。我们可以将其理解为某种科学理念的诞生，它被定位在感官证据与抽象化之间的尴尬空间。然而恰恰是在此，媒介—历史的观点得以适用：与那些可见物一起，伽利略望远镜的生成—媒介创造了一些不可见、不可感和麻醉性的事物。随着每一次清晰度的深化，都会复现一种新的、不可澄清的深度。在伽利略的望远镜下，天堂的璀璨星空变成了一个不可估量的黑色虚空。

1　或者说，媒介功能被记录在被调介事物的构成性扭曲中，参见 Michel Serres, *The Parasite*, Lawrence R. Schehr, trans., Baltimore：Johns Hopkins University Press, 1982.

结语

在罗列上述观点时，我试图描述一种有限的、局部的历史情境，以便能从其中观察到望远镜的生成—媒介过程；也就是说，它从一种单纯的光学仪器转变为一种媒介。这一生成—媒介的过程需要相当多样化的条件：荷兰磨镜师的技术；一种设备的发明（不清楚其发明者），其中安装在一根管子里的两个透镜能够产生放大效果；一种新的知识，哥白尼假说为望远镜确定了一个新的应用领域；某些实验性实践，对伽利略而言是要测试其视觉而非望远镜本身；以光学问题的形式所表达的物理知识；在伽利略的草图中，以及在这些图像和文本的关系中，可以发现一种独特的绘画或再现方式。这里还能罗列更多因素，例如透视法则，这制约着伽利略观看和再现事物的方式，它将光与暗的流动编码为几何形式；[1]更广泛地说，还有印刷术，它立刻让望远镜效应成为欧洲范围内最早的伟大科学事件之一。[2]所有这些因素在伽利略的望远镜中汇聚，令它不再是一个简单的客体，而是一个涵盖物质、话语、实践和理论要素的复杂构成。

虽然将这些离散的元素、设备和配置转化为一种媒介是有争议的，但具体案例并不意味着媒介概念的普遍有效性。相反，在每一种情况下，它都是一个具体的、局部的、有限的生成—媒介的问题，其中各种因素的汇聚决定了一种媒介

---

1 Joseph Vogl, "Kraterlandschaft", in *Umwege des Lesens: Aus dem Labor philologischer Neugierde*, Caroline Welsh and Christoph Hoffmann, eds., Berlin：Parerga, 2006, pp.303-316.

2 Elizabeth L. Eisenstein, *The Printing Revolution in Early Modern Europe*, Cambridge, UK：Cambridge University Press, 1993, p.83.

功能的出现。任何媒介通史都将是一种史学编纂的任务，对事件的表述要考虑到让事件可被表述的方式，以及事件总是以某种模糊状态呈现的方式。媒介的历史总会被那些本身由媒介促成和创造的历史污染：文字的历史，它首先产生了神话和历史之区分；印刷术的历史，它的"印刷持久性"使一种渐进知识的历史成为可能。[1]一部媒介史必须是一部双重意义上的媒介—事件史：一部决定事件的生产、再现和形成的历史。也许我们可以确定一种普遍的决定性，将其用于我们对媒介的（历史）观察，但对一种更普遍的、跨历史的定义或决定性来说，这又构成了阻力。这种晦暗不明的生成—媒介无法被预先确定。在每一种生成—媒介的情况下——就像一连串字母变成文字，或者抛光的透镜变成了光学仪器——装置、符号秩序或者制度的转变是通过各种各样的条件、因素和元素的具体装配而产生的。对于媒介研究的未来，我想提出的建议是，我们应该抛开任何一般的媒介概念，转而研究历史上独特的星丛。在这些星丛中，我们可以识别诸事物、符号系统或技术蜕变为媒介的过程。在任何永久的意义上都不存在媒介这样的事物。媒介让感官去自然化，并容许其历史化；媒介可以被理解为自我指涉的、世界创造的器官；媒介被创造它们的麻醉空间所定义——这些都可能构成一个框架轮廓，在其中，媒介的历史被串缀为不连续的生成—媒介的诸事件，不会更多，也不会更少。

---

1 Jack Goody and Ian Watt, "The Consequences of Literacy", in *Literacy in Traditional Societies*, Jack Goody, ed., Cambridge, UK: Cambridge University Press, 1968, pp.27-68.

再媒介化*

（1999）

［美］杰伊·大卫·博尔特、理查德·格鲁辛 / 著　　王敏燕 / 译

> 然而，直接性（immediacy）是一种片面的决定；思想不仅包含直接性，也包含以自身为媒介的决定行为，因此媒介化同时也是对媒介化（它的直接性）的废除。
>
> ——黑格尔
>
> 而且，矛盾中的一致性一如既往地表达了欲望的力量。
>
> ——德里达

《末世纪暴潮》的双重逻辑

"这不只是比电视更好的娱乐。"未来主义电影《末世纪暴潮》（*Strange Days*，1995）中的莱尼·尼罗说道："这就是生活，一段别人的生活，纯粹的、未经剪辑的、直接从大脑皮层上获取的生活。你将身临其境、感同身受、看得到、听得见……与现实毫无差别。"莱尼正在向一位潜在顾客兜售名为"The Wire"的黑市设备。这是一个值得莱尼吹嘘的技术奇迹。它就像盔帽那样套在穿戴者的头上，而帽子里的传感器会与大脑的感知中枢相接触。在记录模式下，The Wire会

---

* ［美］杰伊·大卫·博尔特（Jay David Bolter）、理查德·格鲁辛（Richard Grusin）著，《再媒介化》（*Remediation*），王敏燕译，原文载《再媒介化：理解新媒介》（*Remediation: Understanding New Media*），MIT 出版社，1999 年，第 3-84 页，有删减。

捕捉穿戴者的感官知觉；在播放模式下，则会将记录下的感觉传送给穿戴者。它的吸引力在于绕过了媒介化（mediation）的所有形式，直接在一种意识和另一种意识之间进行传输。

于我们而言，《末世纪暴潮》是一部引人入胜的电影，因为它捕捉到新数字媒介在我们当今文化中发挥作用的矛盾方式。这部电影映射了未来几年中我们的文化时刻，因而能更清晰地对其进行审视。The Wire 不过是对当代虚拟现实的想象性推断，其目标在于无媒介化的（unmediated）视听体验；而千禧年洛杉矶媒介的激增也只是略微夸大了我们当前的媒介富裕环境，在该环境下，数字技术的扩散速度远远超过了文化、法律或教育体系所能跟上的速度。这部影片在处理我们的文化对直接性（immediacy）和超媒介性（hypermediacy）的矛盾要求时，展现了所谓的"再媒介化"（remediation）的双重逻辑。我们的文化既想要增加它的媒介，又想要抹除媒介化的所有痕迹：它想要在增加媒介化技术的这一特定行为中抹除它的媒介。

在 20 世纪的最后十年，我们身处一个欣赏再媒介化双重逻辑的非常规位置——这不仅是因为我们被印刷品、电视、电影和万维网及其他数字媒介中的图像轰炸，还因为所有这些媒介都在强烈地追求上述双重逻辑。"直播"视角的电视节目向我们展示了伴随警察进行危险突袭或是作为跳伞运动员 / 赛车手在空间中穿梭的感觉。电影制片人通常会花费数千万美元进行"实景拍摄"或是重现某一时期的服装和场景，从而让观众觉得他们"真的"在那里。互联网站点以感知直接性的名义提供了故事、图像以及现在最新式的视频。这些媒介以同样的热情制定了另一种逻辑：网站通常是各种不同媒介形式的大杂烩，包括图形、数字化照片、动画和视频——所有这些都设置在网页当中，这些网页的图形设计原则使人联想起20世纪60年代的迷幻主义和20世纪20年代的达达主义。诸如《天生杀人狂》或《末世纪暴潮》等好莱坞电影通常将媒介和风格杂糅在一起。电视新闻节目则以多重视频流、分屏显示、图文合成为特征——这些媒介的堆叠让新闻更通俗易懂。

不同寻常的是，这些看似矛盾的逻辑不仅在今天的数字媒介中共同存在而且相互依赖。直接性依赖超媒介性。在试图创建无缝衔接的运动影像时，电影制作者会将真实动作影像（live-action footage）与计算机合成图像以及二维、三维计算机图形结合在一起。为了即时和完整，电视新闻制作人会在屏幕上整合文本、照片和图形，必要时甚至还把没有视频信号的音频包括在内（正如海湾战争期间的状况）。与此同时，即便是最超媒介化的作品也在寻求某种直接性。举例来说，音乐视频依赖于多种媒介和精密剪辑来创造一种直接、即兴的风格。对直接性的渴望带来了一个挪用与批判的过程，数字媒介借此重塑或再媒介化彼此及其同源的前辈，例如电影、电视和摄影等。

一旦在当今媒介中注意到这个过程，那么我们就可以在近几百年来的西方视觉再现中辨认出类似的过程。因此，中世纪的插图手稿、17世纪大卫·贝利（David Bailly）的画作以及CNN的新闻网站是对媒介迷恋的一种类似但又各异的表达。卡纳莱托的画作、爱德华·韦斯顿的摄影、奥运会的

"现场"电视转播以及虚拟现实的计算机系统不尽相同，但是它们都试图通过忽略或否认媒介化行为的方式来达到直接性的相关尝试。这并不是说直接性和超媒介性必须在每个时期同时起效，而是说这两者之间的互动似乎界定出一种谱系，这至少能追溯到文艺复兴时期线性透视法的发明。这里所说的谱系学概念来自福柯，也就是说我们找寻的是历史性分支或共振，而非起源。福柯将谱系学描述为"对血统的分析"，它"使得在某一特征或概念的独特方面发现无数的事件，并且通过这些事件（无论是仰仗或针对这些事件）得以形成"[1]。我们的谱系学特点将是直接性、超媒介性以及再媒介化，我们将从历史角度来分析这些特征，同时给予当代数字媒介特别的关注。[2]

我们将展示在数字图形中追求直接性的渴望，这种追求借鉴了线性透视绘画以及摄影、电影和电视的早期策略。在分析超媒介性的时候，我们会看到数字多媒介适应现代主义绘画及其早期形式的策略。在此，容我们暂时略过前两个方面，以充分地探索第三个特性（也就是再媒介化本身）奇怪的相互（正逆向）逻辑，并最终针对"再媒介化作为媒介的一般理论"提出一些建议。

---

1 Michel Foucault，"Nietzsche，Genealogy，History"，in *Language*，*Counter-Memory*，*Practice: Selected Essays and Interviews*，Donald F. Bouchard，ed.，Ithaca，NY：Cornell University Press，1977，p.146.
2 在追溯"否认媒介化"作为对媒介的迷恋而重新出现的方式时，我们并不试图假设媒介化的"本质"或位于所有媒介之核心的"起源"或"身份"。我们既不主张可用的媒介技术是自主的施动者，也不主张它们必然决定一种文化向自身再现世界的方式。在这些方面，我们受惠于福柯。不过，福柯关心的是权力关系，而我们所说的谱系学是由媒介内部和媒介间的正式关系以及文化力量与文化声望的关系来定义的。

再媒介化

20世纪90年代前中期，好莱坞制作了许多经典小说（包括霍桑、伊迪斯·沃顿、亨利·詹姆斯的作品）的电影版，其规模达到了20世纪30年代以来之最。有些改编是相当自由的，但是奥斯汀电影（除了《独领风骚》）的盛行横扫其他影片，它们在服装和场景上都符合历史，并且非常忠于原著。然而，奥斯汀的电影并没有公开提及它们所依据的小说：它们不承认是改编的。在影片中承认这一点会扰乱奥斯汀读者们所期待的连续性和直接性的错觉，因为他们想要以阅读小说的无缝方式来观看电影。内容已被借用，但媒介尚未被挪用。这种借用的方式在今天的流行文化中极为常见，它当然也是非常古老的。一个有着悠久传统的例子是绘有来自《圣经》或其他文学来源故事的画作，显然它们只借用了故事的内容。当代娱乐产业将这种借用称为"再利用"（repurposing）：从一种媒介中获取"资产"，并将其重新利用到另一种媒介中。

马歇尔·麦克卢汉写道："任何媒介的'内容'总是另一种媒介。文字的内容是言语，正如印刷品的内容是书面文字，而电报的内容则是印刷品。"[1] 麦克卢汉的例子表明了，他思索的不是简单的再利用，而可能是一种更加复杂的借用，在其中一种媒介本身被纳入另一种媒介，或是以另一种媒介体现出来。荷兰画家将地图、地球仪、铭文、信件以及镜子纳入

1　Marshall McLuhan，*Understanding Media: The Extensions of Man*，New York：McGraw-Hill，1964，pp.23-24.

他们的作品。我们所有的超媒介性例子都以这种借用为特征，与此相同的还有古代和现代的艺格敷词（ekphrasis），也就是视觉艺术作品的文学描述，W. J. T. 米歇尔将其定义为"视觉再现的语言表述"[1]。在此，我们将一种媒介在另一种媒介中的再现称为"再媒介化"，而我们将会表明再媒介化是新数字媒介的一个决定性特征。这初看起来是一种深奥的实践，但它如此普遍，以至我们能够确定一个数字媒介将其诸前辈进行不同再媒介化的一个光谱，该光谱取决于新媒介与旧媒介之间可感知到的竞争或对抗程度。

就极端的情况来说，旧媒介被突出再现为数字形式，不带有明显的讽刺或批评。这方面的例子包括 CD-ROM 图片库（数字化绘画或照片）和 CD-ROM 上的文学文本集。也有许多万维网站点提供了图片或文本供使用者下载。在这些情况下，电子媒介并不与绘画、照片或印刷品相对立；相反，计算机被用作一种获取这些旧媒介材料的新手段，就好像旧媒介的内容可以简单地注入新媒介一样。理想的状态是，亲眼看到一幅画和在计算机屏幕上看到一幅画的体验应该毫无差别，但这当然是不可能的。计算机总是会介入并以某种方式让人感觉到它的存在，可以是因为观看者必须点击按钮或滑动长条来浏览一张完整的图片，也可以是因为数字图像呈现出颗粒感或不真实的颜色。不过，透明性始终是它的目标。

其他电子再媒介化的创造者似乎想要强调差异性而非抹除它们。在这种情况下，电子版本被提供为对旧版本的改

---

1 W. J. T. Mitchell, *Picture Theory*, Chicago：University of Chicago Press, 1994, pp.151-152.

进，不过新版本在旧的方面仍然是合理的，并试图对旧媒介的特征保持忠诚。CD-ROM形式的百科全书，例如微软的Microsoft Encarta或葛罗里的Electronic Encyclopedia将自身作为印刷版百科全书的改进。因此，它们提供的不仅是文本和图形，还包括声音和视频，并具有电子搜索和链接的功能。不过，它们呈现的是关于技术主题的、离散的、按字母排列的文章，因此它们显然仍属于自《百科全书》和《大英百科全书》以来印刷百科全书的传统。目前，万维网的大部分内容是在不挑战旧形式的前提下对其进行再媒介化。它的点击界面允许开发者重新组织来自书籍、杂志、电影或电视的文本和图像，但是这种重新组织并没有质疑文本的语义特征或图像的本体状态。在所有这些案例中，新媒介都不想完全抹去自身。

数字媒介也可以在再媒介化中变得更为激进。它可以尝试完全重塑旧媒介或媒体，与此同时仍然标记着旧媒介的存在，从而保持一种多样性的感觉，或者如我们所说的一种超媒介性的感觉。在所谓的"电子行为控制系统"（Electronic Behavior Control System）编号中，旧电视和电影片段被断章取义（因此意义扭曲），随后以一种荒唐的方式插入说唱音乐旋律之中。这种断章取义使我们意识到数字版本和原始片段的人造性。作品成为一种马赛克，这使我们同时意识到单个的片段及其全新的、不适配的背景。在这种再媒介化中，旧媒介被呈现在一个空间中，该空间的不连续性（例如拼贴和蒙太奇）清晰可见。图形用户界面的视窗样式青睐这种再媒介化：再现不同媒介的不同程序能够以单个窗口逐一显示——文字处理文档是一个窗口，数码照片是另一个窗口，数字化视频是第三个窗口——而可点击的工具可以激活和控制不同程序和媒介。标准的图形用户界面通过确认并控制用户穿梭于媒介之间时的不连续性来进行再媒介化。

最终，新媒介能通过试图完全吸收旧媒介来进行再媒介化，从而使两种媒介之间的不连续性降至最低。然而，再媒介化的特定行为确保了旧媒介无法被完全抹除。以一种公认的或未被公认的方式，新媒介仍然取决于旧媒介。例如，《神秘岛》(Myst)、《毁灭战士》(Doom)等交互式计算机游戏的整体类型都是对电影进行了再媒介化，该类游戏有时也被称作"交互式电影"。这一概念指玩家成为电影化叙事中的角色。另外，在万维网上，再媒介化的对象往往是电视而不是电影。许多网站都对广播电视的监控功能进行了再媒介化。这些网站展现了来自数码相机的一连串图像，它们聚焦于环境的不同局部：笼子里的宠物、水箱中的鱼、软饮料机、某人的办公室以及高速公路等。虽然这些视点网站通过网络来监控世界，但它们通常不承认电视是它们正在重塑的媒介。事实上，电视和万维网卷入了一场未公开的竞争，一方试图对另一方进行再媒介化。

电影和电视一样，都试图对数字技术进行吸收和再利用。如我们所注意到的，数字合成及其他特效已成为现在好莱坞电影（尤其是动作冒险类）的标准特征。而在大多数情况下，目标往往在于使这些电子干预变得透明。特技或特效应当看起来尽可能"自然"，仿佛相机只是在捕捉光天化日下真实发生的事情。计算机图形处理正在迅速接管动画片；而事实上，这种接管在迪士尼影片公司的《玩具总动员》中已经完成了。而这里的目标也依旧是让电脑消失：让场景、玩具和人类角色看起来尽可能与真人电影相似。好莱坞采纳计算机图形学，至少在一定程度上是为了抵抗数字媒介可能对传统线性电影构成的威胁。这种尝试表明了再媒介化同时在两个方向上运作：诸如电影和电视等旧媒介的用户寻求挪用和重塑数字图形，而数字图形艺术家则寻求重塑电影和电视。

这种激进形式的再媒介化不同于其他超媒介性案例，它创造了一个显然无缝衔接的空间。它以直接性的名义掩盖了自己与早期媒介的关系，它向用户允诺一种非媒介化的经验，而这种范式同样属于虚拟现实。如我们先前所述，诸如《神秘岛》《毁灭战士》等交互式计算机游戏属于桌面虚拟现实应用，而且它们就像沉浸式虚拟现实那样旨在激发玩家的在场感。另外，沉浸式虚拟现实也（像上述电脑游戏一样）对电视和电影进行再媒介化：这取决于第一人称视角或主观摄像机的惯例和关联。科幻小说家亚瑟·C.克拉克声称："虚拟现实不只会取代电视。它会将其生吞活剥。"至少在可预见的将来，克拉克对这项技术之成功的预测很可能是错的，但是在虚拟现实通过融入策略对电视（和电影）进行再媒介化的意义上，他却是对的。这种策略并不意味着虚拟现实能够抹除早期的第一人称视觉技术；相反，它确保这些技术仍然至少是衡量虚拟现实直接性的参照点。因此这里的悖论在于，再媒介化对于直接性逻辑和超媒介性逻辑是同等重要的。

媒介化与再媒介化

不难看出超媒介应用通常也是明确的再媒介化行为：它们将早期媒介导入数字空间，从而对它们进行批判和重塑。然而，数字媒介对透明性和直接性的追求（例如沉浸式虚拟现实和虚拟游戏）也属于再媒介化行为。超媒介和透明媒介以一种相反的方式表现了相同的欲望：超越再现的限制并抵达现实。它们追求的并非形而上学意义上的现实。与此相反，这种现实是就观看者的经验而言的：正是它唤起了直接的（因此是现实的）情感反应。透明的数字应用力求通过勇敢地否认媒介化这一事实来通往现实。数字超媒介通过媒介化增殖来寻求现实，从而创造出一种完满的感觉，一种经验的饱和，也就是所谓的现实。这些行动都属于再媒介化策略。

在此存在两个悖论。第一个悖论是：超媒介可以被认为是对非媒介化的实现。再次回想一下诸如应急广播网（Emergency Broadcast Network）所创造的音乐奇观——CD-ROM，其过载的图像与声音使观看者应接不暇。媒介的过量成为一种真实的体验，这并不是因为它对应于外部现实，而恰恰是因为它并不认为有必要参考自身之外的任何外部事物。与 MTV 一样，观看者对这种超媒介的体验并不是通过一种扩展和统一的凝视，而是通过短暂的时刻将她的注意力引向这里或那里。这种经验是一种扫视而不是凝视，布列逊在《视阈与绘画：凝视的逻辑》（*Vision and Painting: The Logic of the Gaze*）

中描述了这一差别，用以理解西方绘画的符号学。[1]扫视的美学也使得观看者意识到过程（包括创作的过程和观看的过程）而不仅仅是作品。例如，应急广播网的 CD-ROM 传达了我们正在目睹并以某种方式参与其自身建构过程的感觉。对过程的强调使超媒介变得自洽。

第二个悖论是：正如超媒介追求直接性一样，直接性的数字技术最终总是成为一种再媒介化，尽管（事实上也正是因为）它们似乎拒绝媒介化。直接性的技术试图通过抹除媒介来改进媒介，但是它们不得不以它们试图抹除的媒介的标准来定义自身。莱尼表示，The Wire "不只是比电视更好的娱乐"；当然，他在这么说的时候也肯定了他所否认的对比。The Wire 确实比电视更好，因为它传达了当下"鲜活"的经验，即电视一直承诺却从未兑现的经验。与此类似，诸如《神秘岛》《毁灭战士》等交互式计算机游戏也是通过摄影和电影传统来定义它们的现实。《毁灭战士》被认为是真实的，因为它将用户置于一部动作冒险电影当中；《神秘岛》则是因为其图形近乎逼真的效果以及声音和背景音乐的电影化使用。整体上看，数字化的摄影现实主义将现实定义为臻于完善的摄影，而虚拟现实则将其定义为第一人称视角的电影。

那么，似乎所有的媒介化都是再媒介化。我们当然不是在声称这是一个先验的真理，而是为了表明在这一历史性时刻，当前所有媒介作为重新调介者而发挥作用，而再媒介化也给我们提供了阐释早期媒介作品的方法。我们的文化对每一种媒介或每一个星丛的设想是，它可以响应、调配其他媒

---

1 Norman Bryson, *Vision and Painting: The Logic of the Gaze*, New Haven, Conn.: Yale University Press, 1983, p.92.

介，与其竞争并对其进行改革。在一开始，我们可能会认为这是类似于历史进程的东西，是新媒介对旧媒介进行的再媒介化，尤其是数字媒介对其前辈的再媒介化。但我们想要提出一种分支系统的谱系学，而不是线性的历史。在这一谱系中，旧媒介也能够对新媒介进行再媒介化。[1] 电视可以并且也确实以万维网的形象重塑自身，而电影可以并且也确实采用并试图将计算机图形学纳入自身的线性形式中。我们反驳的是这样的观念，即任意一种媒介都能够独立运作并建立起自己孤立和纯化的文化意义空间。

那么，在我们现在的历史和文化时刻，一切媒介化都是再媒介化，这是我们的原则。然而，这并不意味着我们文化中的所有关于再媒介化的主张都同样令人信服。也不意味着我们必然意识到（或能够辨认出）数字媒介对 / 被其先辈进行再媒介化的所有方式。再媒介化的双重逻辑能够以或明或暗的方式来发挥作用，并且能够以多种方式被重述。在后文中，我们将循着以下意义来阐释这种双重逻辑。

（1）再媒介化作为媒介化的媒介化：所有媒介化都是再媒介化，因为每个媒介化行为都取决于其他的媒介化行为。媒介彼此之间不断地相互评价、复制和取代，而这一过程对于媒介来说不可分割。媒介需要彼此，这是它成为媒介的先决条件。

---

1 正是在这种旧媒介对新媒介进行再媒介化的意义上，我们的再媒介化概念可以和黑格尔的"扬弃"概念（Aufhebung）区分开来，在这一概念中，先天的历史形态（如异教）被新的历史形态（如基督教）所取代或兼并。但正如斯拉沃热·齐泽克所指出的，思考黑格尔式扬弃问题的有趣行动在于看着那些时刻，即那些较新的形态仍处于"其生成阶段"的时刻，以及它被视为某种丑闻的时刻。在某种程度上，我们在本文中尽力尝试的便是在这样的历史性时刻中理解再媒介化。参见 Slavoj Zizek, *Tarrying with the Negative: Kant, Hegel and the Critique of Ideology*, Durham, NC: Duke University Press, 1993, pp.284-285.

（2）再媒介化作为媒介与现实的不可分离性：尽管网络空间爱好者和鲍德里亚的仿真（simulation）与拟像（simulacra）概念可能暗示着与此相反的观点，但所有媒介化都是现实的。在我们的媒介化文化中，它们如人工制品那样真实（但并非作为自主的施动者）。虽然在再媒介化的循环中，所有媒介都依赖其他媒介，但我们的文化仍然需要承认所有媒介都重新生产了现实。正如无法摆脱媒介化一样，我们也无法摆脱现实。

（3）再媒介化作为革新：再媒介化的或明或暗的目标在于重塑或修复其他媒介。此外，由于所有媒介化既是现实的又是对现实的媒介化，那么再媒介化也可以被理解为一种革新现实的过程。

再媒介化作为媒介化的媒介化

再媒介化无处不在的想法表明了媒介化和阐释之间的类比，以及我们对媒介的分析和过去四十年来后结构主义文学理论之间的类比。德里达和其他后结构主义者主张所有阐释都是再阐释。弗里德里克·詹姆逊在他的后现代主义作品中描绘了"语言转向"与他更愿意称之为"媒介化"的过程之间的重要关联。在《乌托邦终结后的乌托邦主义》一文中，詹姆逊将后现代的空间化形容为"传统美术被媒介化的过程：它们开始意识到自己是一个媒介化系统中的各种媒介。在这个系统中，它们自身的内部生产也构成一种符号信息，并对所讨论的媒介的地位采取某种立场"[1]。换句话说，詹姆逊所说

---

[1] Frederic Jameson, *Postmodernism: Or the Cultural Logic of Late Capitalism*, Durham, NC: Duke University Press, 1991, p.162.

的传统美术的媒介化是一个再媒介化过程，媒介（尤其是新媒介）在文化意义上依赖彼此以及先前的媒介。我们认为詹姆逊所描述的媒介化不仅适用于后现代和新媒介，而且同样适用于先前的视觉媒介。詹姆逊眼中新的、真正的后现代或许是再媒介化谱系的一部分，这反映了对待媒介化的一种态度，这种态度如今已经占据主导地位，即便它在西方再现的历史中已经反复表达过。

在《我们从未现代过》中，布鲁诺·拉图尔带领我们更深入地了解文学理论的语言学转向与我们的媒介迷恋文化之间的关系，他通过质疑詹姆逊所说的后现代主义来做到这一点。在解释文学理论如何参与到现代技术科学发展中时，拉图尔向我们展示了理论的教训恰恰是媒介化的教训："无论它们被称作'指号学'（semiotics）、'符号学'（semiology），还是'语言学转向'，所有这些哲学的目标都在于令话语不再是一种透明的中介者（intermediaries，这会使人类主体与自然世界相接触），而是一种独立于自然和社会的调介者。"[1]拉图尔声称当代理论使"中介者"转变为"调介者"：理论使人们很难相信语言作为一种中介的、中立的、不可见的传送者，能呈现演讲者/聆听者、作者/读者、主体/客体、人类/世界之间的所有意义。与此相反，语言被视为一种积极的、可见的调介者，它填补了符号化主体和自然之间的空间。在成为一种调介者而不是一种中介者之后，语言的运作如同视觉媒介一样在再媒介化的任务中运作。视觉媒介也是积极的调介

---

1 Bruno Latour, *We Have Never Been Modern*, Catherine Porter, trans., Cambridge, Mass.: Harvard University Press, 1993, p.62.

者，而不仅仅是意义的传送者。对拉图尔来说，当代技术科学现象由人类主体、语言和外部事物世界的交叉点或"杂合体"（hybrids）组成，而这些杂合体如其成分一般真实——事实上，在某种意义上更为真实，因为没有成分（主体、语言、客体）曾以纯粹形式示人，或是从其他成分中分离出来。我们的媒介化文化事件由主体、媒介和客体构成，它们同样不以分离的形式而存在。[1]因此，没有什么先于或外在于媒介化行为的东西。

再媒介化作为现实与媒介化之间的不可分离性

媒介作为世界中的对象，在语言、文化、社会和经济交换系统中发挥作用。媒介是拉图尔意义上的杂合体，因此对创造并使用它们的文化来说是实在的。摄影是实在的，它不仅是摄影过程中产生的纸张，而且是关于这些特殊图像的含义与作用的人工制品、图像和文化协议构成的网络。电影是实在的，它的实在性来自赛璐珞、名人的社会意义、娱乐产业的经济以及照相、剪辑和合成技术的整体组合。而围绕网景（Netscape）和微软产品在几年内发展起来的经济和文化关系网络则证实了数字图形和万维网的实在性。

现代艺术在说服我们的文化相信媒介化的实在性这方面发挥了关键的作用。在许多情况下，现代绘画不再关乎世界，而是关乎其自身。矛盾的是，通过消除作为参照的"现实"

---

1   在《我们从未现代过》之前，拉图尔针对将人类、语言和外部世界联系在一起的异质性网络的最完整描述，参见 Bruno Latour, *Science in Action: How to Follow Scientists and Engineers through Society*, Cambridge, Mass.: Harvard University Press, 1987, Chapter 6.

或"世界"，现代主义强调了绘画行为及其作品的实在性。画家把他们的作品作为世界中的客体而不是作为外部世界的再现提供给我们。通过贬损或否认绘画的再现功能，它们寻求达成一种传统绘画所不具备的直接呈现，在传统绘画中，直接性是通过隐藏媒介化符号来达成的。现代艺术往往是实在的，这恰恰是因为它拒绝写实化（realistic），这个例子使我们意识到有必要将媒介化和再媒介化从再现中区分出来。虽然在现代艺术中，现实和再现是分离的，但现代艺术并不因此就是非媒介化的。现代绘画不是通过否认而是通过承认其媒介化来达成直接性的。正如卡维尔在格林伯格和迈克尔·弗雷德的研究基础上所指出的，现代主义绘画的一个决定性特征是它对自身媒介状况的坚定承认。[1]

现代主义绘画的现实性远超出其作品本身，一直延伸到现实的空间。正如菲利普·费希尔所说："对画布表面和观看者之间的这一空间进行殖民化是 20 世纪最激进的特征之一。"[2] 正如我们从参观的任何传统博物馆中所了解到的那样，观看者和画布之间的空间被控制、制度化和监管为一个特别的、实在的空间，人们可以在其间行走或是在此等候进场。在我们这个时代，博物馆的殖民化已经延伸到了摄影师或摄像师及其媒介化技术对象之间的空间。举个例子，当一位游客正在拍摄照片或是录制视频时，我们会把镜头和对象之间的视线视为一个真正的障碍物：我们绕着它走、弯下腰，或

1　关于卡维尔对现代主义绘画及认可的看法，参见 Stanley Cavell, "The Fact of Television", in *Video Culture: A Critical Investigation*, John G. Hanhardt, ed., Layton, Utah：G. M. Smith, Peregrine Smith Books, 1986, pp.108-118.

2　Philip Fisher, *Making and Effacing Art: Modern American Art in a Culture of Museums*, Oxford：Oxford University Press, 1991, pp.99-100.

是等它消失。我们做这些动作不仅是出于礼貌，而且是为了确认我们所见证的媒介化行为的现实。在这一情况下，媒介化行为就像树木、电线和交通信号灯（这也是我们承认其实在性的媒介化行为）那样在行人交通系统中发挥作用。媒介化行为之所以是实在的，不仅因为其所创造的对象（照片、录像、电影、绘画、CD-ROM 等）流通于现实世界，而且因为媒介化行为本身作为一种杂合体而发挥作用，并被看作一种实物。

最终，即使没有什么先于媒介化行为的东西，但在某种意义上所有的媒介化都是对现实的再生产。再媒介化是实在性的媒介化，因为媒介本身是实在的，因为媒介的经验就是再媒介化的主体。

再媒介化作为革新

今天，"再媒介化"一词被教育工作者用来委婉地表达将差生提高到预期表现水平的任务。该词本质上来自拉丁词汇 *remederi*——治愈、恢复健康——而我们采用该词来表达一种媒介被我们文化视为革新或改进另一种媒介的方式。对于那些将早期媒介再利用为数字形式的媒介来说，这种革新的信念尤其强烈。例如，它们告诉我们，当广播电视变成交互数字电视，将以前所未有的方式激发并解放观看者；虚拟现实通过将观看者置于可移动视点的中心来改进电影；电子邮件比物理邮件更加便捷可靠；超文本将交互性带入小说当中；数字影音改进了它们的模拟等价物。革新的假设如此强烈，以至人们期待一种新媒介能够通过改进其诸前辈来证明自己；因此就需要计算机图形来实现完全的摄影现实主义。革新的假设也不限定于数字媒介。摄影被看作对错视画的革新；而电影则是对戏剧的革新（就此而言，早期电影曾经被称为"影戏"）。

可以说一种新媒介让好的事物变得更好，但这很少成为再媒介化的说辞，也显然不适用于数字媒介。每种新媒介都是合理的，因为它填补了前辈的不足或弥补了其缺陷，它实现了旧媒介未能兑现的承诺（当然，一般来说，使用者并没有意识到旧媒介未能实现承诺，直到新媒介的出现）。虚拟现实、视频会议、交互电视和万维网的修辞优势在于，这些技术中的每一项都修复了它如今所取代的一种或多种媒介的不足。在每种情况下，不足都表现为直接性的缺乏。这似乎是再媒介化修辞的普遍状况。所以，摄影比绘画更直接，电影比摄影更直接，电视比电影更直接，而现在虚拟现实实现了直接性的承诺，这一进程理应终结了。再媒介化的修辞偏袒直接性，尽管随着媒介变得成熟，也为超媒介性提供了新的机遇。

再媒介化也可能意味着社会或政治意义上的革新，而这种意义在数字媒介的情况下更加凸显。许多美国政治人物甚至认为，万维网和互联网能为决策过程提供直接性，从而能够革新民主。即使在公开的政治革新主张之外，许多网络爱好者也认为网络和计算机应用正在创造一种数字文化，它将彻底改变商业、教育和社会关系。数字媒介能够革新甚至拯救社会，这使我们想起了贯穿20世纪的大部分时间内技术做出的承诺：这是一个特别的（即使不是独有的）美国式允诺。

美国文化似乎以一种欧洲文化难以做到方式信任技术。在整个 20 世纪，或者法国大革命以来，欧洲的救赎一直是以政治术语来定义的——找到合适的（极左或极右）政治公式。甚至连相信技术进步的传统马克思主义者也认为这种进步从属于政治变革。然而在美国，集体的（甚至可能是个人的）救赎被认为是通过技术而不是通过政治甚至宗教行为来实现的。当代美国文化声称已经丧失了大部分对于技术的天真信念〔当然，后现代理论即便不对技术抱有敌意，也至少是相当矛盾的，当然后现代理论就其起源和脉络而言是欧洲的（主要是法国的）〕。另外，网络空间的热切支持者和伴随计算机技术成长起来的整体修辞学外围人士都由他们对技术救赎的承诺所定义。网络空间支持者争论道，新媒介在对旧媒介进行再媒介化的同时，也在实现社会变革。革新的姿态在美国文化中根深蒂固，而这就是为什么美国文化能够如此轻而易举地接纳再媒介化的策略。

最终，在媒介革新现实本身的意义上，再媒介化就是革新。正如我们上述所讨论的，这并不是说媒介只革新现实的表象。媒介杂合体（技术人工物、修辞辩护和社会关系的联合）如同科学客体一样真实。就像所有西方技术都试图革新现实一样，媒介以同样的方式在改变现实。因此，虚拟现实通过给予我们一个替代性的视觉世界，并坚持这个世界作为我们存在和意义的场所来革新现实。然而拉图尔争论道，数百年来我们一直在构建我们的技术，正是为了认真对待我们的文化差异。尽管他大概会认同分布式计算支持者的观点，即"人们关心的'差异'可以被看作虚拟世界，或……信息网络"，然而这些支持者全然不得要领，因为他们想要在分布式网络空间和其他当前及以前的技术之间做出明确的区分。[1]对拉图尔来说，技术体现我们的文化价值或差异这一观点不仅是现代社会的特征，也是"非现代"或"前现代"社会的特征。[2]

自我的再媒介化

我们已经辨认出的两种逻辑——对直接性的渴望以及对超媒介性的痴迷——都具有一种我们尚未探索的心理维度，这将留待其他人进行更全面的研究。虽然我们聚焦于对象与再现行为之间的关系，但是这两种逻辑也能够指向主体面对再现行为的态度。过去两百年已经见证了主体对艺术表达与接受之直接性的欲望得到了加强。卡维尔注意到这种欲望来自自我验证的需求："（传统）绘画在想要与现实进行联系时，它想要的是一种在场感——这并非一种世界向我们呈现的信念，而是我们向世界呈现自身的信念。有些时候，我们的意识从世界中抽离出来，并将我们的主体性插入我们与我们对世界的在场感之间。随后，我们的主体性变成向我们呈现的某物，个体性变成了孤立状态。通往现实信念的道路就是承认自我的无尽存在。"[3]卡维尔继续指出，达成这种非媒介化关系的策略伴随着浪漫主义，从强调作为客体（模仿）的世界

1　Bruno Latour，"Where are the Missing Masses？The Sociology of a Few Mundane Artifacts"，in *Shaping Technology/Building Society: Studies in Sociotechnical Change*，Cambridge，W. E. Bijker and J. Law，eds.，Mass.：MIT Press，1992，pp.225-258.

2　Stanley Cavell，*The World Viewed: Reflections on the Ontology of the Cinema*，Cambridge，Mass.：Harvard University Press，1979，p.23.

3　Stanley Cavell，*The World Viewed: Reflections on the Ontology of the Cinema*，Cambridge，Mass.：Harvard University Press，1979，p.22.

转向作为主体（表达）的观看者："把我们的主体性说成是我们回归现实信念的途径，就是在谈论浪漫主义。"[1] 如果说启蒙时代的主体满足于站在窗框前凝视，那么浪漫主义的主体则希望靠得更近。反过来讲，如果浪漫主义确信这是自我的责任，并且自我有能力去积极寻求现实，那么现代主义就要进一步支持"自我的无尽存在"。

在努力达成在场的过程中，数字媒介的创造者同时采取了浪漫主义和现代主义的策略。当一个主体检查一幅线性透视画时，仍然存在一段临界的视觉距离：窗框将主体与窗框所再现的客体分开。就此来说，存在两种缩短这一临界距离并增强直接性感觉的方式：要么主体通过窗户进入再现的世界，要么再现的客体到达甚至穿过窗户并包围主体。这两种策略都为数字媒介所采用。虚拟现实采用了第一种浪漫主义方法，它允许观看者在积极寻求现实时穿过阿尔贝蒂的窗户，从而调查（在某些情况下）甚至操纵再现的客体。第二种更为现代主义的策略已经被普适计算和普遍的超媒介采用。主体停留在原地，而再现的客体来到她身边，由她一人独自欣赏。在超媒介的应用中，客体将自身按压到阿尔贝蒂的窗口上，并将其分割成无数个窗格或景框，从而争夺主体的注意力。在普适计算中，应用将自己表现为独立的机器和用具，并分布在整个环境中。目标仍然在于通过接触来实现直接性，但现在，当主体认识到她面前客体的多重性和媒介性时，这种直接性就实现了。

此外，主体的定义在两种情况下都是类似的。在虚拟现实中，主体由她在虚拟空间中所占据的视角来定义。从这方

---

1 Stanley Cavell, *The World Viewed: Reflections on the Ontology of the Cinema*, Cambridge, Mass.: Harvard University Press, 1979, p.22.

面来看，她就像是启蒙时代的主体，这样的主体也是由她在画布前所占据的位置来定义的，或者更普遍地说是由她在与世界的关系中所持有的语言和视觉视点来定义的。但是就她对直接性的要求来说，虚拟空间的主体并不满足于单一视点；相反，她想要占据那个空间中其他参与者和客体的视点。她在媒介之间（从一个窗户到另一个窗户、从一个应用程序到另一个应用程序）摇摆不定，而她的主体性正是由此决定。在第一种情况下，主体通过占据视点的能力来确保她的存在，而在第二种情况下，她通过与她周围的各种媒介或媒介形式建立直接关系来保证其存在。

直接性与超媒介性的互惠性也具有一种心理维度。对直接性的渴望首先有赖于否认那些媒介化技术：如实摄影、实况电视以及三维沉浸式计算机图形等。然而这些技术永远无法满足那种渴望，因为正如我们所看到的，它们从未成功地完全否认媒介化。它们中的每一个最终都参照其他技术来定义自身，因此观众永远不会达到那种极乐的状态，即再现的客体本身感受到自身在场。我们的文化试图向所有新技术（反复对熟悉的技术）的再现问题发起正面攻击。由于这种策略总是失败，另一种相反的策略出现了，在这种策略中，主体痴迷于媒介化行为本身。[1]

1　对直接性的欲望无法通过透明的媒介来满足，因此必须通过超媒介性的技术来补充，这种关于再媒介化的心理经济与拉康的欲望批判相类似。齐泽克对拉康的批判做了简洁的表述："欲望由'象征性阉割'所构成，即事物的原初丧失；这种丧失的虚空被对象 a（幻想的对象）所填补；这种丧失是由于我们被'嵌入'象征性的宇宙中而发生的，它使我们从需求的'自然'回路中脱轨。"参见 Slavoj Zizek, *Tarrying with the Negative: Kant, Hegel and the Critique of Ideology*, Durham, NC: Duke University Press, 1993, p.3.

未能满足我们对直接性的渴望以及由此产生的对媒介化过程的痴迷，使自我成为媒介化过程的一部分。当看着一张传统的摄影或是一幅透视画，我们把自己理解为艺术家或摄影师的重构位置。当观看一部电影或一个电视节目，我们将自己理解为摄影机的变化视点。当戴上虚拟现实的头盔，我们将自己理解为实时、三维图形和运动跟踪的精密技术的焦点。只要我们被媒介化，我们就会因此被再媒介化，因为在每种情况下，我们也会结合过去和现在的媒介来理解某一特定的媒介。

对媒介的痴迷反过来解释了为什么今天的自我既是媒介化的又是再媒介化的。如果直接性是可能的，如果自我能够与媒介化的客体独处，那么媒介也就无须进入自我的定义。如此，我们就可以成为世界上的主体。即便这种乌托邦状态曾经是可能的，但在任何情况下，我们都会不厌其烦地否定这一假设，因为在当今媒介饱和的环境中，这肯定是无法达成的。媒介就像其他的自然和技术客体那样成为世界的一部分。每当沉浸在视觉（或语言）媒介中时，我们意识到的不仅是再现的客体，还有媒介本身。主体不再试图出现在再现客体面前，而是将直接性定义为媒介面前的存在。在这种对自我的再媒介化中，对媒介的痴迷就是对直接性的初始欲望的崇高化，是对将自己呈现给某个自我之欲望的崇高化。

再媒介化的网络

虽然我们对再媒介化的分析大致是形式层面的，但我们始终在假设再媒介化的物质基础。当艺术家和技术人员为新媒介设计装置时，他们会参考以前的媒介，尽可能多地借用和采取其材料和技术。因此，古腾堡和第一代印刷商借用了手稿技术的字体与布局，并将印刷书构建为"仅仅是更好的手稿"[1]。在赢得了再媒介化的斗争后，15世纪晚期和16世纪早期的印刷商通过简化字体和规范化布局摆脱了手稿模式。就摄影而言，先驱之一福克斯·塔尔博特为其发明进行了辩护，他对手工制作精确透视图的当代设备不满意，因此"相机"这一名字便是他对暗箱的再媒介化。[2]第一代电影技师和制作者对摄影术和舞台剧的实践均进行了再媒介化。电视的发明者将真空管从用于调制无线电传输的设备转化为用于传输图像的设备。在计算机图形中，绘画程序从手工绘画实践中借用了技术和名称。第一代万维网设计师对平面设计进行了再媒介化，正如它已经在印刷报纸和杂志上实践过的那样，现在这些报纸和杂志也对万维网的平面设计进行了再媒介化。

对物质实践的再媒介化离不开社会安排的再媒介化。新的实践者想要获得早期媒介从业者的地位。电影明星想要被看作艺术家，像舞台演员一样技艺精湛；电影导演想要被看作者，是他们电影的"作者"；电视剧制作人仍然希望他们的作品被赋予戏剧电影的地位（舞台剧现在几乎奄奄一息了）；计算机游戏制作者希望他们的交互式产品终有一天能够达到首轮电影的盛况，甚至有人试图吸引电影明星在这些计

1　关于这一早期历史，参见 S. H. Steinberg, *Five Hundred Years of Printing*, New York：Criterion Books，1959，p.61.

2　Alan Trachtenberg, *Classic Essays in Photography*, New Haven，Conn.：Leete's Islands Books，1980，p.239；Martin Kemp, *The Science of Art: Optical Themes in Western Art from Brunelleschi to Seurat*, New Haven，Conn.：Yale University Press，1990，p.200.

算机叙事作品中扮演角色。而尽管摄影是对绘画的再媒介化，但这是一个更为复杂的历史案例。在与绘画的竞争中，一些摄影师（例如亨利·皮奇·罗宾逊）想要被看作艺术家，而"纯粹"摄影师（例如刘易斯·海因、爱德华·韦斯顿和奥古斯特·桑德）并不将自己推崇为艺术家，而是更倾向于社会历史学家甚至是自然科学家。他们内部的分歧既在于其媒介的物质基础，也在于摄影经历再媒介化时的社会和形式特征。无论它们有何不同，任何情况下社会的再媒介化和物质的再媒介化都是协同共进的。

社会和物质的再媒介化也带来了经济的再媒介化。在某种程度上，媒介之间的竞争与重塑方面已经得到了明确的认可。每种新媒介都必须通过替代或是通过补充已有的东西来找到自身的经济地位，而新媒介中的工作者则要试图根据新媒介的地位来证明他们在经济上的成功。因此，网页设计师的薪水高于高级写手和老牌的图形设计师，他们通过这一观点来证明自己的价值，即数字媒介不仅能够替代印刷文化，而且可以对它们进行大幅度的改进。对网页设计师来说，再媒介化的经济层面与其社会和物质层面联系在一起。类似的，娱乐业将再媒介化理解为再利用，这揭示了经济与社会和物质的不可分割性。如我们先前所述，娱乐业将再利用定义为将熟悉的媒介化内容导入另一媒介化形式之中：漫画系列被再利用为真人电影、电视动画片、电子游戏和一套动作玩具。尽管目标主要是经济的——不是为了替代早期形式，毕竟公司很可能拥有这一版权，而是为了将内容传播到尽可能多的市场——将作品再利用为再媒介化的经济目的，只有通过物质和社会手段才能实现。

　　这些物质、社会和经济层面的再媒介化进入了拉图尔的关系网络，我们在描述媒介作为杂合体的特征时就已经做过这番呼吁。虽然可以分别调查每个层面，但我们相信再媒介化是一个适用于媒介的概念，它同时具备作为客体、社会关系和形式结构的特征。媒介形式特征的变化（例如绘画中线性透视法的发明）也可能改变其经济价值和其作为被观看客体的地位。事实上，将这种变化描述为因果关系是人为的。在线性透视法的案例中，艺术家的角色和地位以及其创作的社会用途在 14 世纪已经发生了变化，尽管艺术家正在尝试透视技术。[1] 可以说是合理的关系网络的重塑定义了我们文化中的媒介。媒介杂合体在某个维度上的再媒介化似乎总是既暗示着其他维度上的再媒介化，也被其他维度上的再媒介化暗示。

1　关于这些画家的研究，参见 John White，*The Birth and Rebirth of Pictorial Space*，London：Faber and Faber，1987.

第二部分

正在进行的双系统：古典档案与数字记忆[*]

（2009）

［德］沃尔夫冈·恩斯特 / 著　杨国柱 / 译

数字档案及其生成算法

　　将旧的媒介艺术存储转换为数字备份格式在技术上是可行的，但需要耗费大量的人力与成本。与其将整个库存全部存档，不如按需进行数字化，也不失为一种模式。新的档案不是一个纯粹的只读存储器（read-only memory），而是根据当前需要的连续生成。该方法包括使用联网的数字计算机将现有的本地数字档案在线连接到某些交叉点（intersections），如欧洲数位图书馆（Europeana），这是一个收集欧洲书面和视听文化遗产的门户网站。欧洲数位图书馆的口号是"搜索欧洲的文化收藏，连接到其他用户路径"[1]，这表明了某

---

* ［德］沃尔夫冈·恩斯特（Wolfgang Ernst）著，《正在进行的双系统：古典档案与数字记忆》（Underway to the Dual System：Classical Archives and Digital Memory），杨国柱译，原文载《网络先锋 1.0：早期网络艺术的语境化》（*Netpioneers 1.0: Contextualizing Early Net-Based Art*），迪特尔·达尼埃尔与巩特尔·莱辛格主编，柏林：斯坦伯格出版社，2009 年，第 81-99 页。后收录于《数字记忆与档案》（*Digital Memory and the Archive*），明尼阿波利斯 / 伦敦：明尼苏达大学出版社，2013 年，第 81-94 页。

1　http://www.europeana.eu/portal（访问时间：2012 年 8 月 6 日）。

种转变。虽然在高级搜索模式下，人们可以从 http://www.bildarchivaustria.at 等网站获取莫扎特《安魂曲》的 JPEG 格式的手稿页，但分类档案标准的主导地位已让位于藏品［图书馆、媒体资料馆（mediatheques）、想象博物馆（musée imaginaires）］的信息美学。动态的信息栅格和新的搜索方法，超越了传统检索工具的僵化索引并开始发挥作用。一个具有选择吸引力的示范性档案库为之提供了必要的基础。通过查询，用户可以通过创建更多的档案元素来进行数字化及存储。在代理工具和过滤器的帮助下，面向对象的档案（object-oriented archive）逐渐成形，这意味着从只读模式转变为生成的、参与性的档案阅读（archival reading）形式。面向来源的（source-oriented）库存和面向文件的（file-oriented）古典档案实践屈服于面向使用的（use-oriented，"有待完成的"）"动态档案"（dynarchive）。

单一媒介艺术形式的数字化（例如模拟视频、古典电子音乐或磁带）的存档目的是一回事，天生的数字媒介艺术则是另一回事。一种用于数字化、网络化艺术作品的艺术及档案语言尚未被开发出来。[1]目前只存在技术部署，很少有过程性作品（processual works）的存档形式，因为艺术博物馆在这方面没有任何模式可供借鉴。

一个过程性的记忆概念已经存在于计算机所谓的冯·诺依曼架构（von Neumann architecture）中，即一个记忆编程

1　Gunther Reisinger, "Digital Source Criticism: Net Art as a Methodological Cast Study"; Robert Sakrowski, "Net Art in the White Cube: A Fish on Dry Land", in *Netpioneers 1.0: Contextualizing Early Net-Based Art*, Dieter Daniels and Gunther Reisinger, eds., Berlin: Sternberg Press, 2009.

的原则［也以初级形式存在于查尔斯·巴贝奇的分析引擎
（Analytical Engine）概念中］，它有利于在计算过程中对临时
存储的数据进行自我访问［档案控制论（内部反馈）］——这
是一种动态的记忆文化，与可更新但不能永久和动态重组的
常驻档案记忆（resident archive memory）截然不同。数字档
案比强调档案与文化记忆相耦合的传统档案（媒介）更接近
计算机的记忆美学。古典的档案是被保存的时间，而数字档
案没有内在的宏观时间索引，如"2000 年"这样的问题便能
说明一切。相对而言，它在微观时间层面上运作。

　　动态艺术如何为自身存档？[1]算法对象是以不断更新和过
程性方式出现的对象；而非作为固定的数据块存在。这是一
个源码存档的问题，在分形图片和声音压缩过程中，一个新
的整体可以被重新生成——一个潜在的（latent）档案。

档案的数学化

　　既然自古以来，古典（国家）档案的最基本组成部分都
与书面文字联系在一起，[2]即与离散符号组中的口语词联系在
一起，那么数字档案又意味着什么呢？"新"指的并非所谓数
字档案的数字性，而是其所涉及的是二进制代码，其最小的
信息单位是比特，通过其二元性，文字、图像、声音和时间
都可以被编码存档。因此相对于其他形式的数据对象而言，
恰恰是媒介艺术的档案失去了它们的排他性（除了它们的
格式）。

1　Alain Depocas，Jon Ippolito and Caitlin Jones，*Permanence through Change: The Variable Media Approach*，New York：Guggenheim Museum，2003.

2　Georges Didi-Huberman and Knut Ebeling，*Das Archiv brennt*，Berlin：Kulturverlag Kadmos，2007.

在这个意义上，数字档案可以说是处在信息论所形塑的艺术自身的顶峰。在 1928 年于博洛尼亚举行的国际数学家大会上，乔治·大卫·伯克霍夫（George David Birkhoff）提出了一个美学的数学方程式，作为秩序和复杂性比率的美学公式（aesthetic measure）。沃伦·韦弗的下列陈述对于媒介艺术的运作基础来说尤其正确："通信的语义方面与其工程方面无关，信息亦不能与意义相混淆。"[1] 如果艺术可以在信息理论上被定义为一种秩序和熵的关系——正如马克斯·本斯（Max Bense）借鉴亚伯拉罕·莫尔斯的学说而推进了信息论及信息美学（档案的功能和艺术是为了保存不可能的东西；只有它们才构成信息）——媒介艺术在数字档案中发现了其基本特征。对于数字来说，"计算空间"（konrad zuse）是可以通过数学运算获得的，无论是作为搜索选项、分析目的，还是长期存档的数据迁移。

运算数学（operative mathematics，也可以说是计算机世界）与具体的数字无关，而与关系（relations）有关，因此在结构上与矢量链接的数字档案的本质有关。网络上通往其他文件的超链接不再是传统程序中的外部参考，而是实实在在地嵌入文档本身：引用（reference）变得具有自我操作性和自我意识。

与我曾提及的一系列出版物相关的研究项目所促成的展览引起了人们对档案结构的关注，[2] 仔细观察，其本质与其说是

1　Warren Weaver，"Recent Contributions to the Mathematical Theory of Communication"，in *The Mathematical Theory of Communication*，Warren Weaver and Claude Shannon，eds.，Urbana：University of Illinois Press，1963，p.8.

2　参见在线图书 *Netpioneers 1.0: Archiving*，*Contextualising and Re-presenting Netbased Art*，尤其是罗伯特·萨克罗夫斯基（Robert Sakrowski）、迪特尔·达尼埃尔（Dieter Daniels）和君特·莱辛格（Gunther Reisinger）等人的章节。

归档材料本身，不如说是档案理念的动态概念。概念艺术站在档案一侧，成为审美探索的对象。例如，"艺术与语言"小组主要开发表格、清单和文本—照片系列。

新档案的任务是将不同的信息节点有意义地链接起来——构成一种名副其实的档案艺术。在陈旧的、基于网络的艺术案例中，这些节点本身将成为存档和重建的主要对象。在此，它不再是一个重新激活对象的问题，而是关系的问题。

档案的主要操作不再是其文件的内容，而是它们之间的逻辑互联，就像网络主要不是由其内容而是其协议（超文本传输协议，或 HTTP）来定义一样。正是在这个层面上，互联网的"档案"既是非隐喻性的（因为它是非概念性的），又是隐喻性的（因为它是"转移性的"）。[1] 1991 年，蒂姆·伯纳斯·李将科学信息传播的新媒介进行了重新定义：不再是档案的静态积累，而是［直接与泰德·尼尔森（Ted Nelson）的超文本愿景相一致］作为文档和链接的动态连接。虽然它们的索引主要是面向搜索的，但与传统的档案库不同，它们不是被动的，而是自身构成了一个包含相关数据记录链接的后勤文档（logistical document）——一个文件本身的查找辅助工具，一个自我指涉的档案。

互联网：档案或其隐喻

如果我们忽略"档案"一词对所有可能的记忆和文化记忆形式的隐喻性使用，而用它来表示一种记忆技术的特定能

---

1 Moritz Baßler, *Die kultur-poetische Funktion und das Archiv: Eine literaturwissenschaftliche Text-Kontext-Theorie*，Tübingen：Francke，2005. 作者在书中谈及"档案—内在性结构主义"（archive-immanent structuralism）。

动性，那么互联网就不是一个档案。然而，互联网构成了一种新型的跨档案（transarchive），这在泰德·尼尔森的超文本和超媒介概念中就已存在：一种动态的档案，其本质是永久的更新，而且可以将动态影像和留声机唱片从字母表的古典领域转化为档案、实时生活本身（网络视频文化）。但事实上，所有这些都发生在数字空间中——一个彻底离散化的世界。语义网的产品和搜索引擎的选择是相同的。网络档案是其软件和传输协议的功能，而非其内容的功能，因为技术对内容毫无兴趣。除了起源的档案原则，互联网的控制论部署本身作为一个指挥系统（arché）运作，比古典档案更具时间先决性（time critical）。档案的声音是数据传输测试的 ping 信号。在这里，我们可以从信息论的角度来恳求规范的无序状态，把握文化和技术的机会，以建立一个新型的生成性档案。

一方面，互联网通过一个额外的维度扩展了档案馆、图书馆和博物馆的古典空间。另一方面，它的技术组织和更多的（图形化）数学而非分类的拓扑结构又破坏了这种三分法，因为数字代码渲染了相称的文本、图像和声音。通过物理建模，它甚至可以将物理对象分解成数字，然后再重新合成它们。

在互联网的案例中，档案基础设施只是暂时的，以回应其永久的动态重写。终极知识（旧的百科全书模式）让位于永久重写或添加原则（维基百科）。面向永恒的记忆空间被一系列有时间限制的条目取代，这些条目的内部失效日期就像曾经的"记忆术"（ars memoriae）的修辞机制一样可以被重新配置。

　　维也纳的艺术项目 HILUS（1991—1996）被描述为"艺术＋新技术的跨媒介信息系统"[1]，它由三个部分组成——"*档案*/图书馆，*档案*/录像库，*档案*/光盘典藏"。每种形式的信号存储和数据库（模拟的或数字的）在这里都被宣称为档案。然而，从记忆术上讲（mnemotechnically），这只不过是潜在的媒介记忆/存储的永久可用性。将"档案"一词膨胀地用于所有可想象的记忆形式，早已将其扭曲得面目全非。而互联网和档案的等同导致了这一概念最终沉浸式地溶解——液化（liquidation），就像用墨水在水上写字一样。

　　表面上看，互联网作为最大的数字档案，实际上不过是某种收藏和装配。原始材料——档案文件意义上的古典来源——越来越多地见诸网络之上。但是，和其他数据库一样，它们是用来即时消费信息的。互联网上真正的档案（在 arché 的意义上）是它的技术系统协议。[2] 档案只有在其标准化的时刻才成为一种记忆，所涉及的代码可以根据归档规则进行存储。但在此基础上实际实现的东西只能被记录，而非被存档（archived）。白南准的录像带和配套的技术设备，可以通过投入大量的信息技术和修复费用来存档。但实际的现场视频装置只能被记录下来——类似于古典语言学中作为一套规则的语言（language）和作为物理（语音）实现的言语（langue，parole）之间的区别。

1　HILUS 由 THE THING Vienna 组织主办。早期的网络艺术框架 THE THING Vienna 将被复原，并在 LBI 研究项目"网络先锋 1.0"（Netpioneers 1.0）的背景下进行艺术史的审查。

2　Alexander Galloway，*Protocol: How Control Exits after Decentralization*，Cambridge：MIT Press，2004.

当封闭的数据块按照明确的规则从生产地迁移到存储地，并在其原始环境中存储时，起源的档案原则（普鲁士的档案传统）占了上风。在这个意义上，林茨电子艺术节（Ars Electronica in Linz）二十年来的媒介艺术遗产构成了一个由明确定义的选择系统产生的准官方材料的档案。如果有关的数据块根据主题进行划分和重新排列，那么就涉及了事由原则（根据主题，指自 1789 年大革命以来的法国传统）。与一般的假设相反，档案科学和实践中的真正工作是一个选择的过程，而非积累的过程。根据阿莱特·法尔热（Arlette Farge）的说法，"在档案馆工作需要对文件进行分类和分离"[1]。这就是严格的法律行政意义上的经典官方档案与作为数据库的互联网之间的根本区别。档案被定义为一个特定的、预先选定的文件数量，根据它们的传世价值进行评估。另外，互联网是一个不可预测的文本、声音、图像、数据和程序的集合。

一旦数字基础档案被汇编，新积累的数据集——在媒介艺术的案例中，对计算机空间提出了巨大的要求——可以纯粹根据差异，在图像数据压缩的（后电影术）意义上进行内存经济性的调整。布鲁斯特·卡勒（Brewster Kahle）推测："在未来的网络中，我们将能够只更新自我们上次浏览以来已经改变的信息。"[2] 但鉴于访问的限制，即使是卡勒所设想的互联网档案，充其量也只是互联网的一个再现形象。

1　Arlette Farge，"Le travail en archives oblige forcément à des opérations de tri，de séparation des documents"，in *Le Goût de* l'archive，"JP"，trans.，Paris：Seuil，1989，p.87.
2　Brewster Kahle，"Preserving the Internet"，*Scientific American*，vol. 276，no. 3，1997，p.83.

作为新记忆主体与客体的"数字档案"

是否只有在被媒介而非人识别的时候，（人造）艺术［art（ificial）］对象的媒介特性才会发挥作用？数字档案——虽然听起来很微不足道——是以字母数字的方式汇编而成的，因此，与传统档案不同，它们不再主要停留在口语的媒介中，而是有真正的数学成分。反过来说，这意味着通过算法，它们可以被用于数学运算，与古典档案的沉默相比，这是前所未有的新东西。一方面，通过开发新形式的"查找帮助"（通过智能搜索算法访问），档案的数字化涉及古典档案的文本性。诚然，字母表构成了一种字面意义上的离散存储形式。但是，当数字在其明确的意义上指向计算机及其操作时，这一僵化的文本就被可操作的数学取代了。另一方面，档案作为过去法律、文化和历史研究的传统基础，反过来可以作为流动档案被时间化和加速。数据处理操作的微观时间性（同步化）因此被叠加在历史档案的宏观时间之上。

真正的新档案于时间上和空间上而言都是微档案（microarchives），数据处理在最细微的空间里实时发生，所以超短时闪存开始发挥作用。然而，基于超快的计算机和信号处理的时钟速率，这些时间框架得以被体验为现在。随着模拟现场广播媒介（如广播和电视）和模拟存储媒介（如光盘、磁带和录像机）这两种经典划分的彻底数字化，以数据缓存为形式的闪存开始发挥作用。通过将视频信号数字化，声音和图像的质量都可以得到改善，尽管为了通过将光栅频率（raster frequency）从 50Hz 提高到 100Hz 来消除模拟媒介时代的表面闪烁，处理过程需要巨大的内存空间，在关键时刻甚至占用整个光栅。[1]但图像记忆还算不上档案。记忆和档案之间的区别在于一个有组织的档案屏障。谈论数字（二进制）记忆自然无妨，但档案是下一个更高层次的组织形式。在数学和物理上（而非在强调符号元层级所强调的档案上）真实地参与到记忆系统的传递层面（并让所有的符号连接开放），将会是一个勇敢的原则性决定。

对于作为用户的人以及作为其内存可编程性的本质部分而言，计算机本身再现了"存储和检索"系统。除了顺序访问（老式的计算机磁带），还有即时随机访问（矩阵存储器）。每台计算机都已经是一个数字档案。存档发生在熟悉的计算机的随机存取存储器（RAM）中，不是用于强调，而是作为任何计算过程发生的先决条件。

数字的（非）物质性

使用模拟存储介质（例如，在微缩胶片上拍摄的文本）存档，在质量和保存期限方面比数字化有着明显优势。数字化档案的优势不在于它们（高度脆弱的）可移植到未来的技术中，而在于它们极大地增强了当前的在线可访问性。长久保存（longevity）的根源在于档案的物质性——其作为信息的非物质流通中的话语。

档案的力量主要在于确保其文件（司法或文化遗产）的物质性，还是主要在于其储存信息，使其可供现在使用？档案记录的见证功能曾经根植于其物质的真实性。在媒介—艺

1 "Ein erster Schritt auf dem Wege zum Hifi-Fernsehen", *Funk-Technik*, vol. 39, no. 1, 1984，p.15.

术档案中，原件也是如此。当档案的物质性和形式也被认为起着决定性作用时，档案科学就涉及了档案的内在价值。中世纪的羊皮纸文件将物质性和信息不可分割地融合在一起。这适用于基于字母的档案资料领域。而那些依赖于记录的模拟技术，以及因此而存储在蜡筒、胶片或磁带（而不是流体电磁场的字母表）上的情况则不同。有了数字，物理信号变成了信息。文件的内在价值让位于由字母、数字和硬件组构的媒介技术性质。逻各斯中心主义被字母数字取代了。

文字（口语）和档案的关系被逆转了，文字也在网上占主导地位；但这是一种不同的文字，一种操作性的命令脚本（archéographie），它促进了存储和传输，既是基本的，也是基础的。归档脚本（archival script）因此变得比以往任何时候都普遍，正如每张图片和软件组件所显示的那样，以 BinHex、Gzip 模式传输或作为代码读取。[1] 这是一种可以想象的、以最小字母表（0/1）形式书写的意外回归。因此，互联网的信息仍然是首先作为档案和图书馆。HTML 互联网生产出网页版的"页面"和"文档"，就如纸质格式仍是其基础。整个索引和自动网络爬虫（web crawlers）的方法仍然是面向文本的。"就印刷品与搜索中存档遗迹的力量来说，简直就是——零的关系"，这是对搜索引擎谷歌的一项分析得出的结论。[2]

档案的古典概念是基于其字面上的文本性——纸张和口语？正如特鲁迪·彼得森（Trudy H.Peterson）1988 年在巴黎举行的第十一届国际档案大会上所指出的，即使对于计算

1　私人邮件交流，1997 年 1 月 24 日。

2　John Battelle, *Die Suche: Geschäftsleben und Kultur im Banne von Google & Co.*, Kulmbach：Börsenmedien AG，2006，p.89.

机生成的文件或记录而言，以下内容仍然适用："传统的档案原则——证据和信息价值、来源、排列和描述的层次——仍在延续。"[1] 然而，存档的要素不是数据，而是元数据。例如，华盛顿特区的保存与访问委员会（The Commission on Preservation and Access in Washington, D.C.）和国际互联网工程任务小组（The Internet Engineering Task Force）除了开发熟悉的 URL（统一资源定位符）网络文档地址，还为数字文档的永久识别制定了技术标准（URNs，统一资源名称）。

媒介艺术存档

媒介艺术的数字存档旨在实现媒介公正，并产生一种新的"档案艺术"，它将揭示档案的算法——档案学（arché）。鲍里斯·格罗伊斯称这一层次为隐藏在档案表面背后的亚媒介空间（submedia space），因为作为媒介载体，媒介装置对于观众来说就像无法访问的开放源。[2] 当媒介艺术在技术上和美学上充分利用其各种媒介特性，从而获得存档机会时，"媒介艺术"这一概念就显得特别有意义。这里的背景涉及媒介理论和媒介意识之艺术理论的共同起源。[3]

让我们把马歇尔·麦克卢汉的目光转向媒介科学在媒介

1　Trudy H. Peterson, "Machine Readable Records as Archival Material", *Archivum*, vol. 35, 1989, p.88.

2　Boris Groys, *Unter Verdacht: Eine Phänomenologie der Medien*, Munich: Hanser, 2000, p.21.

3　有关艺术与媒介理论的关联，参见 Günther Reisinger, "Digital Source Criticism: Net Art as a Methodological Case Study", in *Netpioneers 1.0*, pp.123-142. 同样可参见 Dieter Daniels, *Kunst als Sendung: Von der Telegrafie zum Internet*, Munich: Beck, 2002.

档案层面的非内容方面。[1] 这是否也适用于以备份为目的被永久转译（技术上说是"迁移"）到新媒介上的视听档案内容，就像从爱迪生蜡筒留声机（Edison cylinders）转译到只读光盘那样？对于新的档案来说，模拟媒介艺术和数字媒介艺术之间的全部区别在于这样一个事实：在计算机的技术数学单一媒介（monomedium）中，它不再是物质媒介，而是信息的格式。20 世纪 60 年代的激浪派艺术〔Fluxus Art，白南准和沃尔夫·福斯特尔（Wolf Vostell）的电视和录像干预〕旨在使作品去语义化。形式和内容不再有层级区分，而是媒介艺术信息的同等原始要素（equioriginal elements）。光点在显示器上先是被具象化地排列，然后又被抽象地排列——成为一种光学的塞壬之歌。比尔·维奥拉（Bill Viola）的 30 分钟视频作品恰如其分地被命名为《信息》（Information，1973），将这一观点发挥到了极致。用伍尔夫·赫尔佐根拉特（Wulf Herzogenrath）的话来说，在此体验到的嘶嘶声，"不是作为一种不幸，而是作为一种美学上的意外收获"[2]，也就是作为通信的数学理论精神中的信息。那么，让我们梦想一下，搜索引擎能够通过古典的词汇 / 标题搜索从媒介艺术档案中挑选出一个视频，同时也可以在个别图像元素的统计可能性中找到答案。

谈到媒介艺术的存档，档案科学的成果值得借鉴，尤其

1　Marshall McLuhan，*Die magischen Kanäle: "Understanding Media"*，Düsseldorf：Econ，1968，p.24.

2　Wulf Herzogenrath，"Der Fernseher als Objekt：Videokunst und Videoskulptur in vier Jahrzehnten"，in *TV-Kultur: Das Fernsehen in der Kunst seit 1879*，Wulf Herzogenrath，Thomas W. Gaehtgens，Sven Thomas and Peter Hoenisch，eds.，Amsterdam：Kunst，1997，p.113.

是在海啸般的信息浪潮中对相关内容进行评估和选择的时候。至于稍纵即逝的媒介艺术的可存档性和存档的必要性，问题就更大了。继激浪派和行为艺术之后，世界上出现了一些艺术形式，根据定义，这些艺术形式拒绝存档。电子文化的短暂性在前媒介领域就已经有某种实质性的预期。通过基于代码的艺术作品，情境就升级为算法。

名为"深度存储"（deep storage）的展览曾经讨论过当代艺术的存档实践。其方法的特点是数字—怀旧的双重束缚，尽管数字状态的档案被剥夺了物理位置和物质档案，但展览的重点是物件、图片和人工制品。但是，正如沃克·卡尔（Volker Kahl）所指出的，电子通信"是基于时间的。它没有留下结果之外任何痕迹，而结果就在这个过程之外，除非可以留下的痕迹。但是，即使这个过程被保存下来并可被复制，仍会有很多问题——副本和传真会褪色、数据会因为操作系统不再被识别而变得难以辨认。整整几代的数据载体都因硬件的发展而被淘汰了"[1]。视听媒介艺术就其本质而言是瞬息万变的、不可存档的。1956 年 4 月，美国的 Ampex 公司推出了一种磁带技术，可以无障碍地擦除录制的电视图像，从而预示着一种视频图像文化——用詹斯·施罗特（Jens Schröter）的话说——"从一开始就注定要被擦除"[2]。以化学为基础的模拟摄影，作为光作用的直接、结晶的结果，在大多数情况下是一个不可逆的负熵过程。但后续结果是，更容易被抹去

1 Volker Kahl, "Interrelation und Disparität: Probleme eines Archivs der Künste", in *Archivistica docet: Beiträge zur Archivwissenschaft und ihres interdisziplinären Umfelds*, Friedrich Beck, ed., Potsdam, Germany: Verlag für Berlin-Brandenburg, 1999, p.254.
2 Jens Schröter, "Einige Bemerkungen über löschbare Bilder", in the catalogue *Videokunstfest Bochum*, 2000, p.116.

的是现实世界中的主体［奥利弗·温德尔·霍姆斯（Oliver Wendell Holmes）在1859年发表的臭名昭著的论断］。然而，数字摄影不再强调面向记忆，而是面向Photoshop的即时处理。这种即时的艺术需要存档吗？

真正基于格式的档案

与迄今为止的任何艺术相比，媒介艺术要求归档工作真正适应媒介，适应格式的具体技术选择（基于图像的图像搜索、基于声音的音调搜索、基于时间序列的面向过程作品的搜索）。

数字计算架构与不同的媒介——如电影、留声机、电视、广播等——在模拟技术意义上的关系不大，但在格式上的关系很大。[1]根据澳大利亚国家电影和声音档案馆的雷·埃德蒙森（Ray Edmondson）所说："麦克卢汉曾经声称，媒介即讯息。用格式代替媒介，这句话在多大程度上是正确的？我们在多大程度上可以允许改变信息，以便用一种新的格式来获取它？"[2]为选择各种分类功能（例如，基于图像的图像搜索）而付出的完全矛盾的代价是一个严格的标准化系统，因为这种形式化和格式化恰恰是艺术不喜欢的。然而，只要媒介艺术在模拟领域（传统录像艺术）用技术标准化的记录和播放系统操作，或者在数字领域采用标准化的编码，就会高下立判。

就数字格式而言，真正的知识美学目标是替代性的知识

1　Stefan Heidenreich，*FlipFlop: Digitale Datenströme und die Kultur des 21. Jahrhunderts*，Munich：Hanser，2004.

2　Ray Edmondson，"AV Archiving Philosophy：The Technical Dimension"，*Papers of the IAMI-IASA Joint Annual Conference*，Perugia，1996，no. 8，November 1996，pp.28-35. 内容引自29页。

组织形式，以促进图书馆标准和分类收藏。所谓的图像分拣器（image sorter）——由柏林技术与经济学院的人机交流中心（Zentrum für Mensch Maschine Kommunikation）开发——是一个真正基于声音和图像的数据库案例。在此，数字空间中的图像排序是根据图像颜色梯度的相似性来执行的。从计算机的角度来看，那些相似的图像（那些根据其相似性标准有意义，但根据人类图标学的观点无意义的图像）被安排在地图或一种视觉球体上的集群中。科霍恩算法（Kohonen algorithm）被乔治·拉格迪（George Legrady）用于他的互动装置《充满记忆的口袋》（*Pockets Full of Memories*）中，通过将认知排列和纯粹外部形状识别相结合，产生了第三个新元素，这不仅促进了相同物体之间的匹配，而且促进了仅仅是相似（扫描）物体之间的匹配。基于内容的图像搜索过程在此并非用于搜索目的，而是用于大批量图像的自动分类。在这里，我们看到了分类机器的优越性，以及超越静态档案的生成性档案。

存档软件

电子视听资料的起源在本质上不再仅仅是自然的档案（例如广播电台的纸质档案），而是真正的视听档案——一种"流动的"、基于频率的聚合，从媒介认识论的角度看，这与基于字母的系统有着根本不同。因此，视听档案是传统档案和数字档案真正交互的产物。模拟技术存储设备（如磁带）在磁点和电磁感应的物质领域中无归档地（anarchivally）运作（一种符号排序，例如录像机上的计数器是外在的，并且必须机械地添加）。相比之下，计算机矩阵存储器更接近于古典档案的符号排序，具有明确的地址结构：它们是微型档案，类似于数字图书馆，而留声机唱片和胶片是先前字母图书馆的替代品。字母数字（alphanumerics）预示着一种新的图书馆的到来，它表现为程序库的信息学概念。区别在于视听性和数学之间的差异。特别是在网络艺术的情况下，这意味着一个新的工作概念（软件源代码本身）的出现。

文本、图像和声音的数字可通约性（digital commensurability）意味着数字档案（作为操作性链接的电子数据网络的一个组成部分）可以经数学运算抵达最后的细节——与迄今为止静态、分类的档案概念相比，具有惊人的后果。在1942年4月23日的一份备忘录中，乔治·斯蒂比兹（George Stibitz）将数字计算机的本质定义为"计算步骤在时间上的排序"（他在这里指的是由0和1组成的数字序列）。"数字计算的特点是动态的。"[1]

与信息的虚拟化相比，模拟技术的视听艺术作品［缪斯女神的纪念碑，一个字面意义上的缪斯馆（musealium）］就像一个物质抵抗的纪念碑。这是否是一个在我们可以称之为文化实验室的场所（如媒介艺术档案馆）反思虚拟空间中的事物世界所遭受的实质损失的问题？[2]阿尔布雷希特·梅登鲍尔（Albrecht Meydenbauer）在1900年左右建立的德国文化遗产档案馆（Deutsche Denkmälerarchiv），是一个关于历史建

1　George Stibitz，"Digital Computation for A. A. Directors"，congress Kulturtechniken der Synchronisation：Adressieren Speichern Takten，Helmholtz-Zentrum für Kulturtechnik der Humboldt-Universität Berlin，February 1-3，2007.

2　在雷纳特·弗拉格米尔（Renate Flagmeier）之后可自由调试，德意志工业联盟档案馆（Werkbund-Archiv Berlin）。

筑的摄影（或者说摄影测量）收藏馆，它已经预见到了潜在的战争损失，预见到了原物的过去未来。一个建筑的名字就是其地址。套用约瑟夫·博伊斯的说法：用名字来命名档案中的艺术、文化及历史对象，意味着命名（保持可寻址）文化记忆媒介于在场和消失的符号交换中的潜在共谋。数字存储媒介有可能涉及数据的删除。但是，档案的职责也是无限期地保存文件，甚至禁止当前访问，为日后的、意想不到的、因此是真正的信息性使用而保存它们。

米夏埃尔·韦腾格尔（Michael Wettengel）声称数字档案有两种体征："与传统的档案学相比，数字文档的逻辑和物理结构并不是不可分割的，而是相互独立的。数据的存储形式和呈现形式是截然不同的。"[1]数字档案的特点是它们可以被瞬间删除——比亚历山大图书馆的任何火灾都来得快。贝尔纳·斯蒂格勒写道："在计算机中，在电磁载体上的书写和擦除，能够如计算那样，以接近光速的效率处理信息。"[2]

一个真正数字化的、软件生成的媒介对象只能在算法过程中发展。在静止状态下，其软件文档无法显示这一点。这就不断需要新的技术来使其持续更新。但是，当媒介比其他事物更深刻地塑造当代文化时，就像面对我们称之为信号处理机器的计算机时，古典的存档艺术就失败了。媒介操作设备不再仅仅是意义的承载者（semiophors）；它们也产生意义。正如伦敦科学博物馆（London Science Museum）的一位策展

1　Michael Wettengel, "Technische Infrastruktur für die Archivierung von digitalen Datenbeständen: Anforderungen und Verfahrensweisen", *Europäische Archivnachrichten INSAR*, Supplement 2, 1997, pp.190-198.

2　Bernard Stiegler, *Technics and Time 2: Disorientation*, Stephen Barker, trans., Calif: Stanford University Press, 2009, p.126.

人所说，软件虽然是一种文化制品，但它不再是一个物件，因为它只在执行的过程中发展起来。计算机可以被展示出来，但是，除了在基于频率的声学媒介中，它的时间先决和"比特先决"（bit-critical）过程都无法被展示出来。用多伦·斯韦德（Doron Swade）的话说，软件，只要播放它的计算机硬件是可用的，就是一个通用对象（媒介），但其中"一个比特错误，系统就崩溃了"。"从考古学的角度来看，当代文化的运作连续性是无法保证的。"解决方案在于通过数字化模拟过去的硬件，将计算机文化本身的物质层面转化为软件。这尤其适用于媒介—艺术制作的媒介。当代文化突然面临着一些事物（操作设备、媒介）进行着自己的去具象化——"不同于物理复制的逻辑复制"[1]。数字档案便不再涉及文化研究精神中的记忆能量（mnemonic energy），而是一种具有决定性意义的礼物——信息经济。诺伯特·维纳在《控制论》（1948）中阐述了这种经济的显著特征：信息既不是物质，也不是能量。新的档案是这种带有反馈能力的控制论存在。

1　Doron Swade, "Collecting Software: Preserving Information in an Object-Centred Culture", *History and Computing*, vol. 4, no. 3, 1992, pp.206-210.

模拟、数字与控制论幻相*

（2005）

［德］克劳斯·皮亚斯／著　史润林／译

作为乌托邦科学的控制论

在搜集欧洲 20 世纪 50—60 年代的控制论作品时，最令我印象深刻的是该时期的控制论几乎涉足了所有的知识领域。有的作品探讨了控制论与神学、人类学、医学的关系；有的探讨了政治学、社会学、经济学、美术、文学、军事战略之中的控制论；有的研究了控制论与教学法、顺势疗法（homeopathics）以及人智学（anthroposophy）的结合；有的写给科学家，有的写给门外汉；有的写给儿童，有的写给成人。似乎所有学科都感染上了名为控制论的"病毒"，并开始在控制论的语汇之下重新界定或批判自身的基础术语。

从历史角度来看，人们或许会说，这只不过反映或重复了梅西会议"原初场景"（primal scene）中所发生的事情，因为它们将"跨学科"的概念从战时背景移植到了所谓的冷战和平时期。我从沃伦·麦卡洛克的论文中发现了几份名单，

---

* ［德］克劳斯·皮亚斯（Claus Pias）著，《模拟、数字与控制论幻相》（Analog, Digital and the Cybernetic Illusion），史润林译，原文载《控制论学报》（Kybernetes），第 34 卷，第 3-4 期，2005 年，第 543-550 页。

它们展现了这种跨学科性的建构有多么谨慎：受邀者包括 2 名电子学家、2 名心理学家、2 名人类学家等。[1]另外，对那些来自不同学科和体制背景的人来说，寻求一种可以彼此对话的共同语言或共同差异至关重要。海因茨·冯·福斯特在成为群体内部这种自我调节机制过程的观察者之后，自然而然地发展出了二阶观察（second-order observation）理论。但我认为控制论的巨大成功背后还有更多的因素。

纪尧姆·阿波利奈尔曾经写道："当机器开始思考，世界又将如何？"麦卡洛克和瓦尔特·皮茨发表于 1943 年的著名文章《观念的逻辑演算》（A Logical Calculus of the Ideas Immanent in Nervous Activity）颠倒了这个问题：如果我们的思考已经由机器完成了呢？[2]机器将突触抽象为逻辑电路，将"思考"的形而上学过程扁平化为开关与符号操作。但与此同时，正如莉莉·凯（Lily E. Kay）近来的一篇论文表明，麦卡洛克和皮茨也将某种柏拉图主义引入控制论之中。[3]逻辑和布尔代数（Boolean algebra）的原理类似柏拉图的不朽理念，看上去外在于我们的永恒世界，却可以"具身于"（embodied）时间仪器（instruments of time）之中（柏拉图）。所以，所有可思考的思想都可以通过一个逻辑网络实施或体现。这也是逻辑演算得到香农的信息论完美支持的原因：无论其体现在何种媒介之中，信息一律相同。至于信息被存储于真空管中、

1　沃伦·麦卡洛克的论文可见于《美国哲学学会报告》，第 139 页。藏于费城美国哲学学会图书馆。

2　W. S. McCulloch, W. Pitts, "A Logical Calculus of the Ideas Immanent in Nervous Activity", *Bulletin of Mathematical Biophysics*, no. 5, 1945, pp.115-133.

3　Lily E. Kay, "From Logical Neurons to Poetic Embodiments of Mind: Warren McCulloch's Project in Neuroscience", *Science in Context*, vol. 14, no. 4, 2001, pp.591-614.

神经突触中，还是白纸黑字中，这些差异都无关紧要。媒介的物质性对于其功能而言并不重要。

麦卡洛克因此建立了一种新的技术—哲学，并（在某种程度上）成为第一个解构主义者，这种哲学完全不同于之前哲学家的技术观——不同于卡普、弗雷泽、弗洛伊德以及（后来）将技术视为"人的延伸"的麦克卢汉，也不同于思考哲学的"硬件"时想到打字机的尼采。麦卡洛克的柏拉图主义颠覆或者说解构了包括人与非人、主体与客体、灵魂（psyche）与技艺（teche）、人与装置（apparatus）在内的若干等级差异。如果人类仅仅是信息处理器的诸多可能应用之一，那么"人"这个伴随 18 世纪人文科学崛起以来不可或缺的概念，也变得模糊不清（只需牢记伊曼努尔·康德最重要的问题："什么是人？"）。因此，福柯 1966 年最为著名的段落中所提到的"人之死"的观点："人被抹去，如同大海边沙地上的一张脸。"[1]——它早在 20 年前就已经由控制论表述出来——绝非对哲学的彻底重新思考（正如福柯 1973 年所说），而是对技术的彻底重新思考。本体论已于 1943 年被解构，变得飘忽不定。继而出现的是，人们至少期待着一种"事物的秩序"（order of things），一种"动物与机器"不再分离的领域（诺伯特·维纳）——一个"比曾经的自然与心灵更为广泛"的"技术存在"领域（马克斯·本斯）。[2]

1　Michel Foucault, *The Order of Things: An Archaeology of Human Sciences*, New York：Pantheon Books, 1973.

2　Max Bense, "Kybernetik oder Die Metatechnik einer Maschine", in *Ausgewählte Schriften, vol. 2: Philosophie der Mathematik, Naturwissenschaft und Technik*, Stuttgart：Metzler, 1998, pp.429-446. 值得注意的是，德语 "Geist" 比英语 "Mind" 具有更多形而上学的含义。

因此，我认为控制论那乌托邦式的影响来自其调介诸多模式的梦想。只需记住麦卡洛克尝试（用他自己的话来说）写作"一种绝对普遍的理论，以至上帝和人类的一切造物均为它的例证"。实现这一梦想是一项相当艰巨的任务，可以描述为"实验认识论"（experimental epistemology）。实验性在于对知识的重新排序，使心理学、社会学、政治学、经济学、美学以及生物学现象都根植于相同的信息与反馈的基本条件。因此，特别是对人文学科而言，这一实验涉及很大（也很迷人）的工作量，因为近两个世纪以来，人类［功能、愿望、特性（bezeichnend）］是生命、经济或语言现象的参照系与知识中心。人类将分散的知识调介为统一的普世科学，这一乌托邦性质的计划导致诸多畅销书中包含许多图表，将"控制论"一词置于圆心，众多学科环绕其周围——如同引力中心，造成了众星拱月的状态。

　　我不敢妄加揣测 20 世纪 50 年代的社会和政治状况对这一概念的影响，但我还是想回顾一下莱布尼茨，他长期以来被视为控制论的"守护神"。莱布尼茨的四个主要观点在于：其一，寻找离散的"原子化"象征；其二，为诸多符号的次序建立规则；其三，确保象征和实在之间彼此参照；其四，制定从符号中生成新术语的转换规则。我们似乎可以从这个科学乌托邦的最后一点中发现希尔伯特（Hilbert）元数学概念的早期版本，元数学对数字计算机至关重要，但我只想关注离散符号及其指涉的几个要点。

模拟、数字以及"生产性魔鬼"

十届梅西会议中，每一届都探讨了模拟和数字的概念，这一永无止境的话题麻烦不断，以至不得不每每中止讨论。最为叛逆的一部分是拉尔夫·杰拉德（Ralph Gerard）称："突触的活动不是数字化的。"[1]这句话引起了漫长而根本性的争论，并以如下的著名对话告终：

> 杰拉德："我可以继续了吗？"
> 麦卡洛克："不，现在不行。"[2]

这是整整 750 页的书中，唯一一次有人被禁止发言。

我无意在这里重启模拟与数字的论争，但我想至少强调其中的三个方面。

第一个方面是约翰·冯·诺伊曼的论述，他在 1946 年第一次梅西会议上首次提到模拟 / 数字："我将生物体视为纯粹的数字自动机。"[3]冯·诺伊曼代表了工程师们的观点。麦卡洛克对 1946 年会议进行总结时声称，他对比了数字机器与模拟机制，在模拟机制中，数字通过长度、力、电压或其他诸如此类的要素连续标示，他指出数字优于模拟，因为前者能够

---

1 Claus Pias，*Cybernetics/Kybernetik: The Macy-Conferences 1946-1953*，vol. 2，Zurich：Diaphanes，2003，p.175.

2 Claus Pias，*Cybernetics/Kybernetik: The Macy-Conferences 1946-1953*，vol. 2，Zurich：Diaphanes，2003，p.193.

3 John von Neumann，"The General and Logical Theory of Automata"，in *Cerebral Mechanisms in Behavior. The Hixon Symposium*，L.A. Jeffress，ed.，New York：John Wiley and Sons，1951，p.10.

通过增加类似的构成要素来无限扩展精确性。[1] 因此，放弃模拟设备是经济上的原因，也是确立"电子脑"以计算相应数字并解决相应问题的一种有效方式。这一点也许强化了近来的推测，冯·诺伊曼对控制论没什么兴趣，或许他对于控制论的兴趣仅仅是他为军事目的制造运行速度更快的计算机的一种伪装。[2]

第二个方面事关诺伯特·维纳的一个相反论点："所有的数字设备实际上都是模拟设备。"[3] 这里指所有作为模拟与数字模式的例证来讨论的设备，如算盘、真空管、放大器、硬币等。在这场争论中检验了几组对立观念，如连续性编码与离散性编码、线性与非线性、物理与人造、精确与重复、测量与计数等。（至少对于维纳而言）模拟与数字之间的界限在两个方面是不固定的：第一，没有严格的对立，因为模拟对象会逐渐转变为数字对象（例如，人们可以把颗粒放在滑尺上，从而在数字"捕获"之处产生引力场）。第二，数字设备可以控制模拟设备，模拟设备也可以控制数字设备（例如身体的模拟激素状况"修正"或控制数字突触活动，数字计算机也可以控制一间化工厂）。最终得出的结论是，世界是模拟的，但我们在特定层面上引入"人工的"数字元素，以便获得一定优势。因此，维纳执着于模拟和数字之间的平衡。这不仅适用于既是数字（＝突触）又是模拟（＝荷尔蒙）的人体，也

1 Warren Sturgis McCulloch，*An Account on the First Three Conferences on Teleological Mechanisms*，1947，p.2. 打字稿，海因茨·冯·福斯特私人收藏。
2 Claus Pias，*Cybernetics/Kybernetik: The Macy-Conferences 1946-1953*，vol. 2，Zurich：Diaphanes，2003，pp.253-270.
3 Claus Pias，*Cybernetics/Kybernetik: The Macy-Conferences 1946-1953*，vol. 1，Zurich：Diaphanes，p.158.

适用于充分利用"非数字"的计算机。

第三个方面可以用约翰·斯特劳德（John Stroud）的说法来表述，即"魔鬼通常于某个居间场所发挥作用"[1]。麦卡洛克《前十次会议达成的共识》（*Points of Agreement Reaious Ten Conferences*）中的最终或"官方"定义正是指那个问题性的"居间地带"，"只要实际状态很大概率处于我们容许的状态之间，并被加以考虑，我们仍然可以感受到连续性。当居间状态（zwischen-state）为零或可以忽略不计时，我们主要用其他术语进行思考（例如数字）。我认为这纯粹是一个实用性的问题"[2]。这种"实用性"掩盖了话语禁令（diskursverbot）实际发生的事实。正如维纳的同事朱利安·毕格罗（Julian Bigelow）所说："我认为有必要指出的是，这涉及一个居间的禁区，以及禁止为其赋予价值的共识。"[3]

我认为麦卡洛克、冯·诺伊曼以及其他人都尝试尽可能扩展模拟的禁区，且均有充分的理由，因为这一策略颇具生产性。香农的信息论与麦卡洛克的逻辑演算都完全依赖于数字概念，也就是说，这一全新的普遍控制论若不以数字术语为基础，就无法发挥作用。为了建造有效的计算机，更重要的是为了建立一种实验认识论的有效话语，人们必须"一无所知"（如皮茨所称）——对所有事实上可能的数字化之物的

1　Claus Pias, *Cybernetics/Kybernetik: The Macy-Conferences 1946-1953*，vol. 1, Zurich：Diaphanes, p.182.

2　Claus Pias, *Cybernetics/Kybernetik: The Macy-Conferences 1946-1953*，vol. 1, Zurich：Diaphanes, p.197.

3　Claus Pias, *Cybernetics/Kybernetik: The Macy-Conferences 1946-1953*，vol. 1, Zurich：Diaphanes, p.187.

"实际连贯性"的一无所知。[1] "以假定这些过渡状态不存在的方式来看待它们，或许是相当好的做法。"约翰·斯特劳德如是说。[2]

因此，早期控制论的"实验认识论"似乎建立在欲望、忽视和无知的具体方式之上，也就是遗忘其对象的模拟层面（或模拟"性质"），忽视其物质性，对绝大多数状态一无所知。有趣的是上述诸人在战争期间都侧重于应用（维纳从事导弹控制与假体——诺伊曼从事计算机硬件、麦卡洛克研究青蛙、香农研究保密系统等）。但是随着二战结束后控制论的崛起，应用（必须处理对象的物质阻力）与理论思辨之间的隔阂日益明显。我们可能已经在维纳最著名的著作《控制论：或关于在动物和机器中控制和通信的科学》的封面上解读出了这一分离，该书拥有两个标题：主标题是宽泛的，副标题是具体的。我们甚至可以追溯到维纳1943年的文章《行为、意图与目的论》（Behavior, Purpose and Teleology），文中最后一个范畴"主动的、有意的、目的论的行为"中（机器和生物体同属于这一范畴）不存在物质性或具体实施的概念，唯一相关的是行为上的功能相似性。[3] 如果人们向后跳转10年或20年，看看20世纪50—60年代的控制论著作，就会发现对物质性的忽视究竟造成了何种后果。我们会发现数百幅插图展示的各种不同的活动（例如呼吸、月球飞行、教育孩童、

---

1 Claus Pias, *Cybernetics/Kybernetik: The Macy-Conferences 1946-1953*, vol. 1, Zurich：Diaphanes, p.186.

2 Claus Pias, *Cybernetics/Kybernetik: The Macy-Conferences 1946-1953*, vol. 1, Zurich：Diaphanes, p.184.

3 A. Rosenblueth, N. Wiener and J. Bigelow, "Behavior, Purpose and Teleology", *Philosophy of Science*, no. 10, 1943, pp.18-24.

绘图、控制工厂、做饭等）都通过平面图解的方式展现了信息与控制的反馈回路，从而说明或证明上述活动都可以用控制论来描述或解释，无论它们在物质世界中如何不同。物料（matter）并不重要。

控制论幻相

我认为有一个哲学术语反映了模拟与数字之间的关系，那就是康德《纯粹理性批判》中的"幻相"（illusion）。"先验辩证论"一章以这样的陈述开始：真理（wahrheit）与幻相（schein）并非从对象（gegenstand）中获得，而是从判断（urteil）中获得。[1] 纯粹知性（der reine verstand）永远不会做出错误判断，因为它总是依照自己的规律行事，且必然与该规律一致。纯粹感官（die reinen sinne）不会做出任何正确或错误的判断，因为它不会做出任何判断。因此，错误的判断总是纯粹知性和纯粹感觉相互作用的结果。关键在于，知性和感官永远都不是纯粹的。所有的知识和判断都同时依靠二者。康德称这种关系为"机能"（funktion，从数学角度来看），知性位于 X 轴，感官位于 Y 轴，因此每一种知识都位于这个函数曲线上的某个位置，康德为这种关系创造了"幻相"一词。有趣的是，去除这种幻相是不可能的。这就是为什么康德称之为先验幻相（transcendental illusion）。人们可能通过先验批判揭示先验幻相，却无法获得完全没有先验幻相的知识。更重要的是：幻相不仅是"自然"的（康德），而且对一切知识（erkenntnis）来说是不可避免的，还是理性（vernunft）本身

1　Immanuel Kant, *Kritik der reinen Vernunft*, Hamburg：Felix Meiner，1990，pp.334-338.

的基础。幻相对于理性运作是必不可少的。

我想说的第一点是对于模拟和数字、信息和逻辑运算之间关系的讨论，实际上是在康德意义上对幻相的讨论。模拟、形式和物质突触是感官的作用，而数字、媒介和逻辑突触则是知性的作用。无论是维纳的"模拟与数字之间的力量平衡"还是斯特劳德的"居间的魔鬼"，都遵循幻相的功能。冯·诺伊曼、香农、麦卡洛克遗忘或忽视模拟、媒介和物质性，视其为无关紧要的野心（从而建立起一个等级秩序）都试图去除幻相，获得无误的判断。但是，康德早在两个世纪前即已证明，摆脱幻相本身就是一种幻相。我怀疑即便是第一波控制论浪潮中雄心勃勃的想法也注定失败，因为它们并不遵循幻相的功能。

我想说的第二点是指向"幻相"一词更广义的历史用法。米歇尔·福柯在1961年（仍未出版）的博士论文中提到了康德的幻相概念。[1] 福柯发现"人"在18世纪已经成为一种幻相性建构。他认为人是"经验/先验的二重体（doublet）"，既是知识的经验对象，也是一切可能知识的中心；既需要理解，也需让理解成为可能。因此，"人"是康德图式中的一种新的捕捉。人作为一个幻相，对人文科学的工作不可或缺。福柯认为这是从一个幻相到另一个幻相的转变：在康德的批判哲学中，形而上学的幻相已经得到了解决，但与此同时却又通过所谓"人文科学"（human science）置入了人类学的幻相。几年后，福柯称这种幻相为哲学的"人类学的沉睡"（anthropological sleep），并声称要想办法将其唤醒。他的观点

---

1 Michel Foucault, *Thèse complementaire pour le doctorat ès lettres: Introduction à l'anthropologie de Kant*, Paris: Faculté des Lettres et des Sciences Humaines, Université de Paris, 1961, pp.124-125. 博士论文，藏于索邦大学图书馆。

听起来似乎受到了控制论的影响：质疑人文科学，将其形式化而非人类学化、去魅化而非神圣化，并探索一种并非人在思考的思考方式。

因此，如果控制论的确在20世纪中叶建立了一种新的事物的秩序，并从人类中心主义中觉醒，那么我认为这里发生的事情和18世纪的认识论断裂非常相似。如果形而上学幻相曾经转向人类学幻相，那么同理也存在某种控制论幻相。我没有办法准确描述这一新的幻相，因此我将提出三个公开的问题和猜测来结束本文。

第一，参照麦卡洛克的柏拉图主义，我想强调信息就概念而言，既非物质这样的东西，也非能量这样的东西。然而，信息是兼具抽象性和物质性的东西、是兼具逻辑存在和物理存在的东西、是一种本无时间性却也能在"仪器时间"（例如大脑组织、武器、数字计算机）中运作的东西。因此，考虑到这一点，将其称为"经验/先验的二重体"，很可能是站得住脚的（只需记住福柯的定义，人既是知识的经验对象，也是一切可能知识的中心。这一说法也适用于信息）。这意味着如果新的"实验认识论"是以"信息"为基础，那么它所依据的是一个不亚于之前的"人"的模糊形象。

第二，如果（根据麦卡洛克所说）"我们对于世界的一切了解"是基于信息和反馈，那么情况（在某种程度上）就像之前"一切了解"都需要人的概念时那样充满矛盾。如果存在多种叙事（如生命、经济学或是语言），而这些叙述只有以人这个抽象概念作为参照才可以实现，那么（在控制论条件下）这些故事就必须参照信息与反馈予以重写。悖谬在于，诸多控制论（以大写字母 C 标示）之间的关系就每一个单一的、物质性的、历史性的控制论部署而言都是不公平或不公正的，正如同诸人（以大写 M 标示）之间的关系就每个单一的、活着的、死去的人而言也是不公平的。如果人的非矛盾统一性创造了幻相，那么为何会认为技术的非矛盾统一性可以祛除幻相？

第三，从福柯的角度来看，控制论幻相是人类学幻相的一部分，福柯认为人是由权力与知识的技术所建构的，呈现为一种自我自然化的幻影形式，并遮蔽、隐藏了这些技术。所以问题在于，如果控制论的历史的确存在一种类似的理论转向，从实验转换为工具，从假想建构和荒诞形而上学（pataphysical）机器（正如梅西会议中对可以发出笑声的计算机的讨论）到工具硬件和制度化的计算机科学，从揣测到阐释，从关于居间的问题到答案的确定性。我只想提出两点个人观察：首先，我不知道究竟发生了什么，浩如烟海的控制论著作突然在 20 世纪 70 年代中叶销声匿迹。其次，（至少是在德国）一种名为"信息学"（informatik）的大学学科开始在 1968 年建立起来，它并非控制论的体制化形式，而是与之对立。信息学是来自工程学、经济学和应用数学的从业者们的创造，他们从未有令认识论统一的控制论梦想，而仅仅是为工业、经济和行政部门提供一批执行系统工程和系统分析的训练有素的专家。

结语

我怀疑海因茨·冯·福斯特同样受邀参加了梅西会议，

因为沃伦·麦卡洛克认为他的到场将会强化控制论者们关于"数字分形"（digital fraction）的论点，他们试图制造出有效的机器以摆脱"幻相"，从而以其自身的方式成为形而上学家。福斯特对于记忆的研究[1]似乎完美支持了这一新的数字话语，麦卡洛克称其为"心理学家常见的思维方式之外的其他思维"的一个案例[2]——因而有助于摆脱（例如)海因里希·克吕弗（Heinrich Klüver）关于神经症令人困惑且臭名昭著的问题及言论。然而，尽管福斯特的发言探讨的是时间函数中确定数量的离散"载体"，但他也从未提及"模拟"和"数字"这两个术语。即便在随后的第六至第八次会议的总结中，他也只是谨慎地指出："数字概念在中枢神经系统行为中的适用性始终遭到质疑，但为处理它们而制定的演算……适用于电子数字计算机。"[3]这一应用留给了冯·诺伊曼，其对于数字计算机的逻辑（或"无知"）抽象[4]仍然战胜了最近50年来大多数替代性的计算方法（例如多值逻辑、哈佛内存结构、超长指令字、大规模并行处理以及量子计算）。但控制论绝非越来越快的冯·诺伊曼机器的单因果成功叙事，而是一个遍布"认识论对象"的世界（布鲁诺·拉图尔）。海因茨·冯·福斯特这位魔术师的作品是为了摆脱这一幻相而对幻相展开的批判，这一点绝非偶然。对我而言，冯·福斯特的作品（特

---

1 Heinz von Foerster, *Das Gedächtnis*, Wien: Franz Deuticke, 1948; Pias, 2003, vol. 1, pp.98-121.

2 Heinz von Foerster, *Das Gedächtnis*, Wien: Franz Deuticke, 1948; Pias, 2003, vol. 1, p.97.

3 Heinz von Foerster, *Das Gedächtnis*, Wien: Franz Deuticke, 1948; Pias, 2003, vol. 1, p.346.

4 冯·诺伊曼关于电子数据计算机报告的初稿，合同号 W-670-ORD-4962，宾夕法尼亚州：宾夕法尼亚大学，1945 年。

别是《生物计算机实验室》）代表了对控制论幻相及其压制模拟的基础方面所提出的三个问题的最重要的思考。第一，主张反对无知和轻视，呼吁尊重物质文化，而非仅仅尊重控制论文化。第二，主张反对将"我们对世界的一切理解"视为可计算的数字和可解决的问题这一极权主义观点。第三，主张保持控制论的实验性，而非工具性；呼吁提出问题，而非提供解决方案。

表层印刷、深层代码：媒介特异性分析的重要性*

（2004）

［美］凯瑟琳·海尔斯 / 著　史润林 / 译

　　五百年印刷术的历史令文学分析处于沉睡状态，若要觉醒，首先要意识到媒介特异性分析（media-specific analysis）的重要性。文学批评与文学理论中充斥着印刷术特有的、未被确认的诸多假设。直到现在，随着电子文本的新媒介活力四射地宣称自身的存在，上述假设才清晰地进入人们的视野。

　　想想罗兰·巴特那篇著名的文章《从作品到文本》吧，重读一遍，令我大为震惊的不仅是其先见之明，还有我们已经远远超过文中所述状况的程度。正如杰伊·大卫·博尔特和乔治·兰道（George Landow）指出，巴特对"文本"（text）的离散性、多重作者性以及根茎结构的描述，都惊人地预见了电子超文本。"网络（network）是文本的隐喻，"巴特写道。[1] 与此同时，他也断言"文本不能被理解为可计算的

---

* ［美］凯瑟琳·海尔斯（N. Katherine Hayles）著，《表层印刷、深层代码：媒介特异性分析的重要性》（Print Is Flat，Code Is Deep：The Importance of Media-Specific Analysis），史润林译，原文载《今日诗学》（*Poetics Today*），第 25 卷，第 1 期，2004 年春季刊，第 67-90 页。

1　Roland Barthes，"From Work to Text"，in *The Rustle of Language*，Richard Howard，trans.，New York：Hill and Wang，1986，p.61.

对象"，"可计算的"（computable）意味有限的、限定的、受约束的、可被估算的。[1] 巴特的文章写于微型计算机问世的 20 年前，以讽刺性的立场预见了其无法预见的东西，呼吁从作品转向文本的文化运动，这一运动如此成功，以至无处不在的"文本"几乎驱逐了"书籍"（book）这一媒介特异性术语。

然而，巴特的视野仍旧根植于印刷文化，但他通过文本与书籍的差异，而非通过电子文本性的相似来定义"文本"。在将文本对立于作品方面，巴特是启动符号学与后结构主义话语方法的学者之一，而这也可以说是 20 世纪文学研究中最为重要的发展之一。然而，这一转变既有失又有得。尽管"文本"这个词有助于将文本性扩展到印刷品之外，但在将从时尚到法西斯主义的一切都作为符号系统处理时，它也消除了媒介之间的差异。也许现在［在语言学转向（linguistic turn）衍生出如此之多的重要洞见之后］，是时候再次转向细究媒介之间差异的问题了。

在呼吁媒介特异性分析的时候，我并不主张媒介应彼此隔绝。相反，正如博尔特与格鲁辛在《再媒介化：理解新媒介》（*Remediation: Understanding New Media*，1999）一书中所示，媒介不断地参与彼此模仿的递归动态，将诸多竞争媒介的各个方面纳入自身，同时宣扬自身媒介化形式所独有的优势。[2] 例如航行家（Voyager）公司现已叫停的"扩展丛书"

1　Roland Barthes, "From Work to Text", in *The Rustle of Language*, Richard Howard, trans., New York：Hill and Wang, 1986, p.57.

2　Jay David Bolter and Richard Grusin, *Remediation: Understanding New Media*, Cambridge：MIT Press, 1999.

（Expanded Books）系列，就为读者提供了一种极致化的电子卷边书体验。另一种方案则是在屏幕页上插入一个回形针，通过编程的方式让屏幕页尽可能看起来像印刷品。另外，诸多印刷文本也正在模仿电子超文本，包括唐·德里罗的《地下世界》以及博尔特和格鲁辛的《再媒介化：理解新媒介》，它们作为超文本链接的视觉标志物，自觉地推动了超文本的发展。媒介特异性分析（MSA）既关注形式的特异性——航行家公司的回形针是一幅图像而非一块弯曲的金属；也分析媒介之间的引用与模仿——MSA 关注的与其说是相似性和差异性，不如说是仿真（simulation）与实例化，MSA 从"文本"语言转移到屏幕与页面、数字程序与模拟界面、代码与笔墨、易变的图像与持久的刻痕、纹理基元（texton）与转录子（scripton）、计算机与书籍等更精确的词汇中。

　　媒介特异性分析的一个重要受益领域是文学超文本，部分研究电子文学的理论家认为，超文本应该保留给数字媒介中实例化的电子文本。依我看，这一点并不正确，当广为认可的超文本发明者范内瓦·布什（Vannevar Bush）想象出一个超文本系统时，它是机械的而非电子的。他的开创性文章证明了超文本可以由多种方式实现，而非仅仅通过数字计算机中超文本链接的"go to"指令。[1] 如果我们仅仅将"超文本"一词限定在数字媒介，那么我们就失去了理解一种文学类型在不同媒介中实例化时如何获得变异与转变的机会。MSA 的作用在于令某个术语在跨媒介的过程中仍然保持恒定——这里指的是文学超文本的类型——继而改变媒介来探索媒介特

1　Vannevar Bush, "As We May Think", *Atlantic Monthly*, July, 1945, pp.101-108.

异性的限制及其可能性如何塑造文本。MSA 将文学视为形式与媒介之间的相互作用，坚持"文本"必须具身存在于世界中。这些具身的物质性与语言、修辞和文学实践进行着动态互动，创造出所谓的文学效果。

在关注媒介物质性方面，MSA 明确反驳了文学作品（literary work）的概念，这一概念始于 18 世纪围绕版权的论辩，自那时起一直保持着相当的影响力，同时也伴随着颇多争议。马克·罗斯（Mark Rose）在其代表作《版权的起源》中指出，威廉·布莱克斯通（William Blackstone）等法学理论家将文学作品定义为仅仅由其"风格与情感"（style and sentiment）构成。"仅仅是这些要素构建了作品的身份，"布莱克斯通写道："纸张与印刷品作为风格与情感向远方传播的载体，是纯粹的巧合。"[1]后来的评论家则意识到将版权归结为"情感"是不切实际的，因为一些观点是如此普遍，例如人必有一死等，无法归结为任何作者所独有。因此，可以作为文学财产得到保障进而获得版权的，并不是思想本身，而是表达思想的方式。

这段司法史是在经济、政治和阶级利益相互冲突并针对优先权的环境中进行的，对文学的重要影响超出了纯粹法律层面：它有助于巩固文学作者作为一个具备原创才能的男性印象（在这些论述中，作者性别总被假定为男性），他通过将自己的智性劳动与自然界提供给他的物料相结合来创造文学财产。正如约翰·洛克认为男性通过将其劳动与土地相结合

1　Mark Rose, *Authors and Owners: The Invention of Copyright*, Cambridge：Harvard University Press，1993，p.89.

以创造私有财产。[1] 在这种一以贯之的话语下，物质与经济方面的考量尽管在现实世界中具备影响力，但往往被忽略或抹除，从而强调文学财产属于一种智性建构，与其中具体呈现的媒介毫无关系。这一结论在法庭上，以及未来主义和意象主义（imagism）等文学运动 [威廉·卡洛斯·威廉斯（William Carlos Williams）宣称"没有思想，只有事物"] 中一再受到挑战，但是印刷术的长期统治使得文学批评在探讨文学文本的同时很容易忽视手抄本（codex book）的特异性，除却一些明显的例外，印刷文学被广泛视为没有身体，而只有一个言说着的心智。[2]

正如杰罗姆·麦克甘（Jerome McGann）、乔安娜·杜拉克（Johanna Drucker）及约翰·凯利（John Cayley）等人所强调的，物理和言语的这种分裂严重阻碍了学术界对文本的物理和亚言语特征的重要性认识。电子文本性在文学研究中变得更为普遍和重要，一种坚持文本非物质性的观点使人们很难理解将印刷文本导入电子环境的意义。[3] 这也阻碍了理论框架

1　马克·罗斯明确将自由经济哲学与文学财产的建构进行了比较，参见 Mark Rose, *Authors and Owners: The Invention of Copyright*, Cambridge：Harvard University Press, 1993, p.121. 洛克的分析具体见《政府论》下篇，参见 John Locke, *Two Treatises of Government*, Peter Laslett, ed., Cambridge：Cambridge University Press, 1988（1690）.

2　这些例外包括了 20 世纪的具象诗（concrete poetry）在内的形体诗（shaped poetry）的漫长传统，洛斯·普卡诺·格拉希尔（Loss Pequeño Glazier）对印刷和电子媒介中的物质主义诗学进行了完善的调查，参见 Loss Pequeño Glazier, *Dig [iT] al Poet (I) (c)s: The Making of E-Poetries*, Tuscaloosa：University of Alabama Press, 2002.

3　例如，彼得·希林斯堡认为，"相同的文本可能被储存于一组字母符号中、一组盲文符号中、计算机磁盘的一组电子信号中或者录音机上的一组电子脉冲中"。参见 Peter Shillingsburg, *Scholarly Editing in the Computer Age: Theory and Practice*, 3d ed., Ann Arbor：University of Michigan Press, 1996. 他将完全不同的媒介混为一谈，称其为"同样的文本"，说明了对文本的非实体观点所产生的问题。关于我对文本如何具体呈现的论点的更完整版本，参见 N. Katherine Hayles, "Translating Media：Why We Should Rethink Textuality", *Yale Journal of Criticism*, no. 16, 2003, pp.263-290.

的发展，这些框架本应能够提供将电子文学理解为需要新的分析与批评模式的媒介特异性实践。仅仅因为文字相同，就认为屏幕上的文本与印刷页上的文本具有相同的本质，这种诱惑如此强烈，是因为计算机成为有史以来最成功的仿真机器。然而，重要的是要认识到计算机之所以能如此成功地仿真，是因为其物理特性和动态过程与印刷大相径庭。从宏观到微观，这些差异在不同方面、不同层面上都很重要——随着电子文学和文本的写作者变得越来越善于利用媒介的特异性，这些差异会变得更为重要。

我强调物质性，并非暗示媒介装置的所有方面都同等重要，而是将物质性理解为存在于同内容的复杂动态互动之中，要么成为焦点，要么退回背景，这取决于作品本身的操演方式。从约翰·迈克戴德（John McDaid）的《巴迪叔叔的幽灵乐园》（*Uncle Buddy's Phantom Funhouse*，1992）到塔伦·麦马特（Talan Memmott）的《从文块到混文》（*Lexia to Perplexia*，2000），我能想到许多当代的电子作品都突出了自然语言和计算机代码之间的相互作用，但我知道没有作品会重点探讨计算机的电源线。解释不可能仅仅由装置生成，独立于它在特定作品中的使用方式（这是几十年前电影研究在遭遇"装置理论"过度狂热应用时的教训，这一术语至今让很多电影理论家焦头烂额）。从计算机箱体聚合物的化学公式到计算机芯片的电子传导性，物理性质的清单是无限的。物质性在某种意义上总是重要的，但将它及其所体现和实施的实践联系起来考虑，对人文学者和艺术家而言才是最重要的。

关键在于将物质性重新概念化，将其视为文本物理特征及其符号化策略之间的相互作用。这一定义开启了将文本视为具身实体的可能性，同时仍旧保持对阐释的重点关注。在这种观点中，物质性不是物理属性的惰性集合，而是一种动态的性质，产生于作为物理人工物的文本、其概念内容以及读者/作者的阐释活动之间的相互作用中。因此，物质性不能被预先规定；相反，它占据了一个边界地带——或者说是一种结缔组织——将物质与精神、人工物与用户连接起来。

为理解这些动态的相互作用，媒介特异性分析（MSA）必不可少。MSA 意在激发文学批评的新皮层，使其认识到传统意义上强调物质性的部分［例如对泥金装饰手抄本（illuminated manuscript）的批评，对威廉·布莱克这种认为具身化即一切的作家的批评，以及对于艺术家手制书丰富传统的批评[1]］绝非例外，而是产生于文本的物质性并与之交织在一起。超文本被理解为一种既可以在印刷媒介中实现，又可以在数字媒介中实现的类型，因而为探索人工特征与物质性具体解释之间的动态互动提供了一个理想的机会。超文本和其他文学一样，拥有一个身体（或者说拥有诸多身体），其物理属性和令其成为可读对象的过程之间的丰富联系，共同构成了一个难以捉摸的对象，我们称之为"文本"——但我现在想称其为手抄本、线装册、CD-ROM 或网站。

超文本有何种样貌的身体？为了探究这一问题，我想诉诸一个对超文本有效的定义。我和简·耶罗利·道格拉斯（Jane Yellowlees Douglas）等人一样，认为超文本至少具有

---

1 考虑到书籍实体性的重要性，特别是对艺术家手制书而言，书籍的物质外观与运作机制可能是至关重要的，因此我这里只能写自己有机会看到、得到的书。

如下几种特性：多重阅读路径、某种链接机制、某种分块文本（既可以作为独立单元处理，又可以安排各种相互链接的文本）。我提出这些特征，并非要画出一条硬性的界线来划分超文本以及其他，而是说这个边界应该被视为启发性的，其作用与其说是刚性的屏障，不如说是一个灵活的边界地带，它欢迎那些有趣的探索，即通过修正、扩大或改造它们来测试形式的极限。从定义上看，超文本很明显可以在印刷媒介和电子媒介中实现实例化。举个例子，印刷版本的百科全书就是一种超文本，拥有多重的阅读路径、作为链接机制的广泛交叉参考系统，以及以印刷方式相互分离的分块文本。百科全书中的这些超文本特征构成了米洛拉德·帕维奇的名作《哈扎尔辞典》中印刷文学超文本的基础。其他的例子还包括厄休拉·勒古恩（Ursula K. Le Guin）的《永远归乡》（*Always Coming Home*，1987），其中的录音带提供了多种访问该多媒体文本的方式；菲利普·齐默曼（Philip Zimmerman）的艺术家手制书《高压》（*High Tension*，1993）通过一种不寻常的物理形式创建了多重的阅读路径，允许读者沿着对角线折叠书页，实现文本和图像的各种并置；罗伯特·库佛（Robert Coover）的《保姆》[*The Babysitter*，2000（1969）] 是一个短篇故事，通过并置自相矛盾的、非时序性的事件，暗示多条同时存在的时间线以及同时展开的叙事，推动了超文本的发展。

如果我们承认超文本既可以存储于印刷媒介，也可以存储于数字媒介，那么在计算机中实例化的超文本与书籍形式的超文本有何区别？本着 MSA 精神寻找这一问题的门路，我提出以下游戏（game），基于数字计算机的特点，我们能否说电子超文本是一种文学媒介？这一游戏的关键在于，从媒介的物理特征与电子超文本的符号化策略的互动作用得出这些文学特征，以说明文本的物质性如何为作者和读者提供以特定形式调动的资源。对于文本物质性的关注究竟能走多远？这一分析是人工性的，因为它禁止其自身获得全部的文学阅读策略，但它仍然证明其对分析媒介制造的差异具备启发性，却也可能因此证明了媒介的不同之处。为澄清媒介的特异性，我随后会提供一些例子，证明数字媒介的这类特征如何被印刷文本所仿造。这里的关键在于探讨博尔特和格鲁辛所谓的逆向再媒介化（reverse remediation），即在另一种媒介物中对某一媒介特异性的仿真（simulation），正如航行家公司的"扩展丛书"系列对折叠的页脚以及标记段落的回形针的仿真。如此，我的计划相当于通过思考媒介自身（在数字计算机中的实例化）和它在印刷品中仿真程度的效果（模糊电子媒介与印刷品边界的逆向再媒介化）来建构一种电子超文本的类型学。正如我前面所说，MSA 的运作并非通过一种简单的相似性和差异性的二元论来实现，而是通过实例化与仿真的媒介特异性考量实现的。

本着以上原则，我提出九个观点，首先列出各观点，然后做详细阐明。

第一点：电子超文本是动态的图像。

第二点：电子超文本同时包括模拟的形似性与数字编码。

第三点：电子超文本通过碎片化和重组而产生。

第四点：电子超文本具有深度并在三维空间中运行。

第五点：电子超文本是双语的，用代码编写也用自然语言编写。

第六点：电子超文本是可变且可转译的。

第七点：电子超文本是导航空间。

第八点：电子超文本在分布式认知环境中编写或阅读。

第九点：电子超文本发起并要求赛博格阅读实践。

第一点：电子超文本是动态的图像

在计算机中，能指不是作为一个持续铭写的平面标记而存在，而是作为一个屏幕图像而存在，该图像由多层代码——从与比特流相关的电子极性到与二进制数字相关的比特再到更高级别的陈述（如命令等）相关的数字——通过对应的规则精确关联而成。即便电子超文本仿造了持续铭写标志的外观，却也是短暂的图像，需要通过扫描电子束不断刷新。扫描电子束于屏幕上形成图像，这会给人一种时间稳定持续的错觉。电子超文本的这一方面可以通过动态排版等创新形式组织起来，在此词语既是言语能指，又是视觉图像，其运动特性同样传达含义。[1] 在大卫·诺贝尔（David Knobel）与赖纳·斯特拉瑟（Reiner Strasser）合作完成的诗作《呼吸》（*Breathe*，2000）中，当鼠标触摸到彩色矩形，线条就会出现和消失，创造出一种类似大声读诗时的呼吸效果。在比尔·马什（Bill Marsh）的《6弦咏叹调》（*6-String Aria*，1999）中，当咏叹调响起时，琴弦动态地折叠与展开，组合

1　N. Katherine Hayles，"Virtual Bodies and Flickering Signifiers"，in *How We Became Posthuman: Virtual Bodies in Cybernetics*，*Literature and Informatics*，Chicago：University of Chicago Press，1999，pp.25-49.

出"咏叹调"（Aria）这个词，创造出声音、图像与文本的融合。丹·韦伯（Dan Waber）的《琴弦》（*Strings*，1999）则通过动画线条蠕动成文字和形状，在视觉和文本层面展现了争论的始末、一次调情及拥抱，从而实现了类似的融合。类似的效果在艾伦·邓宁（Alan Dunning）的艺术家手制书《温室》（*Greenhouse*，1989）中以不同的方式实现，该作品通过将半透明的牛皮纸覆盖在不透明的纸页上，创造了多层次的阅读体验。值得注意的是，不透明纸页上的五行文字引自邓宁最喜欢的五部文学批评作品，每一段都采用了不同的排版形式，由不同的作者撰写。随着牛皮纸页的覆盖，文学评论与其他评论交织在一起，形成了一种超文本，内容被图像以及邓宁印刷在牛皮纸上的文字所设定的视觉游戏修改。

印刷超文本和电子超文本之间的一个重要区别在于印刷页面相对而言的可获得性（accessibility），例如，诺贝尔和斯特拉瑟的电子超文本中随光标点击产生的文字即是如此，印刷文本中所有文字和图像都是可以立即查看的，而诺贝尔诗中的链接文字只有在通过光标动作出现时才会被用户看到。代码总是有一些层级，对大多数用户而言既不可见也无法触及。因此，我们可以得出一个显而易见但又至关重要的格言：印刷是平面的，代码是深层的。

第二点：电子超文本同时包括模拟的形似性与数字编码

严格来讲，数字计算机并非完全是数字的，计算机最基本的层面是电子极性，它们通过形态相似的模拟关联到比特流，比特流形成后就会以数字代码运行。模拟的形似性通常会重现于屏幕图像的最顶层，例如桌面上的回收站图标。因此数字计算机的结构如同奥利奥曲奇，最底层是模拟，中层是数字的泡沫，顶部是模拟。[1] 尽管我们已经习惯用二进制数字（digital）思考数字问题，但数字有一个更普遍的含义，即信息的离散和连续流动。数字计算机并不一定要使用二进制代码运作；早期的计算机由计算中常用的十种代码构建。[2] 计算机是数字的，并非因为采用了二进制代码，而是因为采用了离散的比特流。与数字计算机相反，模拟计算机的数字仅仅代表连续变化的电压。在模拟计算机和一般的模拟技术中，形态上的形似性彼此链接了不同层次的代码。所以，图像化的文字是模拟的，因为它与其指称对象有形态上的相似性（尽管是以高度常规化的方式）；而字母文字则是数字的，几个元素之所以可以组合成海量单词，是因为记号与指称对象的关系是任意的（洛根 1986 年提出了这一观点）。[3] 相反，图像化的文字需要更多的符号集，因为其元素往往和它们所代表的概念一样，拥有多种形式，例如书面汉语共有四万多个汉字。

印刷书和数字计算机同样使用数字和模拟两种表征模式，使用方式却截然不同。印刷书明确采用数字算法的例子是艾梅特·威廉姆斯（Emmett Williams）的《远航》（*The VoyAge*，1975），其中所有单词都只有三个字母（为了满足这种限制，威廉姆斯经常采用创造性的拼写）。威廉姆斯甚至设定了单词

1　关于这种奥利奥式结构在虚拟叙事中意义的探讨，参见 N. Katherine Hayles，"Simulating Narratives：What Virtual Creatures Can Teach Us"，*Critical Inquiry*，vol. 26，no.1，1999，pp.1-26.

2　世界上第一台大型电子计算机埃尼阿克（ENIAC）以十进制代码进行操作。

3　参见 Robert K. Logan，*The Alphabet Effect*，New York：William Morrow，1986.

之间的间距随着页数的增加而增加。第一页的三字母单词之间空一格;第二页空两格,以此类推。当单词之前的空格数超过一页时,全书也戛然而止。这一例子证明了印刷超文本与电子超文本的区别并不在于数字和模拟模式存在与否,而在于这些模式作为资源被调动的方式。在《远航》中,使用数字算法的效果是通过在页面上放置文字来创建视觉模式,因此单词同时具备模拟图像和数字代码的功能。例如,当间距使所有的单词都变成一列时,叙述者说:"NOW/WEE/GET/OUR/POE/EMM/ALL/INN/ONE/ROW。"[1] 通常,计算机在更深的编码层次上采用数字模式,印刷媒介的模拟连续性和数字编码则都在页面的平面上运行。

第三点:电子超文本通过碎片化和重组而产生

计算机结构存在一个泡沫化数字的中间层,令碎片化与重组成为该媒介的固有特性。这些文本策略也可以应用于印刷文本中,例如,雷蒙·格诺(Raymond Queneau)的《一百万亿首诗》(*Cent mille milliards de poèmes*,1961)是一本每一页都切割成与诗行相对应的若干条带的书。正如格诺的标题,通过将某一页上的切割条与其他页面上的切割条并置,可以产生大量的组合。再如迪克·希金斯(Dick Higgins)的《巴斯特·基顿上天堂》(*Buster Keaton Enters into Paradise*,1994),为创造这个文本,希金斯玩了十三组拼字游戏,每一组都以"巴斯特·基顿"(Buster Keaton)一词的正交排列为首字母,然后,他用拼字游戏中出现的单词创作了十三个段

1　Emmett Williams,*The VoyAge*,Stuttgart:Edition Hansjörg Mayer,1975.

子，每个段子都对应其中一个游戏。在此，碎片化是通过拼字游戏的字母实现的，这一技术强调字母文字的数字特性；而重组则来自构成单词的随机组合，以及希金斯随后在段子中对这些游戏单词的使用。

与印刷品的字母数字特征相比，数字文本的碎片化程度更深、更普遍，也更极端。此外，许多碎片化发生在大多数用户无法企及的层面上。数字存储和检索的这一方面可以作为一种艺术资源被调动起来，重新出现于用户界面的层面上。以斯图尔特·摩斯洛坡（Stuart Moulthrop）的《里根图书馆》（*Reagan Library*，1999）为例，摩斯洛坡使用了一种算法，以随机的顺序将预先编写的短语呈现在屏幕上。随着用户重新访问，屏幕上的文本逐渐变得更连贯，并在第四次访问时稳定为最终顺序，不再发生任何变化。摩斯洛坡设计这一作品的初衷，似乎是强调噪声不仅是一种干扰，且其本身就是一种信息形式，因而令文本按照这一逻辑从一个方面转向其对立面。屏幕上的"注释"提供了解释性的评论，实际上用户重新访问时会逐渐丢失文字，越读就越觉得神秘莫测。

第四点：电子超文本具有深度并在三维空间中运行

数字编码和模拟形似性各有特定的优势，如此部署它们是为了最大限度利用这些优势。模拟形似性容许信息在两个不同的具身呈现的物质实例之间进行转译，如同声波被转译为麦克风振动膜片的运动。只要信息在两种不同的具身呈现的实体之间流动——例如声波与麦克风，或者麦克风与录音设备——模拟的形似性就可能发挥作用，因为其允许一种形式的连续变化的信息在另一种媒介中被转译成一种类似形态的信息模式。一旦产生了这种转译，数字代码就被用来将形态形式的连续性转化为数字（或者其他离散性代码）。其内在本质是将一个连续的形态转化为一系列代码元素的过程。与模拟方式的连续性相反，代码的离散性有助于快速操作和传输信息。

人类读者的感官能力是通过与三维环境的长期互动演化出来的，他们在感知模拟图形方面的能力远远优于利用代码进行快速演算。[1] 当事物呈现为代码时，人类更倾向于将其感知为模拟形式。例如，尽管我们大多数人是通过读出每个字母的数字方法进行阅读，但我们很快就开始识别单词和短语的形状，通过模式识别的模拟连续性来调整字母文字的离散性。模拟和数字之间的相互作用以不同方式发生于屏幕文本或印刷文本之中，这些差异对人类的感知至关重要。对于现在的屏幕而言，阅读屏幕的速度比起阅读印刷物要慢 28% 左右。[2] 尽管造成差异的因素尚不明确，却无疑与屏幕图像的动态性质有关。屏幕中的文本通过复杂的内部流程产生，每个词都是一个动态图像，每个离散的字母都是一个连续性过程。

为区分用户所见图像以及其存在于电脑之中的比特串，艾斯本·阿尔萨斯（Espen J. Aarseth）提出了"转录子"（表

1　关于计算机与人类认知模式的简明比较，参见渡边聪稍显过时但仍然有用的分析，参见 Satoshi Watanabe, *Pattern Recognition: Human and Mechanical*, New York：Wiley, 1985; 更为新近的观点参见 Menahem Friedman and Abraham Kandel, *Introduction to Pattern Recognition: Statistical, Structural, Neural and Fuzzy Logic Approaches*, London：Imperial College Press, 1999.

2　关于屏幕阅读的影响因素，参见 Paul Muter, "Interface Design and Optimization of Reading of Continuous Text", in *Cognitive Aspects of Electronic Text Publishing*, H. van Oostendorp and S. de Mul Norwood, eds., NJ：Ablex, 1996.

层图像）和"纹理基元"（底层代码）两个术语。[1] 在数字计算机中，纹理基元可以指电压、二进制代码串或程序代码，取决于"读者"是谁。转录子总是包括屏幕图像，但也包括能够访问不同程序层级的用户所看到的任何代码。纹理基元既可以出现在印刷媒介中，也可以出现在电子媒介中。虽然点刻画（stipple engraving）通常被读者视为连续的图像，但却通过有墨点/无墨点的二进制数字区分来操作，在此图像是转录子，墨点则是纹理基元。[2] 在电子媒介中，纹理基元与转录子运作于垂直的层级关系之中，而非通过平面的微观/宏观尺度的点刻游戏。就电子文本而言，出现在屏幕上的转录子和作为底层代码的纹理基元之间有着明显的区别，通常情况下普通用户看不到纹理基元。用户可以通过视觉或运动学读取印刷品的平面页码，但电子文本的纹理基元只有通过特殊的技术或特殊的软件才能为人所见。

在逆向再媒介化中，一些书籍通过使印刷界面不可触及来玩弄这一普遍现象。大卫·斯泰尔斯（David Stairs）创作了一本圆形的艺术家手制书《无边无际》（*Boundless*，1983），其中四周都是螺旋式装订，因此无法打开。类似的还有毛里齐奥·纳努奇（Maurizio Nannucci）的《整体宇宙》（*Universum*，1969），这本书的两个垂直边缘都被装订，因此也无法打开。安·泰勒（Ann Tyler）的《心音》（*Lubb Dup*，1998）也嘲弄了页面在视觉和动觉上可以被用户触及的假设，在《心音》

---

1 Espen J Aarseth，*Cybertext: Perspectives on Ergodic Literature*，Baltimore，MD：Johns Hopkins University Press，1997.

2 感谢罗伯特·艾斯克（Robert Essick）提供的这一案例，他是在讨论威廉·布莱克对于点刻画的厌恶以及他自己偏爱模拟而非数字的印刷术的时候（这对威廉·布莱克来说是一个伦理问题）提出的。

这本艺术家手制书中，有几页是双面黏合的，因此读者只能通过书页中间的小圆圈窥探里面的内容，或者把两页扯开来观看。这些关于可触及性的游戏并未否定平面页面对用户来说是可触及的这一总体假设，因为它们的效果恰恰让我们意识到了其规范性法则。

第五点：电子超文本是双语的，用代码编写也用自然语言编写

电子超文本类似其他电子文本，由结合了计算机代码和自然语言的多层文本构成。通常情况下，自然语言出现在顶层（屏幕层），尽管它也经常出现在较低编码层的注释行中。更微妙的是，它是计算机语言的句法和语法的基础，正如丽塔·雷利（Rita Raley）所强调的那样，运作于电子文本背后的计算机语言尤其渗透了英语的语言学结构及其语法。[1] 杰罗姆·麦克甘近期则致力于电子文本性的逆构词（back-formation）研究，并认为印刷文本同样存在标记（通过与 HTML 的类比，超文本标记语言被用于将网站的文章格式化）。他进一步认为，印刷文本和电子文档一样，是通过算法编码和生成的。人们不难同意所有文本都有标记，例如熟悉印刷惯例的读者会认识到首行缩进标志着段落的起始，并以此分析文本。然而将这种文本标记视为算法，便模糊了由读者/用户制定的过程与由计算机制定的过程之间的重要差别。如果电子文本不是由相应的硬件运行相应的软件产生的，那么它根本就不存在。更为严格地说，电子文本是一个过程而非一个对象，尽管产生它需要一个对象（如硬件和软件）。另

1　Rita Raley, "Reveal Codes: Hypertext and Performance", *Postmodern Culture*, vol. 12, no.1, 1996.

外，算法通常被认为是一个由明确的规则定义的程序，可以精确地指定。[1] 虽然一些与人类理解文本相关的规则可以被指定，但与计算机指令的明确性质相比，许多文学（以及更普遍的语法学）实践几乎无法编码，其难度众所周知。

电子文本的创作者总是以写自然语言的方式写代码，这一事实导致了对书写理解方式的重大转变。洛斯·格拉希尔和约翰·凯尔（John Cayle）等人坚称编程就是书写。他们拒绝区分屏幕上的书写与"现实的"创造性努力，因为他们通过自己的创作实践深刻理解到，屏幕文本和编程在逻辑上、概念上和供给上是交织在一起的。越来越多的电子媒介作者通过制作屏幕上可见的、混合了英语和伪编程语言的克里奥尔语，来探索词语／代码之间的相互作用。例如玛丽·安·布雷兹（Mary Ann Breeze）创造了一种她称之为"梅桑格尔"（mezangelle）的皮钦语，梅桑格尔作为一种双语实验，打破了音素与书面标记之间的传统联系，在代码和英语之间建立起一种新的联系。在《从文块到混文》中，塔伦·麦马特发明了一种克里奥尔语，用以表述赛博格式的主体性，其中机器和自我（他将其写成"cell.f"，暗示其受到计算机的感染）结合在一起，这种结合同时是概念的、语言的以及技术的。

麦克甘以通常用于电子文本的术语对印刷文本的重述，可以理解为他编辑《但丁超媒介档案》(*The D. G. Rossetti Hypermedia Archive*) 的关键原则，在这个作品中他将但丁·加百利·罗塞蒂的印刷文本复制到互联网。然而，在推进以电

1　关于算法思想的历史及其发展的广泛探讨，参见 David Berlinski, *The Advent of the Algorithm: The Idea That Rules the World*, New York：Harcourt Brace，2000.

子术语设想印刷文本的同时，他也深刻理解到在电子环境中仿制的印刷文本和印刷文本本身属于两种截然不同的物质性。[1]与许多电子媒介领域的作家一样，他认为文学作品的创作来自制造（making）和做（doing），而非仅仅吐出被视为非物质实体的词语。麦克甘具有书目学背景，他与艺术家手制书创作者兼该领域史学家、评论家乔安娜·杜拉克之间的合作绝非偶然，在文学物质性以及作为物质实践的阅读和写作上，他们有着强烈的共识。人们当然可以在不接触计算机的情况下达成这一条件，洛斯·格拉希尔在讨论打字机诗歌时就提出了这一观点，也就是说打字机诗歌在视觉上精心制作，突出打字机作为生产文本的工具作用。[2]如果不掌握作品作为一种物质性生产的意义，就几乎不可能创作出一部电子作品，M.D.考维利（M. D. Coverley）在对比坐在打字机后面敲下句子的印刷媒介作家和电子媒介作家时提出了这一观点。[3]电子作家键入同样的句子时，必须考虑文字应该附加何种行为和动画，以何种字体和颜色出现，在何种背景或层级之上（或之下）出现，需要与何种文本或结构链接起来等。在这些活动之中，无论促进还是阻碍，启用还是限制，确立还是颠覆，硬件和软件都是积极的参与者。对这些效果变成所需的劳动必须视为创作作品的内在因素。就像艺术家手制书的创作者用美工刀在厚重的白色意大利纸上精心剪切，并费尽心思将书页缝在一起一样，电子文本作者同样通过智力、体力和技

1　John McDaid，*The D. G. Rossetti Hypermedia Archive*，2001.

2　Loss Pequeño Glazier，*Dig [iT] al Poet (I) (c)s: The Making of E-Poetries*，Tuscaloosa：University of Alabama Press，2002.

3　来自2002年7月的私人对话，也可参见 M. D. Coverley，*The Book of Going Forth by Day*，Available at calififia.hispeed.com/Egypt.

术劳动的相互交织，创造出作为物质对象的文本。

第六点：电子超文本是可变且可转译的

电子纹理基元的多重编码层级，容许某一编码层的微小变化迅速放大为另一个编码层的巨大变化。因此，层级化编码如同语言杠杆，只需单击一键就可以改变整个文本图像的外观。这一杠杆力量的内在组成部分是数字代码碎片化和重组的能力。尽管文本呈现为屏幕上的稳定图像，但其实则是通过二进制代码的迅速碎片化与重组实现了其变异和转译的动态力量。另外，数字代码的快速处理使得程序在屏幕图像中创造出深度的错觉，例如《神秘岛》游戏中的三维场景或微软 Word 文档的层级化窗口。[1] 在这些案例中，转录子和纹理基元都被视为有深度的存在，纹理基元在编码层级上进行数字操作，而转录子则通过三维空间的屏幕再现进行模拟操作。

从覆盖在其他页面上的半透明页面到更细致的策略，印刷书籍可以通过一系列策略来模拟电子文本的易变性。在迈克尔·斯诺（Michael Snow）的视觉作品《从封面到封面》（*Cover to Cover*，1975）中，整个段落以一扇门的现实画面开始，下一个画面是一个人打开门，进入一个相当普通的房间。新出现的图像总是会揭示前一个图像是摆拍的照片，例如将摄影师本人纳入画面。当人们接近全书中间部分时，图像开始改变角度，到了中点，阅读者必须将书倒过来，才能以正确的角度看到接下来的图像。在书的结尾，图像的顺序颠倒

1　为创造三维场景的错觉，计算机将部分近似为二维的超薄水平切片堆叠在一起，这需要大量的计算，如果没有当代计算机的快速碎片化与重组，几乎是不可能的。

了，所以读者就开始向前翻页，其方向就被隐含地定义为向前。为了达到这一视角转换，全书配备了前后两个封面，任何一个封面都可以被视为"正面"。因此，这本书的某些基本方面，诸如向前和向后、向上和向下等都成为可变的特征，能在阅读过程中发生变化。

凯伦·钱斯（Karen Chance）的《视差》（*Parallax*，1987）也采用了类似的策略，通过剪切和逆序形成两种叙事，其一是直男的视角，认为男同性恋对于自己的生活是有害入侵；其二为男同性恋者的视角，认为自己的生活受到了直男的威胁，因为直男不肯承认他们的存在。汤姆·菲利普斯（Tom Phillips）的《人件：一部经过处理的维多利亚小说》（*A Humument: A Treated Victorian Novel*，1997）采用了截然不同的方法。菲利普斯挪用了威廉·马洛克（William Mallock）不为人知的维多利亚时代小说《人类的文件》（*A Human Document*），并通过创造图像来处理原书页面，每页只留下几个单词。这些单词通常由空白空间的"道路"或"河流"连接起来，它们通过彩色背景或图片中位于单词和线条之间的白色空间来创建。随着河流流经诸页，它们往往被安排为允许多种阅读路径的方式。其他的超文本效果来自路径中的文字、其他仍然部分可见的"处理过"的文本，以及处理过的页面所显示的惊人的各种图像之间的相互作用。通过这一操作，马洛克的文本转变为一种全新的叙事。菲利普斯写道："我无意中捡起了一本被人遗忘的维多利亚时代的小说，将其劫掠、开采、破坏，令其产生其他可能的故事、场景、诗歌、情色事件以及超现实灾难的诸多幽灵，这些似乎同文本的文字壁障有关。"[1] 尽管该书的动态性与 Java Script 的动态性是两回事，却通过变异和转译实现了一种复杂和动态互动的超文本效果。[2]

第七点：电子超文本是导航空间

至少在两种意义上，电子超文本是可以导航的。它们呈现给用户的是一个视觉界面，用户需要通过选择操作在超文本中进行导航；它们被编码在多个层级上，用户可以通过特定的软件进行访问，例如，既可以查看网络浏览器的源代码，也可以查看表层文本。由于电子超文本被建构为一个可导航空间，它在本质上比大多数印刷文本更多涉及图绘和导航的问题。

M.D. 考维利正在创作的网络小说《每日前进的书》(*The Book of Going Forth by Day*)[3] 展现了导航如何成为电子超文本的符号化策略。界面模仿了古埃及象形文字的空间排列，既采用水平记录，也采用竖直记录。水平面板提供叙事，竖直面板提供古埃及的语言、历史和地理信息，仿照象形文字文本中的原则提供所描述事件的信息。埃及象形文字和界面的对应关系暗示了铭写系统、宇宙学信仰、时间顺序和地理假设之间的深层关系。古代象形铭文是以各种方向书写的，包括从左到右、从右到左、从上到下、从下到上、从边侧到边缘或者在一个圆圈中画螺旋形，阅读的顺序由图形

1　Tom Phillips, *A Humument: A Treated Victorian Novel*, 2d rev., London：Thames and Hudson, 1997.

2　关于《人件》的物质性及其如何成为意义来源的进一步探讨，参见 N. Katherine Hayles, *Writing Machines*, Cambridge：MIT Press, 2002.

3　该书于 2006 年创作完毕。——译者注

所面对的方向来表示。《每日前进的书》将书写的全方向性（omnidirectionality）与古埃及关于世界的"无尽的几何学"信仰关联起来，在这种信仰中，过去的人继续跨过死亡的界限来到现世，男性或女性的神明通过生活在世间的人类彰显自身。《每日前进的书》将自身的铭写表面设想为一种复杂的拓扑学，一个华丽装饰且近乎无限的铭写表面，能够在论述、叙述、地图、照片、语言信息和历史背景之间实现流畅的转换。《每日前进的书》认为古埃及文字和艺术之间没有明确的区别，艺术与其说是模仿生活，不如说是模仿文字的同时也被文字模仿，换言之，世界观和铭写系统密切相关。在电子环境中，这些相关性呈现为多媒体组件以及可导航功能性之间的复杂关系，其意义来自它们之间的相互关系，而非仅仅来自语言叙述。

当导航成为印刷文本的元素，其效果通常是将线性序列转换为超文本的多重性。苏珊·E. 金（Susan E. King）的《踏上迷宫》（*Treading the Maze*，1993）（全书）两个侧边都采用螺旋装订。左侧装订印有图像的牛皮纸页面；右侧装订印有文字的蓝色不透明页面，通过混合不透明和半透明的书页而创造了不同的叙事顺序。（在大多数读者读到一半才会发现的一页上）作者写道，最完整的阅读方式是首先将两侧的所有页面都翻过来，露出封底，然后将不透明和半透明的页码交错排列，直到最前为止。在这种阅读方式中，最后两页是连续的半透明图像，在女人的身体上叠加了一个迷宫，因此阅读者一路穿越的迷宫立刻变成了一个女人的身体，把迷宫作为一种视觉和概念形式的探索，以及将书的本身当作一个迷宫来体验，借此可以追踪到多条路径。

第八点：电子超文本在分布式认知环境中编写或阅读

当现代计算机与人类合作创建电子超文本时，就会执行复杂的认知行为。这些行为通常包含阐释行为，例如当计算机决定如何在浏览器中显示文本而不考虑用户的选择。这已经不再是一个计算机是否有智能的问题了。任何能够执行专家系统（expert system）以及自主代理软件所预设的评定、判断、综合以及分析行为的认知者（cognizer），从表面上看都应被初步视为智能。书籍也创造了丰富的认知环境，但它们被动地体现了作者、读者以及书籍设计者的认知，而非主动地参与认知。

将计算机视为积极的认知者，并非意味着它要优于作为写作技术的书籍。书籍作为外部记忆存储和检索的被动设备，具备惊人的优势，因为这让书籍拥有超出软件设计师最疯狂梦想也无法企及的坚实性与可靠性。计算机很难维持十年生命，书籍的兼容性却可以长达数百年。问题不在于任何一种媒介的技术优势，而是在于一种媒介实例化和作用的具体条件。当阅读电子超文本时，我们是在包括计算机在内的环境中进行的，此时的计算机是一个积极的认知者，进行着复杂的解释和表述行为。因此，认知不仅分布于作者、读者与设计者（他们可能是独立的人，也可能不是）之间，也分布于人类与机器（可能是独立的实体，也可能不是）之间。

印刷术可以通过创造和强调分布式认知的方式来进行组织。例如电报代码簿，将电报中常用的短语和单词与较短的代码组相匹配，从而使传输更为经济。更为复杂的代码簿甚至包括密码编排表（mutilation tables），令用户逆向组织混乱的信息，以找出应有的代码元素并排除错误的元素。因此，认知的分布式特征就变得很明显了，部分认知属于发送者，部分属于电报员，部分属于代码簿，部分属于密码编排表，部分属于接收者。在这一传输链的任何一点上，都可能产生错误，这清楚地表明，正确的理解取决于这个分布式认知系统中所有部分的正确运作。

第九点：电子超文本发起并要求赛博格阅读实践

电子超文本在分布式认知空间内编写或阅读，因此读者也必然被建构为一个赛博格，与一个或多个智能机器拼接成一个完整的集成电路（赛博格是个新词，衍生自控制论有机体，即部分是有机，部分是机器）。被定位为赛博格，在某种意义上就不可避免会成为赛博格，因此电子超文本无论内容如何，都将诉诸一种赛博格主体性。这一主体性立场同样可能产生于印刷文本 [例如威廉·吉布森的《神经漫游者》（1984）以及帕特·卡迪根（Pat Cadigan）的《合成人》（Synners，1991）]，但是电子超文本必须通过媒介的特异性来实现。因此，在以上九个观点中，第九点是书籍技术最难仿制的，尽管书籍在内容和创作上都十分复杂，但使用起来却相当简单。纸书的拥护者们认同印刷这种品质，强调自己喜欢书，是因为书不会将他们置入电子文化的速度、迭代以及时常出现的崩溃之中。然而随着电子书的问世，印刷格式与电子格式之间的这种区别被破坏了，电子书看起来很像印刷品，但在内部嵌入了电子硬件。使电子"页面"的像素以不同的模式被极性化，因此一页可以是任何一页（麻省理工学院媒介实验室的研究者以及其他开发人员正在试验开发"电子墨水"，当电子极性发生变化时，构成字母形式的每个小段可以从白色变为黑色，反之亦然，将给定的字母变为新字母或空格。这一墨水由对电荷敏感的聚合物制成；可以在极性变化时改变颜色，因此聚合物在功能上如同 LCD 显示器的液晶显示）。正如同电子书一样，混合形式展现了一种逆向再媒介化：书籍越来越像计算机，计算机也越来越像书籍。

在当代文学丰富的媒介生态学之中，媒介既有差异也有融合。对物质属性的关注增强了我们对于数字作品如何沿着与书籍日益分离的轨迹发展的理解，因为它们在试验电子环境所带来的新可能。这种分歧对于划分第一代与第二代电子超文本非常明显，形成了一个分水岭，例如迈克尔·乔伊斯（Micheal Joyce）的《下午》（*Afternoon*，1987）属于第一代电子超文本，塔伦·麦马特的《从文块到混文》则是第二代电子超文本。正如早期通过 Storyspace 软件编写的电子超文本，《下午》几乎没有任何图形，大多数链接是从一个单词到另一个单词，或从一段到另一段。点击链接会从满屏文字变成全新的满屏文字。回顾过去，我们会发现，这一链接的基本假设仍然源于印刷书籍。尽管电子链接结构不同于翻页，提供了多种阅读路径，却在电子媒介中复制了翻页的体验。相反，第二代电子超文本混合了文字与图形、声音、图像、动画以及一系列其他多媒体构成要素。此外，链接的方式多种多样，从文字、导航装置、图像、鼠标移动到动画图形应有尽有。

在这一过程中，页面作为一个二维平面的基础隐喻会转变为一种截然不同的体验。相反，文本空间越来越表现为一个需要探索的地形区域，包括分层的底层、隐藏的通道、交叉的路径、不同层级世界之间的联系，以及其他时间和空间的展开，这将人工制品的功能——其物质属性和过程属性——与我们阅读时创造的想象世界的再现合并起来。

回想过去，我们会发现，"文本是一种非物质语言建构"的观点是一种意识形态，它将笛卡尔式身心二分施加于文本语料库，将一个实际上动态互动的整体分裂成了两个虚构的实体。这种意识形态根植于笛卡尔，暴露了创造工作——作者作为灵感天才的特权活动——与作为实际人工物的图书生产工作之间的阶级和经济划分。后一种活动只属于出版商和书商。随着印刷及电子媒介的生产手段转移到创作者、艺术家手中，例如视觉研究工坊出版社（Visual Studies Workshop Press），以及网络上的电子出版，创作和生产之间的传统分裂不再存在。在文学作品生产的经济和物质环境转变时，相应地重新思考批判以及理论框架的挑战更为紧迫。我们无法继续假装文本是非物质性的，或假装出现在屏幕上的文本等同于印刷文本。文本的非物质性不再是一种有用乃至可行的虚构。

在增进对物质性关注的同时，我希望明确的一点是，我并非主张电子媒介的优越性，而是着眼于描绘一种数字环境的特征，其中作者与读者可以将其作为创作电子文学的资源，并以复杂、有趣的方式对其做出回应。我也展现了在很多情况下，如何在印刷书籍中呈现与电子文本相似——却不相同——的效果，以及何种电子效果在印刷媒介中难以复制或不可能复制。无论在印刷品还是屏幕上，一旦媒介的特征被炫耀、压抑、颠覆或重新想象，媒介特异性就开始发挥作用。

很多批评家认为电子时代预示着书籍的终结，我认为这一观点是错误的。书籍更为坚实、更为可靠、寿命更长、用途更广，以至不能被数字媒介淘汰。相反，数字媒介给予我们数百年来从未有过的机会：以一种新的方式看待印刷品的机会，有了这个机会，就可能理解文学理论和批评被印刷特异性的假设浸染得多么彻底。我们继续研究适应电子文学的批判性实践和理论，就会刷新我们对印刷特异性的认识。在媒介生态学盘根错节的网络之中，系统中任何一部分的变化都会刺激系统中其他部分的变化。书籍不会像恐龙一样灭绝，而是像人类一样，因事而变，通过突变和进化持续下去，正如很久以前纸书拥护者们所说的那样，书籍的作用是教导和带来愉悦。

论软件，或视觉知识的持存[*]

（2005）

[加] 全喜卿 / 著　朱兆宇 / 译

> 当足够多的、看似微不足道的数据与数十亿计的数据元素
> 进行对比分析的时候，不可见的东西就会变得可见。
>
> ——赛新公司[1]

在《交流的狂喜》中，让·鲍德里亚认为"我们不再参
与异化的戏剧，而是置身于交流的狂喜之中。这种狂喜是淫
秽的，因为在原始的、不可阻挡的信息之光中，一切都直接
地透明、可见且暴露"[2]。尽管表述极端，但鲍德里亚把信息
（以及计算）与透明性混为一谈的观点，适用于从对国家数
据库的恐惧和宣传到对"监视社会"的考察，在大众领域和
学术界引起了广泛的共鸣。这种混淆与计算的实际操作明显
不一致：要使计算机成为透明机器，就必须忘记它们计算这

* ［加］全喜卿（Wendy Hui Kyong Chun）著，《论软件，或视觉知识的持存》（On Software, or the Persistence of Visual Knowledge），朱兆宇译，原文载《灰房间》（Grey Room），第18期，2005年冬季刊，第26-51页。

1　John Schwartz, "Privacy Fears Erode Support for a Network to Fight Crime", *The New York Times*, 15 March 2004, C1. 赛新公司是一家开发"矩阵"的公司，这是本文后面将讨论的一个计算机系统。

2　Jean Baudrillard, *The Ecstasy of Communication*, Bernard Schutze and Caroline Schutze, trans., Brooklyn: Semiotext（e）, 1988, pp.21-22.

一事实——它们生产（generate）文本和图像，而不仅仅是再现或复制其他地方存在的东西。即使是连接在晶体管上，计算机也不是简单地让人看到另一边的东西，而是利用玻璃来发送和接收必要的光脉冲，以重新创建参照物（如果它存在的话）。在今天的产品设计和政治、学术话语中，透明性的突出地位是一种补偿性的姿态。随着我们的机器越来越多地在无人状态下阅读和书写，随着我们的机器变得越来越不可读，"观看"（seeing）已经不再能保证"理解"（knowing，如果它曾经是如此的话）。我们这些所谓的用户被提供了更多东西去看、去读。计算机——这个最不具备视觉性以及最不透明的装置——吊诡地促进了"视觉文化"和"透明性"的发展。

软件——或者准确地说，是软件与硬件的奇妙分离——驱动着这种补偿性的姿态。软件延续了某些把观看作为理解的概念，以及阅读和可读性应该随着索引性的减弱而消逝的概念。它通过模仿意识形态和意识形态批判，通过混淆可执行性与执行、程序与进程、秩序与行动来做到这一点。[1] 软件通过源于性别化的命令和控制系统的编程语言，对其程序员和用户进行规训，创造了一个不可见的可见系统。软件提供的知识既是模糊的，也是具有揭示性的。因此，如果参照列夫·马诺维奇在《新媒体的语言》中的建议，新媒介的研究需要与软件打交道，它就不能仅仅采用软件的语言，而是必

---

1 例如，Microsoft Word 是什么？它是附在 CD 或者硬盘上的加密的可执行文件（甚至是它的源代码），还是它的执行方式？重要的是，这两者是不一样的，即便它们都被称为 Word：它们处在不同位置，一个是程序，另一个是进程。正如文章后面讨论的，结构化编程是将程序和进程混为一谈的关键。

须批判性地检视"转码"（transcoding）的局限性以及软件作为常识的新地位。[1]

将非物质物质化

软件是，或者说应该是一个臭名昭著的困难概念。目前计算机科学对软件的常识性定义是"一组指导计算机完成特定任务的指令"。作为一套指令，它的物质地位是不稳定的；事实上，你越是对软件进行剖析，这种剖析就越会落空。历史学家保罗·塞鲁奇（Paul Ceruzzi）把它比作一个洋葱，"在一个硬件核心上有许多不同的软件层"。[2] 然而，这种洋葱式的结构本身就是一种编程效果：一个人通过使用另一个软件程序来编码；软件和硬件（就像基因和 DNA）无法在物理上分开。计算机科学家曼弗雷德·布罗伊（Manfred Broy）将软件描述为"几乎是无形的，通常是看不见的、复杂的、庞大的、难以理解的"。由于软件是"复杂的、容易出错的和难以可视化的"，布罗伊认为，许多软件的"先驱者"都试图使"软件更容易被视觉化和理解，并将软件开发中遇到的现象用模型表示出来，使得通常隐含的和无形的软件工程任务明确化"。[3] 弗里德里希·基特勒更有力地指出，"软件不存在"，因为一切都可化约为作为能指的电压差。[4]

在 20 世纪 40 年代，软件的确不存在：那时不存在名义

---

1 Lev Manovich, *The Language of New Media*，Cambridge：MIT Press，2001，p.48.

2 Paul Ceruzzi, *A History of Modern Computing*，2nd ed.，Cambridge，NY：MIT Press，2003，p.80.

3 Manfred Broy, "Software Engineering—From Auxiliary to Key Technology", in *Software Pioneers: Contributions to Software Engineering*，Manfred Broy and Ernst Denert，eds.，Berlin：Springer，2002，pp.11-12.

4 Friedrich Kittler, "There Is No Software", ctheory.net，18 October 1995.

上的软件。[1]"编程工作"包括建立连接、设置开关和输入数值的人类任务（"直接编程"），以及协调计算机各部分的人类和机器任务。在 1946 年，ENIAC（第一台被设计、建造并成功使用的通用电子数字计算机）的主程序员控制了从数字上解决一个问题所需的行动顺序。[2] ENIAC 最初是为解决每个问题特意接线的。因此，从本质上讲，每次使用 ENIAC，都会创造出一个新的 ENIAC。1947 年，它被转换为一个存储程序的计算机（部分是由于约翰·冯·诺伊曼的建议），这意味着程序可以通过设置开关来进行编码，这些开关对应于 60 条存储指令，无须通过插入电缆实现。这一变化被视为向不了解计算机的科学家开放编程的方式，大大减少了编程所需的时间，但同时也增加了计算所需的时间。今天，这些可变的设置会被称为软件，因为在符号编程语言中，这些物理设置（例如，使一个值 X 从内存位置 Y 移到累积器中）转化为一串

1 在 20 世纪 50 年代，"软件"一词不常使用。它指的是任何补充硬件的东西，例如电缆的插头配置。在 20 世纪 60 年代，软件被狭义地理解为我们现在所说的系统软件，以及更广泛地理解为"从外部供应商购买的任何工具、应用程序和服务的组合"。Thomas Haigh，"Application Software in the 1960s as Concept，Product and Service"，*IEEE Annals of the History of Computing*，vol. 24，no. 1，January-March 2002，p.6. 关于这一点，同样可参见 Wolfgang Hagen，"The Style of Source Codes"，in *New Media，Old Media: A History and Theory Reader*，Peter Krapp，trans.，Wendy Hui Kyong Chun and Thomas Keenan，eds.，New York：Routledge，2005.

2 Herman Goldstine and Adele Goldstine，"The Electronic Numerical Integrator and Computer（ENIAC）"，*IEEE Annals of the History of Computing*，vol. 18，no. 1，Spring 1996，pp.10-16. 亚瑟·伯克斯将这两项活动分别称为"数字性编程"（由操作者实施）与"适当性编程"（由工程师设计并由主编程单元实施）。参见 Arthur Burks，"From ENIAC to the Stored-Program Computer：Two Revolutions in Computers"，in *A History of Computing in the Twentieth Century*，Metropolis et al.，eds.，New York：Academic Press，Inc. and Harcourt Brace Jovanovich，1980，pp.311-344. 数字性编程处理问题的具体细节和算术单位，类似于微观编程；适当性编程处理控制单元和操作顺序。

读入计算机内存的数字。今天，为 ENIAC 规划线路并为其布线的文职"操作员"（凯瑟琳·麦克努尔蒂、弗朗西斯·比拉斯、贝蒂·让·詹宁斯、伊丽莎白·斯奈德、露丝·利希特曼和马林·韦斯科夫）被称为最早的一批程序员。

正如保罗·塞鲁奇和沃尔夫冈·哈根（Wolfgang Hagen）所论证的那样，符号编程语言和因此而产生的软件没有被预见。符号语言编程的出现取决于人们意识到计算机可以像存储数据一样方便地存储数字指令，而且计算机本身可以用来在符号标记和数字标记之间进行转译。英国剑桥的一台早期（1949 年）计算机 EDSAC 的程序员，是第一个使用计算机在更多人类可读的汇编代码（例如"A100"表示"将位置为 100 的内容添加到累加寄存器"）和后来被称为机器语言（而非逻辑代码）之间进行转译的人。存储是编程语言出现的关键。但是，正如约翰·冯·诺伊曼的案例表明，仅有存储是不够的：冯·诺伊曼的名字已经成为所有现代具有存储程序的计算机的描述符，他与赫尔曼·戈尔德斯坦一起设计了一种类似于 EDSAC 的符号，但前提是由文员来做翻译工作。[1] 此外，汇编语言并不是一种更高级的编程语言；计算机也不会自动地成为一台媒介机器。根据哈根的说法，"几十年来，冯·诺伊曼机器的原型结构并没有显示出这台机器将不仅仅是一个新的计算器，也不仅仅是一个强大的脑力劳动工具，而是一个新的通信媒介"。哈根认为，从计算器到通信媒介的转变，本身就是源于一种"通信的需要"：

1　Martin Campbell-Kelly and William Aspray, *Computer: A History of the Information Machine*, New York：Basic Books，1996，p.184.

它从冷战、经济、劳动组织中发展起来，也或许是从机器施加的原始数字诱惑中，从数字组成的游戏中，从一个由数位、占位符、Fort/da 机制以及所有这些来源的内部结构的整个准语言交换物组成的游戏中发展而来的。[1]

自动编程

自动编程，也就是我们今天所说的编程，产生于重复使用代码并将计算机纳入其自身操作中的欲望——或者可以说，将单一的指令转化为计算机可以编写的语言的欲望。正如早期的 UNIVAC 程序员米尔德里德·高斯（Mildred Koss）所解释的那样：

> 编写机器代码涉及几个烦琐的步骤——将一个进程分解成离散的指令。为所有的指令分配特定的内存位置，并管理 I/O 缓冲区。在按照这些步骤实施数学例程、子程序库和排序程序后，我们的任务是研究更大的编程过程。我们需要了解我们是如何重复使用已测试过的代码，并让机器在编程中提供辅助。在编程的过程中，我们检查了进程，并试图考虑利用某些手段将这些步骤抽象化，以便将其纳入更高级别的语言中。这导致了解释器、汇编器、编译器和生成器的发展——这些程序被设计来操作或者生成其他程序，即自动编程。[2]

自动编程是一个抽象的概念，它允许生产计算机支持的

---

1 Wolfgang Hagen，"The Style of Source Codes"，in *New Media*，*Old Media: A History and Theory Reader*，Peter Krapp，trans.，Wendy Hui Kyong Chun and Thomas Keenan，eds.，New York：Routledge，2005.

2 Mildred Koss，"Programming on the Univac 1：A Woman's Account"，*IEEE Annals of the History of Computing*，vol. 25，no. 1，January-March 2003，p.56.

人类可读代码——这是软件商品化和物质化的关键，也是高级编程语言出现的关键。这种编程的自动化——特别是编程语言——令编程以问题为导向，而非以数字为导向。与汇编语言不同，高级编程语言将人的指令分割，使人能够忘记机器。它们使人们能够在多个机器上运行同一个程序——这一属性现在被视为软件的"自然"属性。直接编程导致了一种独特的电缆配置；早期的机器语言是可迭代的，但只能在同一台机器上进行——当然，前提是没有工程故障或者错误。为了作为一种语言或文本出现，软件和它所依赖的"语言"必须成为可迭代的。有了编程语言，编程的产品将不再是一台运行中的机器，而是这个叫作软件的东西——某种理论上（如果不是实际上）可迭代的、可重复的、可重新使用的东西，不论这是谁写的，也不论它是为哪一台机器准备的。[1] 程序语言在其所谓的写作中规定了程序员和机器的缺席。程序设计语言也使指令与机器、命令与行动分离。

根据公认的观点，这些最早的自动化编程尝试效率很低，并且受到"真正的"程序员的抵制。FORTRAN 的开发者约翰·巴克斯（John Backus）声称，早期的机器语言程序员从事的是一种"黑魔法"（black art），他们"对自己的前沿技术有一种沙文主义的自豪感，同时也有一种相应的保守主义，所以在随心所欲的 20 世纪 50 年代，许多程序员开始将自己视为守护着对普通凡人来说过于复杂的技能和奥秘的神职人

---

1 Jacques Derrida，"Signature Event Context"，in *Jacques Derrida*，*Limited Inc.*，Samuel Weber and Jeffrey Mehlman，trans.，Evanston：Northwestern University Press，1988，pp.1-23.

员"。[1] 高斯同样认为，"如果没有这些更高级的语言和程序……利用计算机解决问题的方式会变得民主化，我相信编程就会停留在少数使用机器代码的以技术为导向的软件编写者手中，他们本质上是计算的高级牧师"[2]。

对自动编程的抵制似乎也来自企业和学术界的客户，对他们来说，以每小时计算而言，程序员的量级要比计算机小得多。一位早期的女程序员，让·萨梅特（Jean Sammett）在她具有一定影响力的《编程语言：历史和基础知识》中说道：

> 客户提出了许多反对意见，其中最重要的是，编译器可能无法生成与他们最好的程序员一样好的目标代码。当时正在开展一项重要的销售活动，以推广此类系统的优势，其先锋是 IBM 公司的数字科学语言（fortran），以及雷明顿兰德公司［特别是格蕾丝·霍珀（Grace Hopper）博士开发］的"类似英语的"商业数据处理语言。[3]

这一销售活动不仅推动了高级语言的产生（通过贬低人类生产的程序），还推动了新硬件的产生：为了运行这些程序，人们需要更强大的机器。政府对标准化的坚持，在COBOL 语言的发展和传播中表现得最为明显，也极大地影响了人们对高级语言的接受，这些语言在理论上（如果不总是

1　John Backus，"Programming in America in the 1950s—Some Personal Impressions"，in *A History of Computing in the Twentieth Century*，Metropolis et al.，ed.，New York：Academic Press，1980，p.127.

2　Mildred Koss，"Programming on the Univac 1：A Woman's Account"，*IEEE Annals of the History of Computing*，vol. 25，no. 1，January-March 2003，p.58.

3　Jean Sammett，*Programming Languages: History and Fundamentals*，Englewood Cliffs：Prentice-Hall，1969，p.144.

在实践上）是独立于机器的或者可迭代的。在节省编程时间的名义下，硬件升级周期被规范化。

这一"销售活动"导致了许多人预言的编程民主化。在萨梅特看来，这只是一场局部的革命：

> 在计算机安装的运行方式中，让工程师、科学家和其他人员在没有专业程序员作为中介的时候对自己的问题进行编程不仅是可能的，而且是很实际的。因此，开放与封闭的冲突成为一个非常激烈的问题，往往围绕着 FORTRAN 的使用作为双方的关键说明。这不应该被解释为所有有科学数字问题需要解决的人都要立即坐下来学习 fortran；这显然不是事实，但有如此多的人这样做，以至它对整个计算机行业产生了重大影响。fortran 的一个附带影响是引入了 fortran 监控系统（IB60）。这使得计算机安装效率大大提高，因为在运行大量的 fortran 程序（以及机器语言）时需要较少的操作人员干预。[1]

计算的这种"开放"，使"开（放）源"（open source）这一术语中的"开放"有了不同的反响。这将意味着计算潜在地扩散到那些有科学数字问题需要去解决的人身上，以求用操作系统取代人类的操作。但是，科学家们一直都在参与计算，尽管计算并不总是被视为一种有价值的科学追求，而且，如前所述，引入拨号而不是插线本来是为了赋予不了解该项技术的科学家以权力。计算的历史充斥着"计算机解放"

---

1 Jean Sammett, *Programming Languages: History and Fundamentals*, Englewood Cliffs：Prentice-Hall，1969，p.148.

的时刻。[1]

这种通过高级语言来"开放"计算的叙述，假定了程序员天生喜欢烦琐和重复的数字任务，并为他们的客户开发单一的解决方案。对计算的"熟练掌握"很容易被理解为"痛苦"（suffering）。早期的 ENIAC 程序员哈里·里德（Harry Reed）认为：

> 用 ENIAC 计算的整个想法是一件堪称苦行的事情。为计算机编程，不管它应该是什么，都是一种救赎性的体验——一个人应该为之受苦。而直到 20 世纪 70 年代，我们才终于能够说服人们，他们不会再有程序员不断地为他们编写小程序。实际上，我不得不带着我的部门，让所有没有上过 FORTRAN 课程的人坐下来学习。因为，天啊，他们现在要自己写程序了。我们不打算让计算机专家来写本该由他们自己来编写的简单小程序。[2]

关于编程民主化的叙述揭示了编程和控制系统之间的紧张关系：它们是控制系统，还是伺服机制（servomechanisms，按诺伯特·维纳对它们的最初命名）？编程是一种文职活动，还是一种掌控技术的行为？鉴于机器负责"适当性编程"（programming proper）——执行过程中的事件序列——编程是不是自行进行的编程？从"操作员"到"程序员"的语言转变中，到底是什么被压缩了？程序员的"神职"概念消

1　Theodor Nelson，*Computer Lib*，Richmond，WA：Tempus Books of Microsoft Press，1987.

2　Harry Reed，"My Life with the ENIAC：A Worm's Eye View"，in *Fifty Years of Army Computing from ENIAC to MSRC*，Adelphi：Army Research Laboratory，2000，p.158.

除了这种紧张关系，使得编程总是成为被嫉妒的监护人的对象，并抹去了编程的文职基础。20世纪50年代的编程似乎很有趣，而且性别相当平衡，部分原因是它足够新潮，部分原因是它不像硬件设计或者销售那样有利可图。这个行业，如果不从薪酬角度讲，在雇佣方面是性别中立的，因为它还不算是一种职业。[1] "ENIAC女孩"最初是作为次专业人员被雇用的，一些人必须获得更多的资格才能保住她们的职位。由于许多女性程序员为了生孩子或者结婚而辞职，男性抢走了她们越来越有利可图的工作。编程的文职性及其女性基础——在人事和指挥结构方面——随着编程本身试图成为一个工程和学术领域而均被抹杀了，这种抹杀是编程职业化的关键——一种建立在隐藏机器基础上的补偿性技术。民主化并没有取代专业的程序员，而是通过自相矛盾地减少他们对机器的实际权力，以及通过概括信息的工程概念，来支持他们作为专业人士的地位。

是的，先生

程序员天生喜欢烦琐的任务，这一假设指向了编程和计算的性别化及其人类历史。在第二次世界大战期间，几乎所有的运算员都是有一些数学背景的年轻女性。当时不仅有女性可以工作，她们还被认为是更好、更认真的运算员，这可能是因为她们更擅长重复性的文职工作。程序员是以前的运算员，因为她们是最适合培养的继任者：她们像计算机一样思考。

---

1 "Anecdotes: How Did You First Get into Computing?", *IEEE Annals of the History of Computing*, vol. 25, no. 4, October-December 2003, pp.48-59.

可以说，当命令从指挥一个"女孩"转向指挥一台机器时，编程变成了编程，软件变成了软件。ENIAC操作的一张照片揭示了"适当性编程"的梦想——一个男人坐在办公桌旁向一个女性"操作员"发出指令。软件语言是建立在一系列源于二战指挥和控制结构的要求之上的。指挥与控制的自动化，即保罗·爱德华兹（Paul Edwards）所认为的对"个人领导、分散的战场指挥和基于经验的权威"等军事传统的颠覆，[1]可以说是始于二战时期的机械计算。这一点最鲜明地体现在Wrens（英国皇家海军女性服务机构）与其位于布莱切利园的指挥官之间的关系上。Wrens也被图灵称为"奴隶"（Wrens这个词现在已经被嵌入计算机系统中），她们是负责密码分析机［包括Bombe和后来的巨人计算机（Colossus）］机械操作的文员。尽管至少有一名文员，琼·克拉克（Joan Clarke）就成了这位分析员。令人吃惊的是，I.J.古德（I.J.Good），一位男性分析员，曾描述巨人计算机实现了现代机器在20世纪70年代末才能重现的人机协同作用。分析员会坐在打字机的输出端，向Wrens发出指令，对程序进行修改。[2]这种人机协同，或互动的实时处理（而非批次处理），将Wrens和机器不加区别地对待，而同时又依靠Wrens的能力，去响应数学家的命令。

格雷斯·莫里·霍普（Grace Murray Hopper，最重要的早期程序员之一）和霍华德·海瑟薇·艾肯（Howard Hathaway

---

1　Paul Edwards，*The Closed World: Computers and the Politics of Discourse in Cold War America*，Cambridge：MIT Press，1996，p.71.

2　I.J. Good. "Pioneering Work on Computers at Bletchley"，in *A History of Computing in the Twentieth Century*，Metropolis et al.，eds.，New York：Academic Press，1980，pp.31-46.

Aiken）初次会面的故事也支持了这种说法。霍普是耶鲁大学的数学博士，曾担任瓦萨大学的数学教授。她被美国海军指派对马克一号（Mark I）进行编程。这是一台机电式数字计算机，它发出的声音就像一屋子的织布机。根据霍普的说法，艾肯向她展示了：

> 一个有三个条纹的巨大物体……他挥了挥手并说："那是一台计算机。"我说："是的，先生。"除此以外我还能说什么呢？他说，他想让我在星期四的时候计算弧形正切数列的系数。同样，我还能说什么呢？也只能说："是的，先生。"我不知道到底发生了什么，但这就是我与霍华德·海瑟薇·艾肯的会面。[1]

计算依赖于"是的，先生。"来回应本质上作为命令的简单陈述句和祈使句。与尼尔·斯蒂芬森（Neal Stephenson）相反，一开始它是命令而非命令行。命令行仅仅是一个操作系统（OS）的模拟。命令实现了编程和行动之间的滑移，这使得软件成为一个引人注目但逻辑上"不足为奇"的通信系统。I.J. 古德和霍普的回忆也揭示了编程核心的程式化：布莱切利园的分析员很快被决策树（decision trees）取代。程序员霍普成为自动编程的倡导者。因此，程式化或自动化是这个行业的核心，该行业喜欢相信它已经成功将自身之外的所有行业自动化了。[2]

1　Paul Ceruzzi, *A History of Modern Computing*, 2nd ed., Cambridge, NY: MIT Press, 2003, p.82.

2　Michael S. Mahoney, "Finding a History for Software Engineering", *IEEE Annals of the History of Computing*, vol. 27, no. 1, January-March 2004, pp .8-19.

把女性和机械计算看成可以互换的，就是在修改历史。根据萨迪·普兰特（Sadie Plant）的说法，编程在本质上是女性化的——不仅是因为从阿达·洛夫莱斯到霍珀在内的第一批程序员都是女性，也是因为编程与弗洛伊德所称的"典型的女性发明"（编织）之间，以及作为模仿（mimicry）的女性性行为与图灵机作为通用机器的愿望之模仿基础之间的历史及理论联系（此外，软件和女性的性行为都揭示了那些看不见的东西所具有的力量）。[1] 普兰特认为：

> 在数字机器的出现中，女性扮演的绝非一个小角色……她们不是一个需要被后人拯救的附属角色，也不是纳入现有记录中的使其更为清晰的一个小小的补充……硬件、软件、湿件——在它们出现之前和消失之后，女性一直是数字机器的模拟者、装配者和编程者。[2]

上述内容并不具有代表性——ENIAC 的女性程序员是成对工作的，没有一台机器能完成霍普所做的事情——至少在当时如此（而且，需要重申的是，霍普将是使计算机能够做到这一点的关键：霍普和计算机之间差距的缩短将是自动命令及控制的关键）。程序员所面临的困难很简单：运算员不是计算机。从指挥一个女孩向指挥一台自动机的过渡是困难的。因为自动机只能破译，而不能解释或推测，而且它们不能从

---

1 如前所述，虽然软件产生了可见的效果，但软件本身却无法被看到。露西·伊利格瑞同样认为女性的性行为是不可见的，"她的性器官代表了无法窥见的恐怖"，参见 Luce Irigaray，*This Sex Which Is Not One*，Catherine Porter，trans.，Ithaca，NY：Cornell UP，1985，p.26.

2 Sadie Plant，*Zeros + Ones: Digital Women + The New Technoculture*，New York：Doubleday，1997，p.37.

经验中学习。正如马丁·坎贝尔-凯利（Martin Campbell-Kelly）和威廉·阿斯普雷（William Aspray）所说："编写软件的根本困难在于，在计算机到来之前，人类从来没有为一个自动机准备过详细的指令，毕竟自动机只是一种能准确无误地服从所给指令的机器，而每一个可能的结果都必须由程序员来预测。"[1] 坎贝尔-凯利和阿斯普雷的评价高估了机器（尤其是早期机器）的可靠性。正如早期的 ENIAC 程序员所说，调试的一部分是弄清楚哪些错误是由编程引起的，哪些错误是由出问题的真空管、意外的重新接线或机器结构的故障引起的——这项任务通过连接在各种计数器上的氖虹灯泡变得更加容易。

与机器不同，女性程序员并不是简单地按照指令行事。霍普被描述为"一位个性鲜明的女性，一个强有力的说服者和领导者。她在令行禁止的言辞中显示了她的一些海军训练特征"。[2] 另外，正如高斯所解释的那样，编程不是执行指令，而是"设计一个策略并准备指令，使计算机做你想让它做的事，以解决一个问题"。[3] 女性程序员在将 ENIAC 转换为具有存储程序的计算机方面，以及确定其存储值和指令之间的权衡方面发挥了重要作用。贝蒂·斯奈德·霍尔伯顿（Betty Snyder Holberton）被霍普描述为她所认识的最好的程序员，她不仅神奇地调试出弹道轨迹程序（这是第一个在 ENIAC

1　Martin Campbell-Kelly and William Aspray, *Computer: A History of the Information Machine*, New York: Basic Books, 1996, p.181.

2　Mildred Koss, "Programming on the Univac 1: A Woman's Account", *IEEE Annals of the History of Computing*, vol. 25, no. 1, January-March 2003, p.51.

3　Mildred Koss, "Programming on the Univac 1: A Woman's Account", *IEEE Annals of the History of Computing*, vol. 25, no. 1, January-March 2003, p.49.

上运行的程序，尽管出现得太晚而未能用于战争），还为UNIVAC开发了一种有影响力的排序算法。

在标准的计算机历史中，这些女性被压抑的程度，可以通过保罗·爱德华兹的一篇关于男性气质和编程的精辟分析进行估测，这篇文章指出了计算机"劳动力"那隐含的、先验的性别化。他写道：

> 计算机科学家享有一种神秘的、可与战后对物理学家的崇拜相媲美的高超技艺。计算机为他们提供了一目了然的精确度、计算能力，以及综合大量数据的能力……计算机技术本身并没有什么男性化的特点。否则，女性不可能在加入计算机工作队伍方面有如此迅速的成功。性别价值观在很大程度上漂浮在机器本身之外，并由男女之间的权力关系来表达和执行。计算机并非简单地体现出男性气质，而是在文化上被构建为男性的心理对象。[1]

与朱传榘（ENIAC的创造者之一）所说的"软件是科学怪人的女儿"（硬件是它的儿子）的说法相去甚远。爱德华兹的评估抹杀了女性在早期计算中的压倒性存在——她们作为人类运算员、程序员和监视员的工作——同时将计算机技术简化为软件。作为人类文员和人类运算员的结合体，现代计算机概括了20世纪40年代男性与女性之间的权力关系。它试图取代女性：她们灵活的手指，她们的数字能力，她们的谨慎，她们"令人不安的目光"——范内瓦·布什认为这种

1　Paul Edwards, "The Army and the Microworld: Computers and the Politics of Gender Identity", *Signs*, vol. 16, no. 1, 1990, p.105, 125.

取代是可取的。[1] 从人类到机械计算机的转变使不同的权力关系变得自动化。

认识到这些女性作为程序员——不仅是遵循指令，也是将指令组合在一起——是重要但并不充分的认识，因为它延续了将编程视为"高超技艺"的叙述。遵循和执行指令的意义是什么？也许控制和命令的"自动化"与其说是对军事传统的颠覆，不如说是它的实例化，在这种情况下，责任被移交给了执行命令的人（如今是机器）。主人和奴隶之间的关系始终暧昧不清。这种权力的交接被编程语言所掩盖，这些语言掩盖了机器，并强调编程（而非执行）是行动的来源。动词"编程"之宾语的模糊性证明了编程和执行之间区别的消失，而"结构化编程"对程序员的规范化及职业化则加剧了这一现象。

将机器隐藏

在 20 世纪 60 年代末被广泛讨论的源于 IBM 的 OS/360 等惊人失败的"软件危机"（software crisis）中，许多人［尤其是欧洲的程序员，如弗里德里希·鲍尔（Friedrich Bauer）和彼得·诺尔（Peter Naur）］将"软件工程"或结构化编程视为一种将编程从手艺转变为标准化工业实践的方式，当然也是一种创造有纪律的程序员（他们处理的是抽象过程而非数

---

1 范内瓦·布什将速记员的行为描述为："一个女孩无精打采地抚摸着按键，环顾房间，有时用不安的目光看着说话者。"Vannevar Bush, "As We May Think", *The Atlantic Monthly*, July 1945. 女性已经在很大程度上从程序员变成了用户，同时继续在硬件的生产劳动力群体中占主导地位，即使这些工作已经转移到了太平洋另一边。

字过程）的方式。[1] 正如迈克尔·马霍尼（Michael Mahoney）所说，结构化编程是作为"一种质量控制和约束程序员的手段，一种成本核算和估算的方法，一种检验和确认的方法，一种质量保证的技术"而出现的。[2]

"结构化编程"（一般也被称为"好的编程"）将机器隐藏起来，从而保证了机器的安全。无须惊奇的一点是，避免与实际的机器接触，会提高一个人的抽象思维能力，而非数字思维能力。艾兹格·迪科斯彻（Edsger Dijkstra）对 Go to 语句的著名谴责概括了许多结构化编程的基本原则，他认为他能够"开创"结构化编程的先河，正是因为他的编程生涯是从尚未存在的机器编码开始的。[3] 在"Go To 语句被认为是有害的"一文中，迪科斯彻认为，"程序员的品质对他们生产的程序中的 Go to 语句的密度来说，是一个递减函数"。这是因为 Go to 语句违背了良好编程的基本原则——必须"缩短静态程序和动态过程之间的概念差距，使程序（分布在文本空间中）和过程（分布在时间中）之间的对应关系尽可能地微小"。更具体地说，如果一个程序被停止了，Go to 语句就很难在编程中找到一个与已经停止的过程相对应的位置——它使"找到

1　更多关于软件危机，以及其与软件工程之间的关系，参见 Martin Campbell-Kelly and William Aspray，*Computer: A History of the Information Machine*，New York：Basic Books，1996，pp.196-203；Paul Ceruzzi，*A History of Modern Computing*，2nd ed.，Cambridge，NY：MIT Press，2003，p.105；Frederick P. Brooks，*The Mythical Man-Month: Essays on Software Engineering*，20th Anniversary Edition，NY：Addison-Wesley Professional，1995.

2　Michael S. Mahoney，"Finding a History for Software Engineering"，*IEEE Annals of the History of Computing*，vol. 27，no. 1，January-March 2004，p.15.

3　Edsger W. Dijkstra，"EWD 1308：What Led to 'Notes on Structure Programming'"，in *Software Pioneers*，Broy and Denert，eds.，Berlin and New York：Springer，2002，p.342.

一套有意义的坐标来描述过程进展变得非常艰难"。[1] 也就是说，Go to 语句使指令与命令的混淆变得困难，而这种混淆是"编程"的基础。[2]

结构化编程语言通过提供良好的安全性来"拯救"程序员，这里的安全性是来自程序员自身的安全性。[3] 在安全的名义下，结构化编程强调编程是一个流程的问题，但它本身却让位于数据抽象化，把编程看作一个相互关联的对象的问题，并且隐藏了比机器更多的东西。数据抽象化依赖信息隐藏，并且依赖软件中不反映可改变的事实。正如数据抽象化的"先驱"约翰·谷泰格（John V. Guttag）所解释的那样，数据抽象化是关于遗忘的。[4] 数据抽象不是通过在所谓的独立模块之间建立无形的联系线来"污染"程序，而是通过限制特殊性和削减程序员的知识和权力来呈现一个干净或"美丽"的界面。谷泰格坚持认为，知识是危险的："'不深饮，就品不到知识之泉'，并不一定是好建议。知道得太多不比知道得太少更好，甚至往往更糟。人们无法吸收非常多的信息。任何假定人们会理解很多东西的编程方法或路径，都是非常

---

1 Edsger W. Dijkstra, "Go to Statement Considered Harmful", in *Software Pioneers*, Broy and Denert, eds., Berlin and New York: Springer, 2002, p.352, 354.

2 可以说，Go to 语句是有害的，因为它们是计算机直接被寻址的时刻——有条件的分支和循环使程序能够在没有这种寻址的情况下转到另一个环节。这个地址提出了一个问题：到底是谁，或者是什么要转到另一个环节？耐人寻味的是，"Go to"是汇编命令"将控制权转至"的转译——将程序的控制权交给位于 X 地址的命令。"Go to"和转移控制之间的区别，导致了居于编程核心的能动性危机。

3 John V. Guttag, "Abstract Data Types, Then and Now", in *Software Pioneers*, Broy and Denert, eds., Berlin and New York: Springer, 2002, p.444.

4 John V. Guttag, "Abstract Data Types, Then and Now", in *Software Pioneers*, Broy and Denert, eds., Berlin and New York: Springer, 2002, p.444.

危险的。"[1]

因此，抽象化既赋予了程序员权力，又坚持了他／她的无知。因为抽象化存在于"程序员的头脑中"，赋予程序员新的创造能力。计算机科学家大卫·艾克（David Eck）认为："每一种编程语言都定义了一个虚拟机，对它来说就是机器语言。编程语言的设计者正在创造计算机器，就像在硅堆和铜堆中工作的工程师，但没有材料和制造技术所带来的限制。"[2]然而，这种抽象化——从机器的特异性中抽离出来——在其将机器分离为软件和硬件的过程中，将编程的行为交给了机器本身。高斯对早期的计算机作为大脑的概念嗤之以鼻，因为"它们不能以人类的方式思考，而是必须被赋予一套按部就班执行的机器指令，然后才能提供具体问题的答案"——在当时，软件并不被视为一个独立的对象。[3]尽管软件的指令是非物质的、非竞争性的，但目前软件作为商品的地位表明了软件业的胜利。这个行业最初不仅在财务上，而且在概念上也在努力定义其产品。软件的崛起既依赖于一些历史进程，诸如IBM 将其服务与产品拆分；也依赖于高级语言所带来的抽象化。谷泰格坚持认为人的不可靠和欠缺理解能力，实则强调了这种抽象化的后果。抽象化是计算机的游戏，就像最严格意义上的编程一样。

重要的是，程序员也是用户：他们使用编辑器创建程序，

1　John V. Guttag，"Abstract Data Types，Then and Now"，in *Software Pioneers*，Broy and Denert，eds.，Berlin and New York：Springer，2002，p.445.

2　David Eck，*The Most Complex Machine: A Survey of Computers and Computing*，Natick，MA：A. K. Peters，2000，p.329，238.

3　Mildred Koss，"Programming on the Univac 1：A Woman's Account"，*IEEE Annals of the History of Computing*，vol. 25，no. 1，January-March 2003，p.49.

而编辑器本身也是软件程序。程序员和用户之间的区别正在逐渐被削弱，这不仅因为用户正在成为程序员（从真正意义上说，程序员不再对计算机进行编程，而是进行编码），还因为有了高级语言，程序员变得更像简单的用户。用户和程序员之间的区别是软件催生的一种效果。

因果性的快感

程序员的逐渐降级已经被编程的力量和乐趣所抵消。正如爱德华兹所认为的，"编程可以产生强烈的权力和控制感"，因为计算机产生了一个内部一致但外部不完整的微观世界：

> 一个完全位于机器本身之内的模拟世界，并不依赖于工具的有效性。也就是说，大多数工具对更广泛的世界产生影响，且仅仅作为其中的一部分；计算机则以细微模型容纳了自身的世界……在这个微观世界中，就像在儿童的虚构世界中一样，程序员的权力是绝对的。[1]

这种快感本身就是编程语言的效果，它提供了可见性、可读性、因果关系的诱惑。请看这个用 C++ 编写的无处不在的 "hello world" 程序（"hello world" 通常是一个人要写的第一个程序）：

```
//this program spits out "hello world"
#include <iostream.h>
int main ( )
```

1　Paul Edwards，"The Army and the Microworld：Computers and the Politics of Gender Identity"，*Signs*，vol. 16，no. 1，1990，pp.108-109.

```
        {

            cout << "Hello World!";

            return 0;

        }
```

第一行是一个注释行，向人类读者解释这个程序要说的内容是"hello world"。第二行指示编译器的预处理程序去囊括 iostream.h，这是一个处理输入和输出的标准文件。第三行，int main（）启动了程序的主函数；cout<<"Hello World!"将"Hello World!"打到屏幕上（"cout"在 iostream.h 中被定义）；return 0 终止了主函数，并使程序返回 0，如果它运行正常的话。尽管对于不熟悉 C++ 的人来说，它不太容易被直接理解，但这个程序似乎还能让人明白。它由一系列的计算机应该能够理解并服从的命令和声明组成。当运行时，它遵循人们的命令并显示"Hello World"。重要的是，这条信息肯定了程序员的能动性，但也使它成为一个问题：毕竟，是谁或者是什么正在说"Hello World"？为了享受这种绝对权力，程序员必须遵守编程语言的规则。无论如何，看到他 / 她的代码所产生可见或基本可预测的结果，就创造出了快感。[1] 一个人的代码导致了一个行动的发生：因果关系是明确的，即使最终的结果是无法完全预测的。这种通过程序的能动性而实现的绝对权力揭示了能动性的矛盾状态。也就是说，能动性既指一个人的行动能力，也指他者代表一个人去行动的能力。

---

1 更多关于编程的快感，参见 Linus Torvalds, *Just for Fun: The Story of an Accidental Revolutionary*, New York：Harper Business，2001；Eben Moglen，"Anarchism Triumphant：Free Software and the Death of Copyright", *First Monday*, vol. 4, no. 8, 2 August 1999.

然而，在计算机模拟的微观世界里，不只是程序员的权力得到加强或者绝对化，毕竟交互式模拟——计算机之透明概念的关键——也增强了用户的权力（同样，这些术语并不是绝对的，而是取决于一个人所使用的软件和一个人行动的生产力）。正如爱德华兹所言，交互性与人工智能密切相关，其源于对人类缺陷的承认，以及对程序性编程语言之局限性的承认。[1] 在 20 世纪 60 年代之前，冯·诺伊曼断言："任何可以被详尽和无误描述的东西，任何可以完全和明确地付诸文字的东西，都是事实上可以通过一个合适的有限神经网络来实现的东西。"这一断言正变得越来越显而易见。[2] 详尽和明确的描述是困难的，但不是不可能的，与计算机进行"交互"工作来解决问题便是关键所在。交互性后来与用户自由混为一谈，控制则与 GUI（图形化用户）和 WYSIWYG 界面（所见即所得）混为一谈，后者被看作对基于语言的命令的补充。不同于命令行界面，GUI 实现了"直接操纵"，在这里掌控与模拟的可见性密切相关。根据本·施耐德曼（Ben Schneiderman）的说法：

> 某些交互式系统在用户中产生了难得的热情，这与更常见的勉强接受或完全敌视的反应形成了鲜明对比。热情用户的体验报告中充满了以下方面的积极感受：
>
> • 掌握该系统；
>
> • 执行任务的能力；

1　参见《闭合的世界》（*The Closed World*）中爱德华兹对约翰·麦卡锡作品的讨论。
2　John von Neumann, *Papers of John von Neumann on Computing and Computer Theory*, William Aspray and Arthur Burks, eds., Cambridge, NY: MIT Press, 1987, p.413.

- 易于学习系统的初始功能并吸收先进的功能；

- 对自己能够长期保持掌握的能力有信心；

- 使用该系统的乐趣；

- 热衷于向新手炫耀系统；

- 希望探索该系统更强大的领域。

当然，这些感觉并不具有普遍性，但这些综合评价确实传达了一个真正满意的用户形象……其核心理念似乎是关于兴趣对象的可见性；快速的、可逆的、递增的行动；以及用对兴趣对象的直接操纵来取代复杂的命令语言语法——所以我在这里才用了"直接操纵"一词。[1]

正如布伦达·劳雷尔（Brenda Laurel）在她对计算机界面和戏剧的比较中所论证的那样，直接操纵（即使这根本就不直接）必须由直接参与补充才能取得成功。劳雷尔说：

> 将焦点从可操纵对象的再现转移到使人们能够直接参与到所选择的活动中去的理想，不管是在执行一些工具性任务时操纵符号工具，还是在电脑游戏的想象世界中游荡。直接参与强调的是情感和认知价值。它将人机活动设想为一种设计出来的体验（designed experience）。[2]

劳雷尔对行动的重视强调了工具再现和工具本身之间的关键区别：她认为，当人们双击一个文件夹时，就会意识到

1　Ben Schneiderman，"Direct Manipulation：A Step Beyond Programming Languages"，in *The New Media Reader*，Noah Wardrip-Fruin and Nick Montfort，eds.，Cambridge：MIT Press，2003，p.486.

2　Brenda Laurel，*Computers as Theatre*，Reading，MA：Addison-Wesley Publishers，1991，p.xviii.

它并不是一个真正的文件夹，而让一个文件夹更"真实"是没有帮助的。劳雷尔认为，有帮助的是明确的因果关系：事件必须以这样一种方式发生，即用户接受它们是可能的，从而将可能性缩小为确定性。她声称，因果关系确保了普遍性，确保了用户会心甘情愿地暂停他们的不信任。对于用户来说，就像偏执型精神分裂症患者一样（这是我的观察，而非劳雷尔的），一切都有意义：不可能有巧合的快感，而只有因果性的快感。

因果性的快感不仅是以一种因果上合理的方式来再现用户的行为，它也是一种"用户放大"（user amplification）。马诺维奇用《超级马里奥》解释了所谓的"用户放大"：

> 当你通过移动操纵杆告诉马里奥向左走时，就开启了一段让人愉快的迷你叙事。马里奥遇到了一座山；他开始爬山；结果发现山太陡了；马里奥滑回到地面上；马里奥站起来，浑身发抖。这些动作都不需要我们做什么，我们要做的只是移动一次操纵杆。计算机程序放大了我们的单一行动，将其扩展为一个叙事序列。[1]

这种用户放大模仿了驱动更高层级编程语言的"指令爆炸"（一行高级代码对应不止一行机器代码）；用户放大不仅是游戏软件和软件艺术的产物，而且是编程权力的核心。

这种双重放大推动了编程的浪漫化，最近则推动了软件艺术或闪客一代（Generation Flash）的出现。根据马诺维奇的说法，闪客一代是一个新的艺术家群体（"新浪漫主义者"），

---

[1] Lev Manovich, "Generation Flash", 2002.（网络文章）

他们创造原始代码，而非参与后现代引文的无尽循环。作为程序员，"闪客一代"的艺术家：

> 创造了数据可视化、矢量网、像素薄网格和箭头的新现代主义，即为信息设计服务的包豪斯设计。有别于对商业媒体的巴洛克式攻击，闪客一代为我们提供了现代主义的美学和软件的理性化。信息设计被用作理解现实的工具，而编程则成为一种赋能授权的工具。[1]

为了使现实有意义，这些艺术家和设计师采用了用户放大，因为他们的现代主义美学和基于软件的理性化，放大并简化了因果关系。与更普遍的软件一致的是，他们去魅，并使事物变得可见。这种去魅取决于用户的某种"聪明"程度。未来农场主（future farmer）的项目 theyrule.net 为用户提供了一种映射强大的董事会成员之间关系的方法，马诺维奇在描述这一项目时说：

> 它并非要呈现一个包装好的政治信息，而是给我们提供了去分析它的数据和工具。它知道，我们有足够的智慧来得出正确的结论。这就是新的交互性修辞：我们不是通过听 / 看事先准备好的信息而被说服，而是通过积极地处理数据而被说服：重组它，发现其中的联系，并且意识到其中的关联性。[2]

根据马诺维奇的说法，这种新的交互性修辞在 UTOPIA

1　这种授权的概念引出了这样的问题：产生"原始代码"意味着什么？为信息设计服务的包豪斯设计如何才不算引用？Lev Manovich，"Generation Flash"，2002.（网络文章）

2　Lev Manovich，"Generation Flash"，2002.（网络文章）

中得到了进一步探索：

> 这个世界的宇宙观反映了我们对自己星球的新理解——后冷战、互联网、生态学、盖亚和全球化。请注意那些几乎看不见的细线，它们连接在演员和区块之间（这与 theyrule.net 中使用的装置相同）。在 UTOPIA 的宇宙中，所有的东西都是相互联系的，单个行动者的每个行动都会影响到整个系统。从知识上说，我们知道这就是我们的地球在生态和经济上的运作方式，但 UTOPIA 在一个我们可以感知的范围内再现了这一点。[1]

UTOPIA 实现了弗雷德里克·詹姆逊所说的"认知地图"："以个人主体之名，对更大的或不适合表征的整体（作为全体的社会结构集合体）的情境化表征。"[2] 如果说现在由于无形的资本网络存在，认知绘图变得既困难又有必要，那么这些艺术家就通过利用信息的不可见性来制作一个认知地图。马诺维奇认为，软件艺术的运作与马克思主义的意识形态批判相类似。因为掌握了个别行动者的行动与整个系统之间的关系，意识形态的面纱已然被撕开。软件通过在一个特定规模中，即在一个微观世界中表征自身来实现这种批判，进而能够被我们理解。这种去魅取决于我们自己的行动，取决于我们为了观察而操纵对象，取决于我们像面向对象的程序员那样思考。与其说我们缺乏认知地图，不如说我们一直在通过一种模拟意识形态批判（不存在的时候仍显现的意识形

1　Lev Manovich，"Generation Flash"，2002.（网络文章）

2　Fredric Jameson，*Postmodernism，or The Cultural Logic of Late Capitalism*，Durham：Duke University Press，1991，p.51.

态）的媒介来制造它们。真正值得注意的是，软件——旨在隐藏机器的存在并创造出一个基于隐藏命令的虚拟机器——导致了计算是透明的这一压倒性的概念。这种透明的概念与实际的技术操作关系不大，而是与计算所建立的"微观世界"有关。

软件作为意识形态

正如我在其他地方所论证的，软件是意识形态的功能性模拟。[1] 在形式上，计算机可以理解为由软件和硬件组成，是意识形态的机器。它们几乎满足了我们对意识形态的所有正式定义，从作为虚假意识的意识形态（如《黑客帝国》中所描绘的那样）到路易·阿尔都塞对意识形态的定义——"个人对现实生存条件的想象关系的'表征'"[2]。软件，或者更确切地说，操作系统，为我们提供了一种与硬件之间的想象关系：它们并不表征晶体管，而是表征台式机和回收站。软件创造了"用户"。没有操作系统，就没有对硬件的访问；没有操作系统，就没有行动、没有实践，因而也就没有用户。每一个操作系统，通过它的广告，都询唤了一个"用户"：召唤它，为它提供一个名称或形象以进行认同。因此，Mac 的用户"思考方式独特"，认同马丁·路德·金和阿尔伯特·爱因斯坦；Linux 的用户是开源的力量极客，被集合在一只肥胖饱食的企鹅图像旗下；Windows 用户则是主流的、功能主义的类型，

1　Wendy Hui Kyong Chun，*Control and Freedom: Power and Paranoia in the Age of Fiber Optic*，Cambridge：MIT Press，2005.

2　Louis Althusser，"Ideology and Ideological State Apparatuses（Notes Towards an Investigation）"，in *Lenin and Philosophy and Other Essays*，Ben Brewster，trans.，New York：Monthly Review Press，2001，p.109.

也许正如埃本·莫格伦（Eben Moglen）所认为的那样，他们经常崩溃的电脑让他们感到欣慰。重要的是，操作系统提供的"选择"分离了可见的和不可见的、可想象的和不可想象的。然而，你并没有意识到软件不断地限制和询唤（也被称为"用户友好"），除非你发现自己对软件的默认状态感到沮丧，或者你使用多元操作系统或竞争性的软件包。

从表示文件已保存那让人安心的提示声到"我的文档"这样强调个人电脑所有权的文件夹，软件也通过良性的互动来培养用户。计算机程序"无耻"地使用转换人称的词，像"我的"和"你"这样的代词，把你和其他人都作为一个主人来称呼。软件让你阅读，为你提供更多的关系和越来越多的视觉效果。软件激发的阅读超越了文学阅读的范围，走向了猜测、解释、计数和重复的非文学性及相应的古老做法。软件基于一种恋物癖的逻辑。[1] 用户很清楚他们的文件夹和桌面并非真正的文件夹和桌面，但他们却把其当作文件夹和桌面来对待——称它们为文件夹和桌面。按照斯拉沃热·齐泽克的说法，这种逻辑对意识形态至关重要。齐泽克（通过引述彼得·斯洛特戴克）认为，意识形态持续存在于一个人的行动中，而非一个人的信仰之中。意识形态的幻觉不是存在于知识层面，而是存在于行动的层面：这种幻觉通过"法律的意义"（因果关系）这一想象来维持，进而掩盖了这样一个事实，即权威是没有真理的——人们服从法律就此而言是不可理解的。这难道不是计算吗？通过意义与因果关系的幻觉，我们是否掩盖了这样一个事实：我们不能完全理解或控制计算？

---

1 Slavoj Zizek, *The Sublime Object of Ideology*, London：Verso，1989，pp.11-53.

计算机越来越多地进行相互设计，而我们的使用在某种程度上是一种祈求，或一种盲目的信仰吗？新的"交互性"的修辞所掩盖的东西比它所揭示的东西更多。

操作系统更多是从名义上创造了用户，因为用户是一种操作系统的建构。用户登录是随着分时操作系统（如 UNIX）出现的，它鼓励用户相信他们运用的机器是他们自己的机器（在这之前，计算机主要使用批处理；在这之前，人们确实在运作他们自己的机器，当时也不需要操作系统——因为有人类操作员）。正如许多历史学家所认为的那样，20 世纪 70 年代开发的分时操作系统催生了"个人计算机"。[1]

软件和意识形态完美地结合在一起，因为两者都试图描绘出非物质的物质效果，并通过可见的线索来确定非物质。通过这个过程，非物质作为一种商品出现，作为其自身意义的某物出现。因此，布罗伊将软件的先驱者视为让软件更容易视觉化的创造者的描述，与软件本身的定义有着奇妙的相似之处，因为如果不是为了使某些东西明确化，使某些无形的东西可见，同时又使可见的东西（如机器）变得不可见，那么软件又是什么呢？尽管软件和意识形态之间的平行关系很有说服力，但重要的是，我们不能在此停止思考，因为将意识形态简单等同于软件，就会使意识形态失去对权力的批判——这对任何意识形态理论来说都是绝对必要的。[2] 软件以其洋葱般的结构，既作为意识形态，又作为意识形态的批

1　Paul Ceruzzi, *A History of Modern Computing*, 2nd ed., Cambridge, NY: MIT Press, 2003, pp.208-209; Martin Campbell-Kelly and William Aspray, *Computer: A History of the Information Machine*, New York: Basic Books, 1996, pp.207-229.

2　然而，这些相似之处可以说揭示了这样一个事实，即我们对意识形态的理解之所以如此匮乏，是因为它像界面一样，依赖于一种基本的戏剧性的行为模式。

判——既是掩盖的方式，又是揭露的方式，这就打破了软件和意识形态之间的类比。软件的力量在于这种双重作用，以及它使可见的东西变得不可见，这是编程语言成为语言学任务的一个效果。

透过透明性看问题

> 当你从帽子里抽出一只兔子时，那是因为你一开始把它放在帽子里了。
>
> ——雅克·拉康[1]

这种揭示行为是数据库和其他结构走向"透明性"或鲍德里亚所说的"交流的淫秽性"的关键。尽管数字成像在计算机网络作为透明物的概念中确实起到了一定作用，但它不是唯一的因素，也不是关键的因素。例如，考虑到"矩阵"，它是一个多态的程序，通过筛选公共和私人信息的数据库来（在名义上）寻找罪犯或恐怖分子。这个项目的运作依靠：

> 整合不同来源的信息，如车辆登记、驾照数据、犯罪历史和房地产记录，并分析其活动模式，以帮助执法调查。该公司的宣传材料谈论到，"当足够多的看似微不足道的数据分析与数十亿计的数据元素进行对比分析时，不可见的东西就会变得可见"[2]。

1　Jacques Lacan, *The Seminar of Jacques Lacan*, Book II: *The Ego in Freud's Theory and in the Technique of Psychoanalysis*（1954-1955）, Jacques-Alain Miller, ed., Sylvana Tomaselli, trans., New York: Norton, 1991, p.81.

2　John Schwartz, "Privacy Fears Erode Support for a Network to Fight Crime", *The New York Times*, 15 March 2004, C1.

尽管支持者声称，"矩阵"只是将执法部门已经掌握的信息汇集起来：

> 该计划的反对者说，计算机网络的合并和筛选大量数据的能力，极大地扩展了警察的监控权力，使无辜的人更有可能被卷入数据包围的更大风险之中。他们说，在这个日常生活的许多方面都会留下网上痕迹的世界中，这个问题变得更为复杂。[1]

在 2004 年 3 月 15 日之前，超过三分之二的州撤回了对"矩阵"的支持，理由是预算和隐私问题。"矩阵"的存在被视为对隐私的侵犯，因为它使不可见的东西变得可见（这同样是软件本身的行为），而不是因为计算机复制了索引图像。因为它使警察能够轻易地建立起联系网，从而扩大了警察的权力。全面信息机构（The Total Information Agency）——一个将其各种电子数据库整合在一起的美国政府计划，也同样受到谴责，并在 2003 年被美国国会扼杀了。

在更个人化的层面上，计算是通过使不可见的东西变得可见来实现连接的，它也推动了个人计算界面的发展。通过在 Word 中打字，字母出现在我的屏幕上，反映了在我的电脑上无形储存着的东西。我的打字和点击似乎在屏幕上有相应的行动。通过打开一个文件，我使其变得可见。那么，在所有层面上，软件似乎都是为了让不可见的东西变得可见，也就是在计算机可读代码和人类可读语言之间进行转译。马诺

1　John Schwartz，"Privacy Fears Erode Support for a Network to Fight Crime"，*The New York Times*，15 March 2004，C1.

维奇指出了这种转译，并且将"转码"（transcoding）——文件转译成另一种格式，他将此推断为文化层和计算机层之间的关系——作为他在《新媒体的语言》中有关新媒介的第五条，也是最后一条原则。马诺维奇认为，为了理解新媒介，我们需要参与到这两个层面，因为尽管表面层看起来和其他媒介一样，但隐藏的那一层，即计算层，才是新旧媒介之间的真正区别所在，即可编程性的根基。因此，他认为我们必须从媒介研究转向软件研究，而转码的原则是开启软件研究思考的一种方式。[1]

马诺维奇的转码概念的问题在于，它关注的是静态数据，并把计算当作一种单纯的翻译。可编程性不仅意味着图像可以以新的方式操纵，而且意味着某个人的计算机不断地以超越其个人控制的方式行事。把软件仅仅看作"转码"，就抹杀了计算机运行所必需的计算。计算机的双重阅读并不仅仅是将代码转译或转码为文本 / 图像 / 声音，或反之亦然；它的阅读——它将阅读和写作混为一谈（对电脑来说，阅读就是在其他地方写作）——也参与了其他无形的阅读。例如，当微软的媒体播放器播放一张 CD 时，它向微软公司发送有关该 CD 的信息。当播放一个 Real Media 的文件，比如 CNN 的视频片段时，它向 CNN 发送了这个视频的"唯一标识符"（unique identifier）。你可以选择在播放 CD 时脱机工作，要求你的媒体播放器不在联网上传输其"唯一标识符"，但这些选择需要对默认设置进行两次修改。通过安装媒体播放器，你还需要同意允许微软"为操作系统组件提供安全相关的更新，

1　Lev Manovich, *The Language of New Media*，Cambridge：MIT Press，2001，p.48.

这些更新将被自动下载到你的计算机上。这些与安全相关的更新可能会使你无法复制和 / 或播放安全内容以及在计算机上使用其他软件"。[1] 基本上，微软可以在不通知或不经你明确同意的情况下，改变你的操作系统组件。因此，为了创造一个更"安全"的计算机（其中安全意味着用户自身的安全），微软可以禁用盗版文件和盗版应用程序，并且 / 或者向其主数据库报告它们的存在。[2] 当然，微软的广告并没有强调媒体播放器的跟踪机制，而是将其作为授权和用户友好型的产品来贩卖。现在你只需点击一下鼠标，就可以同时收听你的 CD 和基于互联网的电台：它就像你的手提式录音机一样，只是变得更好了。现在你可以自动接收软件更新，并优化与远程站点之间的连接。

请注意：这篇文章并非要呼吁人们回到每个人可以看清自己所作所为的时代。那些日子早就一去不返。正如基特勒所认为的，我们基本上不再写作——通过对文字处理器的使用，我们已经把这个任务交给了计算机。[3] 这也并非对软件或编程的指责（我也被软件的因果性快感所左右，并为之着迷）。然而，这是一个反对软件的常识性概念的论点，恰恰是针对它作为常识的地位（在这个意义上，它们符合葛兰西式的意识形态作为霸权性常识的概念）；因为它们抹去了历史和目

---

1 微软媒体播放器的"许可协议"。

2 微软正在考虑在其守护神（Palladium）计划中采取此类行动。（守护神行动为微软公司在 2002 年左右推出的通过软硬件控制来生成的一个值得信任的计算机系统）。参见 Florence Olsen，"Control Issues：Microsoft's plan to improve computer security could set off fight over use of online materials"，*Chronicle of Higher Education*，21 February 2003.

3 Friedrich Kittler，"There Is No Software"，ctheory.net，18 October 1995.

光，也因为它们指向的未来。软件已经成为文化的常识性缩写，而硬件则成为自然的缩写。在目前关于干细胞研究的辩论中，干细胞被称为"硬件"。在历史上，软件也促进了模式与物质的分离，这是基因从 DNA 中分离出来的必要条件。[1] 在我们所谓的后意识形态社会中，软件维持了意识形态和意识形态批判的概念，并使之去政治化。人们可以否认意识形态，但他们并不否认软件，而且他们会以某种隐喻的方式，把比意识形态更强大的力量赋予软件。我们与软件的互动规训了我们，创造了某些关于因果关系的期望，为我们提供了快感和权力，而我们相信这些快感和权力应该可以转移到其他地方。软件的概念，在大多未经质询的情况下，已经悄悄地进入了我们的批评词汇中。[2] 通过审视软件和它所延续的视觉知识，我们可以超越所谓的索引性危机，去理解视觉知识被改造和延续的新方式，而不是简单地将其取代或淘汰。

1　Francois Jacob, *The Logic of Life: A History of Heredity*, Betty E. Spillman, trans., New York：Pantheon Books，1973，pp.247-298.

2　理查德·多伊尔提出的"修辞软件"（rhetorical software）概念，概括了软件作为一个批判性术语在非科学的学术话语中的使用，揭示了软件在多大程度上构建了我们的观念，从而成为最需要审视的概念。参见 Richard Doyle, *On Beyond Living: Rhetorical Transformations of the Life Sciences*, Stanford：Stanford University Press，1997.

一种权力的网络理论*

（2011）

[西]曼纽尔·卡斯特 / 著　陈迅超 / 译

网络社会中的权力通过网络行使。在当前的社会与技术条件下，存在四种不同的权力形式。

（1）网络准入权力（networking power）：被纳入构成全球网络社会核心的网络中的行动者（actors）和组织（organizations）对未被纳入该全球网络的人类集体与个体的权力。

（2）网络规则权力（network power）：由协调网络中社会互动所需的标准而产生的权力。在这种情况下，权力的行使并非通过将某者排除于网络之外，而是强制执行内在的规则。

（3）网络支配权力（networked power）：社会行动者对处在网络中的其他行动者的权力。网络支配权力自身的形式与过程就不同网络来说都是独特的。

（4）网络建构权力（network-making power）：根据编程者的利益与价值观对特定网络进行编程的权力，以及根据各种网络主导行动者之间结成的战略联盟需求而切换不同网络

* [西]曼纽尔·卡斯特（Manuel Castells）著，《一种权力的网络理论》（A Network Theory of Power），陈迅超译，原文载《国际传播学杂志》（*International Journal of Communication*），2011 年第 5 期，第 773-787 页。

的权力。

在网络社会中，反权力（counterpower）的行使是通过更改特定网络程序而进行的斗争，通过努力破坏反映主导利益的切换并用诸网络之间的替代性切换来取代它们。行动者是人（humans），但人终究是在网络中被组织的。人类网络通过组织网络的编程与切换而作用于网络。在网络社会中，权力与反权力的根本目的是通过大众传播网络和大众自传播网络来影响人类思维中的神经网络。

导论

权力关系是社会的基础，因为制度与准则的建构旨在实现权力者的利益与价值。只要存在权力，就势必存在为实现社会组织中处于从属地位之人的利益与价值的反权力。对于那些建构人类行为的体制和组织而言，其形态取决于权力与反权力之间的具体互动。权力是多维的，是围绕着多维网络被建构的，在人类活动的每个领域中，这些多维网络都根据被赋予权力的行动者的利益与价值来编程。

每一类型的社会都有其行使权力和反权力的具体形式。在网络社会中，社会权力主要通过网络来行使，这一点并不会让我们感到惊讶。但是问题在于，这是何种类型的网络？它们又是如何在权力形成的过程中运作的？

在回应这些问题之前，我必须首先区分四种不同形式的权力：网络准入权力、网络规则权力、网络支配权力、网络建构权力。

上述权力形式中的任何一种都定义了权力施行的具体

过程。

网络准入权力通过排除 / 纳入而运作。拉胡尔·通加（Rahul Tongia）与欧内斯特·威尔逊（Ernest J. Wilson）主张对此进行正式的分析，以此表明被排除在网络之外的代价相比于被纳入这些网络中获得的收益更为直观。[1] 置身网络中的价值虽然伴随着网络的规模呈指数级增长［正如 1976 年梅特卡夫定律（Metcalfe's Law）所指出的那样］，但被排除在网络之外所造成的贬值也呈指数级增长，并且其速度要比置身网络中的价值增长更快。网络把关理论（network gatekeeping theory）已经研究了节点（nodes）被纳入或被排除于网络的各种过程，它表明网络把关能力的核心作用是执行一些网络对另一些网络，或者是一个特定网络对其脱链社会单位的集体权力。[2] 社会行动者可以通过构建一个网络，在其中累积有价值的资源，然后执行他们的把关策略，以禁止那些不能为网络增加价值或者危害该网络项目中主导者利益的人进入，进而确立他们的权力地位。

我们可以根据格雷瓦尔（Grewal）提出的"概念化"（conceptualization）来更好地理解网络规则权力（network power），从网络分析的视角将全球化加以理论化。这种观点认为，全球化涉及多元网络化行动者之间的社会协作，这种协作需要一些标准：

1　Rahul Tongia and Ernest J. Wilson，"Turning Metcalfe on his head：The multiple costs of network exclusion"，Paper presented at the 35th Annual Telecommunication Policy Research Conference（TPRC），Vienna，Virginia Sep，2007.

2　Karine Barzilai-Nahon，"Toward a theory of network gatekeeping：A frame work for exploring information control"，*Journal of the American Society for Information Science and Technology*，vol. 59，no.9，2008，pp.1493-1512.

这些促成全球协作的标准体现了我所说的网络规则权力。网络规则权力的概念结合了两种观点：第一，当更多人使用这些协作标准时，它们就会具备更多价值；第二，这种动力——我将之描述为权力的一种形式——会导致逐步消除原本可以集体行使的自由选择权……新兴的全球标准提供了解决不同参与者之间全球协作问题的方法，但它是通过将一种解决方案提升到其他解决方案之上，并威胁着要消除针对同一问题的其他解决方案来实现的。[1]

因此，传播的标准或协议（用我的术语来说）决定了一旦进入网络就要接受的规则。一旦某些标准被整合进网络程序，权力的行使就不再是通过将某者排除于网络之外，而是通过强制执行内在规则。当然，根据网络的开放程度，这些规则可能会在其组成部分之间进行彼此协商。但是，一旦规则被设定，它们就对网络中的所有节点具备强制性，因为对这些规则的遵从才使得网络作为一个传播结构的存在成为可能。网络规则权力是网络标准施加于其组成部分的权力，尽管网络规则权力最终既服务于网络形成源头的一组特定社会行动者的利益，也有利于标准（传播协议）的建立。

但是，网络支配权力（networked power）是如何运作的？谁在占主导地位的网络中拥有权力？权力是一种关系性能力（relational capacity），即在嵌入社会体制的支配性结构能力的基础上，将一个行动者的意志凌驾于另一个行动者意志之上的能力。根据这种定义，网络社会之网络中的权力把持问题，

---

1 David Singh Grewal, *Network power: The social dynamics of globalization*, New Haven, CT: Yale University Press, 2008, p.5.

可以被很简单地回答，也可能根本无从回答。

　　如果我们通过分析每个具体的主导网络的运作情况来回答这个问题，那么答案显而易见。每个网络都根据其程序化的目标定义了自身的权力关系。因此在全球资本主义中，全球金融市场拥有最终的话语权，而国际货币基金组织或者是金融评级机构［例如穆迪（Moody's）或标准普尔（Standard & Poor）］都是普罗大众的权威解释者。最终的"话语"通常由美国财政部、联邦储备委员会或者是华尔街给出，根据时间与空间的变化，还带有一些德国、法国、日本、中国的口音。另一个例子就是美国的军事力量，用更具分析性的术语来说，就是任何能够利用科技创新和知识来寻求军事力量，并且拥有可投资于战争的大规模物质资源的任何装置（apparatus）的权力。

　　然而，如果我们试图从单一维度来回答这个问题，并且尝试将"权力的来源"锁定为一个单一实体的话，那么问题就会成为一个分析性的死胡同。因为军事力量无法阻挡灾难性的金融危机；事实上，在某些非理性的、防御性偏执及产油国自身动荡的情况下，军事力量甚至会激发危机。或者，鉴于在全球金融市场网络中资本流动的规模、数量和复杂性，以及其估值标准依赖于不可预测的信息动荡，全球金融市场可能会变成一架自动机器，脱离任何主要监管机构的控制。有人说政治决策依赖于媒体，但是媒体恰恰构成了一个多元基础（尽管它在意识形态或政治方面有所偏颇），并且媒体政治的过程也是高度复杂的。至于资产阶级，虽然确实拥有一些权力，但并非凌驾于任何人或任何事物之上的权力：它高度依赖全球市场的自主动力和政府在法规与政策方面做出的决定。最后，各政府在不完善的全球治理复杂网络中被连接起来，受制于商业和利益集团的压力，不得不与向公民们转译政府行为的媒体进行谈判，同时又周期性地承受社会运动与抗议压力的冲击，而这一切都不会轻易在历史终结时退居幕后。诚然，在某些情况下，比如"911"之后的美国，或者在俄罗斯、伊朗、以色列的势力范围内，政府可能会采取单边行动，给国际舞台带来混乱。但地缘政治的单边主义最终还是要让步于世界全球性地相互依存这一现实。总之，尽管国家（哪怕是最强大的国家）拥有部分权力（主要是破坏性的），但无法将所有权力据为己有。

因此，传统意义上的权力在网络社会中或许没有意义，但新的支配和决定形式对于塑造人类生活来说至关重要，无论他们意愿如何。权力关系仍在运作，尽管是通过新的形式与新的行动者来运作。

最关键的权力形式遵循着网络建构权力（network-making power）的逻辑。在网络世界中，对他者施行控制的能力建立在两个基本机制上：一是根据分配给网络的目标组织网络并对其进行编程/重新编程的能力；二是通过分享共同目标和整合资源来连接并确保不同网络间的合作，同时通过建立战略合作关系来应对其他网络竞争的能力。

让我们将第一种权力位置的占有者称为"编程者"（programmers），将第二种权力位置的占有者称为"切换者"（switchers）。需要特别强调的是，无论"编程者"还是"切换者"都属于社会行动者，但无须被具体指认为一个特定的团体或个体。在多数情况下，这些机制运行于不同社会行动者之间的界面上，这些行动者根据它们在社会结构与社会组织框架中所处的位置而得到定义。因此我认为，在诸多情况下，权力的持有者正是网络本身，实际上是组织社会的那个网络的子网络。它既非抽象的、无意识的网络，也非自动装置，而是围绕自身的项目和利益被组织起来的人类。要注意的是，他们都不是单体的行动者（个体、团体、阶级、宗教领袖或政治领袖），因为在网络社会中行使权力需要一套复杂的连接活动来超越联盟关系，从而造就一种新的主体形式——一个网络化的主体。

让我们检视编程（programming）和切换（switching）这两种权力建构机制在网络中的运作情况。诚然，网络目标的编程能力与再编程能力起着决定性作用，一旦编程完成，网络就会有更大的能力来有效执行，并且在结构和节点方面重置自身，以实现其目标。不同行动者对网络进行编程的方式，是每个网络特有的过程。这一过程在全球金融领域中，与在军事力量、科学研究、组织化犯罪或职业体育领域中不尽相同。因此，处在网络层面的权力关系就必须以每个网络特定的术语来识别和理解。无论如何，所有的网络确实有一类共同特性：观念、远见、计划以及产生编程的框架。它们都是文化性的材料。在网络社会中，文化大多被嵌入交流过程中，尤其是以全球多媒体商业网络和互联网为核心的电子超文本之中。所以，观念可能产生于各种来源，并与特定利益和亚文化相关（例如新古典主义经济、宗教、文化认同、对个体自由的尊重等）。然而，观念在社会中的处理需根据它们在传播领域的表征方式。而这些观念如何最终抵达每个网络选民那里，则取决于选民对传播过程的接触程度。因此，在编程每一个网络的能力中，最关键的是对传播网络进行控制（或干预）的能力，以及沿着有利于实现潜在编程者计划的方向去创造有效传播与说服过程的能力。换句话说，社会中的传播过程，以及实施这一传播过程的组织和网络，是形成这些编程计划并为之确立相应选民的关键领域。它们是网络社会中的权力领域。

对各个战略网络之间连接点的控制也是一类权力来源。这些位置的占据者们为切换者，例如处在政治领袖网络、媒体网络、科技网络以及军事与安全网络之间，以维护地缘政治策略的切换者。或者，他们可能处在政治网络和媒体网络之间的连接处，以生产和扩散特定政治意识形态话语。或者，他们处在宗教网络和政治网络的连接处，在世俗社会中推进宗教议程。又或者，他们处在学术网络和商业网络的连接处，为其产品（毕业生）提供知识和合法性来换取大学资源和某些工作。这并非一个"校友网络"（old-boy network）。它们都是在相对稳定基础上制定的具体界面系统，作为一种阐明社会实际运作系统的方式而超越了制度与组织规范化的自我呈现。然而，这并非复兴权力精英的理念，这里空无一物。这是社会中权力的一个简化图像，它的分析性价值仅仅适用于一些极端状况。正是因为没有一个统一的权力精英能够将所有重要网络的编程和切换操作置于其控制之下，所以必须建立更微妙、复杂和协商的权力执行系统。为了宣称这些权力关系，社会主导网络的编程工作需要在这些网络之间设定兼容性的目标（例如市场主导与社会稳定、军事力量与经济约束、政治表征与资本主义再生产、自由表达与文化控制）。而且，它们必须能够通过行动者网络制定的切换过程，相互沟通、产生协同作用并限制矛盾。这就是媒体大亨成不了政治领袖，或者政府不能完全控制媒体的重要原因。切换者越是成为单一目的支配的粗暴代表，网络社会中的权力关系就越会扼杀其社会结构化与社会变革过程中来源多样的活力及主动性。切换者是行动者，由介入动态界面的行动者网络组成，在每个连接的过程中都进行着具体操作。

编程者和切换者都属于此类行动者与行动者网络，是出于他们在社会结构中的地位，他们拥有网络建构权力——这也是网络社会中最重要的权力形式。

网络社会中的权力与反权力

必须从两个角度来看待权力建构的过程：一方面，这些过程可以强制执行现有的主导形式或夺取其结构性地位；另一方面，也存在着对抗既定主导形式的反作用过程，这个过程代表着在网络的编程和构成中被排除或者未能充分再现的利益、价值和计划。从分析性的角度看，这两个过程通过其互动最终配置了权力结构。它们虽然不同于彼此，但确实是根据相同的逻辑运作。这意味着，对权力的抵抗是通过构成网络社会中权力的两个相同机制——网络的编程以及网络间的切换而实现的。于是，社会运动中的集体行动，在不同形式之下，都旨在将新的指令和新的代码引入网络的编程中。例如，全球性的金融网络的新指令，意味着即便在极端贫困的条件下，也应当宽恕某些国家的债务。全球金融网络中新代码的另一个例子，是要根据公司的环保操守或对人权的尊重来评估公司的股票，以期影响到投资人和股东对那些被看作地球好公民或坏公民的公司的态度。在这些情况下，经济计算的代码从增长潜力变为可持续且公平的增长潜力。更激进的重新编程来自旨在改变网络基本原理的抵抗运动——如果我可以用相应的软件术语来描述，那就是编程代码的内核（kernel）。比方说，上帝的意志要在这些状况中四处显现，那么构成了法律和司法系统的体制化网络就必须被重新编程，不再遵循政治宪章、法律规定或者是政府决策——例如允许女性在与其他身体的关系上及怀孕的问题上做出自己的决定——而是要使它们都服从于尘世主教对上帝的阐释。用另一个例子来说，当全球正义运动呼吁重写由世贸组织所制定的贸易协议，以纳入环境保护、社会权利以及尊重本土少数原住民等方面时，它的行动就是修正全球经济网络下运作的编程。

抵抗机制在于阻断诸网络之间的切换，使得传达结构性支配价值的元程序（metaprogram）得以控制网络。元程序在此处指的是作为运作组织和制度的网络程序的源代码程序。例如，可以通过提起法律诉讼或影响美国国会，即通过挑战美国联邦通信委员会容许所有权更集中的规则，来解除寡头垄断的媒体企业和政府之间的联系，以实现此类的阻断工作。其他形式的抵抗，包括通过监管竞选资金来阻断公司商业和政治系统间的网络连接；或者曝光一位副总统从其任职过的受惠于军方合同的前公司那里收受好处的不合理行为；或者是反对知识对权力的奴颜婢膝，这往往发生在学者利用其地位作为政宣平台的时候。对这些切换者更激进的阻断会影响到网络社会的物质基础设施：例如，对航空运输、计算机网络、信息系统以及社会在高度复杂、相互依赖的系统中赖以生存的设施网络（这正是信息世界的特点）的物理和精神攻击。恐怖主义的挑战，恰恰是以这种针对战略物资切换的能力为前提的，因此它们的被破坏及延伸威胁扰乱了人们的日常生活，迫使他们在紧急情况下迁移到生活中各个领域的安全网络，从而助长了其他权力网络的发展。事实上，在抵抗行动对战略性切换的破坏和权力网络的重新配置之间，存在一种共生关系，能围绕安全网络而组织起一套新的切换。

对网络中权力程序的抵抗，也是通过和经由网络进行的。抵抗网络也是由信息和通信技术提供动力。[1] 被错贴标签的"反全球化运动"是一个在互联网上组织和论辩的全球—在地网络，它与媒体网络在结构上是可切换的。基地组织及其相关组织是一个由多节点构成的网络，它几乎没有中枢协调，而是旨在与媒体网络进行直接切换，他们希望借助媒体网络在异教徒中制造恐惧，并且在受压迫的广大信徒间激发希望。环保运动则是一个根植本地、联结全球的网络，它旨在改变公众的观念，以此影响政策来拯救地球或人们自己的周边环境。

网络社会的一个核心特征是，主导性的动力和对这种主导性的抵抗都依赖于网络的形成以及网络的攻防策略，这要

1　John Arquilla and David Ronfeldt, *Network and netwars: The future of terror, crime and militancy*, Santa Monica, CA: Rand Corporation, 2001.

么塑造独立的网络，要么改革现有的网络。事实上，这一点可以追溯到昔日类型社会（如工业社会）的历史经验。工厂及大型的、垂直化组织的工业公司成为公司资本和集中组织的劳工运动双重发展的物质基础。同理，全球金融市场的计算机网络、跨国生产体系、可以打击全球任一角落的"智能"军队、抵抗恐怖主义的网络、全球性的公民社会、为了更好的世界而斗争的网络化社会运动，都是全球网络社会的组成部分。我们这个时代的冲突是由网络化的社会行动者造就的，它旨在通过决定性地切换多媒体传播网络来接触其选民和目标受众。

权力、网络与传播

我认为，在历史中，社会权力的运作主要是通过人类观念中的意义建构而实现的，而这种建构是通过传播的过程完成的，这一点在网络社会有过之无不及。在网络社会中，这个过程在全球 / 地方的大众传播多媒体网络中被实施，包括大众自我传播，即围绕着互联网和其他横向数码传播网络组织起来的传播。尽管权力理论和历史观察都指明了作为社会权力来源的暴力在国家专制中的重要性，我依然认为，成功行使暴力或恐吓的能力，都要以对个体或者集体意识进行塑造为前提。社会制度的顺利运作并不来自其强迫公民服从的警务能力。人们如何看待他们所处的制度，以及这些制度与经济和社会文化的关系，决定了谁可以行使权力以及如何行使权力。在社会生活所有领域的权力关系的生产和再生产中，暴力和暴力威胁总是与意义的建构相结合。建构意义的过程是在一个同时具有全球和在地性的文化背景下运作的，其特点是具有高度的多样性。然而，所有的符号建构过程都有一个共同特点：它们很大程度上依赖于在多媒体传播网络中被创造、规划和扩散的信息及其框架。当然，人与人之间的面对面交流仍然是传播过程中的一个重要部分。每一个个体的头脑都以其各自的方式解释传播的材料，进而建构自己的意义。然而，这种心智处理也受到传播环境的制约。此外，在大众自我传播和受众高度细分的新世界中，很少有大规模共享媒体信息的情况；相反，被广泛共享的是众多的发送者—接收者共享信息的文化。有赖于新的传播系统有着如此程度的多功能、多样化和开放性，它整合了所有来源的信息和代码，将大部分的社会化传播纳入其多模式、多渠道的网络。

参考上述提及的网络规则权力的类型，让我们在经验观察的基础上假设，[1] 多媒体传播网络对其传递的讯息共同行使网络规则权力，因为讯息必须适应网络结构和管理中体现的共同传播协议。然而，虽然大众传播的标准化形式可能通过对讯息的格式化来塑造人的思维（例如作为娱乐信息节目的新闻），但是在大众自我传播的世界里（建立在网络或者横向数字传播网络上），格式的多样性就成了规则。因此，标准作为网络规则权力的来源，显然被削弱了。然而，数字化是作为一种传播协议运作的。原则上，万物皆可数字化，因此这一标准似乎并未抑制讯息的发展。当然，它确实有一种相反且至关重要的影响：它放大了讯息的扩散，使之超出了任何人

1　我在《传播力》一书中提出了相关经验性证据，参见 Manuel Castells，*Communication Power*，Oxford：Oxford University Press，2009.

的控制。数字化等同于在全球传播网络中潜在的病毒性扩散。如果你确实想要扩散讯息，那么这种状况就是有利的，但如果你不想扩散讯息，那么这就是一场灾难（比如，此讯息是你不当行为的视频记录）。在这种情形下，数字网络行使的网络规则权力呈现出一种新的形式：取消了对讯息传播的控制。这与传统大众媒介的网络规则权力形成鲜明对比，因为后者总是根据其公司战略对讯息进行再格式化，使之适合于受众。

然而，作为传播结构的多媒体网络自身并不拥有网络准入权力，也不具有网络支配权力和网络建构权力。它们都依赖于编程者的决策与指令。在我的理论框架中，网络准入权力包含了通过把关程序让一种媒介或讯息进入网络的能力。负责运作每个传播网络的人即把关人，他们通过阻止或允许进入媒介渠道或向网络传递讯息来行使其网络准入权力。我称这个过程为对节点的把关和对讯息的把关。大众自我传播的兴起，深度改变了大众媒介编程者的把关能力。任何到达互联网的东西，都可能进入整个世界。实际上，"把关"仍然催生了可观的网络准入权力，原因在于，大多数社会化传播仍然是通过大众传媒处理的，鉴于讯息来源之品牌效应的重要性，最受欢迎的信息网站仍然是主流媒体网站。此外，政府对互联网的控制以及诸公司企业试图将电信网络封闭在其私人拥有的"围墙花园"中，表明了网络准入权力在把关人手中持续存在。

网络支配权力不同于网络规则权力，也不同于网络准入权力，指的是网络中某些节点对其他节点所行使的权力形式。在传播网络中，这被转译为拥有和运作多媒体传播网络的组织机构的议程设置、惯例和编辑决策权。传播研究已经明确了企业媒体决策的多层级结构。新闻生产的不同决策者，也就是制定传播议程的社会行动者〔例如，政府或者社会精英，传播网络的所有者及其企业赞助商（以广告公司为中介）、经理、编辑、记者以及越来越倾向于互动的受众〕之间存在着复杂的互动关系。在这些层次中的任何一个层次，编程者都在行使权力。而每个网络中都有多重的编程者。尽管对网络进行编程的能力也存在着等级区分，但编程者的整体集合共同决定着某个网络的运作。因为同一网络中编程者之间的互动，以及不同网络之间编程者的互动，说明了诸编程者本身就构成了一个网络——即设置和管理网络上程序的决策网络。但编程者的权力是具体的，是为了确保网络目标的实现，即旨在吸引受众，无论这是为了实现利润最大化、影响力还是其他方面。就网络管理而言，编程者的网络支配权力的首要目标是塑造那些被编程者（the programmed）。被编程者是传播网络中权力持有者的附属主体。然而，传播网络的网络化管理是在一个元程序的条件下运作的，这个元程序是由网络之外的其他人设计的。这个神秘的"其他人"是最具决定性的权力形式——网络建构权力的主体。

网络建构权力指的是建立和编程网络的能力，此网络指的是多媒体和大众传播网络。该权力指向媒体公司的所有者和控制者，无论是企业还是国家。他们是那些可以通过金融、法律、制度和技术手段来组织和运作大众传播网络的人。他们是那些在最后关头，根据最能实现他们为网络制定的目标公式（制造利润、权力、文化或"一石三鸟"）来决定传播内容及其形式的人。但"他们"是谁呢？随便列举几个名字吧：默多克、贝卢斯科尼、布隆伯格……若介绍几个互联网公司领域的例子，还有谢尔盖·布林、拉里·佩奇、杨致远、大卫·费罗、马克·扎克伯格等。但是，实证研究已经揭示了全球多媒体商业网络——整体传播系统的核心，无论全球的、国家的还是地方的——高度复杂的现实局面。[1]网络建构权力就这样被把持在少数企业集团及其代理人和合作伙伴的手中。但这些企业集团也是由以多元模式在多元文化及多元制度环境中运作的多媒体财产的网络塑造的。多媒体集团往往与不同来源的金融投资者交织在一起，后者包括金融机构、主权基金、私募股权投资公司、对冲基金等。当然，其中也有一些例外案例体现了高度个体性的决策能力，但是，就算是默多克也要依赖各种网络建构权力的来源。总而言之，被赋予网络建构能力的元编程者，本身就是一个企业网络。他们是创造网络并对其进行编程的网络，旨在实现那些原始网络已经涵盖的目标：在全球金融市场上实现利润最大化；强化国有企业的政治权力；吸引、创造并维持受众，以此作为金融资本和文化资本的积累手段。此外，这些全球多媒体商业网络的投资范围随着互动、多模态传播的新可能性而扩展，尤其是互联网和无线通信网络。在这种情况下，网络的编程更多与格式而非内容相关。网络只有在人们使用它的时候才产生效益，如果网络失去了其互动性和自由交流的基本特性，无论它是如何被监控的，人们都会减少对它的使用。互联网

---

1 Amelia H. Arsenault and Manuel Castells, "The structure and dynamics of global multi-media business networks", *International Journal of Communication*, no. 2, 2008, pp.707-748.

网络的扩张以及 Web2.0 和 Web3.0 的发展，为实施我称之为"自由商品化"的战略提供了前所未有的商业机遇：圈占那些自由交流的公地，向人们出售访问全球通信网络的权限，从而换取人们的隐私并使之成为广告的目标。然而，人们一旦置身网络空间，就可能会产生各种各样的想法，包括挑战企业的权力，瓦解政府的权威，改变我们这个垂垂老矣、浑身病痛的文明的文化基础。

由此，这里存在一个辩证的过程：随着越来越多的企业为传播网络的扩张进行投资（并从中牟取暴利），越来越多的人建立了属于他们自己的大众自我传播网络，并因此向自身赋权。我所理解的大众自我传播网络是指基于互联网的传播网络。于是，在传播领域中，网络建构权力的特征就是多媒体企业网络（包括商界和政界）的行动，这与既消费媒体产品又创造自己文化的网络用户展开互动。在网络建构的共享过程中，存在网络与网络之间的互动。

但在这一切之中，权力又位于何处？假如权力是一种关系性的能力，可以将社会行动者的意志与价值强加于他人，那么这些社会行动者又是谁？权力通过传播网络被生产出来，过往研究已经表明了这些网络是如何运作的、如何建立的、由谁建立并编程的。但这些网络处理的是谁的权力？如果元编程者是多媒体商业网络的所有者，那他们算是网络社会的权力精英吗？

全球多媒体企业网络的所有者——他们就是由各个组织的掌门人构成的网络——当然是网络社会的权力把持者，因为他们负责编程那些决定性的网络：传播网络的元网络，即处理我们感受、思考、生活、屈服和斗争等意识形态材料的网络。他们与那些被他们施加某种权力的社会行动者之间的关系也很容易辨认：他们向我们贩卖着我们的生活图像，将人转化成了受众。他们根据公司战略规划我们的文化内容，从而获得自身的利益（赚钱、制造影响）。这不必然意味着他们将其价值强加给了我们（尽管他们总是这样干），毕竟媒介的有效性总是取决于它们对不同的文化模式与心理状态，以及对这些模式与心境中任何演变过程的适应程度。这就意味着在网络中处理什么的底线取决于它能不能卖出去（或者能不能以之说服，如果其动机是意识形态），而非公司想要的和我们所需的是否一致。这里存在着消费者的选择，但被限定在预先确定的产品范围内，它以消费而非合作生产为前提。这也解释了大众自我传播兴起的原因，它增强了受众生产（我们）自己信息的能力，有可能挑战企业对传播的控制，并有可能改变传播领域的权力关系。无论如何，眼下在专业化媒体产品同我们低质量的家庭录像与博客八卦之间尚存在着一种不对等的竞争关系。多媒体企业网络和普遍社会的权力关系，是根据企业所有者及其赞助人的意志、价值和利益来塑造文化生产而确立起来的。

实际上，权力关系涵盖的范围可能更广，尤其是它还包含了政治权力关系，这提供了进入并管理治理制度的机会。传播网络对政治权力和反权力的建构至关重要。企业传播网络的所有者同样给其他社会行动者提供了意义构建的平台。因此，他们通过文化生产来行使权力，并通过把控传播网络的访问权限来对其他行动者行使网络准入权力，例如，对那些需要进入传播来建构他们对公民之权力关系的政治行动者而言便是如此（反之亦然）。然而，在政治权力关系中，那些生产信息的人，即元编程者，才是政治行动者。政治行动者依赖于那些被他们代表了价值与利益的行动者（例如宗教组织、企业和军工综合体）。他们联结那些支持他们事业的多样性利益，以尽可能提升他们作为政治行动者的自主性，同时增加他们夺取政治权力的机会。而一旦掌权，他们就成为政治程序和政策制定的编程者。他们的程序是多种多样的，因为不同的领导人和他们的盟友在由每个政治系统的程序造就的政治竞争中争夺权力。然而，他们还是共享了一些基本的传播协议，旨在维护宪法规则下国家统治的稳定性。所以，是嵌入政治体制中的程序对公民和政治行动者行使着网络规则权力。司法通过在行动者和流程方面对政治竞争的准入进行把关来行使网络准入权力。政治制度作为一个全体，是基于分布在国家与社会关系不同层面的网络支配权力而建立起来的。

政治性的网络建构权力，也就是在政治领域定义规则和政策的权力，既取决于在政治竞选中的胜利，又取决于从公民那里获得支持（或至少是顺从）。媒体政治是获得政治权力和展开政策制定的根本机制。因此，那些被嵌入在多媒体网络中的程序，都塑造并制约着政治网络程序的实施。然而，媒体所有者并非设计并决定政治程序的人。他们更不是程序指令的被动传送者。他们行使着把关权力，依据他们作为媒体组织的具体利益，规划并分配政治程序。因此，媒体政治并不是一般意义的政治，也不是媒体的政治：它是政治网络和媒体网络之间的动态界面。我将这种两个甚至多个网络之间的界面称为网络切换口（network switching）。对这种切换能力的控制定义了网络社会中的一种基本权力形式——切换的权力，它指的是连接社会中各种权力网络（尤其是作为资本主义权力核心的金融网络）的特异性（specificity）。事实上，网络社会目前是一个资本主义社会，一如世界上大多数国家都是工业社会（尽管与国家主义彼此竞争）。此外，由于网络社会是全球性的，我们也都生活在全球资本主义当中。无论如何，对一般资本主义的分析并没有穷尽对于权力关系动态的理解，这是因为我们今天所处的全球资本主义的类型与过去历史上资本主义的形式大为不同，况且就实际而言，资本主义的结构逻辑与世界各地社会的具体社会组织形式是彼此衔接的。因此，在构建社会关系（包括权力关系）的过程中，全球网络社会的动力学和资本主义的动力学相互作用。这些互动是如何围绕着传播网络构建起权力关系的呢？

多媒体企业网络很大程度上拥有并管理着传播网络。尽管国家和国有企业也是这些网络中的一部分，但是全球传播网络的核心与公司相连并在很大程度上依赖于这些公司，而这些公司又依赖于金融投资者和金融市场。这就是多媒体商业的底线。但是，金融投资者会依据媒体业务在全球金融市场——这是资本积累之母和全球资本主义的主导网络——的预期表现来下注，对此我在"信息时代三部曲"中进行过分析。[1] 关键问题在于，全球金融市场本身就是一个网络，它超越

---

1 Manuel Castells, *The Information Age: Economy, society and culture*, vols. 1-3, Oxford: Blackwell, 2010.

了具体社会行动者的控制，基本上免于国家和国际治理机构的监管影响，很大程度上是因为这些监管者放宽了对金融网络的管制，并对金融市场进行了相应的编程措施。一旦金融市场在一个监管宽松的全球网络中被组织起来，其标准旋即会应用于世界各地的金融交易，因此也适用于一切经济活动，因为在资本主义经济中，商品和服务的生产始于资本的投资，并产生可被转化为金融资产的利润。全球金融市场对全球经济行使着网络规则权力。

这种来自金融市场的网络规则权力并不掌握在那只看不见的手（市场）中，因为正如一些研究记录所示，金融市场只是部分地按照市场逻辑行事。一些学者称之为"非理性繁荣"（irrational exuberance）或我称之为"信息动荡"（information turbulence）[1] 的东西在左右投资者的心理，并在进一步决定他们的金融决策方面起着至关重要的作用。此外，金融市场的全球网络化也意味着，来自任何地方的信息动荡会迅速扩展到整个网络，无论是政治动荡、自然灾害还是金融丑闻。因此，一方面是全球金融市场在行使网络规则权力，另一方面是那些领头国家的政府从 20 世纪 80 年代中期开始通过放松监管并解放金融市场来实施网络建构权力，这意味着全球金融网络中存在着网络支配权力的分散。我曾在我的一些文章中用"全球自动机"（global automaton）一词来指代全球金融

1　Manuel Castells，"Information technology and global capitalism"，in *On the edge. Living in global capitalism*，A. Giddens and W. Hutton，eds.，London：Jonathan Cape，2000，pp.52-74.

市场,[1] 因为它在很大程度上根据自身的动力学运作,不但不受特定公司或监管者的控制,而且规约并塑造了全球经济。我并非在暗示一类权力强制执行的自动机制或存在一种去人性化的权力。企业资本主义体现在金融大鳄、财务经理、证券交易员、公司律师身上,当然还有他们的家人、个人网络、保镖、私人助理、高尔夫俱乐部、庙宇、隐蔽场所和游乐场中。所有这些人都是管理世界运行程序的网络的一部分。但他们并不是孤立地处在这些网络中,甚至也无法控制他们所在的网络,因为他们是凭借直觉而非数学模型在风险莫测的水域航行,正如凯特琳·扎鲁姆(Caitlin Zaloom)对芝加哥和伦敦的金融交易所进行的精彩绝伦的民族志调查展示的那样。[2]

金融市场的网络化逻辑在两个层面上对传播网络的权力行使至关重要。首先,除非传播网络的功能以政治为主,否则它们总将根据金融计算被编程、设置、重新配置并最终退役。但即便在这种情况下,权力生产的逻辑也会适用于全球传播网络的特定节点,但不适用于将首要原则设定为在全球金融市场的估值基础上获利的网络本身。其次,金融机构和金融市场二者都仰赖在传播网络中生成、格式化和传播的信息流。这里指的不仅是与金融相关的信息,还包括信息传播网络对企业、投资者和消费者的认知与决策所产生的影响。这恰恰就是金融市场和传播组织之间联网所产生的网络效应。

1 Manuel Castells, "Information technology and global capitalism", in *On the edge. Living in global capitalism*, A. Giddens and W. Hutton, eds., London: Jonathan Cape, 2000, pp.52-74.

2 Caitlin Zaloom, *Out of the pits: Traders and technology from Chicago to London*, Chicago: University of Chicago Press, 2006.

全球金融网络和全球多媒体网络彼此紧密相连，而这个特殊的网络又拥有非凡的网络规则权力、网络准入权力和网络建构权力。不过，它也没有掌握所有的权力。原因恰恰在于这个金融和媒体所组成的元网络自身也依赖于其他类型的主导网络，例如政治网络、文化生产网络（包括各种文化艺术品，而不仅仅是传媒产品）、军事网络、全球犯罪网络，以及生产并应用科学、技术和知识管理的决定性全球网络。

结语

我本可以更进一步在全球网络社会的这些基本维度中追问网络建构中的动态关系，不过这对我的中心论点来说并无实际必要，我的中心论点包含三个方面。

（1）如文章开篇所述，权力围绕着人类活动的每一个领域中被编程的多维网络而得以建构。但所有权力网络都是通过大众传播的多媒体网络，主要（但不限于）靠影响人的思维来行使其权力。因此，传播网络是社会中权力生产的基础网络。

（2）在人类活动的各种领域中，权力网络相互联网：它们并不合并。相反，它们参与到合作与竞争的战略中，围绕特定项目形成临时网络，并且根据在每个环境和每个时刻的利益诉求来更换合作伙伴，同时进行着合作与竞争。

（3）围绕国家和政治制度而构建的权力网络在整体的权力网络化过程中确实起到了根本性的作用。

首先，这是因为系统的稳定运作和各个网络中权力关系的再生产最终都取决于国家和政治体系的协调及监管功能。

其次，正是通过国家，不同社会领域中行使权力的各种形式与作为终极手段来强制执行权力的暴力专断产生关联。因此，当传播网络对权力所依赖的意义建构加以处理时，国家构成了所有其他权力网络得以在其中正常运作的默认网络。

权力网络的多重性以及它们在各自领域行使权力时必要的相互作用衍生出一些基本问题：

网络如何在不模糊掉确保其特异性重点的情况下相互联系，进而确保其程序的实施？权力网络如何在维持其行动范围的同时相互连接？我认为，它们是通过网络社会中权力生产的一个基本机制——切换权力——来实现的。这是一种连接两个或更多不同网络，并在其各自领域内为每个网络提供动力的能力。切换功能和因此产生的切换者，因其切换的网络特性和行使切换权力的程序不同，因而有很大的不同。但它们的行动对于理解权力生产的过程来说至关重要。

因此，编程者和切换者都是网络社会中的权力持有者。他们体现为社会行动者，但也并非个人；他们是网络本身。这个看似抽象的网络社会中权力持有的特征，实际上有着非常直接的经验参考。当然，网络是由行动者在其网络化配置工作中被塑造的。至于这些行动者是谁，他们的网络又是什么，都是每个特定背景下和每个特定过程中网络的具体配置问题。因此，我并非要在无休止的网络部署中消解权力关系。相反，我倡议在分析权力关系时需要足够具体，并提出一种方法论上的途径。我们必须找到行动者、利益和价值的具体网络配置，它们通过将自己的权力网络和大众传播网络——公众头脑中意义构建的源头——连接起来，进而参与到权力生产的策略中。我并不是要确定究竟哪个具体的社会行动者是权力拥有者，而是提出一种假设。在所有情况下，它们都是行动者网络，在各自影响范围内通过围绕它们利益而构建的网络行使权力。我还提出了一种假设，即传播网络在贯彻任何网络权力生产的过程中都占据着核心地位。我的意思是，权力的基本来源就是对不同网络的切换。谁通过这种多管齐下的网络策略做什么、怎么做、在哪里做、为何而做，这些都是有待调查的问题，而非一个规范理论化的问题。规范的理论只有在积累相关知识的前提下才有意义。不过，为了产出这种知识，我们需要一种适用于我们所处社会类型的分析性建构。这就是我主张的目的所在：提出一种可以在研究中使用的方法，并对其进行修正和改造，以便逐步构建一种可以被观察所证伪的权力网络理论。

何为社交媒体中的社交？*

（2012）

［荷］基尔特·洛文克 / 著　蒋雨航 / 译

2012 年的部分网站头条如下：

——"下次招聘时，别管性格测试，只需查看申请人的脸书信息。"

——"斯蒂芬妮·渡边在周四晚上花了近四小时，取关了近 700 位脸书好友，还没删完。"

——"在脸书上道歉，或去坐牢：一名俄亥俄州男子需要做出选择。"

——"研究：脸书用户越来越不友好。"

——"对谁查看了他 / 她们的个人信息，女性的反应更强烈。"［玛丽·麦顿（Mary Madden）］

——"盛装打扮，却无处可去。"（华尔街日报）

——"最近我开始主动地去社交，我不要孤独，我想见更多人。"［辛迪·舍曼（Cindy Sherman）］

——"30% 的个人推送更新显示出无价值或绝望的情绪，还有失眠、嗜睡和注意力低下的状况，这符合美国精神病协会的抑郁症标准。"

---

* ［荷］基尔特·洛文克（Geert Lovink）著，《何为社交媒体中的社交？》（What is the Social in Social Media?），蒋雨航译，原文载 e-flux，第 40 期，2012 年。

——"控制你的病人：'你会雇一个能在诊所里刷一天脸书的人吗？'莫雷诺医生这么问，'这不实际，而且太可怕了。'"

——"人肉那位在脸书上发纳粹礼照片的柏林警察。"

——"15岁孩子在脸书上咒骂和抱怨她的父母。深感厌恶的父亲用枪崩掉她的电脑。"

在信息技术语境中使用"社交"（social）一词，可追溯到控制论的最初阶段。它后来又出现在20世纪80年代的"群组软件"（groupware）背景中。最近，物质主义学派的弗里德里希·基特勒等人认为"社交"这个词只是无关紧要的废话——计算机要做的是计算，它们并不干涉人类的关系。另外，整体论（holistic）的嬉皮士们忽视了这种犬儒主义的机器知识，发展出一种积极的人文主义视角，强调计算机是个人解放的工具。而这种对界面设计、实用性等个人主义（individualistic）的强调，最初也与计算机网络社区方面的兴趣相匹配。在网站风险资本家于20世纪90年代后半叶接管该领域之前，人们主要把不断进步的运算视为人与人之间协作的工具。

悉尼媒介理论学者克里斯·切舍（Chris Chesher）在"计算机网络如何学会社交"（How computer networks became social）一章中，描绘了计算机网络的历史发展，从社会计量学和社会网络分析——一门研究人类网络动态的"离线科学"（可追溯到20世纪30年代），到1973年马克·格兰诺维特（Mark Granovetter）的弱链接（weak links）优势理论，再到 1996 年卡斯特的《网络社会》(*The Network Society*)，一直到如今聚集在行动者网络理论旗帜下的技术科学家的图绘工作。[1] 与此相关的概念性飞跃则是从强调群组（groups）、列表（lists）、论坛（forums）和社区（communities），到强调赋予网络中松散联系的个人以权力。这种转变开始于 20 世纪 90 年代的新自由主义时期，计算能力（computing power）、存储容量（storage capacity）和互联网带宽（internet bandwidth）的不断提升，以及能够在更小的移动设备中操作更便捷的界面等类似的趋势都促进了这一转变，而这就是我们进入社交帝国的地方。我们还需要指出的是，"社交"只有在 1989 年柏林墙倒塌之后才会变得如此技术化、如此成功，因为当时的国家共产主义不再对自由市场资本主义构成（军事）威胁。

如果我们想回答今天"社交媒体"中的"社交"到底意味着什么这一问题，一个合理的起点是让·鲍德里亚所描述的"社会消失"概念，他从理论上阐述了主体通向消费者的角色变化。根据鲍德里亚的观点，社会在某种程度上失去了其历史性作用，并内爆为媒体。如果社会不再是政治化的无产阶级、失意者、失业者以及满街乱逛的流浪汉（他们一有机会就能在任何旗帜下造反）构成的危险混合体，那么社会元素在数字时代是如何表现出来的呢？

这一"社会问题"可能还未得到解决，但几十年来它似乎已经被消解了。在二战后的西方，如何管理社会这一类工具性知识被认为是必要的，这就把该问题的知识范围缩小到

1　Chris Chesher，"How Computer Networks Became Social"，in Chris Chesher，Kate Crawford and Anne Dunn，*Internet Transformations: Language*，Technology，*Media and Power*，London：Palgrave Macmillan，2014.

一个封闭的专家圈子里。现在，在全球经济衰退的背景下，我们能看到社交的复兴吗？所有这些关于"社交媒体"崛起的讨论仅仅是语言上的巧合吗？在 2008 年金融危机那无休止的余波中，我们能否谈论"社会的回归"或阶级意识是否在增强？如果答案是肯定的，它能否通过电子手段传播？尽管失业现象日渐普遍、收入差距日益加大、占领式抗议活动频发，我们却不太能看到一场全球性的网络起义。尽管存在网络，但抗议活动之所以成功，恰恰是因为它们是在地的（local）。然而，工作和网络交流这两个独立的实体如何能够连接起来？

我们可以把这些思考放到"社交媒体问题"所提出的更大的战略背景中。所有这些精心管理的联系人和地址簿是否会像流行的约会网站所暗示的那样，在某个时刻倾泻而出，然后逃脱虚拟领域？我们是否仅仅分享信息、经历和情感，还是我们也会像"社会虫群"（social swarms）那样合谋偷袭现实，以创造所谓的现实世界的事件？联系人会变成同伴（comrades）吗？社交媒体似乎解决了 50 年前郊区婴儿潮一代面临的组织问题：厌倦、孤立、抑郁和欲望。现在，我们该如何团结？我们是否无意识地害怕（或渴望）：有一天，我们至关重要的基础设施崩溃，进而我们真正需要彼此？或者我们应该把这个社会的拟像（simulacrum）解读为在家庭、婚姻和友谊破裂后，再而三地面对社群丧失的一种有组织的痛苦？我们为什么要把这些不断增加的联系人集合起来？被贴上"朋友"标签的他者（the other），实际不过是未来的客户或商业伙伴吗？有哪些新形式的社会想象存在？在什么节点，对其他人的管理会转变成完全不同的东西？"加好友"会在一夜之间消失吗，就像许多在数字涅槃中蒸发的新媒体实践一样？

"社交媒体"这一总体概念，所描述的是 Facebook、Digg、Youtube、Twitter 以及 Wikipedia 等一系列网站的笼统集合，这不是一个旨在复兴"社交"所曾具有的危险潜力的怀旧项目，就像一群愤怒的暴民要求结束经济不平等那样；相反，社交（在鲍德里亚的使用意义中）作为拟象被重新激活，能创造出有意义且持久的社交关系。漫游在虚拟的全球网络中，我们越来越偏离我们在诸如家庭、教会、邻里等传统社区中的角色。曾经一度被定义为拥有某些权利的公民或阶级成员的历史性主体，如今已经转变为能动（agency）的主体，即被称为"用户"、抱怨的顾客和产消者（prosumers）的动态行动者。社交不再指向社会，这一观点困扰着理论家和批评家，他们用经验研究来证明：人们仍牢牢扎根在他们传统的在地结构中，尽管其外在行为未必如此。

社交本身不再主要表现为阶级、运动或暴民形式。它也不再像战后几十年的福利国家那样将自身制度化，甚至解体和衰退的后现代阶段也貌似结束了，如今社会交往本身表现为网络。网络化的实践出现在 20 世纪制度的围墙之外，腐蚀着规范（conformity），网络变成了社会交往的实际形态。重要的是，例如在政治和商业领域，通过网络分析及其相应的数据可视化呈现出来的"社会事实"就是如此。生活中的制度部分则是另一回事，这是一个很快就落在后面的领域，就像变成了一个平行宇宙。人们很容易在未来的道路上保持积极的态度，并在制度内部正式的权力结构和非正式的网络日益增长的影响力之间描绘出一种综合体。但是，几乎没有证据表明这种（第三条）道路能够实现。由公关驱动（PR-driven）的信念是社交媒体有一天会被整合，但这只不过是在稀缺资源紧张的时局下，新时代的乐观主义而已。社交曾经是修复历史性破坏的黏合剂，如今可以瞬间变成不稳定的爆炸材料。即使是在专制国家，禁止社交媒体也近乎是不可能的。忽视社交媒体这样的背景噪声只会适得其反。这就是为什么从医院到大学等诸多机构，会雇用大量的临时顾问来管理他们的社交媒体。

社交媒体实现了交流即交换的承诺，它们绝非禁止回复，而是要求回复。与鲍德里亚的早期描述相似，社交媒体可以被理解成"言说与回应的互惠（reciprocal）空间"，能吸引用户任意说些什么。[1]鲍德里亚后来改变了立场，不再相信与媒体进行对话的解放性作用：仅仅恢复象征性的交流是不够的，因为这正是社交媒体以解放为名呈现给用户的姿态。对后期的鲍德里亚来说，重要的是沉默的大多数的优先地位。

在 2012 年的小册子《宣言》（*Declaration*）中，迈克尔·哈特与安东尼奥·奈格里拒绝讨论共同体、凝聚力和社会这样更大的社会层面，他们所见证的是无意识的奴役："人们有时是在争取自身被奴役（strive for their servitude），仿佛这是他们的救赎。"[2]这些理论家感兴趣的主要是社交媒体中的

1　Jean Baudrillard, "The Masses: Implosion of the Social in the Media", in *New Literary History*, vol. 16, no.3, Baltimore: John Hopkins University Press, 1985, p.1.
2　Michael Hardt and Antonio Negri, *Declaration*, New York: Argo-Navis, 2012, pp.18-21.

个人权利，而非普遍意义上的社会交往。"有没有一种可能，在他们的自愿交流和表达中，在他们的博客和社交媒体实践中，人们不是在对抗压迫性的力量，反倒是在为之做贡献？"对被媒介化（the mediatized）的我们来说，工作与休闲再也无法分开。但是，与他人建立联系的同样明显而富有成效的一面是什么呢？

哈特与奈格里错误地将社交网络简化为一个媒体问题，就像互联网和智能手机仅仅被用于查询和产生信息那样。关于交流的作用，他们总结道："没有什么可以击败身体的团结，以及作为集体政治智慧与行动基础的肉身交流。"社交链接可能只是一些无价值的东西，一个真正金玉其外败絮其中的世界。如此，网络社交生活的真实本质仍是不明晰的，也就不会被认真审视。我们未必要把社交与媒体的相遇视为某种黑格尔式的综合，一种世界历史的演化；然而，社会运动在当今网络平台上强大而抽象地集中起来，这是需要进一步理论化的东西。哈特与奈格里拒绝媒介化的呼吁需要走得更远："我们需要创造新的真理，这些真理可以通过网络中的奇点（singularities）传播和在场来创造。"我们既需要网络也需要安营扎寨。在哈特与奈格里的社交版本中，"我们如昆虫般群集"，且表现得如同"在同一个平面交流的、去中心化的单体集合"。[1] 这个集群所产生的实际权力结构和摩擦仍有待商榷。

为了探索在线社交问题而去遍寻 19 世纪欧洲社会理论的遗产，似乎是一项勇敢而徒劳的尝试。这就是为什么关于

1　Michael Hardt and Antonio Negri, *Declaration*, New York：Argo-Navis, 2012, pp.18-21.

"非典型劳动"（precarious labor）的讨论，在马克思理论和脸书内部剥削之间变得如此棘手。[1] 我们需要做的是如实看待社会化的过程，并且克制善意的政治意图（如脸书革命之于 2011年阿拉伯之春和广场运动）。社交媒体的运作是微妙、非正式和间接的。我们该如何超越善与恶的对立，如以色列社会学家伊娃·易洛思（Eva Illouz）在《冷亲密》（*Cold Intimacies*）中所描述的那样，以冷漠又亲密的态度来理解新媒体的社会转向？[2] 来自媒体公司和 IT 公司的文献往往回避这样的问题。便捷性和可用性等优点并不能解释人们在网络中寻找些什么。人们信任的（专业）话语也有相关限制，它试图在非正式领域和规则条理主导的法律领域之间创造某种关联。

　　"社会的消失"虽然没有导致社会学的消失，但降低了社

1　2012 年 3 月初，nettime 邮件列表中关于"1000 亿美元的脸书问题：资本主义会在'价值过剩'（value abundance）中幸存吗"？的相关讨论。布莱恩·霍姆斯（Brian Holmes）在各种帖子中写道："我发现围绕所谓网络 2.0 的讨论中，严格意义上使用马克思的剥削（exploitation）概念是非常局限的，比如说，你的劳动力被异化为商品生产，而你则会得到一个交换价值作为回报"……"多年来，我一直对普遍拒绝思考现象感到沮丧，这种沮丧就部分而言是以欧洲历史上最伟大的政治哲学家卡尔·马克思的作品为基础的。它包含了这样一个断言，社交媒体对你的剥削是这样的：玩耍就是劳动，而脸书就是新的福特汽车公司（Ford Motor Co）"……"'捕获装置'（apparatus of capture）这个概念由德勒兹和加塔利提出，并经由意大利自治主义者（Italian Autonomists）和巴黎诸众团体（Multitudes）的发展进入政治经济学中，他们的情况都一样，没有使用剥削这一概念"……"社交媒体不像老板那样剥削你，它强调确实会出售关于你、你朋友以及联系人的数据给公司，这些数据与人的行为以及欲望有关，而这些公司试图捕获你的注意力、规划你的行为，并拿取你的钱。"从这个意义上说，它确实试图控制你，你也确实为它创造价值。然而，这还不是全部。因为你也在用它做你自己的事。如游戏劳动（playbour）这样的理论令人沮丧的是，它们拒绝承认一点：除了被剥削和控制，我们潜在的都是自主产能的溢出来源。拒绝思考这样的事情（这种拒绝主要贯彻在左派中）使得自治潜能未得到开发与实现。

2　Eva Illouz, *Cold Intimacies: The Making of Emotional Capitalism*，Cambridge：Polity Press，2007.

会理论在批判性讨论中的重要性。一种"网络社会学"（web sociology）如果摆脱了现实—虚拟二分法，不再将其研究范围局限于"技术的社会影响"（如网络成瘾），便能在如何更好地理解"阶级分析"（class analysis）和媒介化如何相互交织方面发挥关键作用。正如伊娃·易洛思在回答这个问题时写给我的那样："如果社会学传统要求我们在区分（区分使用价值和交换价值、区分生活世界和殖民化的生活世界等）的艺术上发挥精明和谨慎，那么我们面临的挑战是在一个不断打破这些区分的社会交往世界中保持谨慎。"[1] 阿姆斯特丹的一位网络社会学先驱、SocioSite.net 的编辑阿尔伯特·本肖普（Albert Benschop）建议我们彻底克服现实—虚拟的区分。他用社会学中的经典理论托马斯公理（Thomas theoreme）做了一个类比，他说："如果人们把网络定义为现实的，那么其效果就是现实的。"对于本肖普来说，网络不是什么"二手世界"，社交亦是如此。没有区别于社会规范和习俗的第二种人生。对本肖普来说，这就是为什么从严格意义上来说不需要额外的规训。关于社交形态的讨论关系到我们所有人；这并不应该由极客和创业者一手炮制掌控。正如约翰·斯杰普斯特拉（Johan Sjerpstra）所言：

> 欢迎来到社交的深渊。我们再也不能对真实存在的愚蠢视而不见了。我们在同一条船上。皮埃尔·莱维，请帮帮我们：我们现在需要的集体智能在哪里？

社交不仅仅是他者的（数字）意识，"直接接触"的重要

1　私人邮件通信，2012 年 3 月 5 日。

性不应被低估，人们需要切实的、真实的、实存的互动。这是旧的广播媒体和当前社交网络范式的主要区别。"交互被动性"（interpassivity）这一概念指的是将激情和欲望交托给他人（情感外包）来感知其增长。如普法勒（Pfaller）、齐泽克和范奥内（Van Oenen）所讨论的，在（互动）的语境中，这是一个不错但相对柔弱的概念。[1] 人们对当前社交媒体的架构和文化的质疑，并不仅仅是出于某种隐藏的、受压迫的线下浪漫主义情绪，那么是否存在某种过度曝光的正当感受，它不仅对一般的信息来说如此，而且对他人来说也是如此呢？我们都需要时不时从社交圈子中脱身，但是谁又能承受无限期与之切断往来呢？在网络环境中，社交需要我们以点击的方式来不断地参与其中。我们需要实际的联结，因为即便给予我们的授权再多，机器也不会为我们建立本真的联系。仅仅依靠你现有的社交资本是不够的，社交媒体的作用在于通过算法扩大你的影响力，至少它们是如此承诺的。

我们不再把个人历史视为我们与其和解并需要克服的东西（想一想家庭关系、乡村或郊区、学校与学院、教堂和工作同事），而是把社交看作令我们自豪、乐意去表现和炫耀的东西。社交网络具有一种实际体验的潜力：我可以联系这人或那人（但我不会）。从现在起，我将表露所喜欢的品牌（即使没人问过我）。社交是把相互连接的主体想象成临时统一一体的集体能力（collective ability）。许多人都感受到了联结的力量，在网站和图表中的社交模拟并不是二手的社交经验或现

---

1 Robert Pfaller, *Ästhetik der Interpassivität*, Hamburg: Plilo Fine Arts, 2008; Gijs van Oenen, *Nu even niet! Over de interpassieve samenleving*, Amsterdam: van Gennep, 2011.

实事物的再现；而是对一个由图像主宰的后文学世界（post-literate world）的探索。

马丁·海德格尔的箴言——"我们不召唤，我们被召唤"（we don't call，we are being called）在此显得空洞无比。[1] 在互联网上，机器无论如何都会联系你，其他人状态的更新，不管是否相关，都会在你眼前闪过。过滤失败是真实发生的。一旦进入繁忙的社交媒体流，存在的召唤（the call to being）就会从软件中传来并邀请你回复。这就是准颠覆（quasi-subversive）态度的沉静懒散的后现代冷漠的终结之处。从这个意义上说，不打扰是无意义的，反正我们也不是朋友。为什么留在脸书？忘了推特吧！这是些很酷的说法，但都无法解决问题。用户不再处于"麻木状态"，鲍德里亚谈论的大众的沉默已经被打破了。社交媒体具有一直让他们说话的聪明伎俩。我们都被重新激活了。普遍舆论中的污秽特征以及私人细节的日常淫秽表现，已经牢固地嵌入软件和数十亿用户之中。

鲍德里亚举的例子是民意调查，说它破坏了"社交的真实存在"。鲍德里亚用一种讽刺的、以对象为中心的眼光取代了把民众作为异化实体（alienated entity）的悲哀眼光。如今，深入媒体时代三十年后，连这种视觉也已经内化了。在脸书时代，调查可以通过数据挖掘持续进行，而不需要人们直接参与调查问卷之类的活动。这些算法计算在后台运行，测量每一次点击、触摸键盘和关键词使用的情况。对鲍德里亚来

1　Avital Ronell, *The Telephone Book*, Lincoln, Nebraska：University of Nebraska Press，1989.

说，这种"被积极吸入计算机的透明性中"甚至比异化还糟糕。[1] 公众已经变成了一个集满用户的数据库。某位"邪恶的社交天才"除了回到街道和广场，以智能手机和数码相机创造的全网横飞的诸多观点来引导和见证，没有其他方式表达自己。就像鲍德里亚质疑民意调查结果是大众对政治 / 媒体系统的微妙报复一样，我们也应该质疑源自谷歌、推特和脸书的所谓大数据客观真实性。社交媒体的大部分流量都来源于数百万台电脑之间的交流。10% 的用户积极参与率很高。这些用户得到了一支尽职尽责、勤奋工作的软件机器人队伍的协助。其他的用户都是非活跃用户。这就是面向对象的哲学（object-oriented philosophy）所要面对的：对无用的偶然性的批判。

社交媒体系统不再像鲍德里亚几十年前谈到媒体体验时所说的那样"让我们陷入麻木状态"。相反，它向我们展示了更酷的应用程序和其他产品，潜移默化地让我们喜新厌旧。我们只需点击、敲击、拖动平台找到其他东西来分散注意力。这就是我们对待在线服务的方式：如果可能的话，我们会把它们留在废弃的硬件上。几周之内，我们就忘记了图标、书签或密码。我们不必反抗网络 2.0 时代的媒体，或因所谓的侵扰性隐私政策（allegedly intrusive privacy policies）而放弃它。我们可以自信地放弃它，因为我们知道它最终会加入 20 世纪 90 年代美好的老 HTML 幽灵之城。

鲍德里亚在此剖析了旧媒体时代的情况："这是我们的

1　Jean Baudrillard, "The Masses: Implosion of the Social in the Media", in *New Literary History*, vol.16, no.3, Baltimore: John Hopkins University Press, 1985, p.5.

命运，受制于民意调查、信息、宣传、统计：不断面对我们行为的预期统计验证，被最细微的动作永久折射（permanent refraction）所吸收，再也无法面对我们自己的意志。"他讨论了在永久展示自己偏好（此案例中是在社交媒体平台上）的过程中走向淫秽的问题。这里有一种"社交的冗余"（redundancy of the social），一种"群体对自身的持续窥淫：它必须时时刻刻知道自己想要什么……通过这种自动信息（auto-information）、这种持久的自体中毒，社交变得沉迷于自身"。[1]

鲍德里亚书写上文的 20 世纪 80 年代，与几十年后今天的不同之处在于，我们生活的方方面面都已经接受了民意调查的逻辑，我们不仅对每一个可能的事件、想法或产品有自己的观点，而且这些非正式判断对数据库和搜索引擎也很有价值。人们开始主动谈论产品，不再需要外界的激励。当推特询问"有什么新鲜事"时，它针对的是整个生活的幻影。所有东西，即便是网络公众提供的最微小的信息火花，都（潜在地）与之相关，随时被标记为病毒和走势，注定要经历数据挖掘，一旦被储存，就准备好与其他细节关联起来。这些捕捉设备完全不在乎别人说什么——谁在乎你的观点？这就是网络相对主义：它归根结底只是数据、它们的数据，随时可以被挖掘、重组和删除。像"维克多，你还活着吗？"[2]问题并不在于参与、回忆及遗忘。我们传递的只是表明我们还活着的基本信号。

1　Jean Baudrillard, "The Masses：Implosion of the Social in the Media", in *New Literary History*, vol.16, no.3, Baltimore：John Hopkins University Press, 1985, p.580.
2　在 2007 年 BBC 动画片《秘秀》（*The Secret Show*）中，一位说英语时带有浓厚德语口音的巴伐利亚籍教授的口头禅。

对社交媒体的解构主义阅读，不需要再一次冒险，去重读友谊话语（"从苏格拉底到脸书"），或者拆解在线的自我。无论抵制这种诱惑有多么困难，理论家都应该回避他们内在的"交互被动冲动"，而是呼吁休息一下（"计划你的线下假期"）。这个立场现在已经结束了。相反，我们需要控制论 2.0，比如最初梅西会议（1946—1953）的一系列后续行动，但是这次的目标是研究社交媒体内部的文化逻辑，在代码中加入自反性（self-reflexivity），并探讨可以开发什么样的软件架构来从根本上改变在线社交体验。我们需要批判性的人文科学和社会科学的投入，这些学科需要与计算机科学展开对话。"软件研究"能够胜任这项任务吗？时间会证明一切。数字人文片面强调数据的可视化，与作为计算机文盲的人文学者（当然也是无辜的受害者）相互协作，到目前为止开了一个坏头。我们不需要提供更多的工具；我们需要的是由技术丰富的理论家运行的大型研究项目，这些项目最终会把批判理论放至主导地位。艺术和人文科学对自然科学和工业的顺从态度需要结束了。

那些哲学又能够做什么呢？我们不用再去拆解西方男性自我认同的主体（self-disclosing subject），并将其对立于在虚拟游戏世界中漫游的自由网络身份或"化身"（avatar）。新媒体游戏中有趣的玩家遍布全球，从非洲到南美、从南亚到东亚都无例外。无论如何，一个基于信息技术的后殖民理论仍未形成。我们应当正视如今社会交往作为电子共情的实践。你如何塑造和管理你的网络情感？从理论角度来说：我们需要将德里达对西方主体的质疑扩展到软件的非人类行动（如布鲁诺·拉图尔和他的行动者网络理论追随者所描述的那样）。只有这样，我们才能更好地理解聚合器（aggregators）的文化政策、搜索引擎的作用以及维基百科上围绕编辑权的战争。

出于其对大数据的强调，我们可以从社会学作为"社会的实证主义科学"这一角度来解读"社交的复兴"。到目前为止，还没有一个批判学派能够帮我们准确地解读公民作为用户（citizen as user）的社交光环。"社交"这个词已经在其犬儒性地沦为数据色情的过程中被有效中和了。社交在媒体辩论中重生为一个很酷的概念，它宣称自己既不表现为分歧也不表现为亚文化。社交将自我组织为一个技术—文化实体（techno-cultural entity）、一种软件的特殊效应，通过实时反馈功能使人上瘾。在网络语境中，社交既不是社会问题的参照，也不是对社会主义作为政治纲领的隐秘提示。社交正如它所伪装的那样：是分布式通信（distributed communication）时代的一个精心策划的机会。最后，社交变成了一个图表，一个或多或少在你屏幕上喋喋不休的联系人的集合，直到你介入并把你的声明公之于众。

由于脸书的简易性，在线体验是一种深度的人性体验：目的是寻找他者，而不是信息。理想情况下，他者是当下在线的。如果交流是 24/7 全天候的、全球的、移动的、快速的、简短的，其效果便是最好的。最值得赞赏的是以聊天模式（chat-mode）的速度与"好友"用户进行即时交流，这是社交媒体最好的一面。我们受邀去"像打嗝那样说出你现在的想法——无论它质量如何，也不管它与你的其他想法有什么关联"。年轻人的社交仪态在此是默认的（根据学术文献的说法）。我们创造了社会雕塑，然后就像我们对大部分概念艺术和参与式艺术作品所做的那样，弃之，任由它被匿名的清洁工所丢弃。这与所有社交媒体固有的信念相似：在后"911"的十年里，它将作为在线社区的一种个人体验而被铭记。并且在下一次分心消耗我们无休止的当下时，就会愉快地将之遗忘。

据说社交媒体已经超越了"虚拟社区"〔正如霍华德·莱茵戈尔德（Howard Rheingold）在 1993 年出版的同名著作中所描述的那样〕，但有谁真正关心这里更大的历史图景呢？许多人怀疑脸书和推特这样的数百万人的平台是否还能产生真实的在线社区体验。重要的是热门话题、下一代平台以及最新的应用程序。硅谷的历史学家总有一天会解释"社交网站"从网站危机（dot-com crisis）的灰烬中崛起的原因，当时介于电子商务繁荣和萧条边缘的少数幸存者重新配置了网络 1.0 时代的可行概念，强调赋予用户作为内容生产者的权能。网络 2.0 时代始于 2003 年，其秘诀是结合了（免费）上传数字材料与评论他人产出的能力。互动性（interactivity）总是由两个部分组成：行动（action）与反馈（reaction）。克里斯·克里（Chris Cree）将社交媒体定义为"发布用户生产的内容，并允许一定程度用户互动的交流模式"，这一定义有失妥当，因为它可以涵盖大多数早期的计算机文化。只将社交媒体限定为上传和自我推广是不够的。更重要的是，个人一对一的反馈以及小范围的病毒式传播。

正如安德鲁·基恩（Andrew Keen）在《数字眩晕》（*Digital*

Vertigo，2012）中指明的那样，社交媒体中的社交首先是一个空容器；他引用了典型的业内说法，称互联网"正在成为21世纪生活的结缔组织"。按照基恩的说法，社交正在成为一股浪潮，将沿途的一切夷为平地。基恩警示说，我们最终会陷入一个反社会的未来，其特征是"万物互联，众生孤独"（loneliness of the isolated man in the connected crowd）。[1] 用户们被禁锢在脸书、谷歌及其克隆软件的牢笼中，并被鼓动将其社交生活简化为"分享"信息。自我媒介化的公民不断向他们无定形且麻木的"好友"群组播报他 / 她的存在状态。越来越多的（主要是）美国批评家警告我们过度使用社交媒体的副作用，基恩就是其中之一。从雪莉·特克尔（Sherry Turkle）对孤独的长论、尼古拉斯·卡尔（Nicholas Carr）对脑力和专注力丧失的警告，到叶夫根尼·莫罗佐夫（Evgeny Morozov）对乌托邦式非政府组织世界的批判，再到杰伦·拉尼尔（Jaron Lanier）对创造力丧失的担忧，这些评论家的共同观点就是：如果社交不是由脸书和推特所定义的话，它可以被何种事物所取代？这里的问题就在于社交的破坏性本质，它回到了对未知和不必要议程的反抗：弄潮者（vague）、民粹主义者、激进伊斯兰主义者，皆被无用的文化迷因所驱使。

他者是机遇、渠道还是障碍？这由你来选择。将一个人的个人环境"自动量化"（auto-quantify）从未变得如此容易。我们关注自己在博客上的数据以及在推特上的评论，查看脸书上好友的好友，或是去 eBay 上购买几百个"好友"，他们会给我们最新上传的照片点赞，并且讨论彼此最新的形象。

1　Andrew Keen, *Digital Vertigo*, New York：St. Martin's Press，2012，p.13.

听听戴夫·维纳（Dave Winer）是如何评论新闻的未来的："开辟一条信息航道，聚合你最欣赏的博主信息，以及他们阅读的其他新闻来源。与你的读者分享你的消息来源，要知道几乎没有人是纯粹的来源或纯粹的读者。把它们混在一起。煲一锅有想法的汤，并经常品尝它。把每个对你重要的人都连接起来，越快越好，越自动越好，加足马力，松开刹车。"[1] 这就是如今程序员用代码将松散的一切黏合在一起的方式。把人连接到数据对象再连接到人，这就是今天的社交。

1　网址参见 http://scripting.com/stories/2012/02/24/whatNewsMustDo.html。

日常媒介生活实践：从大众消费到大众文化生产？*

（2009）

［美］列夫·马诺维奇/著　王萌/译

　　用户创建的媒介内容在网络上爆炸式地增长，促生了一个新的媒介宇宙［media universe，经常用来指代这种现象的其他术语包括社交媒体和用户生产内容（UGC）］。在实践层面上，这个宇宙之所以成为可能，是由于免费的网络平台和廉价的软件工具使人们能够分享各自的媒介并轻松获取他人的媒介产品，如高清摄像机等专业设备的价格更便宜，以及手机上增加了摄像头和视频拍摄功能。然而重要的是，新的媒介宇宙不仅仅是 20 世纪媒体文化的放大版。换言之，我们已经从媒体（media）时代进入社交媒体（social media）时代。[1] 本文所讨论的问题包括：这种转变对媒介的功能及我们用来谈论媒介的术语意味着什么？网络使用的趋势对整个文化，特别是对专业艺术意味着什么？

　　今天，"社交媒体"的概念往往与另一个术语——网络 2.0

---

* ［美］列夫·马诺维奇（Lev Manovich）著，《日常媒介生活实践：从大众消费到大众文化生产？》［The Practice of Everyday（Media）Life：From Mass Consumption to Mass Cultural Production?］，王萌译，原文载《批评探索》（Critical Inquiry），第 35 期，2009 年冬季刊，第 319-331 页。

1　Adrian Chan，"Social Media：Paradigm Shift?"．（网络文章）

（web 2.0，蒂姆·奥莱利在 2004 年创造了这一术语）联系起来讨论。这一术语涉及不同的技术、经济和社会。对于我们的研究目标而言，在与网络 2.0 最相关的下列两个观点中，只有第二个观点得到了统计数据的证实。第一，在 21 世纪，我们目睹的一个变化是大多数互联网用户的访问，从少数专业生产者生产的内容转向由其他非专业用户创造的内容。第二，如果说在 20 世纪 90 年代网络主要是一种出版媒介，那么在 21 世纪初，网络则逐渐成为一种交流媒介。用户之间的交流，包括围绕用户生成内容的对话，除了邮件，还通过多种形式发生：帖子、回复、评论、评分、手势和标记、投票、链接、徽章、照片以及视频。[1]

　　但这些趋势并不意味着每个用户都成为生产者，或者每个用户消费的大多是业余材料。根据 2007 年的数据分析，在最受欢迎的社交媒体网站上（Flicker，YouTube，Wikipedia），只有 0.5%—1.5% 的用户贡献了自己的内容。其他人仍然是这 0.5%—1.5% 的人所生产内容的消费者。在商业媒体网站中，我们看到了文化消费的根本转变，这被称为长尾现象。不仅是所谓的前 40 名的网站，而且大多数在线可用的内容——包括业余爱好者制作的内容——都能找到其受众。[2] 这些受众可能是很小的群体，但绝对不是没有。在 2005 年前后，通过 iTunes 获得的大约一百万首曲目中的每首曲目至少每季度售出一次。换句话说，每首歌曲无论多么晦涩难懂，至少也能找到一个听众。这转化为一种新的媒介经济学。正如研究长

1　Adrian Chan, "Social Media：Paradigm Shift?".（网络文章）
2　"长尾"是由克里斯·安德森在 2004 年提出的，参见 Chris Anderson, "The Long Tail," *Wired*, no. 12, Oct 2004.

尾现象的研究人员所证明的那样，在许多行业中，这种低人气商品产生的总销量超过了前40名的销量。[1]

关于网络 2.0 经常表达的第二个观点——使用网络进行社会交流——确实得到了统计数据的支持。无论是通过访问、讨论还是分享他们自己创建的媒体，以某种方式参与社交网络的人数都是惊人的——至少从 2008 年初的角度来看是这样的（与当时发生的情况相比，2012 年或 2018 年的情况可能会显得微不足道）。聚友网（MySpace）拥有 3 亿用户。赛我网（Cyworld）——一个类似于聚友网的韩国网站，会集了韩国年轻人的 90% 或者总人口的 25%。Hi5——中美洲领先的社交媒体网站，拥有 1 亿用户。脸书拥有每天 1400 万的照片下载量。每 24 小时上传到 YouTube 的新视频数量（截至 2006 年 7 月）大约是 6.5 万条。

显然，在 21 世纪，我们正在经历现代媒介文化的根本转变。所以，在网络 2.0 之后，媒介究竟意味着什么？

日常（媒介）生活实践：作为战略的战术

出于不同的原因，媒体、企业、消费电子产品、网络产业和学术界都在赞美由网络用户创建和交换的用户内容。尤其是学术界对某些媒体类型给予了过多的关注，诸如青年媒体、激进媒体和多元政治媒体等，这些类型确实很重要，但并不能代表数亿人更典型的用法。

在赞美用户生产的内容和潜在地将用户生产内容等同于

---

[1] 更多关于长尾现象的统计分析，参见 Tom Michiels, "The Long Tail of Search", 17 Sept. 2007. www.zoekmachine-marketing-blog.com/artikels/white-paper-the-long-tail-of-search.

替代和进步时，学者们的讨论经常远离了关键问题。比如，用户生产内容的现象在多大程度上是由消费电子行业——数码相机、摄像机、音乐播放器、笔记本电脑的生产商所推动的？或者用户生产内容的现象在多大程度上也是由社交媒体公司本身推动的？难道，它们的业务是尽可能地提高自身网站流量，以便通过出售广告和使用数据来赚钱吗？

鉴于很大一部分用户生产的内容要么遵循专业娱乐行业建立的模板和惯例，要么直接重复使用专业制作的内容，这是否意味着人们此时的身份和想象比起 20 世纪时更牢固地被商业媒体所占领？换句话说，21 世纪初用户对文化产品的大规模生产取代了 20 世纪的大规模消费是一种进步式的发展吗？又或者说，这构成了阿多诺与霍克海默在《文化工业：作为大众欺骗的启蒙》(*The Culture Industry: Enlightenment as Mass Deception,* 1944)一书中所分析的文化工业发展的又一个阶段？的确，如果说 20 世纪的主体只是在消费文化工业的产品，那么 21 世纪的产消者和"职业—业余爱好者"(pro-ams)正在热情地模仿着文化工业。也就是说，他们现在制作自己的文化产品，但仍遵循专业认识建立的模板或依赖专业的内容。

一个典型的例子是动漫音乐视频(AMV)。2008 年 2 月 7 日，我在 YouTube 网站上搜索了动漫音乐视频，最后找到 25 万条。在搜索行为转移到 YouTube 之前，动漫音乐视频网(http://www. animemusicvideos.org)是 AMV 主要的门户网站，截至 2008 年 2 月 9 日共有 130510 个 AMV 视频。AMV 是由粉丝将一个或多个动漫系列的片段剪辑在一起，并将视频与音乐加以合成的产品，其中的音乐往往来自专业的音乐视频。有时，AMV 也使用从电子游戏中截取的片段。在过去的几年中，AMV 制作者也越来越多地开始添加 Adobe After Effects 等软件中的视觉效果。但不管使用的特定来源和它们的组合如何，在大多数 AMV 中，所有视频和音乐都来自商业媒体产品。AMV 制作者将自己视为编辑，而非电影制作人或动画师。[1]

为便于我们分析 AMV 文化，让我们把米歇尔·德·塞托在《日常生活实践》(*The Practice of Everyday Life*) 中设定的分类付诸实践。德·塞托对制度和权力结构所使用的战略 (strategies) 和现代主体在日常生活中使用的战术 (tactics) 做了区分。战术是人们和为他们设置的战略进行谈判的结果。比如，以德·塞托所讨论的一个案例来说，一个城市的布局、标志、驾驶与停泊车辆的规则以及官方地图都是由政府和企业所制定的战略。个体在城市中的移动方式——走捷径、漫无目的的游荡、通过喜欢的路线导航——则是战术。换句话说，个体不能对城市进行物理重组，但他 / 她可以通过选择如何在城市中移动来适应自身的需求。一个战术指的是"期望必须对事物进行加工，使其成为自己的东西，或者使其变得'宜居'(habitable)"。

正如德·塞托指出的，现代社会的人们在日常生活中所使用的大多数物品是大批量生产的商品，这些商品是设计师、生产者和营销者的战略表达。人们通过使用不同的战术从这些现成的对象中构建他们的世界和身份：拼贴、组装、定制

1　与蒂姆·帕克（Tim Park）的会谈，2009 年 2 月 9 日。

（一个不属于德·塞托，但是在今天变得非常重要的术语）以及重新混制（remix）。比如，人们很少像在时装秀上那样，全身上下穿着一位设计师设计的作品；他们通常混搭或者匹配不同材质、款式的作品。他们以有别于预期的方式穿戴服饰，并且用纽扣、腰带和其他配饰定制衣物。人们也用类似的方式点缀他们的生活空间、准备餐食以及在总体上建构他们的生活方式。

虽然《日常生活实践》的总体思想为思考日常文化提供了一个卓越的知识范式，但自其出版以来该范式已然发生了变化，即便在各治理领域并不明显。尽管如此，我们也看到了它朝着更透明和更具可见性的方向发展。在消费经济中，变化已经相当可观。战略和战术如今经常在互动关系中紧密联系在一起，即便它们的特征往往是相反的。这对生来就是数字化的行业和媒体来说尤其如此，例如软件、电脑游戏、网站和社交网络，它们的产品被明确设计为可由用户定制。例如，想想最初的图形用户界面，它由苹果公司的麦金塔电脑于1984年普及，允许用户自定义计算机和应用程序的外观与功能。这同样适用于最近的网络界面——以谷歌为例，它允许用户从众多应用程序和信息源中设置自定义的主页。脸书、雅虎网络相册（Flickr）、谷歌以及其他的社交媒体公司鼓励其他人编写应用程序，将数据混搭并增加新的服务（截至2008年初，脸书托管了15000多个外部开发者编写的应用程序）。明确的定制设计不限于网络，例如，许多电脑游戏都附带一个关卡编辑器，允许用户创建自己的游戏关卡。

尽管实体产业的发展速度与数字产业的发展速度相比要

慢得多，但它们处在相同的轨道上。2003 年丰田公司推出赛恩（Scion）跑车，其营销核心是广泛的定制服务。耐克、阿迪达斯、彪马都尝试过允许消费者通过选择鞋的零部件来设计和订购自己的鞋子（按照彪马蒙古款所推出的"烧烤"概念，可以构造出几千种不同的鞋子）。2008 年初，Bug Labs 推出名为"迷你机械乐高"的概念：这是一个资源开放的电子消费平台，由微型计算机、数码照相机以及液晶屏等模块组成。这种增长趋势的另外一个例子是最近各个消费行业对 DIY 实践的赞美。简而言之，自《日常生活实践》一书出版以来，企业已经开发出了模仿人们拼贴、组装、定制、重新混制等诸多可能。战术的逻辑如今已经成为战略的逻辑。

网络 2.0 的范式代表了迄今为止战略和战术之间关系的最戏剧化的重新配置。根据 1980 年德·塞托的原始分析，战术未必会造就客观事物或任何稳定、永恒的事物："战术缺乏集中的结构和持久性，因而很难将自己定位为其他实体的竞争对手。它使自己的活动成为一种'无法图示化'的颠覆形式。"然而，自 20 世纪 80 年代伊始，消费和文化产业已经开始系统化地将每一种亚文化（尤其是每一种青年亚文化：波西米亚、嘻哈和说唱、洛丽塔时尚、摇滚、朋克、光头党、哥特等）转变为产品。换句话说，个体文化的战术变成了现在转卖给他们的战略。为了反对主流，现在有大量的生活方式——与亚文化的各个方面相关，从音乐和视觉风格到服装和俚语——可供你购买。

然而，在 21 世纪，从个体战术到商业战略的转变朝着新的方向前进。前十年的发展——包括网络平台、媒体采集和播放的成本显著降低、全球旅行的增加以及 1990 年后加入"全球世界"的许多国家消费经济的增长，导致了以数字形式提供的用户生成内容的爆炸，这些数字形式包括网站、博客、论坛讨论、短信息、数字照片、视频、音乐和地图等。为了回应数字形式的爆炸式增长，网络 2.0 时代的公司创建了强有力的平台去承载如此大的容量。聚友网、脸书、生活杂志（Live Journal）、博客、雅虎网络相册、YouTube、Hi5、赛我网、无名小站、Orkut、百度以及数以千计的其他社交媒体网站，使这些内容在全球范围内即时可用（当然，一些阻止或过滤这些网站的国家除外）。因此，不仅是特定亚文化的特定特征变得公共化，就连数以亿计的制作和上传媒体或撰写博客的人的日常生活细节也变得公共化。

昙花一现、瞬息万变、无法图示化以及不可见的东西变成永久的、可图示化的和可见的。社交媒体平台为用户提供了无限的存储空间和大量的工具来组织、推广和传播他们的想法、观点、行为和媒体。你早就可以用你的笔记本电脑或手机直接处理流媒体视频，像邮件一样持续传播日常生活也只是时间问题。如果你见证了从 MyLifeBits 项目（2001—）到Slife 软件（2007—）再到雅虎个人广播服务的演变，那么不断捕捉和广播一个人日常生活的轨迹也就不难理解了。

根据德·塞托的理论，战略"从事的是系统化、强化秩序的工作"，"它的方式是固定的。不能指望它有能力轻易地分解或者重组，而后者恰恰是战术模型的天然特征"。然而，今天的社交媒体公司使用的战略恰恰相反：它们专注于灵活性和不断变化（确实，在全球化的时代，所有的企业必须具有适应性、机动性、灵活性，并随时准备好分拆重组，但它们很少能达到网络公司和开发人员的灵活性）。[1] 根据奥莱利的说法，网络 2.0 应用程序是"为'可破解性'（hackability）和'可再混制性'而设计的"。[2] 因此，大多数主要的网络 2.0 公司——亚马逊、易贝、雅虎网络相册、谷歌、微软、雅虎和 YouTube——都提供它们的编程界面和数据，以鼓励其他人创建新的应用程序。

总之，当今社交媒体公司经常使用的战略看起来更像德·塞托最初表述的战术，而战术则更像原初的战略。由于创建社交媒体平台的公司通过让尽可能多的用户访问它们来赚钱（它们通过投放广告、向其他公司出售用户数据、出售附加服务等方式做到这一点），它们的利益在于让用户尽可能将自己的生活倾注于这些平台上。因此，它们（社交媒体公司）为用户的所有媒体提供了无限的存储空间，并通过扩大平台本身的功能，使用户有能力定制他们的在线生活（例如，通过控制某些友邻能看到的内容）。

然而，这并不意味着战略和战术完全交换了位置。如果我们观察由用户生产的实际媒体内容，会发现其中战略和战术的关系是不一样的。正如我在前文所提及的，几十年来，企业一直在系统地将各种亚文化元素转化为商业产品。但这

---

1 可见一种来自商业界的典型说法："竞争的变化只需要一夜，商品的周期也不过几个月。我们正处在一个需要机敏性和灵活性的时代：每个人必须具备相应的技能和洞察力，以应对比之前任何时候都更快冲击他们的未来。"参见 Jim Carroll, "The Masters of Business Imagination Manifesto aka The Masters of Business Innovation".（网络文章）

2 Tim O'Reilly, "What Is Web 2.0: Design Patterns and Business Models for the Next Generation of Software". www.oreillynet.com/pub/a/oreilly/tim/news/2005/09/30/what-is-web-20.html?page=4.

些亚文化本身很少完全从零开始发展；相反，它们是对早期商业文化进行文化挪用或重新混制的结果。[1]AMV 亚文化就是一个很好的例子。一方面，媒体内容体现了"战略作为战术"的新现象；AMV 被托管在 YouTube 等主流社交媒体网站上，所以它们并不完全是"瞬态的"或"不可图示化的"（因为你可以搜索它们、看看其他用户如何评价它们等）。另一方面，从内容层面来看，它们在很大程度上体现了德·塞托所讨论的日常生活；绝大多数 AMV 都包含从商业动漫节目和商业音乐中截取的片段。这并不是说最好的 AMV 没有创造力或原创性，而是它们的创造力不同于浪漫主义与现代主义的创新模式。用德·塞托的话来说，我们可以将创建新的网络内容的过程描述为一种战术性创造力，它"期望必须对事物进行加工，以使其成为自己的东西，或使其变得'宜居'"。

通过媒介对话

在前文中，我一直在用旧术语讨论社交媒体。然而，这些术语——内容、文化对象、文化生产和文化消费——被网络 2.0 时代的实践重新定义。我们看到了新的交流方式，其中的事实内容、观点和对话常常不能很明确地区分开来。博客就是一个很好的例子，许多博客条目都是对从其他来源复制的新闻条目的评论。或者仔细想想论坛或网站条目下面的评论，它的某个原始帖子可能会引发长时间的讨论而进入新的

1 《连线》杂志的一个非常有趣的专题描述了日本商业漫画出版商与粉丝之间的创造性关系。一篇报道引用了日本粉丝大会的主要组织者之一的武田圭司（Keiji Takeda）的话："这里（大会现场）就是我们寻找下一代作者的地方。出版商都明白与他们和睦相处的价值。"参见 Daniel H. Pink, "Japan, Ink: Inside the Manga Industrial Complex", *Wired*, no. 15, Oct. 2007.

或原创性的方向，而原始条目早已被遗忘。

通常，内容、新闻或者媒体起到发起或维持对话的作用。它们的原始意义不如它们作为标记符（tokens）的作用重要。我思考的是人们在聚友网的个人主页上发布图片，或者在脸书上交换礼物。至于你得到一个什么样的礼物，远没有收礼物这一行为或者发布评论、图片的行为重要。虽然这种对话看起来只是罗曼·雅各布森在 1960 年描述的情感和音素交流功能的重演，[1] 但详尽的分析会显示它们是一种真正的新现象。

从事社交媒体设计的阿德里安·陈（Adrian Chan）最先开始了这类研究。正如他所指出的，"所有文化都有交换符号信物的做法，而这些信物承载和携带着意义、传达其旨趣并被视为个人与社会的交易"。标记符号手势"'提醒、示意、暗示使用者'对于彼此的兴趣"。虽然对标记符的使用并不是社交媒体网络独有的，但陈指出的一些标记符特征是新出现的。比如，标记符的使用经常"伴随着动机和意图的模糊性（标记符的含义可能会被编码，而用户使用它的动机可能不会）。这可以将互动和交流的意义加倍，允许标记符的接受者对标记符或其使用背后的用户做出回应"。[2]

反观另外一种非常有趣的新交流情况：围绕某个媒体的对话——比如，用户在某个人的雅虎网络相册照片或 YouTube 视频下添加的评论，不仅是针对媒体对象的回应，也是针对

---

1 Louis Hébert, "The Functions of Language", *Signo*, 2006, www.signosemio.com/jakobson/a_fonctions.asp.

2 Adrian Chan, "Social Media: Paradigm Shift?". （网络文章）

其他评论的回应。[1] 同样的情况适用于平时网络上的回复、评论和讨论；问题的对象可以是软件、电影、之前的帖子等。当然，这样的对话结构在现实生活中也很常见，比较典型的是研究生电影研究课堂上的讨论。然而，网络基础设施和软件能够让对话打破空间和时间的限制，理论上，无论用户在哪里，对话都可以永远持续下去（网络上有数以百万计的此类对话同时进行）。这样的对话相当普遍，根据皮尤互联网研究中心（Pew Internet Research Center）与美国生活项目（American Life Project）的一份报告，在网站上发布照片的美国青少年中，89% 的人都承认某些时候对他人的照片进行了评论。[2]

同样有趣的是通过图像或视频进行的对话——比如，以一条新的视频回应一条视频。这其实是 YouTube 界面的一个标准功能（请注意，所有关于社交媒体网站的界面、功能及常见用途的案例都是指 2008 年初的情况；显然，到本文发表之日，细节可能会发生变化）。[3] 尽管社交媒体网站包含了大量通过此类媒介进行的对话，但对我来说，迄今为止最有趣的案例是一个五分钟的理论视频，由人类学家迈克尔·韦

---

1 根据 2007 年的一项调查，13% 的互联网用户在观看视频时会发表关于这些视频的评论。然而，这个数字并没有说明这些评论中有多少是针对其他评论的评论。参见 Mary Madden, "Online Video: 57 Percent of Internet Users Have Watched Videos Online and Most of Them Share What They Find with Others", 25 July 2007, www.pewinternet.org/pdfs/PIP_Online_Video_2007.pdf.

2 Amanda Lenhart et al., "Teens and Social Media: The Use of Social Media Gaining a Greater Foothold in Teen Life as They Embrace the Conversational Nature of Interactive Online Media", 19 Dec. 2007, www.pewinternet.org/pdfs/PIP_Teens_Social_Media_Final.pdf.

3 德里克·洛玛斯（Derek Lomas）在 2006 年首次注意到通过各类媒介进行对话的现象，这始于聚友网网页上的评论。

施（Michael Wesch）在 2007 年 1 月 31 日发布的"网络 2.0 时代……是机器在使用我们"[1]。一年之后，这条视频的观看量达到 4638265 人次。它还衍生了 28 个视频回复，涵盖从短短 30 秒的评论到同样具有理论性且精心制作的长视频。

就像当代数字文化的其他特征一样，人们可以就任何这类交流情况找到一些先例。就像现代艺术可以理解为不同艺术家、艺术流派、评论家和策展人之间的对话。也就是说，一位艺术家或一次运动是对另外一位艺术家或另外一次运动所产生的作品的回应。因此，一般而言，现代主义者对 19 世纪的古典文化做出回应、贾斯珀·约翰斯（Jasper Johns）和其他流行艺术家对抽象的表现主义做出回应、让-吕克·戈达尔对好莱坞式的叙事电影做出回应等。用 YouTube 的术语来说，我们可以说戈达尔发布的视频回应了一个名为古典叙事电影的巨大资料库。但好莱坞电影公司并未做出回应——至少在之后的 30 年中未曾回应。

通常，艺术家和艺术流派之间的对话并非完整的对话。一位艺术家或一个艺术流派创作了一些东西，另一位艺术家或艺术流派后来以自己的作品进行回应，仅此而已。第一位艺术家或艺术流派通常不做回应。但是，从 20 世纪 80 年代开始，专业媒介实践开始更快地相互回应，并且对话不再是单向的。音乐视频影响了故事片和电视的剪辑策略；同样，今天非电影运动图形正在使用叙事特征。以前仅存在于电影中的电影术正在被用于电子游戏。但这些对话还是不同于个体在网络环境中的交流。在网络 2.0 时代，个人（而不仅仅是

1　网址参见 youtube.com/watch?v=6gmP4nk0EOE。

专业的制作者）直接使用不同的媒介相互交谈，并且交流可以持续几个小时。

由于它们的双向性质，人们之间通过和围绕视觉／声音对象进行的对话也可以是相关专业评论家之间的交流。通过期刊这一媒介，现代艺术批评家能够相对快速地相互回应——如果不是在几个小时内，那么至少也在几周内。事实上，批评家（有时现代主义艺术家也同样是批评家和理论家）之间的这种交流在现代艺术的发展中起到了关键作用。反思一下20世纪前20年在俄罗斯 *LEF* 等杂志上进行的不同现代主义流派之间的斗争、迈克尔·弗雷德（Michael Fried）在20世纪60年代攻击极简主义的文章"艺术与物性"（Art and Objecthood），或20世纪80年代伴随《十月》杂志确立的后现代主义学说。当然，今天的用户和粉丝之间的对话，很少有像过去那些专业批评交流一样的长度、理论基础或作用。然而，它们确实在塑造专业媒体制作方面扮演着越来越重要的角色。游戏制作人、音乐家、电影公司试图对粉丝就其产品的评价做出回应，以实现粉丝的愿望，甚至根据文化消费者之间的对话来塑造故事线。

网络2.0之后的艺术是否可能

职业艺术家是否受益于网上爆炸的媒体内容和容易获得的媒体发布平台？我们现在有这样的平台，在这个平台上任何人都可以发布他们的视频并且收取下载费用，这是否意味着艺术家有了一个发布他们作品的新渠道？或者说在社交媒体的世界——每天都有数以亿计的人在上传和下载视频、音频以及照片；由并不知名的制作者创作的产品获得数百次下载；媒介对象（media object）流畅而快速地在用户、设备、环境和网络之间移动——让专业艺术变得无关紧要？简而言之，虽然现代艺术家迄今已成功应对了每一代媒介技术的挑战，但专业艺术能否在媒介制作和访问极端民主化的时代生存下来？

从某一层面来说，这个问题毫无意义。诚然，现代艺术从未在商业上如此成功。当代艺术不再是少数人的追求，它已经成为大众文化的另一种形式。当代艺术的受欢迎程度不亚于其他大众媒体。最重要的是，当代艺术已经成为一个合法的投资类别，并且，在所有资金的投入下，这个市场不太可能垮掉（当然，历史一再表明，即使是最稳定的政治制度，最终也会崩溃）。

从某种意义上说，自 20 世纪 90 年代初全球化开始以来，被称为当代艺术的体制内的参与者数量在不断增长，这种增长与 21 世纪社交媒体的兴起几乎是同步发展。自 20 世纪 90 年代初以来，"全球世界"（global world）组织迎来新的成员，并且在它们的文化政治中注入了西方价值观。这些国家支持、收藏和推广当代艺术。于是，今天的上海拥有三个当代艺术博物馆，它们拥有比纽约或伦敦的当代艺术博物馆更大的展览空间。许多明星建筑师，比如弗兰克·盖里（Frank Gehry）和扎哈·哈迪德（Zaha Hadid）在阿布扎比的萨迪亚特岛建造博物馆和文化中心、雷姆·库哈斯（Rem Koolhaas）在里加建造当代艺术博物馆。

就社交媒体而言，上传和查看他人自媒体的人数空前增长，带来了各式各样的创新。在 YouTube 上，专业的日记视频和动画视频多到难寻特例。事实上，在生产技术民主化的所有媒体（视频、音乐、动画、图形设计等）中，我所接触到的许多项目不仅可以与大多数知名商业公司和知名艺术家制作的项目相媲美，而且还经常探索那些拥有大量符号资本的公司尚未触及的领域。

虽然其中一些项目来自典型的业余爱好者、产消者和职业—业余爱好者，但大多数是由年轻的专业人士或正在接受训练的专业人士完成的。在 20 世纪 90 年代，网络作为新的标准传播媒介出现，意味着今天文化领域的专家或公司的规模和空间位置不再是问题，它们都有一个网络并通过网络在线发布新作品。也许更为重要的是，年轻的设计专业学生现在可以将他们的作品展示给全球观众。他们能够看到其他人在做什么，并且一起开发新工具，比如 processing.org 社区的情况。

请注意，我们在这里谈论的不是"传统的"社交媒体或"传统的"用户生产内容，因为至少在目前，许多此类作品集合、示例项目和演示卷轴都被上传到公司网站和该领域的人所知道的专门聚合站点。在此，不妨列举几个我经常访问的此类网站：xplsv.tv（运动图形、动画）、coroflflot.com（来自世界各地的设计作品集）、archinect.com（建筑系学生的项目）、infosthetics.com（信息可视化）。在我看来，你在这些网站上所能看到的绝大多数作品代表了迄今为止最具创新性的文化产品。或者，至少它们清楚地表明，专业艺术的世界在创造力和创新力方面没有特殊的门槛。

但最重要的概念创新或许发生在网络 2.0 媒介本身的发展中。我思考的所有新的创造性软件工具——网络糅合、火狐插件、脸书应用程序等——都来自谷歌等大型公司或者个体开发商。因此，社交媒体给艺术带来的真正挑战可能不是学生和非专业人士创作的艺术作品，尽管我认为这也很重要。真正的挑战来自网络 2.0 所带来的文化动力——它的持续创新、它的能量以及它的不可预测性。

协议 VS 制度化*

（2004）

［美］亚历山大·加洛韦 / 著　张铎瀚 / 译

在今时今世，技术协议和标准是由一个自我选择的科学家寡头集团建立的，该集团主要由电子工程师和计算机专家组成，由许多专业机构、工作组、委员会和小组委员会拼凑而成，这些技术官僚的精英大部分是自愿的，努力为技术的进步制定解决方案。他们之中大学教授居多，大多数人要么在工业界任职，要么与工业界有某些联系。

就像协议的哲学本身一样，这个技术专家统治阶层的成员资格是开放的。一位早期的参与者写道："任何有贡献的人都可参加这个聚会。"[1] 但是，可以肯定的是，由于参与所需的技术复杂性，这个松散的决策者联盟往往属于一个相对单一的社会阶层：来自全球各地现代化社会中受过高等教育的、利他主义的、思想自由的科学专业人士。

况且，有时他们在全球范围内并非天各一方。在 25 位左右的原始协议先驱中，有三位——温顿·瑟夫（Vint Cerf）、

---

* ［美］亚历山大·加洛韦（Alexander R. Galloway）著，《协议 VS 制度化》（Protocol vs. Institutionalization），张铎瀚译，原文载亚历山大·加洛韦，《协议》（Protocol），剑桥：MIT 出版社，2004 年，第 122-143 页。

1　Jake Feinler，"30 Years of RFCs"，RFC 2555，April 7，1999.

乔恩·波斯特尔（Jon Postel）和斯蒂夫·克罗克（Steve Crocker）都来自洛杉矶圣费尔南多谷的一所高中。[1]此外，在担任"请求注解"（Request for Comments，简称RFC）的编辑期间，波斯特尔是所有协议RFC发表前的唯一把关人。

互联网历史学家凯蒂·哈夫纳（Katie Hafner）和马修·莱昂（Matthew Lyon）将这一群体描述为"一个由创造力极强、睡眠不足、特立独行、充满善意的计算机天才组成的临时委员会（adhocracy）"[2]。

在这个社区里几乎没有局外人，专家们掌管着一切。换句话说，虽然互联网每天被广大的不同社区所使用，但这一技术的核心标准制定者是一小批根深蒂固的技术精英同行。

如此行事的原因主要是实用。"大多数用户对互联网协议的细节不感兴趣，"温顿·瑟夫说，"他们只想让系统运行"[3]。或者如互联网工程任务组（IETF）前主席弗雷德·贝克（Fred Baker）所言："普通用户不会写代码……如果他们的需求得到了满足，他们并不特别关心这些需求是如何被满足的。"[4]

那么，究竟是谁在写这些技术协议，它们从哪里来，它们在现实世界中是如何被使用的？它们存在于构成大多数服务器、路由器和其他联网机器的计算机与软件的肥沃混合体中。这些计算机中的很大一部分过去是，现在仍然是基于

1　Vint Cerf, "I Remember IANA", RFC 246, October 1988. 该备忘回顾了乔恩·波斯特尔的生活和工作。

2　Katie Hafner and Matthew Lyon, *Where Wizards Stay up Late: The Origins of the Internet*, New York：Touchstone, 1996, p.145. 二十几位协议先驱者的传记，参见 Gary Malkin, "Who's Who in the Internet：Biographies of IAB, IESG and IRSG Members", RFC 1336, FYI 9, May 1992.

3　私人通信，2002年9月23日。

4　私人通信，2002年12月12日。

Unix 的系统；相当一部分软件过去是，现在仍然主要用 C 语言或 C++ 语言来编写。所有这些元素都享有作为协议本体技术（protocological technologies）的独特历史。

Unix 操作系统是由肯·汤普森（Ken Thompson）、丹尼斯·里奇（Dennis Ritchie）等人于 1969 年开始在贝尔电话实验室开发的，这一开发持续到 20 世纪 70 年代初。在 Unix 操作系统发布后，实验室的母公司美国电话电报公司（AT&T）开始将 Unix 作为商业软件产品进行许可和销售。但是，由于各种法律原因，该公司承认他们"无意将软件作为一项业务"。[1]Unix 确实被 AT&T 卖掉了，但只是"原封"出售，没有广告、技术支持或其他宣传。这促使 Unix 被大学广泛采用，他们发现 Unix 是一个廉价且实用的操作系统，可以很容易地进行实验、修正和改进。

1974 年 1 月，Unix 被安装在加州大学伯克利分校。比尔·乔伊（Bill Joy）和其他人开始开发该操作系统的衍生产品，后来被称为 BSD［伯克利软件套件（Berkeley Software Distribution）］。

Unix 大获成功，是因为它接入了网络并采用了基本的交换标准。Unix 历史学家彼得·萨卢斯（Peter Salus）写道："也许对 Unix 扩散贡献最大的是网络的发展。"[2]到 20 世纪 80 年代初，TCP/IP 网络套件已经包含在 BSD Unix 中。

Unix 在设计时就考虑到了开放性。其源代码是用 C 语言编写的，也是在 1971—1973 年间开发的，很容易获得，这意

1　此句出自 AT&T 的奥蒂斯·威尔逊（Otis Wilson），转引自 Peter Salus，*A Quarter Century of Unix*，New York：Addison-Wesley，1994，p.59.

2　Peter Salus，*A Quarter Century of Unix*，New York：Addison-Wesley，1994，p.2.

味着技术透明度更高。

C 编程语言的标准化始于 1983 年，当时成立了一个名为"X3J11"的美国国家标准学会（ANSI）委员会。ANSI 的报告在 1989 年完成，随后在 1990 年被国际标准化组织（ISO）接受为标准。[1] 从 1979 年开始，比雅尼·斯特劳斯特鲁普（Bjarne Stroustrup）开发了 C++，在原有的 C 语言中增加了"类"（classes）的概念［事实上，斯特劳斯特鲁普为他的新语言起的第一个昵称是"带类的 C 语言"（C with Classes）］。ANSI 在 1990 年对 C++ 语言进行了标准化。

作为一种语言，C++ 已经取得了巨大的成功。"它从一开始就传播到了全世界，"斯特劳斯特鲁普回忆道，"与其他任何产品相比，它适合更多的环境，同时麻烦更少"[2]。它就像一个协议（protocol）。

不仅是计算机经历了标准化和大规模采用，多年来，许多技术都遵循这一轨迹。在许多方面，标准创建的过程只是对在市场上获得成功的技术的认可。一个例子是由日本胜利公司（JVC）与松下公司合作开发的 VHS 视频格式，它在消费录像市场上击败了索尼的 Betamax 格式。一些人认为 Betamax 是一项卓越的技术（一些工程师声称这是一个都市神话），因为它以更高质量的格式存储视频，但代价是 Betamax 磁带的长度往往较短。在 20 世纪 70 年代末，当 VHS 推出

1 Dennis Ritchie, "The Development of the C Programming Language", in Thomas Bergin and Richard Gibson, *History of Programming Languages II*, New York: ACM, 1996, p.681.

2 Dennis Ritchie, "The Development of the C Programming Language", in Thomas Bergin and Richard Gibson, *History of Programming Languages II*, New York: ACM, 1996, p.681.

时，其磁带允许长达 2 小时的录制时间，而 Betamax 只有 1 小时。"到 1979 年年中阶段，VHS 在美国的销量比 Betamax 多出了一倍还多。"[1] 当 Betamax 在长度上赶上（3 小时）时，它已经在市场上失去了立足点。VHS 继续与 Betamax 对抗，将录制时长增加到 4 小时，后来又增加到 8 小时。

一些人认为，正是由于色情行业青睐 VHS 而不是 Betamax，才为它提供了大量的早期采用者，并证明了这种格式的长期可行性。[2]

最有说服力的论点是指出日本胜利公司的经济战略，包括向竞争对手积极授权 VHS 格式。日本胜利公司的行为是伪协议本体论的，他们将 VHS 的复杂技术规格授权给其他供应商，还立即建立了 VHS 磁带制造和零售的生产与分销供应链。在此期间，索尼试图通过将 Betamax 保留给自己来巩固其市场地位。正如一位分析家写道：

> 早期战略上的三个偶然性差异是至关重要的。第一，索尼公司决定在没有主要的共同赞助者的情况下推行它的 Betamax 系统，而日本胜利公司则与几个主要的竞争对手分享 VHS。第二，VHS 财团迅速建立起庞大的制造能力。第三，索尼公司选择了更小型的磁带，而日本胜利公司则为 VHS 选择了更长的播放时间，事实证明这对大多数客户来说更为

1 S. J. Liebowitz and Stephen E.Margolis, "Path Dependence，Lock-In and History"，*Journal of Law，Economics and Organization*，April 1995.
2 如果不是 VHS，那么一般的录像机都会得到色情行业的极大帮助。大卫·莫顿写道："许多行业分析家认为，色情录像带的销售是录像机早期成功的主要因素之一。它们取代了成人电影院的位置，可以在合法的地区购买并在家中观看。"参见 David Morton，*A History of Electronic Entertainment since 1945*，New York：IEEE Press，1999，p.56.

重要。[1]

日本胜利公司故意牺牲较大的利润率，保持低价并向竞争对手授权。这是为了扩大他们的市场份额。其理由是，建立一个标准是重中之重，随着他们接近这个目标，这将创造一个积极的反馈回路，能帮助他们进一步击败竞争对手。

VHS/Betamax 的故事是商业领域的一个绝佳案例，说明了一种格式如何能够击败另一种格式并成为一种行业标准。这个案例之所以有趣，是因为它显示了协议本体论的行为（广泛地提供你的技术，即使这意味着把它送给你的竞争对手）往往会胜过专营（proprietary）行为。互联网协议以类似的方式运作，它们成为行业标准的程度不是通过专有的市场力量，而是由于自由交流和辩论的广泛开放举措。这并不完全是 VHS 的情况，但这一类比仍是有用的。

随着 DVD 的出现，这种企业对录像格式的争执基本上已经从世界舞台上消失了。这种新的格式是通过行业领导者的共识达成的，因此不会像 VHS 和 Betamax 那样受到任何类似技术的直接竞争。这种共识是当今世界上绝大多数确定技术标准的过程的共同特点。

今天的许多技术标准都可以归功于美国电子电气工程师协会（Institute of Electrical and Electronics Engineers，简称 IEEE）。1963 年，IEEE 由两个专业协会合并而成，分别是 1884 年 5 月 13 日在纽约成立的美国电气工程师学会（American Institute of Electrical Engineers，简称 AIEE，由包括托马斯·爱迪生在内的一个团体所成立）和 1912 年成立的无

1　Douglas Puffert，"Path Dependence in Economic Theory"．（网络文章）

线电工程师学会（Institute of Radio Engineers，简称 IRE）。[1] 今天，IEEE 在 150 个国家拥有超过 330000 名成员，是世界上所有领域中最大的专业协会。IEEE 与工业界合作，传播技术进步的知识，通过颁奖来表彰个人功绩，并为新技术制定技术标准。从这个意义上说，IEEE 是世界上最大和最重要的协议本体论社团。

IEEE 由许多分会、分组和委员会组成，它的通信协会部门可能是相对于计算机网络而言最有趣的领域。他们在数字通信的许多常见领域建立标准，包括数字用户线路（DSL）和无线电话。

IEEE 标准经常成为国际标准。案例包括管理网络通信协议的 "802" 系列标准，这些标准包括以太网[2]（Ethernet，当今使用的最常见的局域网协议）、蓝牙、Wi-Fi 和其他标准。

保罗·巴兰（Paul Baran）的观察是："IEEE 是通信技术发展的一个主要因素。"[3] 事实上，巴兰自己的理论最终催生了互联网，甚至这一理论在由他的雇主兰德公司（RAND Corporation）发表时，也同步在 IEEE 社区内发表了。

在美国国内比较活跃的是美国国家标准与技术研究院（NIST）和美国国家标准学会（ANSI）。拥有百年历史的 NIST

1　IEEE 2000 Annual Report，IEEE，2000，p.2.

2　IEEE 倾向于避免将其标准与商标、商业或其他专有技术联系起来。因此，IEEE 的定义避升了 "以太网"（Ethernet）这个词，因为它与施乐帕克研究中心（Xerox PARC）的名字有关。1985 年，IEEE 的以太网标准被命名为 "IEEE 802.3 载波感应多路存取与碰撞检测（CSMA/CD）的接入方法和物理层规范"［IEEE 802.3 Carrier Sense Multiple Access with Collision Detection（CSMA/CD）Access Method and Physical Layer Specifications］。

3　Paul Baran，Electrical Engineer，an oral history conducted in 1999 by David Hochfelder，IEEE History Center，Rutgers University，New Brunswick，NJ，USA.

的前身是国家标准局（National Bureau of Standards），是一个开发和推广技术标准的联邦机构。因为它是一个联邦机构，而不是一个专业协会，所以它本身没有会员资格。它也是非监管机构，这意味着它不会执行法律或建立必须被采用的强制性标准。它的大部分预算用于支持 NIST 的研究实验室以及各种推广计划。

美国国家标准学会以前称为美国标准协会（American Standards Association），负责汇总和协调美国的标准创建过程。它是与 NIST 相对应的私营部门。虽然 ANSI 自己不创建任何标准，但它是联邦认可的正在开发技术标准的诸组织的沟通渠道。被认可的标准制定者必须遵循某些规则，以保持过程的开放性和对所有相关方的公平性。然后，在拟议的标准被采用之前，ANSI 会核实开发组织是否遵守了这些规则。

ANSI 还负责阐述美国的国家标准战略，这一战略有助于 ANSI 在国际舞台上代表美国的利益进行宣传。ANSI 是唯一能够批准某标准为美国国家标准的组织。

ANSI 在标准制定过程中保持完整性和质量的许多规则都围绕着公开性和透明性原则，因此与我在其他地方所说的关于协议的许多内容相一致。ANSI 写道：

- 决定是通过受影响的人之间的共识（consensus）达成的。
- 所有受影响的利益方都是开放（open）参与的。
- 过程是透明的（transparent）——关于过程和进展的信息可以直接获得。
- 若过程不灵活（inflexible），允许使用不同的方法来满足不同技术和产品部门的需要。[1]

除了共识驱动、公开、透明和灵活，美国国家标准学会的标准也是自愿采用的，这意味着，像国家标准与技术研究院一样，没有人因受法律约束而采用这些标准。市场上的自愿采用是对一个标准的最终检验，标准可能会随着新的卓越技术的出现而消失，或者仅仅是随着时间的推移而消失。自愿性标准有很多优点，在不强迫行业实施某标准的情况下，决断权就交给了市场。而事实上，在市场上被证明的成功通常在标准建立之前就已经存在。这种行为是自然形成的，而不是被强加的。

在国际舞台上，其他几个标准机构也变得相当重要。国际电信联盟（ITU）专注于无线电和电信，包括语音电话、通信卫星、数据网络、电视和曾经的电报。它成立于1865年，是世界上最古老的国际组织。

国际电工委员会（IEC）筹备和发布电气技术领域的国际标准，包括磁学、电子和能源生产，涵盖了从"螺纹"到质量管理系统的一切。IEC是由国家委员会组成的（代表美国的国家委员会由ANSI管理）。

此外，还有一个重要的国际组织——ISO，也被称为国际标准化组织（International Organization for Standardization）。[2]与IEC一样，ISO也是从电子技术领域发展起来的，它成立

---

1 ANSI, "National Standards Strategy for the United States".
2 事实上，ISO这个名字不是一个缩写，而是来自希腊语中的"平等"（equal）一词。这样就避免了将组织名称翻译成不同语言的问题，因为这将产生不同的缩写。因此，ISO这个名字本身就是一种语义标准。

于二战之后，目的是"促进工业标准的国际协调和统一"[1]。ISO 的总部设在日内瓦，但却是一个由包括美国国家标准学会和英国标准协会（British Standards Institution，简称 BSI）在内的 140 多个国家标准机构组成的联盟，其目标是建立供应商中立（vendor-neutral）的技术标准。与其他国际机构一样，ISO 采用的标准在全球范围内得到认可。

和其他标准机构一样，ISO 的标准是通过建立共识的过程而制定的。ISO 的标准建立在自愿参与的基础上，因此 ISO 标准的采用主要是由市场力量推动的〔与之相反，强制性标准（mandatory standards）是为了响应政府的监管任务而实施的〕。一旦被建立起来，ISO 标准可以实现大规模的市场渗透。例如，ISO 的胶片速度标准（100 秒、200 秒、400 秒等）在全球范围内被数百万消费者使用。

一个具有深远意义的 ISO 标准是开放系统互联（Open Systems Interconnection，简称 OSI）参考模型。OSI 参考模型开发于 1978 年，是一种将所有网络活动分为七个抽象层（abstract layers）的技术，每一层都描述了网络通信背后技术的不同部分。

第 7 层 应用（Application）

第 6 层 演示（Presentation）

第 5 层 会话（Session）

第 4 层 传输（Transport）

第 3 层 网络（Network）

1　更多关于 ISO 的历史参见 http://www.iso.ch/。

第 2 层 数据链路（Data link）

第 1 层 物理（Physical）

这种分类有助于将标准化的过程组织成不同的活动领域，那些制定数据网络标准的人都严重依赖这一分类。

1987 年，国际标准化组织和国际电工委员会认识到他们的一些工作步入重叠。他们决定建立一个体制框架来帮助协调彼此的工作，并成立了一个联合委员会来处理信息技术问题，这就是第一联合技术委员会（JTC 1）。ISO 和 IEC 都参加了 JTC 1，此外还有来自（国际）互联网工程任务组（IETF）等面向互联网联盟的联络员。国际电信联盟成员、美国电子电气工程师协会成员和其他标准机构的人也参与其中。个人可以在几个不同的标准机构的几个委员会中任职，或者只作为出于工作目的的会员参加，以增加组织间的沟通，减少各标准机构之间的冗余举措。JTC 1 关注从办公设备到计算机图形的所有问题，其中一个最新的问题是生物计量学（biometrics）的研究。

国际标准化组织、美国国家标准学会、美国电子电气工程师协会和所有其他标准机构都是成熟的组织，具有悠久的历史和强大的组织机构。另外，互联网长期以来一直对这种形式持怀疑态度，并催生了更多的散兵游勇（ragtag），以及对标准制定意气用事的态度。[1]

---

[1] IETF 为拥有这样一种精神而感到自豪。珍妮特·霍夫曼写道："IETF 传统上将自己理解为通信网络技术发展中的精英。对其他标准化委员会表现出优越感和轻视的态度，与之相映衬的是对自己队伍中无能者的明确不耐烦。"参见 Jeanette Hofmann，"Government Technologies and Techniques of Government：Politics on the Net"．（网络文章）

四个团体组成了负责互联网标准化的组织层次。它们是国际互联网协会（Internet Society，简称 ISOC）、互联网架构委员会（Internet Architecture Board，简称 IAB）、互联网工程指导小组（Internet Engineering Steering Group，简称 IESG）以及（国际）互联网工程任务组（Internet Engineering Task Force，简称 IETF）。

互联网协会成立于 1992 年 1 月，是一个专业的会员制协会。它是其他三个团体的伞式组织，其使命是"确保互联网的开放发展、演进和使用，以造福于全世界所有的人"。[1]它促进了互联网协议和标准的发展。ISOC 还为标准制定过程提供了财政和法律上的独立性，将这一活动从之前美国政府的支持下分离出来。

互联网架构委员会最初被称为互联网活动委员会（Internet Activities Board），是一个由 13 名（国际）互联网工程任务组成员提名并组成的核心委员会。[2]IAB 审查互联网工程指导小组成员的任命、提供对网络协议架构的监督、监控标准创建过程、听取上诉、监督 RFC 编辑，并执行其他杂务。互联网工程指导小组（以及专注于长期研究课题的互联网研究任务组）属于 IAB 的管辖范围。IAB 主要是一个监督委员会，因为实际接受的协议一般都来自（国际）互联网工程任务组（或较小的设计团队）。

位于 IAB 之下的是互联网工程指导小组，这是互联网协会的一个委员会，协助和管理（国际）互联网工程任务组的

1　网址参见 http://www.isoc.org/。
2　关于 IAB 的详细描述，参见 Brian Carpenter，"Charter of the Internet Architecture Board（IAB）"，RFC 2850，BCP 39，May 2000.

技术活动。IETF 中各个研究领域的主管都是这个指导小组的成员。

整个共同体的基石是（国际）互联网工程任务组，它是大多数协议倡议开始的核心领域。几千人参与到 IETF 之中，主要是通过电子邮件列表（也有面对面的会议）。用他们自己的话说，"IETF 是一个松散的自组织群体，集合了对互联网及其技术的工程和演进做出技术贡献和其他贡献的人"[1]。还有一些其他的说法："IETF 是一个开放的全球社区，由网络设计者、运营商、供应商和研究人员组成，旨在为互联网架构的发展和互联网的顺利运作制定技术规范。"[2]

IETF 在以下"请求注解"中得到了最好的定义：

- "IETF 之道：互联网工程任务组新与会者指南"（RFC 1718，FYI 17）
- "定义 IETF"（RFC 3233，BCP 58）
- "IETF 行为准则"[3]（RFC 3184，BCP 54）
- "互联网标准流程——第 3 版"（RFC 2026，BCP 9）
- "IAB 和 IESG 选择、确认和召回过程：提名和召回委员会的运作"（RFC 2727，BCP 10）
- "参与 IETF 标准过程的组织"（RFC 2028，BCP 11）

---

1 Gary Malkin，"The Tao of IETF：A Guide for New Attendees of the Internet Engineering Task Force"，RFC 1718，FYI 17，October 1993.

2 Paul Hoffman and Scott Bradner，"Defining the IETF"，RFC 3233，BCP 58，February 2002.

3 这则 RFC 很有意思，因为它承认了 IETF 内部的社会关系，即自由、民主的价值观是准则。在 IETF 的辩论中要避免"恐吓或人身攻击"。相反，IETF 成员被鼓励"全球化地思考"，并以"尊重个人"的方式对待他们的同事。有点讽刺的是，这份文件还规定"英语是 IETF 事实上的语言"。见 Susan Harris，"IETF Guidelines for Conduct"，RFC 3184，BCP 54，October 2001.

这些文件既描述了 IETF 如何创建标准，也描述了其整个社区本身是如何建立以及如何作为的。

IETF 是这里提到的所有组织中最不官僚主义的一个。事实上，它根本就不是一个组织，而是一个非正式的社区。它没有严格的规章制度，也没有正式的官员；它不是一间公司（无论是非营利性公司或其他公司），因此没有董事会；它没有作为标准制定机构的约束力，也不曾为任何条约或宪章所批准；它没有会员资格，其会议对任何人开放，"会员资格"只是通过个人的参与进行评估，如果你通过电子邮件参与其中，或者出席其会议，那么你就是 IETF 的成员。所有参与者都是作为无关联的个人来运作，而非作为其他组织或供应商的代表。

IETF 按主题划分为不同的工作小组，每一个工作组都专注于一个或多个特定的问题，并起草文件以获得小组内的共识。[1] 与其他标准机构一样，IETF 协议是自愿性标准，没有任何技术或法律来要求任何人实际采用 IETF 协议。[2]

建立互联网标准的过程是渐进的、审慎的和历经磋商的。任何由 IETF 产生的协议都要经过一系列的阶段，它被称为"标准轨道"（standards track），标准轨道将文件袒露在广泛的同行审查中，使其成为相对成熟的 RFC 备忘录，最终成为互

1　关于 IETF 工作组的更多信息，参见 Scott Bradner，"IETF Working Group Guidelines and Procedures"，RFC 2418，BCP 25，September 1998.

2　也就是说，有些协议在某些情况下被赋予了"必需"（required）的地位层级。例如，互联网协议是任何希望连接到互联网的人所必需的协议，其他协议可能被赋予"推荐"（recommended）或"备选"（elective）的地位层级，这取决于它们对特定技术之实施的必要性。然而，"必需"的地位层级不应与强制性标准相混淆。后者具有法律意义，并由监管机构强制执行。

联网标准。"创建互联网标准的过程是简单明了的，"他们写道，"一项规范经过一段时间的发展和互联网社区的几次反复审查，并根据经验进行修订，被适当的机构采纳为标准……最终予以公布。"[1]

规范的初步版本由 IETF 作为互联网草案（Internet-Draft）文件来征集，任何人都可提交一份互联网草案。它们在任何方面都不是标准，不应作为标准被引用，也不应由任何供应商作为标准来实施；它们是正在进行的工作，并会被审查和修订。如果被认定为是无趣或非必要的，它们就会在六个月期满后消失。它们不是 RFC，也不会获得任何编号。

如果一个互联网草案通过了必要的修订，并且被认为是重要的，它就会被展示给 IESG，并被提名为标准轨道。如果 IESG 同意（并且被互联网架构委员会批准），那么该规范将被移交给 RFC 编辑，并被列入未来发行的队列。标准轨道提名的实际步骤是：

（1）拟议标准（Proposed Standard）——所有规范的正式切入点都是在这里作为拟议标准的。这是 RFC 过程的开始。IESG 有权通过 RFC 编辑将互联网草案提升到这一级别。虽然拟议标准不需要事先在现实世界中实施，但这些规范通常被认为是完全成型和可实施的。

（2）标准草案（Draft Standard）——当规范在至少两个"独立且可互操作的"（interoperable）的实际应用中生效后，它们可被提升到标准草案的级别。标准草案级别的规范必须

<hr>

1　Scott Bradner，"The Internet Standards Process—Revision 3"，RFC 2026，BCP 9，October 1996.

是相对稳定和易于理解的。虽然对标准草案进行细微的修改是正常的，但在这个级别之后，预计不会再有实质性的变化。

（3）标准（Standard）——具有广泛实施和可靠记录的规范被提升到标准级别。它们被视为正式的互联网标准，并在 RFC 的"STD"子系列中获得一个新的编号（但也保留其 RFC 编号）。标准的总数量相对较少。

并非所有的 RFC 都是标准。许多 RFC 是信息性的、实验性的、历史性的，甚至本质上是开玩笑的。[1]此外，并非所有的 RFC 都是成熟的标准——它们可能还没有发展到那个程度。

除了互联网标准的"STD"子系列，还有两个值得特别注意的"RFC"子系列：当前最优实现文件（Best Current Practice Documents，简称 BCP）和被称为 FYI 的信息性文件。

每个新的协议规范都是依据 RFC 1111《对 RFC 的 RFC：

1　大多数在 4 月 1 日发表的 RFC 是可疑的。以 RFC 1149，"在禽类载体上传输 IP 数据报的标准"（A Standard for the Transmission of IP Datagrams on Avian Carriers，David Waitzman，April 1990）为例，它描述了如何通过信鸽发送 IP 数据电报，称赞了其"内在的避免碰撞系统"。感谢乔纳·布鲁克尔 - 科恩（Jonah Brucker-Cohen）让我注意到这个 RFC。布鲁克尔 - 科恩自己设计了一个新的协议，叫作"H2O/IP"，用于使用调节的水流来传输 IP 数据电报。还可以考虑 RFC 2795〔SteQven（sic）Christey，April 2000〕中描述的"无限猴子协议套件"〔The Infinite Monkey Protocol Suite（IMPS）〕，该协议套件支持无限多的猴子坐在无限多的打字机前，以确定它们何时创造出莎士比亚的全部作品或一部好的电视节目。莎士比亚可能会欣赏"同步光纤网络（sonet）到十四行诗（sonnet）的翻译"（1994 年 4 月，RFC 1605），它使用十四行十音节诗来优化同步光纤网络上的数据传输。还有不言自明的"超文本咖啡控制协议"〔Hyper Text Coffee Pot Control Protocol（HTCPCP/1.0），Larry Masinter，RFC 2324，April 1998〕，显然是任何睡眠不足的网站管理员的必读书目。其他可笑的技术标准包括埃里克·萨尔瓦奇奥（Eryk Salvaggio）的"最慢调制解调器"（slowest modem），它通过美国邮政服务使用软盘发送数据，数据传输率只有 0.0024380952380952380952380952 kb/s，规定"软盘上的所有 html 链接都必须设置为 a href='mailing address'"（"Free Art Games #5，6 and 7"，Rhizome，September 26，2000），以及科里·阿坎吉尔（Cory Arcangel）的"绝对混蛋"（Total Asshole）文件压缩系统，实际上，当文件被压缩时，其大小会呈指数级增长。

RFC 作者须知》来起草的，其中规定了起草所有 RFC 的准则、文本格式和其他方面。同样，题为《对 FYI 的 FYI：FYI 批注须知》的 FYI 1（RFC 1150）概述了"FYI"系列的一般格式化问题。其他此类备忘录指导互联网草案以及 STD 和其他文件的构成。在 RFC 2223 和 RFC 2360 中也可以找到关于起草互联网标准的有用信息。[1]

标准轨道容许高级别的正当程序，公开、透明和公平是标准轨道的优点，广泛的公开讨论是理所应当的。

一些 RFC 是非常重要的。RFC1122 和 RFC1123 概述了任何希望连接到互联网的计算机必须遵循的所有标准，这两份文件代表了"大量技术经验和智慧的共识"[2]，概述了从电子邮件和传输文件到实际将数据从一个地方转移到另一个地方的 IP 等基本协议的一切。

其他 RFC 对某一单项技术进行了更详细的技术说明。1981 年 9 月发布的 RFC 791 和 RFC 793 是创建我们今天所知的互联网协议套件 TCP/IP 的两个关键文件。20 世纪 70 年代初，美国国防部高级研究计划局（DARPA）的罗伯特·卡恩（Robert Kahn）和斯坦福大学的温顿·瑟夫合作创建了一个新的协议，用于不同计算机网络之间的相互通信。1973 年 9 月，他们在布莱顿的萨塞克斯大学提出了他们的理念，并在不久之后完成了论文《分组网络互通协议》（A Protocol for Packet Network Intercommunication），该论文于次年由美国电子电气

---

1 Jon Postel and Joyce Reynolds, "Instructions to RFC Authors", RFC 2223, October 1997; Gregor Scott, "Guide for Internet Standards Writers", RFC 2360, BCP 22, June 1998.

2 Robert Braden, "Requirements for Internet Hosts—Communication Layers", RFC 1122, STD 3, October 1989.

工程师协会发表。RFC 编辑乔恩·波斯特尔和其他人协助完成了最终的协议设计。[1] 这个新协议在 1978 年被拆分为由 TCP 和 IP 组成的两部分系统（正如在其他地方提到的，TCP 是一个可靠的协议，负责建立连接并确保数据包的传递；IP 是一个无连接的协议，只对数据包从一个地方移动到另一个地方感兴趣）。

在协议创建方面值得一提的一项技术是万维网。万维网的出现得益于一个人的努力，即英国计算机科学家蒂姆·伯纳斯 - 李，在开发网络的过程中，伯纳斯 - 李编写了超文本传输协议（Hyper Text Transfer Protocol，简称 HTTP）和超文本标记语言（Hyper Text Markup Language，简称 HTML），它们构成了今天服务器和浏览器广泛使用的核心协议套件，用于传输和显示网页。他还创造了网络地址，称为通用资源标识符（Universal Resource Identifier，简称 URI），今天的"URL"是其变体，它是定位网络上任何资源的一种简单、直接的方法。蒂姆·伯纳斯 - 李曾言：

> 这里的艺术只定义一些基本的、共同的"协议"规则，使一台计算机能够与另一台计算机对话，这样，当所有的计算机都这样做时，系统就会蓬勃，而非崩溃。对于网络而言，这些元素的重要性依次为：通用资源标识符（URI）、超文本传输协议（HTTP）和超文本标记语言（HTML）。

因此，像其他协议设计者一样，伯纳斯 - 李的理念是创造一种用于交互操作（interoperability）的标准语言。通过采

1　Milton Mueller，*Ruling the Root*，Cambridge：MIT，2002，p.76.

用该语言，计算机将能够交换文件。他继续说：

> 人们通常难以理解的是，在 URI、HTTP 和 HTML 之外
> 并无他物。没有中央计算机"控制"网络，没有单一的网络
> 让这些协议发挥作用，甚至没有一个组织在任何地方"管理"
> 网络。网络不是一个存在于某个"地方"的物理"事物"，
> 它是一个信息可以于其中存在的"空间"。[1]

这也符合其他协议科学家的意图——网络上存在一个没
有集中管理或控制的信息空间（但正如我指出的，我们不应
该说缺乏集中控制就意味着缺乏控制）。

伯纳斯 - 李最终把他的想法带到了（国际）互联网工程
任务组（IETF），并在 1994 年发表了"WWW 中的通用资源
标识符"（RFC 1630）。这份备忘录描述了创建和解码通用资
源标识符的正确技术，以便在网络上使用。但是，伯纳斯 - 李
承认，"IETF 的路线似乎并不可行"[2]。

相反，他在 1994 年 10 月成立了一个单独的标准小组，
称为万维网联盟（World Wide Web Consortium，简称 W3C）。
"我希望这个联盟能像 IETF 那样在一个开放的程序上运行，"
伯纳斯 - 李回忆道，"但这个程序要更快、更有效……就像
IETF 一样，W3C 将开发开放的技术规范。与 IETF 不同的是，
W3C 将有一组小型的全职工作人员，在必要时帮助设计和开
发代码。像行业联盟一样，W3C 将代表数百万开发者、研究
人员和用户的力量与权威。而且，像其成员研究机构一样，

---

1 Tim Berners-Lee，*Weaving the Web*，New York：HarperCollins，1999，p.36.
2 Tim Berners-Lee，*Weaving the Web*，New York：HarperCollins，1999，p.71.

它将利用信息技术的最新进展。"[1]

W3C 为网络技术制定规范，并发布"建议"和其他技术报告。推动 W3C 的设计理念与 IETF 及其他标准机构的理念相似，他们提倡分布式［distributed，按他们的说法是"去中心化"（decentralized）］架构，他们提倡不同协议和不同终端系统之间的互操作性等。

依靠诸多方式，互联网的核心协议在 20 世纪 80 年代抵达其发展的鼎盛时期，但今天的网络协议正经历着爆炸性的增长。

这种增长是由网络的概念演变为伯纳斯 - 李所说的语义网（Semantic Web）。在语义网中，信息不是简单地在互联网上利用链接和图形标记来相互连接——他称之为"一个信息可以永久存在并被提及的空间"[2]——而是利用描述性协议（descriptive protocol）来丰富信息的内容，说明信息实际上是什么。

例如，"Galloway"这个词对机器来说毫无意义，它只是一段信息，没有说明它是什么或它意味着什么。但是，在一个描述性协议中，它可以被有效地解析：<surname>Galloway</surname>。现在，机器知道了 Galloway 是一个姓氏，这个词已经被注入了语义价值。如果人们让描述性协议变得更加复杂，那么人们就能够对信息说出更复杂的东西，比如说，Galloway 是我的姓氏，Alexander 则是我的名字等。语义网只是在信息之上添加额外的元层级（meta-layers）的过程，以便能够根据其语义价值来解析信息。

为什么这一点意义重大？在此之前，协议与有意义的信

1　Tim Berners-Lee, *Weaving the Web*, New York：HarperCollins, 1999, p.92, 94.

2　Tim Berners-Lee, *Weaving the Web*, New York：HarperCollins, 1999, p.18.

息关系不大，协议并不与内容和语义价值对接，它是反对解释的。但是，随着伯纳斯 - 李的出现，协议有了新品种：关心意义的协议。这就是他所说的语义网的意思。正如他所言，此类协议是"机器可理解的信息"。

那么，语义网是否与协议反对解释的原则相矛盾？这一点我不太确定。协议当然可以说明关于其内容的事情，校验和（checksum）就是这样做的，一个文件大小的变量也是这样做的。但它们真的知道其内容的含义吗？因此，对于描述性协议是否真的为信息增加了智能，或者说它们只是计算机模仿却实际知之甚少的主观描述（最初由人类编写），这便是见仁见智了。伯纳斯 - 李本人强调，语义网并不是一台人工智能机器。[1] 他称其为"被良好定义的"（well-defined）数据，而非解释性数据——实际上，这是迥异的两件事情。

正如这次对协议本体论制度化的调查所示，对互联网标准的任何协议本体论分析的主要来源材料都是 RFC 备忘录。它们从 1969 年斯蒂夫·克罗克的 RFC"主机软件"（host software）开始流传，并记录了此后协议的所有发展。[2] "这是

1　Tim Berners-Lee，"What the Semantic Web can represent"，网址参见 http://www.w3.org/DesignIssues/RDFnot.html。

2　人们不应该把克罗克的备忘录与协议本身的开始联系起来。这一荣誉也许应该归于保罗·巴兰于 1964 年在兰德公司发布的《论分布式通信》（On Distributed Communications）一文，在许多方面，它才是后来的 RFC 的起源文本。尽管它在 RFC 之前出现，而且与 RFC 没有任何联系，但巴兰的备忘录基本上实现了同样的功能，即为巴兰的同行们勾勒出一个广泛的网络数字通信的技术标准。其他类似 RFC 的文件在网络的技术发展中也很重要。1977—1982 年出版的《互联网实验笔记》（The Internet Experiment Notes，简称 IENs），由 RFC 编辑乔恩·波斯特尔主编，在与"RFC"系列合并之前解决了与当时刚刚起步的互联网相关的问题。温顿·瑟夫还引用了 ARPA 卫星系统的说明和关于分组无线电的 PRNET 说明（RFC 2555）。此外，还存在由国防部维护的"MIL-STD"系列。一些"MIL-STD"系列与"RFC"系列中的互联网标准重叠。

一个不起眼的、完全可以被遗忘的备忘录，"克罗克回忆说，"但它具有重要意义，因为它是一个广泛倡议的一部分，其影响至今仍与我们同在。"[1]

在普遍反对中心—外围（center-periphery）的通信模式——也有人称之为"下游范式"（downstream paradigm）[2]的同时，互联网协议描述了网络上以计算机为媒介的各种通信方式。有一些 RFC 用于将信息从一个地方传送到另一个地方，有一些 RFC 用于确保信息完整地到达终端，还有一些 RFC 是关于电子邮件、网页、新闻线和图形设计的。

有的宣扬分布式结构（如 IP 路由），有的宣扬分层结构［如 DNS（Domain Name System，域名系统）］。然而，它们都为基于标准化和组织化目标的技术创新创造了条件。这是一种通过普遍主义（universalism）来反对联邦主义（anti-federalism）的特殊类型——听起来很奇怪——其中普遍的技术被征收的方式最终使许多决策回归了局部层级（local level）。

但在此过程中，许多局部性的差异被忽略了，以服从于普遍的一致性。例如，像超文本标记语言（HTML）这样的协议是为容许屏幕分辨率、浏览器类型等方面的根本性差异而专门设计的，而 HTML（连同整个协议）作为一个严格的标准化机制，在一个单方标准（unilateral standard）的保护伞下将这些偏差统一化。

那么，具有讽刺意味的是，有助于产生分布式组织系统

---

1 Steve Crocker，"30 Years of RFCs"，RFC 2555，April 1999.

2 Nelson Minar and Marc Hedlund，"A Network of Peers：Peer-to-Peer Models Through the History of the Internet"，in *Peer-to-Peer: Harnessing the Power of Disruptive Technologies*，Andy Oram，ed.，Sebastopol，CA：O'Reilly，2001，p.10.

的互联网协议本身是由分布式的官僚机构支撑的，无论是像互联网名称与数字地址分配机构（ICANN）这样的实体还是像域名系统这样的技术。

因此，像劳伦斯·莱西格（Lawrence Lessig）这样的理论家是严重失察的，即便他有很多高见，但他认为互联网通信的起源是完全自由和缺乏控制的。[1] 相反，我很清楚这与自由完全相反，这是控制，是过去四十年网络通信发展的结果。网络的创始原则是控制，而非自由。控制从一开始就已经存在了。

也许这是一种与我们常见的控制不同的类型。这是一种基于开放性、包容性、普遍性和灵活性的控制。它是由高度的技术组织（协议）产生的控制，而不是对个人自由或决策的这种或那种限制（法西斯主义）。

1　莱西格在其首部著作《代码与网络空间的其他法则》中为网络空间设置了一个之前／之后的场景。"之前"指的是他所谓的"自由的承诺"（promise of freedom）；"之后"更加不详，尽管尚未被确定，但这个未来将受到"使控制更加完善的架构"（an architecture that perfects control）的威胁，参见 Lawrence Lessig, *Code and other Laws of Cyberspace*, New York：Basic Books, 1999, p.6. 他在《理念的未来》中续写了这一之前／之后的叙述。在该书中，他假设网络在其新生形式中是他所谓的自由形态，其特点"无法被控制"（an inability to control），然而，"这一架构现在正在改变"，我们即将"拥抱一个由商业和法律问题建立起来的控制架构"。参见 Lawrence Lessig, *The Future of Ideas: The Fate of the Commons in a Connected World*, New York：Random House, 2001, p.147, 239, 268. 莱西格的论述总是围绕一个生成（becoming）的过程，而不是一直存在（having been）的过程。他指出，新的资本主义和司法授权正在以丑陋的新方式塑造网络通信，这当然是正确的。但是，莱西格的工作缺乏的是认识到控制是所有受协议控制的分布式网络所特有的属性。控制从一开始就存在，它不是到后来由公司和法院引进的。事实上，分布式网络必须建立一个控制系统——我称之为"协议"——才能正常运行。从这个意义上说，计算机网络的现在和将来都与莱西格的"无法控制"完全相反。虽然莱西格和我显然得出了截然不同的结论，但我将其主要归因于我们的研究对象不同。他的对象主要是管理和商业问题，而我的则是技术和形式问题。我对莱西格的批评与其说是为了贬低他的贡献（其贡献自然是鼓舞人心的），不如说是指出我们在方法上的不同。

因此，网络发明者蒂姆·伯纳斯 - 李以完全真诚的态度写道：

> 我曾经（现在仍然）有一个梦想，那就是网络可以不再是一个电视频道，而更像是一个共享知识的互动海洋。我想象它能让我们沉浸在一个温暖、友善的环境中，一个由我们和我们的朋友所看到的、听到的、相信的或已经搞清楚的东西组成的环境中。[1]

当然，具有讽刺意味的是，为了实现这个社会乌托邦，像伯纳斯 - 李这样的计算机科学家不得不开发出迄今所知的最高控制度和最具广度的大众媒体。协议使我们有能力建立一个"温暖、友善"的技术空间。但它通过技术标准化、协定、有组织的实施、广泛（有时是普遍）的采用和有指导性的参与而变得温暖和友善。

协议是基于两个对立的机器之间的矛盾，一个机器从根本上将控制权分配到自主的地方，另一个机器则将控制权集中到严格定义的等级制度中。这篇文章用充分的细节说明了这一现实。处于协议核心的生成性矛盾是：为了实现政治上的进步，协议必须是部分反动的。

换句话说，为了使协议能够在自主实体之间进行根本性的分布式通信，它必须采用普遍化和同质化的策略。它必须是反多样性（anti-diversity）的，它必须促进标准化以实现开放性，它必须将同行群体组织成像互联网工程任务组（IETF）这样的官僚机构，以便创造自由技术。

1　Jeremie Miller，"Jabber"，in Oram，*Peer-to-Peer*，p.81.（网络标准）

可以肯定的是，这个微妙的"两步走"中的两个伙伴往往存在于不同的领域。正如协议先驱鲍勃·布雷登（Bob Braden）所说："存在几种重要的异质性。"[1] 也就是说，一个部门可以是标准化的，而另一个部门是异质性的。互联网的核心协议可以是高度控制的，而网络的实际管理可以是高度不受控制的。或者，域名系统可以被安排在一个严格的等级制度中，而用户对网络的实际体验可以是高度分散的。

简而言之，分布式网络的控制不是单一的。它以多元的、平行的、相互矛盾的、往往是不可预测的方式进行。它是一个相互关联的潮流和逆流的综合体。

也许我可以把这里提到的制度框架称为一种战术性的标准化（tactical standardization），其中某些短期目标是必要的，以便实现自己的长期目标。标准化是政治上的反动战术，为的是使激进的开放得以实现。或者举一个技术方面的例子：域名系统，其等级结构和科层管理，是政治上的反动战术，但也使得互联网协议的真正分布式结构和开放式结构得以实现。正如罗兰·巴特所说，它是我们的"人造黄油行动"（Operation Margarine）[2]，而这正是助燃网络的生成性矛盾。

1　鲍勃·布雷登，私人通信，2002 年 12 月 25 日。
2　罗兰·巴特的"人造黄油行动"分析了民众对"人造黄油"的接受——恰恰因为它并非天然黄油这一缺陷过于显而易见，所以人们才逐渐学会接受它进入自己的厨房。巴特借此影射"既定秩序"如何通过适当地展示社会的失败并适当地自我批评来稳住民众的满足感，从而实现对民众的持续控制，使其对更大的邪恶视而不见。——译者注

第三部分

媒介理论*

（2006）

［美］马克·B.N. 汉森／著　韩晓强／译

　　"媒介决定了我们的境遇。"这是弗里德里希·基特勒那部重要且享誉后世的媒介理论史著作《留声机 电影 打字机》（1999）的开篇话语。基特勒以其对媒介物质性的具体探索，补充了福柯的"历史先天"（historical a priori）概念，他以一种当代媒介理论具有决定性意义的态度，激化了福柯作品中的前解释学或反解释学维度。以图解方式来看，基特勒的批判立场在两种媒介路径之间确立了一个基本的划分：一种是探索媒介（也包括新媒介）的经验维度；另一种则是挖掘媒介的技术逻辑，至少对基特勒而言，这些逻辑只是偶然地、无常地与人类感知的比率同步。这种划分的结果，本身就是某种（也可以说是有争议的）信息论同化的遗产，是媒介物质性与媒介现象性之间不可消除的往复振荡。在未必意味着不相容的僵局境况下，这种振荡似乎强加了一种视角转换的必要性，如此媒介批评家必须做出选择，要么突出为经验赋予某种条件的基础设施（媒介物质性），要么突出由此而实现

---

* ［美］马克·B.N. 汉森（Mark B. N. Hansen）著，《媒介理论》（Media Theory），韩晓强译，原文载《理论、文化与社会》（Theory, Culture & Society），第 23 卷，第 2-3 期，2006 年，第 297-306 页。

的经验。

我想表明的是，这种振荡包含了媒介向文化理论家提出的最基本的理论挑战。在一种意义上，它似乎革新了我们这个文学（和哲学）解构的媒介时代：就像保罗·德曼（或德里达）的诸多振荡——枚举和隐喻之间的振荡、物质性和现象性之间的振荡等——这种适当的媒介化振荡似乎对解释学的实践施加了一个约束性的、但也同时有利的框架。在另一种意义上，这种振荡可以被理解为经验的一种新的先验条件，尽管由于锚定在具体的或物质的技术性当中，它似乎会扰乱先验和经验之间的传统划分。正如我之前提及的，它类似于福柯的历史先天，但也类似于德勒兹的先验经验论（transcendental empiricism）：如此而言，这种振荡为真实的经验提供了条件，但又不超出经验的范围，说句实话，根本就没有先验可言。

我想表明的是，当代媒介占据了这两种历史—理论共鸣之间的空间，这样一来，它也对思想提出了新的要求，而这些要求既非来自解构主义思维，也非来自新先验论思维。正是出于这个原因，媒介理论标志着我们有机会在我们的思维中向前迈进，以最终取代（至少在某种意义上）经验—先验的二分，这一二分塑造了西方的媒介化思维，当然也包括技术的思维。换个说法——或许是更具争议的说法，媒介理论包含了技术污染思维的产物；它为扭转技术长久以来的从属地位提供了机会，海德格尔的著名格言"科技的本质是非技术的"说的就是这回事。[1] 容我重复一下，之所以有这种机会或

1　Martin Heidegger, "The Question Concerning Technology", in *The Question Concerning Technology and Other Essays*, W. Lovitt, trans., New York: Harper Perennial, 1982.

机遇，是因为媒介为我们的境遇提供了条件，尽管其方式可能与基特勒的意图大相径庭：通过为思想提供经验—技术性的基础设施，通过为思维的可能性提供某种技术化的物质性，媒介（如果无法主题化）仍然是创造思想经验的一个不可消除的方面。这种对媒介最基本的不可化约性的揭示，强调了任何理论立场的不足之处，即无法对这一理论振荡本身进行质询，仍然满足于仅仅将其视作对解释学的激进挑战，而非视其为公认的复杂条件的配置——无论解释学在我们今天的世界中可能是什么。在此，为了寻求对这一振荡的审视，我将努力解决媒介的理论和历史层面的相关问题，这些思想最终将被证明是不可分割的——尽管它们并非在事实上不可区分。倘若从某种意义上说，前文概述的当代理论的特殊机遇源自当今媒介的特殊状态，那么它也标志着一种技术和思想的"原始"关联。这是一种"先于"历史的关联，而且正是出于这一原因，它只能由历史、技术史以及思想史来表述。

媒介化

为了开始质询当代媒介挑战既有理论的这种振荡——物质性和现象学之间的振荡——我们有必要回到基特勒媒介史的一个重要（或者部分的）资源，这可以被称为麦克卢汉的形式主义媒介化概念。在《理解媒介》（*Understanding Media*，1964）中，麦克卢汉辨析了媒介与讯息，或者更准确地说，他把讯息定义为媒介本身。他这么做是为了实现从信息内容到其技术形式的概念转变，即让内容成为技术形式。在从口语到书面语再到电灯和汽车的一系列具体分析中，麦克卢汉实际上展示的可能是最激进的反解释学概念的解释学力量。事实上，从口语一直到计算机的整齐而精致的辩证法，为理解媒介划定了一个近乎流行面貌的黑格尔项目——一种名副其实的媒介化解释学——其首要原则是从讯息到媒介、从信息内容到技术形式的持续不断的转变。

尽管麦克卢汉的媒介化概念太过抽象形式化，但他的思维由某种对信息意义和技术表达（讯息与媒介）的深刻且连续的洞见所驱动，这对我们理解今天的媒介有重要意义。人们甚至可以说，麦氏那整齐的辩证法过于整齐，从讯息到媒介的转换也从未完全发生，这甚至称不上转换，而更像是一种扩大范围的解释学分析，以容纳讯息的物质技术载体〔就此而言，麦克卢汉的媒介解释学包含了一种与基特勒大相径庭的对信息论的文化同化；具体而言，它评估了具身接受（embodied reception）在唐纳德·麦凯（Donald McKay）所称的"总体信息论"（whole theory of information）中的作用，也就是具身化的积极作用，而非目光短浅地锚定在克劳德·香农及其之后的信息理论家所奠基的那个技术回路中〕。倘若这一辩证的不完整性最终损害了麦克卢汉理论的成效，那绝非坏事，因为这将为我们提供进一步探索讯息和媒介之相互"转导"（transduction）的机会，而且我认为这种转导在当今媒介时代变得越来越普遍（按照吉尔伯特·西蒙东的概念，转导是一种关系，其中关系比所有相关物更重要）。按此理解，麦克卢汉作为倡导文化与技术不可分割性的最重要的思想家之一，以及对这种业已确立且仍在主导媒介论战的两极化策略进行深度抵抗的人物，获得了其应有的地位。就其立场而言，根本就不存在什么技术决定论，这不是因为技术并不决定我们的境遇，而是因为技术并未（也不可能）从文化之外的立场上如此行事；同样，麦氏的思想也不存在文化建构论——这被理解为对意识形态或文化机构的僵化的、一揽子的特权——之类的东西，这不是因为文化不建构意识形态和经验，而是因为它若不依赖于超越其意向性范围、其文化意识形态机构的技术，就无法如此行事。

媒介

然而，麦克卢汉的另一个维度有助于强调一种深层的连续性，它为（麦氏）媒介史那过于差异化的辩证法奠定了基础。通过将媒介——以及媒介本身的运作——与人类经验的（感官—知觉）"比率"联系起来，麦克卢汉强调了人类与技术的"本质"关联。尽管这一关联从未成为其理论中的明确主题，但这已经包含在了他将媒介视为人类经验假体（prosthesis）的观念当中，从而表明了人类的具身性一直存在于媒介史中，这就与一些重要的当代媒介理论家和技术哲学家达成了共识。比如，麦克卢汉能与凯瑟琳·海尔斯捍卫具身性、反对将其还原为信息模式的观点[1]产生深度共鸣，因为他将媒介视为假体的观念必然会将其置于和人体的转导关系之中；与海尔斯不同的是，麦克卢汉未能充分区分信息在人类媒介和非人类媒介中的具身化呈现方式，他将这两种不同的具身化形式视作无从割裂的固有关联。同时，麦克卢汉也坚持认为人体不能被理解为第一或首要的媒介，就像一些后

---

1 N. Katherine Hayles, *How We Became Posthuman*, Chicago, IL: University of Chicago Press, 1999.

人类支持者所主张的那样，麦氏的观念严格对立于技术主义者（这些人包括基特勒和他那些"媒介科学家"同胞）的伎俩，因为这些伎俩将全面的自主权赋予了技术，而非人类及其感官—知觉"比率"。

就此而言，麦克卢汉的工作与另一位重要的当代批评家、哲学家贝尔纳·斯蒂格勒的立场较为一致，后者将现象学与解构主义扩展到技术领域，是为了避免让技术从属于思维（哲学）。继人类学家安德烈·勒鲁瓦-古昂之后，斯蒂格勒论证了技术与人类的共同起源，从而表明人类作为一个独特物种的突然出现不过是一种技术上的发明。由于最早的原人类化石遗迹与最早的原始碎石工具遗迹是在同一时代被发现的，斯蒂格勒就为自己的"人类作为假体生命而起源"的理论找到了重要的经验性支持。斯蒂格勒认为，人类是通过以文化传递知识而进化的；这意味着人类"本质上"是技术的，而且从其"起源"之日就是如此。为了将其与严格的动物学进化区别开来，斯蒂格勒将人类进化定义为在生物和文化上皆不可化约的事项；这发生在他称为"后种系成"（epiphylogenesis）的过程中，即通过生命之外的方式进化。

在当前语境下回到斯蒂格勒的工作很有必要，因为这涉及我们对媒介概念的理解。更确切地说，他关于人类与技术载体"原初耦合"（inaugural coupling）的观点支持了将媒介作为生命环境的概念化操作。这一概念化操作明确借鉴了最近在生物自创生（biological autopoiesis，与其他重要主张不同，生物自创生证明了具身的生命必然要卷入生物体与环境之间的"结构性耦合"）方面的工作，但更重要的是，它以一种开启技术之门的方式进行，也就是用独特且总归是具体的技术操作污染了生命的逻辑。从这个角度来看，媒介从一开始就是一个不可回避的与生命、人类的后种系生成以及它产生的具体效果（历史）相联系的概念。因此，早在英语中出现"媒介"一词之前，或者在作为其词源的拉丁语的"媒介"（意味着中间、中心、中断、中间线路，因此也意味着中介化与中间性）出现之前，媒介就已经作为一种操作而存在，它从根本上与生命联系在一起，但也同样与技术联系在一起。我们可以说，媒介涉及本质上属于技术性的生活，涉及我在其他地方所称的"技术生命"（technical life）；它是一个生命体与其环境之间的媒介化操作，也可能是具体媒介化过程中的载体操作。就此而言，媒介或许命名了有机体与环境之间的转导，这构成了本质上属于技术性的生命；因此，它不亚于一种令生命外化的媒介，或者相应而言令环境的选择现实化的媒介，以及用于创造弗朗西斯科·瓦雷拉（Francisco Varela）称之为"意义之剩余"（surplus of significance）的媒介，这种剩余源自从未标记的环境中划出一个世界或者一个存在的领域。

这种将媒介作为生命环境（或者更确切地说，作为生命和环境的转导载体）的概念化，与媒介作为一个具体且狭隘的技术实体的概念大相径庭。在它可以用于指定任何给定的、技术特异性的转换或调介形式之前，媒介定义了一种人类化的本体论条件——一种外化的构成维度，它属于技术与生命之间转导的一部分。众多当代批评家将媒介（medium，以及作为其复数形式的 media）视为一个客观领域或物之世界的一部分，但这一领域或世界独立于（或潜在地独立于）人类行动和交流的世界，他们也根本没有考虑这种差异。他们并未认识到，这样的媒介与媒介化必然涉及生命的运作，以及人类具身性的运作。人们要么关注信息在当代机器中的具体化身，就如海尔斯在她最重要的、开创性的工作中所做的那样；要么关注具体存储的技术（它作为在特定历史时刻可铭写之物的基础），就像基特勒在他同样重要的、开创性的工作中所做的那样……因此，这些工作只涉及双向回路的一个方面，况且随着技术演变加速到令人迷惑的程度，这个双向回路会变得更为复杂、更为相互交织且更富成效。

倘若海尔斯、基特勒和他们各自的后继者（更不用说其他看似关注媒介人造物的当代艺术评论家及批评潮流）很容易为他们无视技术的生命基础找到借口，那必然是因为工业革命以来伴随着技术革新的一种迷失感。正如斯蒂格勒对西蒙东之重要分析的扩展表述：工业革命标志着技术演进的巨大加速，这种加速被理解为一个（第三）领域——"有机化的无生命物质"——介于生命和无生命、活跃和惰性之间的领域。无论这种大规模的加速有多快，以及由此产生的迷失感有多强，对人类产生的影响有多大，它都未曾改变人类与技术之间的理论性关联。即使在这种加速的持续并与技术构成关联的最新阶段，人类也继续通过外化——也就是通过生命之外的手段来进化，我们可以再次回顾一下，正是这种外化构成了人之为人的首要因素。技术演进的大规模加速使人们清楚地认识到，人类的进化必然是而且始终都是与技术的共同进化。人类进化属于"后种系生成"，就此而言，人类总是在与技术演进的递归关系中不断进化。

　　既然这同样意味着媒介的概念在这个不稳定的时代中保持了稳定性——它继续标明外化以及支持人类与技术之间转导的必然性——我们对媒介作为生命环境的理解与通过技术人造性将媒介历史化的努力之间便产生了冲突。从"媒介"一词作为一个独特实体出现的那一刻起，媒介的语义历史就展现出这种冲突的迹象；很显然，媒介的工具性意义衍生自后古典时代的拉丁文短语 *per medium*，媒介自那时起便带有某种流通的意义，而这种意义自 18 世纪开始转变为大众流通的意义（由此被称作"大众媒介"）。随着具体的媒介在这种工具性意义上不断扩展，我们也很容易理解为何媒介作为生命环境的意义会变得晦暗不明，也就是说，它将重点从"起源"和媒介化运作转向了其人造性，这种转移由于大众媒介的普遍兴起以及新媒介技术的不断扩散而得到强化，而这说到底正是文艺复兴以来西方历史的特点。

　　当基特勒声称在 19 世纪媒介分化之前，只有一种普遍的媒介（字母文字），因此就不存在"媒介"这样的概念（因为作为一个差异性的概念，至少应存在两种媒介），他便背叛了自己对上述意义上媒介人造性概念的忠诚。留声机、电影与打字机是存储一切可以被技术性铭写的不同可能性事物的技术化身；就此而言，正如基特勒所述，它们分别为拉康的三个区间，即实在界、想象界与象征界提供了技术基础设施（或者说是一种技术先验基础），由此也为 19 世纪中期以来所有可能的经验提供了技术基础设施（也就是说，基特勒在此跟随并依赖于拉康的理解）。然而，由于痴迷于留声机、电影与打字机的"三位一体"，基特勒忽略了西方再现文化的厚重历史（在某种程度上，绘画难道不是一种可以与字母文字相媲美的存储媒介吗？）。更为重要的是，他放弃了存储与生命之间的本质关联，而这一关联是麦克卢汉、勒鲁瓦-古昂与斯蒂格勒作品的核心。因此，媒介人造物的"三位一体"并不包括人体的技术外化，而是为人类的意识形式提供了技术基础；如果这种媒介史本质上的反人本主义（这可以视作早期福柯认识论的反人本主义的一部分）必须等待数字技术的去差异化才能完全显现出来，那么它仍然全面激发了基特勒的分析。出于这个原因，这种反人本主义通过悬置媒介作为生命环境的功能，以及悬置媒介支持技术与生命之间转导的作用，实现了其根本目的。

也就是说，数字——尤其是媒介在数字代码这一"超级媒介"中完全融合的可能性——容许我们用一种极富建设性的方式重塑媒介史，这一点意义重大。然而，这样的重塑远远未能证明人在技术回路中的非必要性，它能告诉我们的恰恰是媒介总是与生命有莫大的关联：具体而言，我们了解到所有的媒介所调介的无非都是生命，而（人类）生命就是一种媒介化，即通过在一种环境或一种媒介中的外化让生命得到具体的实现。由此，与其说代码形成了一种普遍的、适当的"后媒介"存储形式，不如说它涵盖了技术持续演进的最新阶段，当然也是最复杂的阶段；由此，它并非从外部影响人类（正如基特勒的后人类主义幻想所表明的），而是作为构成人类的绝对外化之扩展，而这种外化位于人类作为一种生命形式的最内在核心。

鉴于我们在此的旨趣是超越媒介的人造性概念和转导性概念之间的对立（这种对立是某些当代批评家因迷信前者所强加的，并由过去两个世纪中技术大规模的加速发展所强化），我们有必要解释媒介人造物与人类技术创生之间的互补性，并由此区分两种自主性概念。诚然，我们在此必须赞同基特勒与海尔斯的观点，即今天的技术在日常生活的生产与物种生命的繁衍中都执行着极其复杂的认知劳动。事实上，它们往往太过复杂，以至给人一种生命完全自主的感觉，或者发展出一种全新生命形式的感觉。这种全新生命形式能够进行各种各样的理论化，例如人工生命［克里斯·朗顿（Chris Langton）与托马斯·雷（Thomas Ray）］、一种全新的系统耦合以及一种新的自创生繁殖形式（尼克拉斯·卢曼）。但面对这种自主性的诱惑，重要的是要牢记无论这些技术在认知上变得多么复杂，它们也只能通过与人类耦合来运作，即使这些耦合进行了复杂且多重的调介也是如此（这类情况已经变得越来越常规）。从这个角度来看，如果某天"我们"真的以人造方式创造了人工生命——一个真正的新进化世系，或者说，如果在我们参与的宇宙生命进程之外出现了这样一种人工生命的人造起源，那么它就不再与人类相关（经由人类与技术之间的物种构成转导），因此它很可能声称自己拥有真正的自主权。

　　西蒙东关于技术作为生命和非生命之间第三个本体领域而演进的工作，提供了一种不同的、相对较弱的自主性概念，准确来说是准自主性概念。这一概念由双重事实界定：一方面，技术享有自身的进化脉络（即使这是一个一直以来且继续得到人类干预帮助的进化脉络）；另一方面，它在本质上与人类相关，是一个独特的（类似于准自主性的）进化脉络。技术的这种准自主性支持了某种概念，即人类的进化与技术的进化通过互惠的（尽管非对称的）间接方式而相互关联。根据这一概念，技术并非通过因果关系来运作，而是技术影响人类，人类也同时影响技术，以此作为对另一方组织维持（因此也是系统维持）运作的彼此扰动。技术与生命通过激发对方的组织封闭性危机来影响彼此，如此它们各自都必须改变，这无须屈从于外部的力量来改变，而是通过遵循操作规则和保留构成性原则的自体（再）构造〔self-（re-）structuring〕来改变。这导致一种相互的、双向的、不对称的间接辩证法：通过技术对生活进行的，以及通过具身化对机械进行的一种间断的、非线性的、极其复杂的递归催化作用。

正如我在其他文章中提及的那样，荷兰建筑师拉尔斯·斯伯伊布里克（Lars Spuybroek）与荷兰声音艺术家埃德温·范德海德（Edwin van der Heide）共同创作的《声之屋》（*Son-O-House*）为这一复杂辩证关系提供了一个完美的，甚至在我来看属于完美预言的例证。[1] 事实上，它成了一个模板，能说明如何以我们所称的人工手段，即非生命（至少是非遗传性）手段来刺激人与机器之间的交叉"授精"。从捕捉人类在居家空间中的运动数据开始，该项目经历了几个变形的阶段——包括建造一个纸质模型，将该模型数字化，再将其转化为一个声音环境——其中每一个阶段都涵盖了间接辩证法

1　Mark B. N. Hansen, "Embodiment：The Machinic and the Human", in *aRt&D: Research and Development in Art*, J. Brouwer et al., eds., Rotterdam：V2_Publishing/ NAi Publishers，2005.

中的一个阶段。斯伯伊布里克与范德海德由此实现的是对今天人类技术创生状态的一种操演式声明—表述：一方面，他们展示了这种技术的准自主性（这不仅体现在数字计算机上，而且体现在纸张作为"物质机器"的作用上，这种机器具有某些可以说是突现的自主属性——在此是由切割、弯曲和装订的能力发展而来的）如何挑战对空间的具身占有习惯。另一方面，他们展示了人类具身化的原则——特别是操作（或组织）闭合性原则，即准自主性本身的原则——是如何在生命与机器的转导性辩证中保留某种特权的，这是一种提供绝对规则让彼此按此改变的特权，也是为两者影响对方的能力提供某种模式的特权。这便是为什么辩证法是非对称的：作为生命的"原始"关联物，或者一种创造生命本身的条件，媒介技术仍然并且只能维持在由（人类）生命的创生所开启的历史中。

　　所有这一切都在该项目第二层的操演或互动部分，即声音环境中得到了完整的体现。正如字面义"声音居住的房子"所示，《声之屋》是一个曲面的空间，由弯曲的肋骨条形物构成，这迫使参观者在行走中弯曲自己的身体；空间中也布满了扬声器和运动传感器，能在运动和频率之间创造一种反馈，产生不同的频率干扰呈现形式。用我自己的话来说，《声之屋》将身体、声音和空间汇集成一个正反馈系统，创造了两种形态的涌现：新的身体运动以及新的频率干扰。虽然这两种涌现——人与机器各自的涌现——只有通过对方引入的扰动才得以可能，但它们说到底都是通过尊重其操作封闭性构成原则的重组而发生的。虽然两者都遵循同样的基本规则——让运动创造空间——但每一种都是以其自身独特的方式进行。也就是说两者都在间接性中保留了其核心价值……正如声音本身并不直接导致身体运动的变化，而是影响产生这些变化的内部处理那样，游客的运动与声音构成产生的影响，不仅仅是对现有声音的影响，即对频率干扰事件本身的影响。由此，数字声音生成（构成）系统的"自主性"与具身行动的（独特）自主性相结合，用以支持该作品所创造的复杂互动性。[1]

媒介批评

斯伯伊布里克与范德海德将《声之屋》作为对我们当代全球化媒介系统的一种批判性干预。作为一个从荷兰信息技术产业中心埃因霍温走廊（Eindhoven corridor）的主导模式下撤离的空间，《声之屋》探索了以纸张作为"模拟计算机"、以数字计算机自身作为一种模拟过程之转换的准自主性以及物质创造性。这样一来，它为布莱恩·马苏米关于"模拟优越性"的重要主张提供了支撑：通过展示数字与模拟的合作模式——"转换性整合、转译与延迟"——本身就是模拟操作，马苏米提供了一个不同的，但是可以被证实的说明：具身化享有对技术的某种特权。[2]利用模拟的过度以及具身行为的过度物质性，《声之屋》在当代实时媒介网络的工业化范式的平稳流动中引入了推迟和延迟效应。由此，它暴露了实时互动模式背后复杂的、高度人工化的预编程，正如贝尔纳·斯蒂格

1　J. Brouwer et al.，*aRt&D: Research and Development in Art*，Rotterdam：V2_Publishing/ NAi Publishers，2005，pp.161-162.

2　Brian Massumi，"On the Superiority of the Analog"，in *Parables for the Virtual: Movement*，Affect，Sensation，Durham，NC：Duke University Press，2002，p.143.

勒所表明的，其目的在于通过对人们的意识时间进行劫掠和标准化来塑造温顺的观众。在我看来，作为对当代媒介系统的一种批判性干预，《声之屋》之所以如此有效和有趣，是因为它回到了具身化的领域，尤其是它明确努力探索模拟的优越性，以及它所传达的人类的某种特权：因为它将作为具身行动标志的间接性视为推迟和延迟的绝对来源，《声之屋》促进了互动性的重新编程（reprogramming），这开发了人类具身化的物质创造性，并产生了根本上新生的人类感觉以及（伴随着转导辩证问题中的耦合）新生的机器流程。

就我们的目的而言，更重要的是《声之屋》涵盖了一个更普遍的（潜在）政治媒介化案例，我将其称为自然流现（presencing）的政治。这种政治的核心是努力开发数字技术提供的可能性，特别是分析合成声音图像的新技术能力，而这些能力提供了进入和控制意识流（也就是控制生命本身的流动）的当代媒介行为（或者媒介的人造行为）。从斯蒂格勒对当代实时全球媒介（互联网时代的"电影"是其主要典范）的分析中，这种自然流现的政治找到了其起源点；根据斯蒂格勒的观点，电影涵盖了电影聚合形式的"时间对象"——意识正是依靠与其之间的联系而与自身保持距离并反思自己的时间流，对于康德以降的西方哲学来说，时间的内自我情动（inner self-affection）构成了"内感官"或"内时间意识"的根本内容。

通过修正胡塞尔对时间意识的论述——尤其是他将音乐旋律确立为典型的时间对象——斯蒂格勒得以证明当代文化工业如何通过控制和直接将时间意识本身资本化来运作。从斯蒂格勒的修正中可见的事实是，今天的时间对象虽然保留了其作为构成时间意识的自我反思之替代品的功能，但就我们一直使用该术语的意义上，它仍然是一个无可争议的媒介人造物。与胡塞尔的旋律不同，电影在斯蒂格勒有意扩展的范围中，从各方面来说都是一个媒介系统的对象，其目的是以能够想象到的最精打细算的方式，让思维的主观流动服从于预编程的、彻底标准化的媒介人造物的时间模式。就此而言——政治正是在此介入——当代的时间对象/媒介人造物构成了一个斗争的场所，这是一场关于谁控制了意识流的斗争，或者更准确地说，是关于第二持留以及它对第一持留或者新的自然流现产物的选择性（因而也是决定性的）影响的争斗。正如斯蒂格勒表明的，当代文化工业通过提供预编程的、媒介人造的记忆对象（第三记忆）来努力行使和维持对文化记忆（第二记忆）的遏制，由于这类记忆对象具备一种诱惑性及普遍性，从而能侵蚀个人意识并取代作为第二记忆之基础的活生生的经验。这正是今天电视作为一个时间对象及一种文化工业的运作方式，也是斯蒂格勒所认为的传统日渐被传承给新意识的方式，也就是说，它作为不曾被个人意识经历过却能被个人意识所采用，而且越来越需要被个人意识所采用的东西。

因此，对媒介系统进行一种批判性阻断的可能性，关系到是否有办法抵抗这种意识工业化的问题。倘若文化工业提供的媒介人造物成功取代了个人记忆在新经验的生产、新的自然流现方面的作用，那么至少就未来产生于预期或期望——前摄（protentions）——的程度而言，文化工业成功地控制了未来，毕竟前摄本身就是第二持留的投射。如今很容易看到数字技术——准确来说是对图像和声音流进行分析与综合的能力——能在此提供一些希望。因为通过促进个人对时间流的控制——无论是人们客厅中的电视流［想想数字录像机（TIVO）以及其他数字存储系统的潜力］还是全球宽带网络和信息数据库的信息流——数字技术使个体的第二记忆重申对新的自然流现之物的某些控制权，进而重申对未来之投射的控制权。简而言之：因为它们容许个人那活生生的意识控制作为其代理时间对象的媒介人造物的流动，它们容许意识按照其自身的节奏来经历时间（至少某种程度上而言）。总之，数字技术恢复了个人生命意识在过去两个世纪的加速技术演进中（显然）失去的某些能动性；通过展现技术作为具身生命关联物的运作方式（正如我们上文提到的媒介化概念的论述），数字技术帮助个人意识创造性且实质性地介入自然流现的创造中，这些自然流现之物构成——并且作为一个本质上的技术过程构成——生活现实本身，包括（构成）意识的生活现实。

数字媒介技术的这种政治部署提出了两个相关的历史区分，而这直接关系到文化工业的主题及其未来前景。

第一种历史区分是新媒介新在哪的问题，也就是说它与其他媒介形式有什么区别，无论是"旧"媒介，还是不加任何标志性术语的单纯的媒介自身。我们迄今为止的讨论表明，新媒介绝非（也不可能）仅仅因为其技术特异性而成为新事物。如果正如我们所论证的，技术总是关乎生命，而数字则尤其关乎模拟，那么像列夫·马诺维奇那样聚焦于可编程性与计算的形式主义或技术主义维度的新媒介分析（这里同样可推及基特勒及其德国媒介科学家同僚的分析）仍然是实证主义且极其片面的。表明这一点的另一种方式，则如上文所言，新媒介这个单称复数术语不能被简单地指认为一种（或诸多新型的）媒介人造物，而是必须被指定为人类技术创生的一个新阶段，也就是首先由新的技术能力所催生（正如之前的分析）的阶段，这个阶段会变得古老且缺乏标记。当然，这里使用的"新"这个词，是标称现代性历史特异性的一种方式，但同时也是标称这种现代主义辩证法技术特异性的一种方式：作为一种技术——历史现象及脉络，媒介在根本上是永恒的，而永恒便是"新"的重复发明。

第二种历史区分——新媒介与大众媒介之区分——将这种媒介作为"新"之永恒发明的、理解的开放性及其政治潜力带到了意识工业（consciousness industry）这个充满矛盾的话题上。最近许多批评家表示欢迎新媒介，将其视作一种能接替大众媒介的新型基础设施——实际上是一种新的媒介系统。因此，菲利克斯·加塔利谈及一种后大众媒介文化，它将挖掘数字媒介的奇异性潜力，尤其是它实现活跃情动（living affects）的潜力；[1] 同样，皮埃尔·莱维从数字技术提供的各种具体能力中发展出一整套美学，以之干预和重新挪用大众文化人造物（采样技术便是一个重要例证）。[2] 虽然这些说法的确重要，也确实有助于一种批判性的媒介政治学，但它

1　Félix Guattari, *Chaosmosis: An Ethicoaesthetic Paradigm*, P.Bains and J. Pfannis, trans., Bloomington, IN: Indiana University Press, 1995.

2　Pierre Lévy, *Becoming Virtual: Reality in the Digital Age*, R. Bononno, trans., New York: Plenum Publishing, 1998.

们终究是片面的，因为它们未能克制今天大众媒介所行使的持续力量，或者说某种霸权。就此而言，斯蒂格勒分析的优点之一（让我们重申一遍，斯蒂格勒也赞赏数字技术的批判潜力）在于抵制任何乌托邦式的希望（或妄想），即新媒介将会以某种方式取代和继承大众媒介，而大众媒介将随之谢幕。

斯蒂格勒的分析中最令人兴奋的，或许是成功诊断了他所称的当代文化中存在的（或勉强维系的）且不至于对未来失去希望的"象征的贫困"（symbolic misery）。就此而言，我认为斯蒂格勒远离了阿多诺与霍克海默著名的文化工业批判中彻底的悲观主义，这一点是令人赞赏的：通过将当代文化工业——更准确地说是构成其物质基础设施的技术——视为重申个人对第二持留及时间流控制的（潜在）来源，斯蒂格勒的贡献并不简单止步于对德国哲学家所描绘的严峻场景进行"后现代化"。事实上，他确证了人类技术创生概念的最深刻洞见，见证了生命与技术转导性耦合的最深刻的维度，这至少在当下令人眼花缭乱的技术发展时代与我们息息相关：这便是伴随着且始终伴随着风险，作为本质上的技术性产物或者后种系生成的人类生命。斯蒂格勒的作品在很大程度上补偿了瓦尔特·本雅明对大众文化的奇特赏析以及他对美学与政治之间脆弱平衡的洞见，[1] 斯蒂格勒的作品展现了一种风险——而且确实以这个概念为前提——它并非一种根本不值得承担的风险，而是必须承担的风险。对一个可行未来的希望，对保持向未来开放的希望，需要与今天的文化工业及其

1　Walter Benjamin, "The Work of Art in the Age of Mechanical Reproduction", in *Illuminations*, H. Zohn, trans., New York: Schocken, 1969.

生产的媒介人造物进行斗争。这种斗争是关于控制作为生活独特性的资源的斗争，也就是关于构成人类存在的转导辩证法（在生命与技术之间）这一资源的斗争。这就是为何要寻找新的方式来挖掘人类具身化的创造性——重新发现具身时间流的独特性——因为这涵盖了当今媒介理论家最紧迫的挑战和最鼓舞人心的任务。

数据制造肉身：生物技术与后人类话语*

（2003）

［美］尤金·萨克 / 著　张铎瀚 / 译

> 然后你可以把自己扔进高速的漂移和滑行中，绝对投入，但又全然分离，在你四周是喧嚣的舞蹈、互动的信息，还有黑市迷宫里数据制造的肉身。
>
> ——威廉·吉布森《神经漫游者》

新身体，新媒介

近年来，主流媒体的报道中越来越常见到一类新词汇："基因组"（genomes）、"蛋白质组"（proteomes）、"干细胞"（stem cells）、"单核苷酸多态性"（Single Nucleotide Polymorphism，简称 SNP）、"微阵列"（microarrays）及其他神秘生物实体的标题充斥着有关生物技术（biotechnology）的诸多报道。人类基因组项目的完结、关于使用胚胎干细胞的政策决定、关于基因专利的争议以及关于人类治疗性克隆技术的持续争论，这些只是生物技术研究带给公共讨论的部分问题。对于许多倡导者和反对者而言，所谓的生物技术世纪

* ［美］尤金·萨克（Eugene Thacker）著，《数据制造肉身：生物技术与后人类话语》（Data Made Flesh：Biotechnology and the Discourse of the Posthuman），张铎瀚译，原文载《文化批评》（Cultural Critique），第 53 期，《后人类主义》专刊，2003 年冬季刊，第 72-97 页。

似乎已全面启航。

但我们在描述生物技术时可能要更具体一些，对许多人而言，生物技术正在成为生命科学和医学研究的新范式。这意味着，目前生物技术的主要特征之一是生物科学（bioscience）和计算机科学的交叉；或者换言之，是基因"代码"和计算机"代码"的交叉。在生物技术研究中，这被视为生物信息学（bioinformatics）领域，它只是将计算机技术应用于生命科学研究。其产品包括在线基因组数据库、自动基因测序计算机、DNA诊断工具，以及先进的数据挖掘和基因探测软件应用。当我们考虑这些领域的进展时，不难发现生物技术是生物和信息学之间的一种独特关系。正如塞雷拉基因组公司（Celera Genomics）的首席执行官克雷格·文特尔（Craig Venter）所说："我们既是一家信息技术公司，也是一家生物技术公司。"康柏计算机公司（Compaq Computing）的董事长本杰明·罗森（Ben Rosen）重申了这一概念，他说："生物学正在成为一门信息科学。"

生物技术和信息技术之间的这些融合带来了诸多问题。在基因组数据库方面，拥有一个身体，成为一个身体，究竟意味着什么？当生物技术研究表明我们有能力在实验室中培育细胞、组织乃至器官时，我们对身体的观念该如何转变？生物学和技术之间的界限是如何通过生物技术实验室中常用的DNA芯片进行重新配置的？在生物技术研究中，当"人类"（the human）这个指称通过信息技术而日益网络化时，又会发生什么？

在生物学与技术、遗传学与计算机科学、DNA与二进制代码之间，存在一种人类与机器之间更基本的关系。我将把"后人类主义"（posthumanism）作为一套广泛的话语，就哲学角度而言，它在处理人机关系方面包含了两条主线。我将第一条主线称为"反熵主义"（extropianism），它包括通过科学技术的进步对人类境况的下一阶段进行的理论—技术探索，这大多是对前沿技术将带来根本变化的亲技术性论述。本文的第一部分将用来分析和批判后人类主义思想的反熵主义分支，尤其针对它定义"信息"一词的方式。第二条主线是更具批判性的后人类主义，大致是对第一部分的回应，同时涵盖了当代文化理论家的一些关键文本，将后现代的主体理论与新技术的政治含义结合起来；第二部分将根据后人类话语来思考生物技术研究。虽然生物技术研究提出了许多与反熵性和批判性的后人类主义论述相同的问题，但它也阐明了人类与机器、肉体与数据、基因"代码"与计算机"代码"之间的独特关联。这两条线索都为"人类"概念的多样化、自我转化，以及如新技术般迅速变异的方式提供了宝贵的见解。

反熵者的入侵

关于先进技术——从纳米技术到神经计算——如何加强、增强和推动人类进入后人类的未来，此类研究已经越来越多，有理论的也有实践的。如汉斯·莫拉维克（Hans Moravec）、雷伊·库兹韦尔（Ray Kurzweil）、马文·明斯基（Marvin Minsky）、理查德·道金斯（Richard Dawkins）等科学理论家，都处在这条思路上。诸如反熵研究所（Extropy Institute）和世界超人类协会（World Transhumanist Organization）等机构，也在创建基于跨人类主义和反熵性理念的网络社区方面发挥了相应的作用。

这种转变的一个突出特点，涵盖了"上传"（uploading）的概念，其中人类头脑中的神经模式活动与先进的神经网络计算能力之间的相似之处，将使人类能够把他们的心智转移到更持久（读作：不朽）的硬件系统中。[1] 所有这些都是通过一种特别强调信息模式的身体观而实现的，一旦大脑可以被分析为一组信息通道，那么这种模式就可以被复制到硬件和软件系统中。正如雷伊·库兹韦尔所说：

> 截至目前，我们的死亡与我们的硬件寿命息息相关。当硬件崩溃时，就全完了。对于我们的许多祖先来说，硬件在解体之前就已经逐渐恶化了……当我们跨越鸿沟，将自己实例化为我们的计算技术时，我们的身份将基于我们不断发展的心智文件（mind file）。我们将是软件，而不是硬件……我们身份的本质将转换为我们软件的持久性。[2]

其他变化包括通过纳米技术（逐个原子、逐个分子地构建有机和非有机物体）来改造物质世界，包括生物领域；通过生物技术与环境建立新的关系，以及研发智能计算系统来增强人类的思维。

这种后人类主义——我一般称之为"反熵主义"——的一个关键特征是：它有意识地把自己塑造为一种人本主义类

---

1 Hans Moravec, *Mind Children: The Future of Robot and Human Intelligence*, Oxford：Cambridge University Press，1988，pp.109-110.

2 Ray Kurzweil, *The Age of Spiritual Machines: When Computers Exceed Human Intelligence*, New York：Penguin，1999，pp.128-129.

型。也就是说，就像与启蒙运动相关的人本主义类型一样，反熵主义的人本主义将人类的某些独特品质置于中心，包括自我意识、意识和反思、自我引导和发展、科技进步的能力以及对理性思维的评估。正如马克斯·莫尔在《反熵主义者的原则：一则跨人类主义者的宣言》（1999）一文中提及，关键原则包括"永久进步"、"自我改造"、"实用乐观主义"、"智能技术"、"开放社会"、"自我引导"和"理性思考"。

就像启蒙运动对科学与技术的看法一样，反熵主义者也认为技术发展是人类不可避免的进步。机器人技术、纳米技术、冷冻技术和神经网络技术都提供了增强、扩大和改善人类境况的模式。正如"跨人类主义者宣言"所称：

> 与人文主义者一样，跨人类主义者赞成理性、进步和以我们的福祉为中心的价值观，而非围绕着某个外部的宗教权威。跨人类主义者通过将科学技术与批判创新思维相结合的方式，进一步挑战人类极限。我们挑战衰老和死亡那不可避免的结局，我们寻求持续增强我们的智力、身体能力和情感发展。我们认为人类是智力进化发展中的一个过渡阶段。我们主张用科学来加速我们从人类向跨人类或后人类状态的转变。[1]

反熵式技术方法的一个关键因素是技术进步必然意味着作为一个物种和社会的"人类"的进步；也就是说，就像人类将通过这些技术被改造一样，它也会相应地保持自身的某

---

[1]　Max More，"The Extropian Principles：A Transhumanist Declaration"，1999.（网络文章）

些本质。正是在这种身份认同和激进变化的紧张关系中，在软件思维的愿景和生物身体的现实之间，反熵主义揭示了后人类主义思维的内在张力。作为后人类话语中的一条特殊线索，反熵主义可以沿着三条主线来描述：作为一种对欧洲人本主义的技术偏见的修正、作为一种将技术视为自我和非自我的方法，以及作为一种将生命科学概念用于社会和政治问题的趋势。以下是对这些趋势的进一步阐述。

人本主义

反熵主义作为一种"升级的"人本主义，其自我指涉可谓是战略性的；它使后人类主义能够通过科学和技术重新发挥人类力量在塑造世界方面的中心地位，而不需要被动地依赖卢德主义意识形态（Luddite ideologies）、"自然"或者宗教权威。作为人本主义的一种形式，后人类将最前沿的技术当作变革的施动者（agents of change）交付到人类主体手中。从历史上看，这超越了西方工业主义对自然环境的控制：它不仅是对环境的全面改造，也是对该环境的人类控制者的改造。

后人类主义这一线索的盲点在于，技术本身积极参与塑造世界的方式未被纳入考虑。借用布鲁诺·拉图尔的一个术语，反熵主义将技术化的主体作为变革的施动者，而没有适当考虑"非人类"（nonhumans）和"行动元"（actants）同样积极参与世界变革的方式。[1] 这并不是说我们以某种方式将人类的主体性赋予我们的技术，而是说技术那处境化的、偶然性的效果与"使用"这些技术的主体不可分割。虽然反熵思维

1　Bruno Latour, *Pandora's Hope: Essays on the Reality of Science Studies*, Cambridge: Harvard University Press, 1999, pp.122-123.

的人本主义倾向明显地将特权赋予了服务于人类的未来主义愿景（硬件系统中的后生物学生命、智能增强的头脑，以及更接近现状的延长寿命、基因改造强身和智能药物），但对反熵主义者来说仍未明晰的是：人类在何种程度上可以被改造且仍还是"人类"？

反熵主义通过宣称某些属性的普遍性来逃避这个问题，比如理性、智慧、自我实现、平等主义、伦理思考和超越性。通过假定"智能"（intelligence）和"感知"（sentience）经历时间推移和连续变化后保持不变，反熵主义将基于人本主义的傲慢偷换到技术驱动的进化范式中。当后人类思想家必须考虑人类的命运或其历史时，相应的冲突便出现了。往往未被考虑的是"人类一直是后人类"的方式以及"技术一直作为非人类行动元运作"的方式。[1]

技术工具

对后人类的一个关键要求是，技术首先被视为一种工具。这种"技术即工具"的动机——对使能技术（enabling technology）的投资——以几种方式运作。在某种意义上，它预设并要求在人与机器、生物与技术、自然与文化之间进行边界管理。在这种情况下，反熵主义需要在人和机器之间进行本体论的分离。它需要这种分离，以保证人类主体在决定他们自己未来以及使用新技术来实现这一未来时的能动性。

1　Keith Ansell-Pearson，*Viroid Life: Perspectives on Nietzsche and the Transhuman Condition*，New York：Routledge，1997，pp.123-150；Bruno Latour，*Pandora's Hope: Essays on the Reality of Science Studies*，Cambridge：Harvard University Press，1999，pp.174-216.

它是不对称的，其中人类主体是行动者，而技术是人类主体所使用的假体。[1]

这种分离也为技术的中立性提供了保证。正如马歇尔·麦克卢汉很久以前所论述的，相对于技术而言，最危险的立场是假定其中立性。[2]这样一来，纯研究的安全空间可以提供一系列乌托邦式的可能性，而无须考虑构成每一技术发展的历史、社会和政治上的偶然性。因此，人或人本主义的立场成为抵御技术决定论威胁的保障。正是人类用户保证了对其他价值中立性技术的正确、有益的使用。

此外，人与机器的本体论分离也在自然和技术领域之间建立了一定程度的距离，这种距离为人类作为进化产物的持续发展提供了安全来源。通过将技术视为透明的，反熵主义能够表明它将以一种完全适合所有制度、政府和技术背景的规范方式来改变、惠及和改善人类。

因此，技术以一种复杂的方式在后人类主义的反熵分支中运作。它被当作一种工具，一种既透明又价值中立的工具，并因此从任何社会历史的偶然性中被抽象出来。但这种本体论上的分离也隐藏着一种嵌入后人类的技术幻想：一个关于技术不合时宜的幻想，在这个幻想中，人类进步到无须技术的程度，技术实际上业已消失。此景之下，目标是达到一种最佳的自给自足、自主和自我实现的状态，如此一来，人类／机器对立的处理方式就不再必要了。虽然从某种意义上，这等同于人类变成了技术，但反熵主义的修辞与大多数技术主

1 N. Katherine Hayles, *How We Became Posthuman: Virtual Bodies in Cybernetics, Literature and Informatics*, Chicago：University of Chicago Press, 1999, pp.2-3.
2 Marshall McLuhan, *Understanding Media*, Cambridge：MIT Press, 1995, pp.11-12.

义运动的修辞一样，都是关于一个为人类服务的世界（无论是自然世界，如生物技术；还是人工世界，如人工智能）。

SF[1] 政治

在处理社会问题时，反熵主义文本中一个常见的政治策略是将科学与技术的概念应用于政治领域。最常用的套路是生物进化：人类与机器的共同进化将导致一个后进化阶段，其中智能计算机的超然"涌现"将占据主导地位［也就是说，作为政治的生物学（biology-as-politics）的民主化从线性的、等级制度的树状，发展到平面的、高智能的复杂状况］。[2]

反熵研究所强调的"开放社会"和"自我实现"（以及其他术语）说明了这种将科学话语和政治话语之间的不同层级混为一谈的倾向。这表现为大多数反熵主义文本中普遍忽略了种族与民族、性别与性、公共政策、政府性、战争及全球经济等议题。同样，库兹韦尔将进化论思想应用于技术发展，认为人类社会目前正在经历一种指数级的进化——他称之为"加速回报法则"（the law of accelerating returns）。[3] 在生命科学领域，此类表述类似于理查德·道金斯关于"迷因"（memes）的社会生物学理论，迷因即文化的 DNA——在整个文化环境

1　SF 是唐娜·哈拉维创造性使用的一个开放多义的简写形式，除了作为常规意义的科幻（science fiction），还有思辨虚构（speculative fabulation）、花绳图形（string figures）、思辨女性主义（speculative feminism）、科学事实（scientific facts）等寓意。——译者注

2　Ray Kurzweil, *The Age of Spiritual Machines: When Computers Exceed Human Intelligence*, New York：Penguin，1999，pp.40-51，101-133.

3　Ray Kurzweil, *The Age of Spiritual Machines: When Computers Exceed Human Intelligence*, New York：Penguin，1999，pp.29-30.

（如概念、时尚、歌曲等）中复制、杂交和传播的单元。[1]

反熵思维的底线是作为生物性动物（biological animal）的人类主体、作为物种的个人或群体。然而，后人类未来的愿景是以超越此种"单纯"物质基础的（技术）能力为前提的。从这种生命政治的立场来看，科学与技术的概念是完全透明的，正是从这些模型（如分子遗传学和进化论）中，人类在社会与政治背景下的能力、限制和机动性得以被衡量。

值得批判的是反熵主义将科学概念作为政治平台的特殊用法，简而言之，它们站不住脚。对科学与政治话语之间关系的任何批判性审问都需要关注产生科学概念和人工制品的偶然性，而非简单地将科学话语斥为纯粹的建构。在最好的情况下，科学概念可以改变政治，正如这种应用会揭示出科学概念中所嵌入的意识形态的局限性。

其他后人类主义

唐娜·哈拉维在 1985 年发表的《赛博格宣言》（Cyborg Manifesto）中最引人共鸣的一点是：她对赛博格这一术语的挪用本身就是对抗起源故事之必要性的一种述行姿态。[2] 通过战略性地从太空竞赛时代的 NASA 研究（旨在让宇航员能够在"外星"或地球外环境中生存）中借用赛博格的形象，哈拉维展示了人类与技术的双重偶然性如何总是需要批判性的姿态、讽刺性的姿态，甚至是可笑的姿态，这将颠覆我们对人类境

---

1 Richard Dawkins, *The Selfish Gene*, Oxford: Oxford University Press, 1976, pp.189-202.

2 Donna J. Haraway, *Simians, Cyborgs and Women: The Reinvention of Nature*, New York: Routledge, 1991, pp.180-181.

况的看法，并使其不再纯洁和无辜。

此举也是后人类主义思想中更具批判性的诸线索中的关键因素，这些线索经常介入像莫拉维克和上述同反熵主义相关的一批思想家的公然的乌托邦式假设。哈拉维、凯瑟琳·海尔斯、罗西·布拉伊多蒂、斯科特·布卡特曼（Scott Bukatman）和基思·安塞尔-皮尔森（Keith Ansell-Pearson）等理论家已经表明，任何关于人类—技术关系的批判性观点都必须特别注意诸如"反熵研究所"的声明中的那些基本假设。在不否认新技术之重要和变革之可能的同时，这些对后人类的批判性观点提供了一种更严格的、具备政治和社会根基的工作体系，从这里可以开启想象未来的艰难任务。

例如，在《赛博格宣言》之后，哈拉维的重点是技术科学（尤其是免疫学、分子遗传学和生态科学）在关于"什么算作人类"或"什么是人类特质"的持续辩论中不断产生新的"物质—符号节点"（material-semiotic nodes）的方式。这些独特的杂合体——转基因小鼠、基因组图谱、艾滋病——挑战了我们对主动主体与被动客体之间泾渭分明的设想。事实上，遗传学的这种发展对我们找寻所谓人类的明确边界的企图提出了巨大挑战。

虽然哈拉维主要聚焦生命科学，但凯瑟琳·海尔斯对后人类主义思想（在其反熵的脉络中）提供了一些尖锐、详尽的分析。[1] 海尔斯专注于先进的计算和控制论研究［人工智能、机器人、涌现（emergence）、认知］，表明后人类是建立在对

---

1 N. Katherine Hayles, *How We Became Posthuman: Virtual Bodies in Cybernetics, Literature and Informatics*, Chicago：University of Chicago Press，1999.

"信息"的战略性定义之上的。这种现代的信息概念——最值得注意的是反熵意义上的上传概念——并没有将身体或生物／物质领域排除在心智或意识之外，而是将物质世界作为信息。这种强大的意识形态不仅影响了认知科学的研究，而且影响了生命科学的研究。海尔斯的核心观点是，信息学是一个有选择的过程，那些在此过程中被过滤或转化的东西——比如现象学的、经验性的身体或"具身化"的概念——仅仅成为信息学经济的副产品。

哈拉维和海尔斯都接受了后人类的话语，并在不完全谴责后人类主义本身的同时，提供了清晰的分析与批评。结果，如同哈拉维对赛博格的战略挪用一样，这种分析批评造就了一种新的杂合话语，强调了偶然（contingency）和涌现之间的生产性张力。对哈拉维来说，后人类因此可以成为一种独特的政治类型，挑战了人类与非人类、生物与技术间关系被调控的方式。正如朱迪斯·霍伯斯坦（Judith Halberstam）和伊拉·利文斯顿（Ira Livingston）所说：

> 后人类并不意味着人类的消亡，它并不代表人类的进化或退化。相反，它参与了差异和身份的重新分配。人类的功能是将人类内部的差异驯化和等级化（无论是根据种族、阶级还是性别），并将人类与非人类之间的差异绝对化。后人类并没有把来自他人的差异化约为来自自我的差异，而是涌现于两者之间的共振和干扰模式中。[1]

---

1 Judith Halberstam and IraLivingston，*Posthuman Bodies*，Bloomington：Indiana University Press，1995，p.10.

哈拉维、海尔斯、霍伯斯坦和利文斯顿所强调的，正是后人类的这种过程性特征，这是一个过渡性的区域，它不从任何来源获取合法性，且对隐含在反熵型思维中的技术决定论展开质疑。但就这一切而言，后人类的过渡性、转换性、变异性潜力并非单纯自由漂浮的、抽象的"块茎"（rhizome）。哈拉维明确指出，后人类只有在不断质疑我们视为"第二自然"的东西时才能作为一种生命政治学而发挥作用。这项工作的一部分，意味着审视和创造人类与机器、生物与技术、基因信息与计算机信息之间涌现新型关系的可能性。

信息化谈判

海尔斯在她关于控制论和后人类主义技术谱系的工作中，定位了与克劳德·香农的信息论和诺伯特·维纳的控制论有关的技术派生知识型（technologically derived episteme）的涌现。在《通信的数学原理》（1949）中，香农和沃伦·韦弗通过设想一条单向传输线（一条从 A 地传输到 B 地的信息）为现代通信提供了技术基础。[1] 同样，诺伯特·维纳在技术论著《控制论》（1948）中，建立了一种将机器或生物体视为包含反馈、输入、输出和噪声的中继系统的思维模式。[2] 正是在这一传统中，海尔斯提出从更传统的、基于在场和缺席的现代主体性概念（我们在此想到笛卡尔的心智呈现给自身的准则）转向基于"模式"（pattern）和"随机性"（randomness）之间

---

[1] Claude Shannon and Warren Weaver, *The Mathematical Theory of Communication*, Chicago：University of Illinois Press，1965.

[2] Norbert Wiener, *Cybernetics, or Control and Communication in the Animal and the Machine*, Cambridge：MIT Press，1996.

的相关二分法的知识型。[1]

每一对关系中（在场—缺席、模式—随机性）都有一个等级评估的问题，但这一转向的核心是越来越多地接受一种基于信息本质化的世界观，并视之为对象的来源。对海尔斯来说，向模式和随机性转变的危险在于，它包含了简单地重演在场／缺席的意识形态和焦虑的可能性，会导致对身体和物质性的贬低以及对信息的可操纵性、可复制性和非具身性的高估。

在审视信息论和控制论的谱系时，我们看到了一个由激励因素构成的网络，这些因素在情境中共同促成了研究人员提出的各种问题。军事研究、一般电信研究、密码学、大型计算机在军事和商业应用中的发展，都对信息技术概念的形成起到了重要作用。尽管维纳（常被称为控制论之父）和香农（常被认为是信息论的发展者）分别研究了信息通信的问题，但他们都为巩固工程、通信、计算机科学和其他一系列领域中的信息这一概念做出了贡献。

首先，我们可以采用香农的通信模型来区分信息处理中涉及的几个要素。香农并未将信息描述为一个对象，而是将其描述为一个过程的结果测量，并且这些过程中的每一个都是某两个值之间的差异。因此，信息通过发送者被编码成适合通信的特定技术格式（例如电话、电报、互联网），通过特定的技术媒介（电线、光缆）传输，在到达目的地时被解码，然后传到接收器那里。[2] 利用这个模型，我们可以区分三个工作

1　N. Katherine Hayles, *How We Became Posthuman: Virtual Bodies in Cybernetics, Literature and Informatics*, Chicago：University of Chicago Press，1999，pp.39-40.

2　Claude Shannon and Warren Weaver, *The Mathematical Theory of Communication*, Chicago：University of Illinois Press，1965，pp.31-35.

要素：讯息（message）或内容（content）、信息（information）和媒介物（medium）。这种区分很重要，因为香农的模型告诉我们，我们不只是在处理形式／内容的二分法。量化的"信息"位于它所编码的意义或内容以及支持它的媒介物之间。这种区分很重要的另一个原因，是香农和维纳都没有过多地提及信息传输过程中涉及的媒介物或硬件。正如量化的"信息"被假定为毫无问题地标志着讯息一样，媒介物也被假定为毫无问题地调节着信息。正如后文将提到的，这种对媒介物的淡化处理，以及对信息技术透明性的假设，将极大地影响主体和身体通过较新的领域（如生物技术）被媒介化或不被媒介化的方式。

其次，对信息的数量单位的强调，并不意味着存在一个叫作"信息"且在本质上不同于"讯息"的对象。有点讽刺的是，香农和韦弗在修辞上强调信息是一种数值（value），与内容或意义无关，这意味着信息与内容／意义是不可分割的。尽管香农和韦弗明确指出信息不是内容或意义，但他们并没有说信息可以与内容／意义分离。[1]这是一个重要的区别，因为它表明在信息论和控制论中主要关注的是开发一种手段，借此"讯息"（维纳的首选术语）或"内容"（香农的合作者韦弗使用的术语）可以被量化，以便它可以通过反馈系统（在控制论中）或沿着传输线（在电子通信中）传输。因此，说维纳和香农想要简单地对意义进行编码并不完全准确，如果这意味着他们想要把意义作为一个完全独立的单位，然后从

1 Claude Shannon and Warren Weaver, *The Mathematical Theory of Communication*, Chicago：University of Illinois Press，1965，pp.8-95.

质化的语言转化为量化的语言（简而言之，转化为数学的语言）。然而，维纳和香农确实分别试图设想一种可量化的符号系统，在这种系统中，讯息或内容总是已经被其作为信息的状态所说明。换句话说，信息虽然不是一个对象或事物，但却是控制论系统或通信线路中某一点的讯息或内容的不断变化的量化数值。那么，信息作为一个可量化的数值，必须始终说明讯息或内容，即便信息是不完整的、被扰乱的或被扭曲的（噪声）。

最后，控制论和信息论中有一个工作假设，即信息系统的目标总是一个稳定和有序的状态，借用控制论和生物学中的一个术语，就是指向一种内稳态（homeostasis）的状态。[1]将信息与噪声区分开来的是信息在信息通道中传播时的稳定性和内部秩序。尽管这个内稳态系统的基础假设被后来的控制论发展所修正，但它至今仍为信息的传播方式提供着技术基础，且正是在此处，它与现代生物学的联系变得显而易见。一个内稳态系统，无论是生物系统还是信息系统，都会继续保持其运行模式，并将其偏差降到最低——无论这里的偏差是病理的还是静态的，是疾病还是错误。维纳和香农为后来的信息概念化建立的是信息和静态之间的同一性，这样信息对一个系统的主要影响通过时间强化了该系统的稳定一致性。在维纳和香农所描绘的系统中，信息并没有过多地改变系统的运行模式，而是主要作为一种调节过程，引发对系统的规

1　N. Katherine Hayles, *How We Became Posthuman: Virtual Bodies in Cybernetics, Literature and Informatics*, Chicago: University of Chicago Press, 1999, pp.7-8; Norbert Wiener, *Cybernetics, or Control and Communication in the Animal and the Machine*, Cambridge: MIT Press, 1996, pp.8-16.

范性运行模式的维护。

香农和维纳工作的假设是，就信息而言，意义是且应当是稳定的。然而，为了保证这种稳定性，意义的传输也必须稳定：信息的载体、信息的传输，也必须是稳定的、恒定的，因而也是透明的。这不是一个理论问题，而是一个技术问题、一个可操作性和系统性的问题。那么有些讽刺的是，为了确保信息作为意义的稳定性，计算机科学、信息论和控制论的研究者也必须关注信息的传输、载体和编码 / 解码过程。香农和维纳的问题是"我们如何才能使这样那样的媒介物不影响信息信号的意义"，而非"这样那样的媒介物将如何影响信息信号的意义"。

计算机科学的语言本身就包含了这一假设：信号可以在一系列媒介上进行编码、传输和解码，只要这些媒介在技术上能够促进信息的传输，且这些信息具有自我同一性（self-identical）。因此，香农和维纳分别提出的问题导向了他们各自的理论表述：对于在贝尔实验室研究电信问题的香农和韦弗来说，信息是对信号从 A 点复制到 B 点的准确性的定量测量；[1] 对于在麻省理工学院并为军队工作的诺伯特·维纳来说，信息是在一个由输入 / 传感器、输出 / 效应器和中央反馈机制组成的控制论系统中，于某一特定瞬间可供选择的范围。[2] 两位研究者都把他们的研究建立在信息的概念上：第一，信息与意义同时存在，但通过一个媒介物而被稳定下来；第二，信

---

1 Claude Shannon and Warren Weaver, *The Mathematical Theory of Communication*, Chicago：University of Illinois Press，1965，pp.8-16.

2 Norbert Wiener, *Cybernetics, or Control and Communication in the Animal and the Machine*, Cambridge：MIT Press，1996，pp.6-9.

息是一个独立于性质变化或意义变化的量值；第三，信息是一个跨媒介且独立于媒介的数值。

这些特征构成了所谓的"经典信息理论"（classical theory of information），且与后人类传统上将信息等同于去身性（disembodiedness）的方式直接相关。[1]信息的媒介物（要区别于讯息和信息）对于信息来说是透明的，因此，信息在不同媒介中或在不同技术平台上被视为抽象的和自我同一的。作为在朝向内稳态工作的系统内运作的中心单元，信息被视为在维持、恢复或创造系统的规范性、监管性运作状态方面发挥着核心作用，这个系统的工作不断地朝向静态和自我同一的状态。

尽管这些意涵本身并无问题，但倘若将之放在信息技术与技术科学之关系的更大背景下，它们就会重现海尔斯所描述的去身化和信息之间的关联。信息之所以能够成为一种具有自我同一的数值，能够跨媒介、跨符号过程、跨系统语境，正是因为它从一开始就被设想为一种独立于物质实例化的数值。当信息被视为信息时，无论何种媒介物去"承载"它，它都会与媒介物、过程和环境的物质技术必要性脱节，成为一种普遍性的存在。正是这种信息的普遍化和去语境化，使维纳能够从控制论系统通过反馈回路运行的角度，将机器和生物体设想为等同的。我不想在这里暗示对维纳关于控制论系统的整体建议的批判；正是信息——维纳和香农理论的核心单元——是否受到具身性之偶然性的密切制约，提供了这

---

1 N. Katherine Hayles, *How We Became Posthuman: Virtual Bodies in Cybernetics, Literature and Informatics*, Chicago: University of Chicago Press, 1999, pp.4-5, 47-48.

一问题的关键：这些基础文本向我们呈现的信息理论是一种信息被普遍化、去语境化，并且与技术偶然性之必要性脱节的理论。

我们可以把这一将"信息"定义为思考身体这一基础的过程——我将之定位于维纳和香农的工作中——称为"信息本质论"（informatic essentialism）。信息本质论并非对身体的压抑、否认或抹杀；它提出生物体和信息技术之间的关系为：身体可经由信息的视角被进一步观察。换句话说，通过使信息学成为一种基础的世界观，身体可以被视为"本质上"的信息。这一立场——可以归因于我们一开始提到的后人类主义的反熵分支——当然并不排斥对身体与技术之间关系的关注；无论如何，正是在这种关系中，信息本质论所固有的张力变得更加明晰。

信息本质论的主要举措暗示了身体（作为一个通常由生物科学定义的物质基质）可被成功地解释，进而通过信息学的世界观来重新配置。这也意味着，作为信息的身体（通过信息学的视角来看待的身体）要像所有的信息一样，受制于同一套技术行动与规则的约束。简而言之，当身体被视为本质上的信息时，就开启了一种可能性，即身体也可能被编程和再编程（其前身是基因工程）。在信息本质论中，身体被理解为本质上是信息，并且是可（再）编程的，它的价值越来越少地依赖任何物质性或实质的概念（正如我们在现代生物学中看到的那样），而更多地根据信息本身的价值，作为所有物质实例化的索引——一种物质的源代码。

此处所概述的后人类立场的复杂性在于，一方面，它无须否认物质性或身体；但另一方面，在将信息等同于身体时，它以一种信息模式（一种不对称的、战略性的举措）来解释物质性和身体。在将物质性视为信息的情况下，物质性同样没有被后人类主义的立场所否认；物质性现在是一种可编程的信息模式，在各种社会、政治和科学的背景下具有真实的效果。信息本质论思维的关键不是脱胎换骨，而是更类似于文件转换和数据翻译这样的东西。

为了提炼迄今为止的分析，我们将信息本质论的逻辑概括如下：信息等同于身体，这就意味着信息等同于生物学和/或物质性，这就从生物体的偶然性引向通过信息学的技术潜力来解放生物体。改变代码，你就能改变身体。

从后人类主义到生物技术

后人类的反熵主义分支及其对后人类的批判，转移了人们对此事的注意力，即信息本质论并非以计算机为基础的领域、控制论领域和信息技术研究领域的独有之物。特别是考虑到身体的诸种概念时，信息本质论成为一个强大的思辨来源，它同具身化与去身化有着同样的关联。迄今为止，以身体—技术关系为重点的后人类模型一直是不对称的，它提供了一个或多或少的线性叙述，即某些时下流行的新研究领域（计算机科学、控制论和信息技术）通过信息本质论的逻辑将自然的、生物性的身体重新解释为信息，然后继续将所有物质性和身体的概念纳入一个抽象的、去身的可操作性层面，它基于某种意识（consciousness）或智能（intelligence）的概念。

我们没考虑到的是，目前生命科学的发展在身体和生命本身概念的物质转化中同样活跃。这种对生物体信息品质的调查已经通过研究、临床试验、产品管道和医疗应用等实际手段在当代分子生物技术中发生了。在生物技术公司的新闻通稿中、在科学出版物的文章中、在对研究人员的采访中，人们越来越多地听到这样一句话：正如诺贝尔奖得主、基因组学先驱莱诺·胡德（Leroy Hood）所说"生物学就是信息"[1]。从蛋白质组学（proteomics）到再生医学（regenerative medicine）等新兴领域，都正在将计算机技术和计算机科学研究引入"湿实验室"（wet lab）。[2] 这种实际的转变，假定了通过使基因组测绘、基因靶向和更高效力的产品开发来支持生物技术产业。但在研究方面，生物科学和计算机科学之间的这种交叉也可能大大改变分子遗传学中的一些基础概念。例如，人类基因组图谱的初步报告显示，人类基因的数量远远低于研究人员的预期，从而促使研究界的许多人呼吁采用更复杂的方法来研究基因表达、生物路径和生物系统。同样，对一些人口基因组项目的争议（尤其是在冰岛）也提出了关于民族和种族如何被假定与文化顺利重叠的问题——所有这些都在通过基因数据进行解释。

如果不考虑当前生命科学重新解释有机体、身体和生命的方式，我们就能够冒险假设在后人类主义立场带来的认识论变化中，唯一的危险就是去身化。生物技术研究向我们展示了一个动荡的区域：在此区域内，后人类主义思想的相关

1　Leroy Hood, "The Human Genome Project and the Future of Biology", 网址参见 http://www.biospace.com。

2　更多相关内容，参见 Ken Howard, "The Bioinformatics Gold Rush", *Scientific American*, vol. 283, no. 1, July 2000, pp.58-63; Aris Persidis, "Bioinformatics", *Nature Biotechnology*, no. 17, August 1999, pp.828-830.

问题被引至一个富有张力的高度；在此区域内，研究似乎比科幻小说本身更科幻［"新器官"（neo-organs）按需生长］；在此区域内，一系列问题引起了公众的争议（政府对人类克隆的管制）。生物技术研究的独特之处在于，一方面，它采用了其他后人类领域常见的技术（主要是计算机/信息技术）；另一方面，其恒定的研究"对象"是生物领域（一个传统上与技术分开的领域）。生物技术研究的重点并非去身性和虚拟性，而是从信息抵达物质化身体（可用于当前医学和保健范式的身体）的能力。

生物媒介即讯息

与寻求将身体非物质化（将身体变为软件心智、变为信息网络）的后人类主义话语相反，生物技术的研究为我们提供了一个案例，其中信息本质论被用来重新定义生物物质性。生物技术假设了"信息"和"信息本质论"的经典定义，但并非用这个定义来引导自己走向去身模式的内在性（借用海尔斯的术语），而是生物技术开始通过技术的视角重新配置身体的物质性。在这样做的过程中，它正在制定和再度协商关于生命科学和医疗实践将如何处理身体的新规范。这种规范在不同背景下有不同形式，但总的来说，它涉及三个方面：第一，一个可在信息层面上有效切近的身体；第二，一个作为信息的身体，可以通过信息技术进行技术操作、控制和监测；第三，一个被视为基本信息的身体（遗传密码），在此它被视为信息但也不排除其物质属性。第三点至关重要，因为它指出了生物技术令人不安的要求，它要求身体既是信息的又是物质的。

换句话说，生物技术没有身体焦虑（body-anxiety）；事实上，它是基于对身体作为一种物质性的深度旨趣和重估，而且是可以通过信息来理解和控制的。生物医学将这一过程定格为康复的、健康的、自稳态的身体，即恢复至健康状态。但这个过程与其说是一个圆圈，不如说是一种螺旋——回归自身的身体与自身有着根本的不同，因为它已通过遗传学、基因治疗、干细胞工程等被极大地重新转译了。这个螺旋的上行部分是一个自给自足的、自主的、不朽的身体——自由 - 人本主义（liberal-humanist）主体作为黑箱的梦想；螺旋的下行部分是可消耗的、不稳定的身体——对与差异化（differentiation）、他者性（otherness）和可消耗性相关的自主性丧失的恐惧。生物技术首先是一种与科学身体有关的生产和物质化的话语。

作为进一步分析的方式，我们可以把一个特定领域作为一种案例研究，这是生物技术研究中的一个领域，被称为"再生医学"（regenerative medicine）。[1] 再生医学主要是为了应对移植中对组织和器官的巨大需求，它包括组织工程和干细胞的研究，以及借用治疗性克隆、基因治疗和先进外科技术的技术。其目标是能够在实验室中再生和合成生物组织，甚至整个器官。这种被研究人员称为"现成器官"（off-the-shelf organs）的新视野促使医学界众人设想一个未来，即通过分子

1　Lawrence Bonassar and Joseph Vacanti, "Tissue Engineering: The first Decade and Beyond", *Journal of Cellular Biochemistry*, no. 30/31, 1998, pp.297-303; David Mooney and Antonios Mikos, "Growing New Organs", *Scientific American*, vol. 280, no. 4, April 1999, pp.60-67; Sophie Petit-Zeman, "Regenerative Medicine", *Nature Biotechnology*, no. 19, March 2001, pp.201-206.

遗传学和细胞工程从根本上提高人体的自然自愈能力。已有几种产品，包括生物工程植皮手术，正在由生物技术公司经美国食品和药物管理局（FDA）批准上市；目前正在进行的实验室动物实验，则涉及组织工程肾脏、肝脏甚至心脏的合成。最近，再生医学因发现"成人干细胞"（adult stem cells）而登上新闻头条，成人体内的细胞具有分化为多种细胞类型的潜力，为进一步研究帕金森病和阿尔茨海默病等疾病指明了方向。[1]

一方面，在实验室中培育器官的概念唤起了科幻小说中经常出现的那种医学恐怖，可见于从玛丽·雪莱的《弗兰肯斯坦：现代普罗米修斯的故事》到大卫·柯南伯格的早期影片；另一方面，再生医学有希望成为首批能够将生物技术产生的知识（和数据）转化为实际医学应用的医学领域之一。以再生医学的技术为例，我们可以看到标志着生物技术和信息技术之间这种交叉的三个主要时刻。

第一个时刻与肉体和数据之间的"可转译性"（translatability）有关，或者说与遗传代码和计算机代码之间的可转译性有关。为了让病人接受生物工程的皮肤、血管或软骨结构移植，首先必须进行活检或细胞取样。使用遗传学诊断工具，如DNA芯片和分析软件，DNA样本被翻译成计算机代码，可以使用生物信息学软件进行分析。也就是说，一旦生物体可以通过信息学的视角得到有效的解释，基因和计算机代码

---

1 Stephen Hall，"The Recycled Generation"，*New York Times Magazine*，January 30，2000，pp.35-45；Roger Pedersen，"EmbryonicStem Cells for Medicine"，*Scientific American*，vol. 280，no. 4，April 1999，pp.68-73；David Stocum，"Regenerative Biology and Medicine in the 21st Century"，*E-biomed*，no. 1，March7，2000，pp.17-20.

之间就会出现一种独特的编码类型。将生物体"编码"为信息学的第一步是后人类的决定性时刻之一,它允许物质实例化的必要性让位于计算机代码的变异性。

第二个时刻是通过编程或"重新编码"技术使生物技术与信息技术相结合。使组织工程能够再生组织和器官的主要突破之一是对干细胞的研究,简而言之,干细胞是那些以多能性(pluripotency)状态存在的细胞,在细胞分化之前,它们可能成为骨细胞、肌肉细胞或血细胞等,研究人员可以针对可能被激活或停用的特定基因群来实现再生。所有这些都是通过软件应用程序和数据库工具来实现的,这些软件应用程序和数据库工具专注于将干细胞带入一种或另一种分化途径的多元基因触发器。[1]一旦生物体可以通过信息学有效地"被编码",那么对该代码的重新编程将在生物领域产生类似的变化。

第三个时刻是再生医学调用这些编码和重新编码技术来实现其输出,或曰"解码",即使用基于信息学的方法来生成或合成生物物质性。这是组织工程的主要目标——能够使用生物技术的工艺来实际地生成所需的生物体。一旦病人的细胞可以被促使再生为特定的组织结构,它们就可以被移植回病人的身体,这是一种奇怪的自我生物"他者化"(othering)。从医学研究的角度来看,此过程是纯粹"自然的",因为它不涉及任何非有机成分的整合,也因为它利用生物过程——此案例中为细胞分化——来达到新的医学目的。

在再生医学的研究中,这种对身体进行编码、重新编

1　Robert Lanza et al., *Principlesin Tissue Engineering*, New York: Landes, 1997.

码和解码的三方过程是通过一种信息学协议来运作的，在每一个步骤中，信息都会对身体做出说明。我会把此过程称为"生物媒介"（biomedia）过程。简而言之，生物媒介在基因代码和计算机代码之间建立了一种等价关系，从而使生物体获得一种新的技术。唐娜·哈拉维已经描述了这种技术流动性的意义：

> 基因组是一种信息结构，可以存在于各种物理媒介中。该媒介物可能是在整个生物体内组织成天然染色体的 DNA 序列；或此媒介物可能是各种被构建的物理结构，如酵母的人工染色体或细菌的质粒，旨在容纳和转移克隆的基因……数据库的媒介物也可能是为正在进行的各种国际基因组项目管理架构、检查错误、存储、检索和分配遗传信息的计算机程序。[1]

虽然对人工智能和生物技术的研究都涉及关于身体的信息学基础的假设，但主要的区别是生物技术研究将其资源引向对生成物质性的投入，通过信息学实际地生产身体。如果说基因组学和生物信息学等领域主要关注的是对（遗传）身体的编程，那么组织工程和干细胞研究等其他领域主要关注的则是能够在体外试管中（in vitro）、在计算机的硅模拟中（in silico），以及在活体中（in vivo）培育细胞、组织甚至器官。生物技术的信息本质论轨迹完成了一个循环，从对将身体编码为数据的兴趣，到对编程和重新编程该遗传信息身体的兴趣，最后到对信息学能力的投入，以帮助合成和产生生物物

1　Donna J. Haraway，*Modest-Witness@Second-Millennium. FemaleMan©-Meets-Onco-Mouse: Feminism and Technoscience*，New York：Routledge，1997，p.246.

质性。

　　生物技术并非要重申身体和物质性，以对抗数字技术的非物质化趋势。相反，它是关于在社会、科学、技术和政治路线纵横交错的各种具体背景下对这种身体—信息知识型的媒介化。因此，生物技术通过对生物媒介的战术部署完成了这一过程——通过对信息本质论的技术性和实用性的利用，以实现一系列生物技术身体的再物质化。

　　这种对身体的生物技术投入有何影响？一方面，媒介化的事实没有被纳入考量；这些不同的生物技术不仅打算治疗，而且正在显著地重新拟定"身体"和"健康"的含义，这当然有别于主流模式的思考。在这些背景下，"健康"作为一个规范性术语，从未被质疑过它在不同的技术和政治情况下是如何变化的。另一方面，生物技术中的技术不是简单的对象或事物，而是在阈限处干预身体的技术；它们不是以机械方式（如假体）、外部方式（如手术）或通过工程性的外来元素（如基因疗法）进行操作，而是通过利用生物（读作：作为自然的生物）过程并将它们引向新的治疗目的。在这种情况下，技术是间接的和促进性的，它与（生物医学）主体的身体完全分离。因此，再生医学主张以较少的技术、更自然的方法来创造先进的健康环境。

　　如此一来，自然仍是自然的，生物仍是生物的，再加上现在可以在不变更其基本属性（生长、复制、生物化学、细胞代谢等）的前提下改变其自然和生物属性。这些技术的能力，以及上述的不可见性，使研究人员能够构想出一个不是身体的身体——构成一种横向的超越性。治疗性克隆、组织工程和干细胞研究的技术都指向一种身体的概念，这个身体被净化了不良因素（以死亡、疾病、不稳定性与不可预测性为标志），但它仍是一个身体（一个运作的有机—物质基质）。海尔斯所概述的问题——如何处理具身性的偶然性（the contingency of embodiedness）——在此处通过对一个经由信息学与生物科学之结合而得以净化的身体的重新评估和生产得到了解决。

后有机生命

正如我们在人工智能的硬科学案例和再生医学的"湿科学"案例中所见，后人类主义将技术发展视为人类不可避免的进化之关键。然而，把后人类主义称为管理人类和技术领域的一种手段可能更为准确。从某种意义上说，后人类主义是一种暧昧的人本主义形式，经由先进技术而折射变形。在不同的后人类主义思想家身上，我们可以看到一系列对人类变化方式的矛盾反应。例如，太阳微系统公司（Sun Microsystems）CEO 比尔·乔伊（Bill Joy）于 2000 年在《连线》（Wired）杂志发表了一篇文章，该文章表达了乔伊对克隆、纳米技术和人工智能等技术可能通过自我复制能力使人类被淘汰的可能性的担忧。[1] 此类回应也可能带有一种牺牲的语气，比如在汉斯·莫拉维克的《机器人》（Robot，1999）一书中，尽管作者致力于人本主义价值观，但还是不由自主地预见了人类变得衰老化的未来，当新一代的智能计算机接管一切时，人类将恭敬地退休。此外，还有一些后人类主义思想

---

1 Bill Joy, "Why the Future Doesn't Need Us", *Wired*, vol. 8, no. 4, April 2000, pp.238-262.

家的未来愿景中充满欢颂，甚至是狂喜，就如雷伊·库兹韦尔认为，在计算网络的共同主题下，人类与智能计算机不可避免会走向融合。

看起来，后人类希望两全其美：一方面，后人类招引了新技术的改造；另一方面，后人类保留了被称为"人类"的东西在整个改造过程中以某种方式保持不变的权利。这种矛盾使后人类思想家能够轻易地宣称诸如理性的能力、人类进化的必然性或个体的自我涌现等属性的普遍性。但是，后人类技术的许多影响——分布式计算、计算生物学和智能系统——却从根本上挑战了任何将人类置于中心的立场。

除此之外，我们在当代生物技术中所发现的是一种技术上的先进，对身体和信息直接相关的方式的"厚重"投资。生物技术也许是独特的，因为它是少数同时也隶属于生命科学的信息科学之一；它长久的兴趣不在生物学领域的时间错置（anachronisms），而是在生物本身作为一种技术的方式。事实上，正如科学史学家罗伯特·巴德（Robert Bud）所指出的，至少从 19 世纪开始，"生物技术"（biotechnology）一词的含义就表明了对自然发生过程（如发酵、农业、畜牧业）的工业化利用。[1]当代的分子生物技术继承了这一传统。生物技术不能与生物工程或假体修复相混淆；也就是说，生物技术不是关于人与机器的连接、有机物与非有机物的连接。相反，生物技术是对构成生物领域的过程进行根本性的重新配置，并将其用于一系列的目的：从医学的新技术到农业生产的新

---

[1] Robert Bud，*The Uses of Life: A History of Biotechnology*，Cambridge：Cambridge University Press，1993.

模式，以及生物战的威慑计划。正如巴德所说，生物技术一直事关"生命的用途"（the uses of life）。

这些因素的高潮指向这样一个事实：生物技术未来成功的条件是将信息技术融入生物领域，同时在后人类的意识形态下保持人与计算机之间的本体分离。在生物技术的未来，身体被当作信息来对待，医学成为一个技术优化的问题，"生命"成为一门信息学的科学。

然而，我们很容易陷入一种技术狂热（认为更先进的生物技术就是答案）或技术恐惧〔认为生物技术承担着去人化（dehumanization）的全部负担〕的境地。一个建议是，我们可以看看那些生物技术领域的研究工作，它们正在采用更复杂的理论方法来处理生物科学与计算机科学、基因和计算机代码的交叉地带。诸如生物路径联盟（Biopathways Consortium）和系统生物学研究所（Institute for Systems Biology）这样的研究机构并不关注基因或 DNA 的中心地位，而是关注生物系统、生化途径和基因表达阵列。[1] 着眼于一种不会减少分歧或差异的全系统方法，人们会想起博尔赫斯的故事《小径分岔的花园》或计算机网络在通信方面的物质用途。同样，艺术和科学在新媒体艺术领域的独特合作正在探索诸如克隆、新生殖技术，以及遗传学和种族之间的联系等领域的文化、科学和政治层面。艺术家团体〔如批判艺术小组（Critical Art Ensemble）〕和生物技术爱好者（Biotech Hobbyist）会与科学家合作，创造出否认反动和还原立场的项目，同时保持批

1　更多相关内容，参见系统生物学研究所官网；该小组证明其概念的文章，参见 Troy Ideker et al.，"Integrated Genomic and Proteomic Analyses of a Systematically Perturbed Metabolic Network"，*Science*，no. 292，May 4，2001，pp.929-934.

判的重要性。[1] 当然，在思考技术科学身体的时候，这些方法途径并非没有问题，在关于技术科学之文化价值的研究中也还需考虑更多。但这些案例可以证明，技术不仅仅是一种工具，那种被称为身体的难以捉摸的物质性也不是其组成部分之总和。

随着基因组项目的完成、基因组数据库的确立，以及生物技术越来越多地与主流医疗服务联网，我们需要对肉身制造数据（flesh is made into data）的方式以及数据制造肉身（data is made flesh）的方式进行持续的、变革性的干预。

1　参见批判艺术小组的官网以及生物技术爱好者的官网。

昆虫媒介*

（2010）

［芬］尤西·帕里卡/著　韩晓强/译

> 文化和技术现象，为昆虫、细菌、病菌乃至粒子的发展提供了肥沃的土壤、上好的汤汁。工业时代或许应该被定义为昆虫的时代。
>
> ——德勒兹与加塔利，《千高原》

> 从昆虫协作或"虫群智能"所带来的挑战出发，可以书写一整套谱系。那些诗学的、哲学的、生物的研究一次次地提出同样的问题：这种"智能的"、全球性的组织是如何从大量的局部且"笨拙"的互动中产生的？
>
> ——亚历山大·加洛韦与尤金·萨克，《开发》

从赛博格到昆虫

首先要付诸实践。找一本昆虫学的书，比如前几年托马斯·艾斯纳（Thomas Eisner）的《眷恋昆虫》（*For the Love of Insects*）；或者拿一本 19 世纪的老书，如约翰·鲁博克（John Lubbock）的《论动物的感觉、本能及智慧：以昆虫为例》（*On the Senses，Instincts，and Intelligence of Animals with Special*

---

* ［芬］尤西·帕里卡（Jussi Parikka）著，《昆虫媒介》（Insect Media），韩晓强译，原文载尤西·帕里卡，《昆虫媒介》（*Insect Media*），明尼苏达大学出版社，2010 年，第 ix-xxxv 页。本文为该书的导言部分。

Reference to Insects，1888）。然而，本文并非对那些微小昆虫的生物学描述，也非对昆虫学（entomology）微观世界的挖掘。相反，如果你把它当作媒介理论来对待，本文就能揭示出一个全新的世界，包括感觉、知觉、运动、策略和组织模式，而这些模式远远超出了人类世界的范畴。

当然，这些模式在某种程度上已经实现了。几年前，负责各种高科技军用器械的美国国防部高级研究计划局（DARPA）透露了其渴望制造赛博格昆虫（cyborg insects）的讯息。DARPA 很快遭到批评和嘲笑，因为这个想象性的计划说到底是将那些简单的生命形式作为世界上最发达的军事及其部件来使用。该想法是将电子装备植入昆虫的蛹中。所谓的微机电系统（MENS）被设计成在日后的蜕变中仍能平稳过渡为昆虫身体结构的部分。由此，人们可以控制赛博格昆虫作为军队秘密行动的间谍工具。谁会怀疑一只飞蛾或大黄蜂呢？[1]

昆虫和高科技战争之间的联系并非新鲜事。几年前，在面对恐怖分子和网络黑客的恐惧气氛中，虫群（swarms）被确认为未来的冲突模式："从蚂蚁、蜜蜂到狼群，从古代帕提亚人到中世纪蒙古人皆是如此。"[2] 昆虫协作模式正在悄悄进入当今世界的最高科技领域——美国军方正在利用非线性思维、小型战术单位和网络定向的行动模式。现在不仅军方拿起了昆虫学读物，就连媒介、传播、数字设计与理论等领域也都

1　关于昆虫机器人的另一个例子，参见 "Robots Scale New Heights"，BBC Online，July 8，2008.

2　John Arquilla and David Ronfeldt，"Swarming and Future Conflict"，*RAND National Defense Institute Document Briefings*，no. 311，2000.

在讨论昆虫。在视觉系统中，昆虫的复眼代表了生物启发计算的一个强有力的例证。生物仿生学（biomimetics）则在类似自然的行为工程（如运动、导航和视觉）方面开辟了一个崭新的领域。[1]昆虫的广阔视野吸引了来自医疗、工业和军事应用开发的一众玩家的研究兴趣。[2]内特·赫兹（Garnet Hertz，蟑螂控制机器人的设计者）、岩井俊雄（"音乐昆虫"）、米拉·卡利斯（Mira Calix，混合昆虫声音的作曲家）等艺术家也都参与了类似的议题，用昆虫来思考高科技的创造。一些实验录像作品［如大卫·布莱尔（David Blair）的网络电影《蜂蜡，或在蜂蜜中发现电视机》（*Wax, or The Discovery of Television Among the Bees*, 1991）］中的独特叙事，将军事发展、昆虫和高科技电讯媒介联系在一起。

一夜之间，20世纪80年代以来在理论和科幻作品中所畅想的赛博格已经变得老套无比。这种转变并不是要完全否定人及其感知和认知的能力：双手双脚的脑力动物只是在视觉（识别边缘、查看对比、区分实体尺寸）和触觉（手）方面存在不同的能力。然而，不怎么具备脑力的存在者——昆虫，却是人工代理体（artificial agents）设计中的一种强大的新模型，它并非通过预编程和集中化，而是通过自治、涌现和分布式功能来表达复杂行为。[3]20世纪80年代以来，虫群、分布

1 "The Buzz about Insect Robots", *Nova: Science in the News*, 网址参见 http://www.science.org.au/nova/084/084key.htm.

2 Ki-Hun Jeong, Jaeyoun Kim and Luke P.Lee, "Biologically Inspired Artificial Compound Eyes", *Science*, no. 312, April 2006, pp.557-561. 事实上复眼在19世纪末就已经被讨论过了，参见 R. T. Lewis et al., "On the Use of the Compound Eyes of Insects", *Science*, no. 20, December 2, 1892, pp.314-315.

3 Eric Bonabeau, Marco Dorigo and Guy Theraulaz, *Swarm Intelligence: From Natural to Artificial Systems*, New York: Oxford University Press, 1999, p.xi. 同样参见 James Gleick, "Why Can't a Robot Be More Like a Man?", *New York Times*, December 11, 1988.

式智能（distributed intelligence）、昆虫组织模式等名词已经渗透到数字技术设计以及媒介系统等文化理论分析中。正如研究者的评价："世界上最具天赋的机器人专家也无法媲美一只蟑螂的能力。"[1]

在设计实践和计划方面，围绕这种文化和科学的重新定向讨论最多的背景是人工智能（AI）研究。认知科学的新理念似乎为挖掘自然界业已形成的简单架构之潜力提供了最具说服性的解释。"智能被高估了"，此类研究范式似乎隐含着这种意思。这种方法注重的是"哑巴"机器的冗余，并强调以下几点：

（1）不需要任何的规划（planning）。

（2）不需要中心表征（central representation）。

（3）我们为行动者建立世界模型的传统方法是不切实际的，也是不必要的。

（4）我们应该更加密切地关注生物学和进化论。

（5）人们应该注重建立现实的、具体的解决方案，而不仅仅是理论上的模型。[2]

在机器人方面，麻省理工学院的罗德尼·布鲁克斯（Rodney Brooks）教授于 20 世纪 80 年代指出，人工代理体并不需要长得跟人一样，也无须像人一样行动；比起模拟智能机器，现实中还有更高效的方法来完成复杂的任务。布鲁克

1　"Sci/Tech Cockroaches：World Champion Side-Steppers"，BBC News，February 17，1999.

2　Rodney A. Brooks and Anita M. Flynn，"Fast，Cheap and Out of Control：A Robot Invasion of the Solar System"，*Journal of the British Interplanetary Society*，no. 42，1989，p.479.

斯设计了昆虫型机器人，在 1989 年与阿妮塔·弗林（Anita Flynn）合写的论文《快速、廉价、失控》中，他提出以昆虫自行机器人（insectlike mobots）替代大的"智能"机器人用于太空探索。[1]道格拉斯·霍夫斯塔特尔（Douglas Hofstadter）已经用蚁群（ant colony）的概念为认知作为小型代理体（miniagents）之间的分布式"大众传播"铺平了道路，[2]但布鲁克斯使用了一个类似的昆虫隐喻：没有中央指挥所，只有大规模的平级交流与合作。

这种"新人工智能"研究与新兴的人工生命科学有诸多相似之处，但这里主要涉及软件。该路径是由克里斯托弗·朗顿（Christopher Langton）等研究人员启动的。在这种情况下，也就是在 20 世纪 80 年代新兴的数字软件文化中，编程领域从人工生命的科学理论中受益良多。20 世纪 60 年代以来，简单且相互连接的代理体已经在软件和网络过程中被设计出来。现在，每个人都知道病毒和蠕虫是什么东西，但我们从平行处理和人工生命角度思考它们的事实却没有得到相应的强调。然而，这种作为"寄生虫计算"（parasite computing）而跨越计算机界限的程序类型成为软件的典范，其行为方式让人联想到昆虫群落：单独存在时毫无价值，与环境耦合时却非常高效。将人工行动者分配到块体功能和平行处理的昆虫类群落中的理念，代表着一种朝向情境化（situatedness）和具身化（embodiment）的行动：机器人存在

---

1 Rodney A. Brooks and Anita M. Flynn, "Fast, Cheap and Out of Control: A Robot Invasion of the Solar System", *Journal of the British Interplanetary Society*, no. 42, 1989, pp.478-485.

2 John Johnston, *The Allure of Machinic Life: Cybernetics, Artificial Life and the New AI*, Cambridge, Mass.: MIT Press, 2008, p.340.

于这个世界上，它们的行动是由当下的环境来促成和控制的。这可以被视作创造人工代理体的一种伦理学转向的信号，因为这种观念让人们回想起一些动物伦理学家的工作［如雅各布·冯·乌克库尔（Jakob von Uexküll）20 世纪 20 年代以来的工作］：人工行动者被嵌入一个感知世界中，这意味着我们的所感即我们之所是，而动物和人工代理体则是由它们在环境中的知觉、感觉和定向能力来定义的。[1]

伦理学和生态学的兴趣也迅速蔓延到文化和媒介理论中，作者们将蜂群、白蚁群视为和左派政治相关的东西（哈特和奈格里），将昆虫视为物质女性主义的重要形象（布拉伊多蒂），并且将集群（packs）和非类人智能（nonanthropomorphic intelligence）等概念视为当代网络文化中生物哲学的关键术语（萨克）。[2]

昆虫媒介的奇特感觉

本文的目的是挖掘近几十年来涌现的昆虫、媒介、文化

1 John Johnston，"A Future for Autonomous Agents：Machinic Merkwelten and Artificial Evolution"，*Configurations*，no. 10，2002，pp.490-492. 关于感觉（sensation）和知觉（perception）做简单说明：知觉可以被理解为身体"在世存在"的映射和调节体制，而感觉超越了这一层级。感觉是一种生成的元素，它不能被归结为一个寄存器或者器官。参见 Elizabeth Grosz，*Chaos*，*Territory*，*Art: Deleuze and the Framing of the Earth*，New York：Columbia University Press，2008，p.72. 感觉是滋养知觉的潜在性和创造性的元素，这强调了两者不断联系在一起，并且互通信息。

2 Eugene Thacker，"Biophilosophy for the Twenty-first Century"，in *Critical Digital Studies: A Reader*，Arthur Kroker and Marilouise Kroker，eds.，Toronto：University of Toronto Press，2008，pp.132-142；Michael Hardt and Antonio Negri，*Multitude: War and Democracy in the Age of Empire*，New York：Penguin Press，2004，pp.91-93；Rosi Braidotti，*Metamorphoses: Towards a Materialist Theory of Becoming*，Cambridge，England：Polity，2002. 关于早期社会理论和昆虫，参见 Diane M. Rodgers，*Debugging the Link between Social Theory and Social Insects*，Baton Rouge：Louisiana State University Press，2008.

领域。然而出于一种历史性的迷恋，我将要对此做更深入的挖掘。由此，对 20 世纪 80 年代以来昆虫、病毒和媒介的这些模型、概念、图表之相互关联的分析会更具条理化，但我的论点是：若将这种分析延伸到更大的时间范围，从分析 19 世纪的动物世界开始，应该会更有成效。换句话说，对昆虫、病毒等简单生命形式的迷恋，多年来一直与媒介设计及媒介理论交织在一起；但 19 世纪的昆虫学，以及此后的各种文化话语及实践，都将昆虫的力量视为其自身的媒介，能够产生奇异的情动世界（affect worlds）、奇怪的感觉以及不可思议的潜力，而这些都无法用已知可能性的资料来确证。因此昆虫媒介的研究拥有双重任务：第一，把媒介视为昆虫，查看如果我们进一步扩展最近几十年来对昆虫式媒介模型的迷恋，我们能获得怎样的理论重构；第二，从"昆虫作为媒介"的角度来分析最近倾向于"形象比喻"的考古学，即一种文化史的主题，同样能够催生某些媒介的理论化意义。

我的目的并不是撰写一部关于昆虫和媒介的线性历史，而是提供一些关键的案例研究，所有这些案例都涉及昆虫（以及其他简单的生命形式）和媒介技术之间的转置（transposition）。不同现代科学（生物学、昆虫学、技术）之间的转译（translation）与一种经过哲学化调整的文化分析相结合，为思考作为高强度潜力的媒介技术之"人兽杂交"提供了新的方法。因此，当我提到"转译"的工作时，并不是为了唤起技术的隐喻性，而是为了指出像"昆虫"这类具体的形象是如何在社会领域中连续分布的——不仅是作为一类特殊动物的指称，更是作为美学、政治、经济和技术思想之强度（潜力）和模式的载体。由此，转译就不是一种没有残余之物的纯语言操作，而是一种"转置"，[1] 并且是一种在非语言媒介生产层面更为积极的操作，这一点在临近 20 世纪末并且在计算机科学和数字文化中使用昆虫组织模式时变得尤为明显。

在一种平行操作中，我的研究隐含着对媒介自身定义的质疑。事实上，媒介的概念已经从大众传播的技术和用途扩展到各种各样的过程，甚至是连媒介研究教科书都未曾提及的过程。诚然，我们在不同的地方都能发现传输、记录和连接的能力。石头和地质构造记录着时间的缓慢流逝以及物质—能量的波动。植物和动物通过各种传输方式以及与环境耦合（coupling）的方式来构成其存在。它们将宇宙的力量缩约（contract）为环境关系，也就是耦合，这或许不是一种反思性的（人类）关系，但仍然是一种实际和潜在的生命关系。[2] 那么在我的研究中，媒介就不是一种技术、一种政治议程，也不是一个排他性的人类主题。媒介是将世界的力量缩约到特定的共鸣环境中：内部环境有其共鸣，外部环境则赋予其节奏来作为其整体共鸣的一部分。一个动物必须找到与其环境共鸣的调子，而一种技术必须通过与其他力场（如政治和经济）的节奏性关系来运作。在这种背景下，感觉、知觉和情动成为主向量（primary vectors），通过这些向量，存在者与它们的环境关系被同时创造出来。

1　Pasi Väliaho, "Bodies Outside In: On Cinematic Organ Projection", *Parallax*, vol. 14, no. 2, 2008, pp.8-9.

2　Gilles Deleuze and Félix Guattari, *What is Philosophy?* Graham Burchell and Hugh Tomlinson, trans., London: Verso, 1994, pp.212-213.

换句话说，存在一种媒介技术的完整宇宙论，其时间跨度比人类历史方法所表明的跨度要大得多。在这方面，昆虫和动物都提供了有趣的案例，能够说明如何来拓宽对媒介及技术文化的可能性思考。它们都意味着将世界和有机体缩约到环境关系和环境自身之中。这并不意味着要将其解读为对自然界作为我们应该予以适应的一架决定性机器之优越性的社会生物学层面的赞赏。自然并非一个可遵循的模式，而是一个工具箱或者一个发明物的储藏库，这是 19 世纪以来在生物学背景下出现的声音，也是在技术话语中出现的实验工作。

一种媒介考古学转折

这种专注于媒介和自然之联合历史的观念，可以被视为一种媒介考古学转折。[1] 它并不试图挖掘当前技术的失落历史，而是通过时间上的重新校准（realigning）来寻找概念上的切口，并且通过这些切口来开辟新的研究及分析议程。在我看来，这种方法论的线索导致了对技术和生物学中固有的各种感觉及理性的重新思考。所谓的兽性媒介考古学（bestial media archaeology）就是其中的一种手段，以此我们可以审视当前媒介设计和媒介理论中昆虫主题的内在可能条件；能对（看似）简单的动物行为与媒介技术耦合所产生的"新颖性"提出质疑；能发现这一现象的长期持存；能引出昆虫媒介历史的重要案例研究，这不仅代表着昆虫媒介这一特定理念的过去，而且对我们如何习惯性地思考媒介、技术以及

1　Erkki Huhtamo and Jussi Parikka, *Media Archaeology*, Berkeley: University of California Press, 2011.

动物和非有机生命之间的结合与分化提供了重要的哲学干预。接下来的内容将展示自 19 世纪以来，昆虫如何作为媒介系统的哲学、工程和科学关注目标的一部分构成了一种短路。

19 世纪流行话语中的案例颇能说明问题。在 1897 年，《纽约时报》称蜘蛛是"建设者、工程师和编织匠"，也同样是"电报系统的原始发明者"。对这些维多利亚时代的作者来说，蜘蛛网是一种精巧的通信系统：它不仅根据二进制发出信号（某物撞到或没撞到网上），而且传递有关"任何触及它的物体的一般特性和重量"的信息。[1]19 世纪中期以来，类似的说法比比皆是。昆虫以各种方式感知、移动、建造、交流甚至创造艺术，这引起了人们的惊叹和敬畏，在美国流行文化中相当瞩目。19 世纪昆虫热的一个经典案例是一位年轻女士收集和训练蟋蟀作为乐器的"蟋蟀热"的故事：

> 200 只蟋蟀被养在一个长满蕨类植物且布满贝类的铁丝网屋中，主人称其为"蕨类植物园"。这些昆虫的翅膀不断摩擦，发出各地人们都熟悉的声音，而这似乎是她耳中最好的音乐。她立即承认，她在捕捉蟋蟀这件事上非常狂热。[2]

在 19 世纪，昆虫作为时尚形象渗透到大众文化中——具体来看，有维多利亚时代的甲虫裙（beetle dresses）和昆虫

---

1 "Studies of the Spider"，*New York Times*，May 9，1897. 也可以参考 19 世纪的图书《自然和艺术的美与奇迹》（Eliçagaray，*Beautés et merveilles de la nature et des arts*）。书中列出了各种人工和自然奇迹，同样也有技术和动物的奇迹，这些动物包括蜜蜂和其他昆虫。然而我们应该注意的是，根据目前的理解，蜘蛛并不属于昆虫，而是节肢动物的另一个亚类，即蛛形纲。

2 "Two Hundred Crickets"，*New York Times*，May 29，1880.

帽（insect hats）。[1]在流行的昆虫学书籍，如《昆虫学导论，或昆虫的自然史要素：涵盖对有毒和有用昆虫的描述，以及它们的蜕变、食物、策略、居所、社会、运动、噪声、冬眠、本能等》之类的经典读物中，昆虫被视作微观世界的工程师、建筑师和修补匠。它们因其情动、感觉和运动能力（如飞行能力）而备受赞叹，为此它们被用作当时颇有抱负的运动工程学的分支模型，就像蜘蛛一样（蜘蛛在当时也被算作昆虫）：

> 如果我告诉你，这些网（至少其中的一些网）是热气球，上面的乘客不是"可以坐在薄纱上/于恣意的夏日空气中闲荡/却不会坠落的恋人"，而是蜘蛛。那么你就会明白早在孟格菲（Montgolfier）兄弟之前，或者早在人类诞生之前，它们就有乘坐这种航空战车行驶于天空领域的习惯。[2]

一篇文章提及蜘蛛拥有电的能力，作者认为"存在一种模式……在这种模式中，几何形态的蜘蛛射出一些线、引导这些线并在上面飞行；通过这种方式，当它们把线射出去的时候，就像施了魔法一样引导着它们，同时发出一股气流，或者一些特殊的电液"。[3]

现代媒介不断出现在动物世界和对动物身体的生理学研

1　Michelle Tolini，"'Beetle Abominations' and Birds on Bonnets：Zoological Fantasy in Late-Nineteenth-Century Dress"，*Nineteenth-Century Art Worldwide: A Journal of Nineteenth-Century Visual Culture*，vol. 1，no. 1，2002.

2　William Kirby and William Spence，*An Introduction to Entomology*，vol. 2，London：Elibron Classics，2005，p.270.

3　William Kirby and William Spence，*An Introduction to Entomology*，vol. 2，London：Elibron Classics，2005，p.272.

究中，并被理解为一类线路系统。[1]因此，著名昆虫学家法布尔在 1911 年推测飞蛾——确切来说是大孔雀蛾（great peacock moths）——能进行无线电报传输，即进行"赫兹式的空气震动"。[2]尽管法布尔很快就得出了结论，即飞蛾的奇特通信并不是由调制电波或磁波产生的，但仅仅是他思考其中联系的这一事实便值得重视。

尽管有多种多样的案例，在大多数媒介史和媒介理论中，人类的中心地位自 19 世纪以来一直固若磐石。自其早期的现代发源以来，媒介技术一直被视为民族国家和资本主义商业的新兴权力结构中的关键组成部分，这促使人们需将技术视为中央管理和控制的，且受制于自上而下的功能目标。然而，在近年来的技术演进中，其他的方面也得到了强调，也就是向着无脊椎动物的方向发展。根据史蒂文·沙维罗的说法，19 世纪的生物有机隐喻是基于看似结构良好的"脊椎动物身体计划"（vertebrate body plans），而我们后现代时代的隐喻则更多与昆虫和节肢动物等生命体密切相关，因为它们能产生分布式的、实验性的、变形化的组织。[3]然而，这种划分并不明确，因为还有一段被忽视的历史需要挖掘：在某种程度上，"后现代技术"的历史在 19 世纪就已经开始了，那个时代已经出现了关于昆虫技艺（insect technics）的先锋论述。19 世纪和 20 世纪的媒介史已然充斥着这种替代性媒介的"隐藏主题"，在

1　Laura Otis，*Networking: Communicating with Bodies and Machines in the Nineteenth Century*，Ann Arbor：University of Michigan Press，2001.

2　J. H. Fabre，*Social Life in the Insect World*，Bernard Miall，trans.，Harmondsworth，England：Penguin Books，1937，p.151.

3　Steven Shaviro，*Doom Patrols: A Theoretical Fiction about Postmodernism*，New York：Serpent's Tail，1996.

技术—国家—人类的大一统关系中，我们发现了一些裂痕和变化：早期的现代媒介领域在其涌现的阶段中包含了对媒介和技术的一种全景式理念及观点（尽管我们应该注意到，"媒介"一词在目前的用法中要晚近得多），其中传输、计算和存储的过程并不限于我们通常在字面上理解的技术媒介形式（20世纪的大众媒介，从电影和广播到电视和网络媒介）。

按照水田明（Akira Mizuta Lippit）的说法，动物与技术的交织是19世纪末现代化和技术媒介出现的一个固有部分。当动物从技术媒介的城市文化中消失的同时，它们也出现在从媒介（如电影）到现代主体性（如精神分析）等各种话语中。正如水田明所指出的，原本作为自然界隐喻的动物，被嵌入了新的工业环境中：

> 在此，从蒸汽机到量子力学的众多技术创新的用语（idioms）及历史都带有一种融合动物性（animality）的痕迹。詹姆斯·瓦特以及后来的亨利·福特、托马斯·爱迪生、亚历山大·格雷厄姆·贝尔、沃尔特·迪士尼、埃尔文·薛定谔等19世纪末20世纪初工业及美学转型中的关键人物，在开发他们各自机器的时候发现了动物精神的用途，并在这个过程中创造了一系列奇特的杂合体。[1]

西格弗里德·齐林斯基的反考古学（anarchaeological）方法试图勾勒出媒介的历史，这一历史已经脱离了体制和传统的定义，并转向被忽视的"次要"现象；同样，杰弗里·斯

---

1 Akira Mizuta Lippit, *Electric Animal: Toward a Rhetoric of Wildlife*, Minneapolis: University of Minnesota Press, 2000, p.187.

康斯（Jeffrey Sconce）描绘了 19 世纪以来萦绕在正常化媒介理解中的异常现象，展示了媒介如何不仅在人类之间进行调介，而且在假想媒介（imaginary media）层面也于幽灵和活人之间进行调介。[1] 同样，媒介考古学方法已经被证明为一种合适的媒介文化制图法，它超越了技术和人类意图的惯常限制，这不仅包含了各种使用的资源，也包括不限于对实际技术及其历史进行狭隘关注的分析视角。这样的工作已经在媒介考古学的领域完成，特别是在"假想媒介"的历史重绘方面得以完成。[2]

除了学术上的贡献，最近几十年的媒介艺术也成功地将媒介实践从基于技术的狭义理解中解放出来，转入更广泛、更具创新性的分布——转为有机的、化学的和其他替代平台，在此不仅既定的感知传输形式可作为媒介，而且能意识到无论任何事物都可以成为媒介——这种意识非常容易动摇我们对当代媒介也是昔日媒介的理解。堪称典范的是杂种艺术小组（Mongrel art group）的成员哈伍德、怀特和野小路松子提出的观点，即将生态视为一种自身之内的媒介。Cross Talk 小组则提议将生态系统解释为通信网络、另类机构平台和神经中枢，这种方式随后也激化了"自由媒介"的理念。加拿大的"虫城"（Bug City，2006）等展览在讨论对现代性和后现代性至关重要的昆虫问题方面堪称典范。这类展览是当代文化"生成昆虫"以及如何进入网络文化特征的蜂群逻辑的良

1　Jeffrey Sconce，*Haunted Media: Electronic Presence from Telegraphy to Television*，Durham，NC：Duke University Press，2000.

2　Eric Kluitenberg，*Book of Imaginary Media: Excavating the Dream of the Ultimate Communication Medium*，Rotterdam：NAi Publishers，2006.

好教育：我们被告知，在使用 BT 协议时我们就"进入了蜂群"，就像在蜂群艺术装置中，无论视觉层面还是听觉层面，都介绍了从静态设计到动态空间和互动过程的行动。[1]最近的一件装置作品——蒂莫·卡伦（Timo Kahlen）创作于 2008 年的《蜂群》（*Swarm*）是一个很好的例子，它说明了一个声音对象如何将它所在的整个空间变成一个震动的、活跃的空间，而其中蜜蜂的声音已经被调制和重新组合。

生物媒介艺术作品经常以算法为中心来创作，并在数字环境中创造出"自然形式"。然而同样有趣的是，它们能够在其"湿的物质性"中重塑生命。[2]遗传算法表明了复杂的过程，类似卡尔·布劳斯菲尔德（Karl Blossfeldt）自 20 世纪 20 年代开始描绘"自然形式"的摄影艺术。数字媒介在 20 世纪 90 年代创造了（而非仅仅再现了）进化算法感兴趣的形式，随后又出现了各种生物媒介项目，从而跨越了数字肉身和动物肉身的界限。在任何情况下，更有趣的实验不仅展示了自然和艺术（人工）在现象学层面的相似性，而且涉及了对原初假定区分的更彻底的重新分配。正如马修·富勒所称，这种"为动物创作的艺术"（art for animals）并不将动物作为对象来表征或描绘，而是将动物作为受众：它是"直接针对一个或多个非人类动物物种的感知世界的作品"。[3]在最令人惊讶的地

---

1 Christian Jacob and Gerald Hushlak, "Evolutionary and Swarm Design in Science, Art and Music", in *The Art of Artificial Evolution*, Juan Romero and Penousal Machado, eds., Berlin：Springer, 2008, pp.145-166.

2 Monika Bakke, "Zoe-philic Desires：Wet Media Art and Beyond", *Parallax*, vol. 14, no. 48, July-September 2008, pp.21-34.

3 Matthew Fuller, "Art for Animals", in *Deleuze/Guattari and Ecology*, Bernd Herzogenrath, ed., Basingstoke, England：Palgrave, 2008, p.267.

方，我们可以发现观看、聆听、传输的技术和技巧。

在昆虫媒介的语境内，齐林斯基提及的"媒介在根本上是非人类性的"这一观点非常重要。早期将技术作为从人类中延伸出来的器官这一理念已然失灵，正如在计算机时代我们将有机体直接转化为技术："技术不是人类的，从某种意义上它反而是深度非人类的。最好的、功能齐全的技术只能在与人类和生命的传统形象相对立的情况下被创造出来，很少能成为其延伸或扩展。"[1] 我认为这推动我们去避开随意的隐喻，从而寻找一个更根本的层次，即分子运动和强度的层次，这正是媒介潜力的特征。这沿袭着弗里德里希·尼采早先提出的那个重新定位的关键任务，其中人类和作为最高水平意识的评估受到质疑。[2] 这种人格化的梦想或偏见，倾向于形成思想和进步的丛林，在其中认知的人（cognitive man）是主要的参考点。因此，我们迫切需要对非人类的潜在力量进行图表化，对进化树（evolutionary trees）提出质疑，并展示思想、组织和感觉的替代性逻辑。[3]

这也可以理解为贯穿现代性和动物—技术关系的内在主

1　Siegfried Zielinski, *Deep Time of the Media: Toward an Archaeology of Hearing and Seeing by Technical Means*，Gloria Custance，trans.，Cambridge，Mass.：MIT Press，2006，p.6.

2　基斯·安塞尔 - 皮尔森在书中写道："意识只是生命的力量得以展开和延伸的一种手段。"例如，在人类以及人类的事业之外，柏格森提出了他的观点，即生命会想尽办法来解决其遇到的问题。参见 Keith Ansell-Pearson, *Viroid Life: Perspectives on Nietzsche and the Trans human Condition*，New York：Routledge，1997，p.162.

3　这也和米歇尔·塞尔的后人类思想相关。后人类与其说是人类之后的形象，不如说是一种重新思考能动性核心的关键概念模式，就如团结和理性那样。参见 Michel Serres，*The Parasite*，Lawrence R. Schehr，trans.，Minneapolis：University of Minnesota Press，2007. 此外也参见 Robert Esposito，*Bios: Biopolitics and Philosophy*，Timothy Campbell，trans.，Minneapolis：University of Minnesota Press，2008，pp.101-109.

题，动物似乎暗示了一种超越人类语言的交流模式或媒介。正如水田明所言，从达尔文进化论到弗洛伊德的精神分析，以及在"光学和技术媒介前行的迷雾中"，动物都暗示着一种超越人类象征性交流的对技术的崭新理解。[1]这种认识理应进一步加入动物技艺的方法论。接下来，我将讨论媒介作为密集强力环境的问题、媒介作为一种伦理学的问题，进而更具体地阐明昆虫媒介研究的理论背景。

媒介行为学

有人可能会反对，说这一切都很好，也很有趣，但这些关于动物和生物学的讨论仍然同媒介技术的世界无关：把生物模型搬到技术世界是徒劳的，在数字计算机时代，技术的世界更多是数学的而非生物的。然而，我的建议并非一个隐喻性的建议，不是将媒介技术作为一种坚实的物质，而是作为一种情动的、有潜力的、能量性的领域来对待。我认为，当代媒介分析应该进一步强调重新思考当代媒介环境的物质基础，并制造更复杂的直觉，而这需要考虑到某种"物质的活动"（activity of matter），即非人类的力量作为现代性媒介集合体的一部分来表达自己。

近年来，将生物学和技术结合在一起，以及在文化解释中使用取自生物学的概念，都得到了某种公正的评价。例如，安娜·蒙斯特（Anna Munster）和基尔特·洛文克就指出我们必须"反对生物主义"。例如，网络并不以目的论植株的样式生长或涌现；传染病、迷因（memes）和流行病都呈现了被

---

1 Akira Mizuta Lippit, *Electric Animal: Toward a Rhetoric of Wildlife*，Minneapolis：University of Minnesota Press，2000，p.2.

营销部门强行作为隐喻性用途的危险，因此很难提供一种在网络和其他控制论系统中到底发生了什么的具体观点。[1]这里涉及一个问题：当谈到动物、昆虫和媒介技术的时候，我们在谈论什么？我们是否认为它们是预先定义的、离散的现实形式，其中自然存在与文化物质（只通过我们的话语透镜来看）截然分开？或者是否有机会形成一种观点，即我们不必假定一种预先的划分，而是把事物当作密集分子流来对待？比方说，在这种情况下"媒介"的概念只是连接、流动衔接、情动、速度、强度、话语和实践（装配）的最终结果？[2]我们是否可以将媒介视为将感觉朝向某个一致性场域的缩约化——无论我们称此一致性场域为环境还是一种媒介生态？换句话说，我们是否可以不只问自然是怎样呈现在我们的媒介文化之中的，还要问媒介技术中的什么要素业已存在于自然之中？[3]这似乎是各种蜂群模型以及20世纪80年代克雷格·雷诺兹（Craig Reynolds）的类鸟群姿态研究项目所提出的隐含问题：我们如何才能重新建构自然，以使其成为一个可行的动态技术机器？

20世纪90年代网络媒介蓬勃发展以来，文化理论概念的使用一直面临着持续膨胀的危险，而松散的隐喻暗藏着另一种危险。通过使用类比作为解释的方法，我们经常试图用其他一些现象（通常是熟悉的现象）来看待另一个现象。以

---

1 Anna Munster and Geert Lovink, "Theses on Distributed Aesthetics, or What a Network Is Not", *Fibreculture*, no. 7.

2 J. Macgregor Wise, "Assemblage", in *Gilles Deleuze: Key Concepts*, Charles J. Stivale, ed., Chesham, England: Acumen, 2005, pp.77-87.

3 Gilles Deleuze and Félix Guattari, *A Thousand Plateaus*, Brian Massumi, trans., Minneapolis: University of Minnesota Press, 1987, p.309.

病毒为例，计算机病毒可能被解释为像生物病毒一般，即捕获宿主的细胞，利用它们传播自己的代码，并制造新的病毒（甚至可能会杀死宿主）。尽管这听起来是甚为合理的分析，但问题在于伴随着类似隐喻会出现太多的负担，况且在这种生物隐喻的情况下，它倾向于将控制论的构造"自然化"。现象则被放在一个节点关系稳定的解释网格上。这里被忽视的是个体化（individuation）的强化过程，因为恰恰是从这一过程中形成了更稳定的形式。在这种意义上，我们不仅应该对实际的技术对象、动物或它们的组合感兴趣，而且应该将它们作为潜力的载体、个体化的力量和"身体能做什么"的表达来对待。同样，当分析具体案例或流行文化对象中的昆虫形象时，我首要的并非将其视作隐喻，而是视作技术媒介时代的生命政治体制的更广泛结构化过程中的中继（relays）。

在这种语境下，连吉尔·德勒兹和菲利克斯·加塔利也不愿从"媒介"的角度来思考（而是将其作为一个传播领域的话题），这一事实可以提供一种媒介理论线索。他们的新物质主义思想被其他许多作者延续和发展，如本文中提到的尤金·萨克、亚历山大·加洛韦、蒂奇亚纳·泰拉诺瓦、马修·富勒、伊丽莎白·格罗兹、约翰·约翰斯顿、曼纽尔·德兰达、卢西亚娜·帕里斯、罗西·布拉伊多蒂以及布莱恩·马苏米。在这一背景下，昆虫媒介的研究将从以下三个关键术语的角度来处理昆虫和生物学与技术和媒介之间的转译及转置，这三个关键词分别是强度（intensity）、集合体（assemblage）和图解（diagram）。

强度

作为对多年来符号霸权、语言学转向以及将语言形式的"意义"作为文化研究关键对象的各种文化建构主义的替代，各种新的方法已经出现了。在文化研究中，劳伦斯·格罗斯伯格（Lawrence Grossberg）最早指出了"意义"的缺陷，并从德勒兹、加塔利和斯宾诺莎那里汲取一种更重视物质性的方法，即通往"情动"的方法。事实上，情动是用于思考同时超越能指和作为个体化实体的身体，并把握各种身体的相互联系性质的关键词之一。[1] 在所谓的"物质女性主义"中，人们提出了不同的策略来对抗语言的首要地位，以便将非人类和物质的强度进行充分的理论化。[2] 这个名单还可以继续罗列下去，包括布鲁诺·拉图尔的非人类网络理论、兰登·温纳（Langdon Winner）对科学技术研究的观点、从基特勒到恩斯特等近代理论家的德国"物质主义"媒介理论、卢西亚娜·帕里斯和其他作者提出的抽象物质主义概念，以及对亚里士多德形质论的批判。[3]

在本文中，新物质主义文化分析指的是一种试图承认物质特殊性的方法。物质的差异化创造性源于其根本的差异性，

---

1 Patricia Ticineto Clough and Jean Halley，*The Affective Turn: Theorizing the Social*，Durham，NC：Duke University Press，2007.

2 Stacy Alaimo and Susan Hekman，*Material Feminisms*，Bloomington：Indiana University Press，2008.

3 Manuel De Landa，"Deleuze，Diagrams and the Open-Ended Becoming of the World"，in *Becomings: Explorations in Time*，*Memory and Futures*，Elizabeth Grosz，ed.，Ithaca，NY：Cornell University Press，1999. 同样可参见 Cary Wolfe，*Critical Environments: Postmodern Theory and the Pragmatics of the "Outside"*，Minneapolis：University of Minnesota Press，1998.

这不仅是自身类别（genus）的差异，即亚里士多德假设的第三种普遍概念：要存在差异，首先要有共同的东西。在这种情况下，差异就可能仅仅停留在已经界定的世间实体的实际层面。相反，差异成为一种个体创生（ontogenetic）的力量，并因此成为一种异质生成（heterogenetic）的力量。[1]

一种不同的创造力量、一种生成和一种强度，创造了我们所感知到的东西。被感知的东西只有通过主体和客体彼此形成的事件才会发生。这就是德勒兹思想中固有的强度，也是最近新物质主义所表述的强度：把分割的、广泛的、被命名的东西仅仅视为强度差异化的力量结果。对强度的关注并不意味着广延（extensions）是非实在的。恰恰相反，广延是非常实在的，只是作为一种可能的存在方式，将自身强加给个体化集约过程中暂时性的最终结果。[2] 差异化的实体倾向于隐藏其差异化的历史，这在某种程度上破坏了世界创造的过程性。[3]

对强度的关注，除了作为一种本体论的声明，还指向理解世界的创造性力量的关键方法论需求。这些力量塑造了我

1　凯伦·巴拉德提到了现象中的"物"（thing），以绕过事物/现象的二元论。对巴拉德来说，世界是一个动态流动和物质化的过程。从中出现了"差异性代理"（differential agential）的立场，并暗示了后人文主义的物质概念处于"能动性凝固"（congealing an agency）的状态。参见 Karen Barad, "Post-humanist Performativity: Toward an Understanding of How Matter Comes to Matter", in Stacy Alaimo and Susan Hekman, *Material Feminisms*, Bloomington: Indiana University Press, 2008, p.139.

2　正如康斯坦丁·邦达斯所解释的，我们不需要担心德勒兹的本体论是二元的。"潜在的强度不存在于其他地方，而是存在于其构成的扩展中。"强度在术语层面不同于扩展，而是一种创造性的差异，是作为创造性关系的力量。参见 Constantin Boundas, "Intensity", in *The Deleuze Dictionary*, Adrian Parr, ed., Edinburgh: Edinburgh University Press, 2005, p.131.

3　Peter Hallward, *Deleuze and the Philosophy of Creation*, London: Verso, 2006, pp.11-18.

们的生活关系，其特点是越来越多的技术环境和非人类技术行动者，以及以生物数字技术、纳米技术和生物计算等形式对自然进行的新调整。[1]

总体而言，新物质主义所强调的是物质的微观政治，即对能量物质流（energetic material flows）的非话语性操纵，这些物质流自 19 世纪以来一直在现代媒介文化的生物生产中被捕捉到。这意味着有必要与生命的伦理、政治及其次级表征过程保持一致。正如布拉伊多蒂写道：本该有从能量和潜力角度思考动物的一个完整历史，但该历史往往被简化为技术—工业模式。她的这句话可以如此解释，即动物作为机器的观点并不能还原为两者都缺乏灵魂的哲学主张，而是要把它们视为工作者和生产者，就像"一个工业生产车间"[2]。事实上，就连生产的原材料也是生产者，但动物的特性要比其丰富得多。

因此，作为我研究领域的关键主题，"生命权力"（biopower）要被理解为对作为权力对象的生命之捕获——福柯已经从人类群体的生物学特征方面细致分析了这一点。此外，如布拉伊多蒂所指出的，在斯宾诺莎的观点中生命是富有强度、创造性和无限性的，在此生命就成为一个主体。它是一种能动性（agency），在其富有强度的创造力中发现了新的解决方案和参与世界的方式。这种观点在某种程度上不同

1　对伊丽莎白·格罗兹等人而言，重新思考现代生物学和文化理论之间的联系，是身体作为一个开放系统的新概念与新实践的重要前提，这个系统"与其他无法控制的巨大系统一起运作，通过这些系统，它可以获得自身的能力和能量"。参见 Elizabeth Grosz, *The Nick of Time: Politics, Evolution and the Untimely*, Durham, NC: Duke University Press, 2004, p.3. 而像曼纽尔·德兰达这样的学者，则试图通过自组织的物理学更紧密地建构其"新物质主义"。

2　Rosi Braidotti, *Metamorphoses: Towards a Materialist Theory of Becoming*, Cambridge, England: Polity, 2002, p.126.

于阿甘本最近对生命和生命政治的海德格尔式强调，后者认为死亡是生命的连续零点和地平线。除了布拉伊多蒂所说的助长失落和忧郁的自恋观点，斯宾诺莎式的观点则将生命视为某种超越个体的东西、一种非个人的创造力量，是将个体作为其属性而订立的契约。[1] 在布拉伊多蒂看来，生命是 bios（政治和话语）和 zoe（非人类强度）的双重联结，是一种持续的强化创造，也是权利和知识在社会层面上的持续联结，在现代性时期，这种联结已经步入技术媒介的层面：从图像、电影的技术到游戏、软件和网络的技术。

集合体

看似稳定的身体，总是由强力的流体以及它们的分子连接构成。身体不仅是预先确定的器官和功能，也作为它们所嵌入环境的一部分而同步成型。[2] 吉尔伯特·西蒙东谈到了个体化和环境在这种过渡性亚稳态关系中的形成作用；德勒兹和加塔利则坚持认为我们必须摆脱身体和有机体的封闭模型，

1　Rosi Braidotti, *Transpositions: On Nomadic Ethics*, Cambridge, England：Polity, 2006, pp.38-40. 福柯在他后来的演讲中提出一种将这种对"事物自然运行"的开放性纳入其生命权力理论的方法。正如他所总结的那样，警察的规训机制在很早的时候就出现了某种破绽，这不仅需要对从粮食到安全的社会关键问题进行客观规定，而且需要找到一种灵活的规定方式。"因此，一种基于并符合事物本身进程的监管必须取代警察当局的监管。"Michel Foucault, *Security*, *Territory*, *Population: Lectures at the Collège de France 1977-1978*, Graham Burchell, trans., Basingstoke, England：Palgrave Macmillan, 2007, p.344. 这在总体上勾勒出一种作为干预事物自然进程的安全逻辑，也是一种替代性的规训逻辑。

2　同样，非有机生命进化、分化，并与它所处的环境产生共鸣，以便进一步发展新的集合体和领地。集合体通过切割流体和选择环境（可以是内部或外部环境）而发挥作用。正如麦克格雷格·怀斯（J.Macgregor Wise）所指出的：一个集合体的元素不是事物，而是过程——性质、速度和线，因此时间性的生成和环境产生了节奏性的共鸣。J. Macgregor Wise, "Assemblage", in *Gilles Deleuze: Key Concepts*, Charles J. Stivale, ed., Chesham, England：Acumen, 2005, p.87.

并关注身体如何不断与外部事物相联系。[1]

在一种同样来自西蒙东的思维模式中，对个体化的强调表明了要对生命形式的定性创造模式进行制图操作，这不仅取决于其稳定的组织形式，也由其经验、感觉和生成潜力来定义。最近，越来越多的媒介理论家从西蒙东那里得到启发，包括马克·B.N.汉森在内。对汉森而言，西蒙东同样提供了一种方法，从而让我们从社会构成主义（源于汉森所说的对身体的外部主义描述）向身体的原始技术性本体论迈进。[2]生物身体和技术身体都不是自然的种类，但它们带有各种关系、感知和情动的倾向。[3]这些观点后来不仅于哲学背景下得到了阐述，而且从20世纪50—60年代的"控制论动物学"（cybernetic zoology）中得到了阐释，其中包括卡尔·冯·弗里希对蜜蜂舞蹈的研究以及W.格雷·沃尔特对控制论乌龟的研究。这些不同的话语和技术构造可以被视为环境化和情感性的集合体，它们通过与自身环境的波动建立关系并做出反应而运作。

这就是行为学成为媒介理论的地方。这种关于世界的行为学视角（比较典型的是雅各布·冯·乌克库尔）教导我们

1　当然，他们的生命哲学受到了马克·B.N.汉森等人的严厉批评。汉森指出他们的方法在迷恋分子的同时，是以牺牲组织为代价的。参见 Mark B. N. Hansen, "Becoming as Creative Involution? Contextualizing Deleuze and Guattari's Biophilosophy", *Postmodern Culture*, vol. 11, no. 1, September 2000, pp.22-23. 汉森希望标明当代生物学和复杂思想所坚持的与身体有关的不同模式，以及一些认知理论中对身体的不同思考模式。汉森写道，德勒兹和加塔利强调的是一种将概念化的身体作为关系性行为学系统的哲学模式。

2　Mark B. N. Hansen, *Bodies in Code: Interfaces with Digital Media*, New York: Routledge, 2006, p.13.

3　我在撰写本文的过程中一直感激柏格森，约翰·穆基拉精确地总结了他的思想，并写道："有机体不应该被视为自然种类，而应该被视为不同倾向的集合或关系网络，因为没有一个物类、种属或王国能独特地占有任何一种特征。"参见 John Mullarkey, *Bergson and Philosophy*, Edinburgh: Edinburgh University Press, 1999, p.65.

不要根据其先天的、形态学上的本质，而是根据在其环境中的运动、感觉和互动表达来评价身体。它们总是有强度的潜能，而非预先确定的品质，这强调了一种实验性的经验主义。[1]集合体是一种生成状态的构成、情动和通道，以及作为一种经验之物的关系性。没有哪种集合体是源于其内部规定关系的（就像种子一样）；相反，一种集合体来自内部和外部的折叠。一种集合体，无论被归类于技术、动物还是人，都是连接关系的产物；什么东西可以成为技术，在关系介入之前无法确定，这就是西蒙东所说的转导关系。换句话说，集合体总是由一种关系性构成的，但这并不意味着完全的外部构成主义，而是一种跨个体化的个体创生。所有的关系都是由一个潜在和虚拟的前个体现实（pre-individual reality）所促成的，而众生共有的这种跨个体化因素也是促成集合体聚合的原因。[2]

　　情动总是处在传递过程中，因此也包含一种潜在的元素。让-弗朗索瓦·利奥塔提到了动物的"情动短语"（affect-phrases），它们不适合人类语言的交流和话语逻辑，而是穿透了它们，开启了另一种替代性的联系和交流方式。[3]动物超越了

1　用德勒兹和加塔利的话来说："我们对一个身体一无所知，除非我们知道它能做什么；换句话说，它的情动是怎样的，它们能不能与其他的情动共同构成，即与另一个身体的情动共同构成。这种情况下，要么摧毁那个身体，要么被其摧毁；要么与它交换行动和激情，要么就与它一起组成一个更强大的身体。"Gilles Deleuze and Félix Guattari, *A Thousand Plateaus*, Brian Massumi, trans., Minneapolis：University of Minnesota Press, 1987, p.257；Peter Hallward, *Deleuze and the Philosophy of Creation*, London：Verso, 2006, p.19.

2　Mark B. N. Hansen, *Bodies in Code: Interfaces with Digital Media*, New York：Routledge, 2006, pp.86-87. 关于计算性集合体，参见 John Johnston, *The Allure of Machinic Life: Cybernetics, Artificial Life and the New AI*, Cambridge, Mass.：MIT Press, 2008.

3　Akira Mizuta Lippit, *Electric Animal: Toward a Rhetoric of Wildlife*, Minneapolis：University of Minnesota Press, 2000, p.49.

语言，但不是哑巴。它们被人类的符号实践分出了层次，但又不能被通约为人类的符号实践，这就为接近情动提供了一种富有成效的方式。然而，在语言之外，像昆虫这样的动物会绘制领土区域、缩约力量、折叠身体，并建立各种关系。这也是我认为在动物研究和后人文主义领域中的一个关键点：我们不能拘泥于有关语言和界定差异（通常在语言方面）的问题，因为这意味着把动物从文化中分离出来。相反，我们应该描绘出动物身体的不同表达模式，这些模式指向了反表示性符号学（asignifying semiotics）。动物研究也就和非人类的媒介理论结合起来。文化的再生产既需要考虑到那些强力身体互动 / 波动的符号学，也要考虑到语言行为和话语；事实上，我们越来越迫切地需要认识到不同的思想谱系，以帮助我们实现这种反表示性符号学和非语言个体化的体制，它更多从斯宾诺莎、柏格森、怀特海、西蒙东、德勒兹和加塔利处，而非从柏拉图、笛卡尔、黑格尔和海德格尔甚至德里达处汲取经验。[1]

符号的反表示性体制能够与情动的概念联系起来。情动不为任何人所拥有，但它们的集合构成了个体。[2]情动是维度之间的过渡、门户和通道。然而作为一种艺术性的努力，情动不能被通约为人类艺术，而是作为创造的艺术，作为从动物到其他各种技术的关系的艺术。这种与情动（作为关系性指标）的首要地位之间的亲和力，是这一项目与动物研究中一些争议性立场的区别所在。目前，大部分议程是在西方形而

1　Luciana Parisi, "For a Schizogenesis of Sexual Difference", *Identities: Journal for Politics*, *Gender and Culture*, vol. 3, no. 1, Summer 2004, pp.67-93.

2　Gilles Deleuze and Félix Guattari, *What is Philosophy?* Graham Burchell and Hugh Tomlinson, trans., London: Verso, 1994, pp.212-213.

上学的传统基础上制定的，其中动物的强度因其缺乏语言而被削弱。尽管雅克·德里达等作者已经成功指出了动物本身的"异质多元性"（heterogeneous multiciplicity），但更多的作者从德勒兹或怀特海式的传统出发，且能够把握动物性那充满活力的物质性。[1]

换句话说，我的方法是面向世界的一种环境方法，在本文的语境中，则是面向媒介技术的一种环境方法。另外，媒介可以被定义为各种身体互动的集合，是强度关系的集合。媒介可以被视作各种力量的集合体，从人类的潜力到技术互动和技术力量，再到起作用的经济力量、实验性的美学力量以及概念性的哲学调整。媒介缩约力量也可作为一种通道和强化模式，以提供感觉、知觉和思想。那么，一个集合体不仅仅是业已存在的元素集合（例如以动物为模型的技术），它本身就是一种切割流体的模式。集合体由更基本的东西组成，如快速和慢速、情动（连接的潜力）和品质———种更接近于生成的模式，而非表达一个坚实存在者的模式（成为技术的昆虫或成为昆虫的技术）。[2]

1　正如马修·卡拉柯所解释的，德勒兹与哈拉维的本体论立场都有很多可借鉴之处。Matthew Calarco, *Zoographies: The Question of the Animal from Heidegger to Derrida*, New York: Columbia University Press, 2008, p.141. Cary Wolfe, *Zoontologies: The Question of the Animal*, Minneapolis: University of Minnesota Press, 2003. 具体来说，哈拉维在 2008 年的《当物种相遇》中刻意与德里达、德勒兹和加塔利保持距离。参见 Haraway, *When Species Meet*, Minneapolis: University of Minnesota Press, 2008, p.31. 她对"伴侣物种"（companion species）所固有的多重性的关注最终延伸到怀特海式的事件本体论。更具体来说，哈拉维借鉴了林恩·马古利斯的观点，即每个固定有机本身总是一个生态系统。在不讨论哈拉维与上述思想家之分歧的情况下，我发现这种生态学的实现与我试图在后文中表达的情动—关系性，即一种生态政治产生了共鸣。
2　J. Macgregor Wise, "Assemblage", in *Gilles Deleuze: Key Concepts*, Charles J. Stivale, ed., Chesham, England: Acumen, 2005, p.84.

集合体的方法强调了一种非表征性的文化分析。生成和机械连接并非关于形式或行动者的模仿与表征。[1]相反，它们在一个跨越稳定形式的内在性平面（plane of immanence）上移动。一只昆虫变成了媒介或者一个网络变成了一个昆虫群，这不是一种模仿，而是集合体所能产生影响的一种分子化表达。突然间，在一种特定的地域环境中，与环境相耦合的昆虫可能被视为一种现代媒介技术（例如以电报的方式对昆虫进行昆虫学翻译），或者一个网络机构参照动物群或昆虫群在特定环境中的自组织方式来进行建模。自然性或人工性的问题被束之高阁，如此重点便放在非再现性环境和实体行动发生的机械集合体之中。

换句话说，媒介可以被视为构成世界的强度性能。[2]另外，

1　Keith Ansell-Pearson，*Viroid Life: Perspectives on Nietzsche and the Transhuman Condition*，New York：Routledge，1997，pp.180-181.

2　基斯·安塞尔·皮尔森在阅读德勒兹、加塔利和乌克库尔的时候注意到一个共鸣的主题。在从功能上确定有机体是封闭单位之前，我们拥有的是非有机生命的密集分子水平，其中物质的"形式"是固有的。这种对现实（人类、动物、技术等）的内在看法绕过了形式与物质、主体与客体的二分法，从而挖掘出构成未定实体的流动性。在主体与客体、形式与物质之外，还存在"力量、密度、强度……简而言之，这就是超越自然与人工（技术与装配）的对立并形成'巨大的机械域'（he immense mechanosphere），在其中'力量的宇宙化'得到了驾驭"。Keith Ansell-Pearson，*Viroid Life: Perspectives on Nietzsche and the Transhuman Condition*，New York：Routledge，1997，p.120. 这是一种强化的抽象或精神物质主义模式，在此模式中，一切都保持着通向物质实例的内在性，但又不能被通约为任何现实的实体。每一种现实性或者可把握的"物"都被其变化、运动、感觉和生成的潜力所包围。在此，皮尔森将针对现实的一种机器化视觉和海德格尔关于"动物在世界中是贫乏的"之概念进行对比。海德格尔实际上是与黑格尔遥相呼应：动物由于缺乏对自身的认知，注定要过一种止于重复的生活，而非一种潜在的生活。只有自我认知的生命才会有历史，从而拥有一个潜在的非决定性未来。正如皮尔森所指出的，海德格尔的解读以"糟糕的生物学"为标志，他没考虑到"异质性身体之间的情动关系"，这必然导致一种危险，即仅仅在摩尔概念或预先确定的有机体水平上运作。相反，通过乌克库尔，我们有可能绕过这些僵化的术语。

动物生活在媒介之中：它们的世界顾名思义是由它们周围环境的不断互动感应、运动和记忆而形成的，就像我们所栖居的媒介环境是由我们的行为学身体和技术性、政治性、经济性身体的互动而构成的。或者换个说法：我们与其说存在媒介，不如说我们就是媒介；媒介是缩约宇宙力量的大脑，在混沌中投射出一个平面。德勒兹和加塔利合著了影响深远的《什么是哲学？》，但也应该有人以同样开阔和原创性的方式来解决"什么是媒介？"的问题。媒介缩约的具体平面是什么，或者说存在一个这样的平面吗？媒介是否通过科学、艺术和哲学的元素来工作，是否通过各种模式的交织来应对混沌世界？此外，尚不清楚我们能否在哲学书中找到答案，但我们或许可以在琳恩·赫什曼 - 李森的电影《人造人》（*Teknolust*）等科幻影片中找到答案。

图解

我不断强调深入关注内在性平面的重要性，是因为正是在这个内在性平面上，特定的身体、有机体和其他层级（技术、动物物种、人类特征）得以形成，而这又是由历史观来补充的。任何集合体都在不同的空间和时间尺度上运作，因此呈现为一种"生态学"的形式。除了它们对新连接的开放性，还有曼纽尔·德兰达所谓的"普遍奇点"（universal singularities），这是一种潜在的、虚拟的空间，限制了任何集合体（身体）能做（图解）的事情。潜能总是在具体的历史情境中且通过该情境而得到阐述。我将会证明无论对动物、人类或媒介技术而言，情动的强度都是作为媒介技术现代性生产机器的一部分而被不断捕捉到的。可以肯定的是，这正是技术科学的意义所在：将行动模式合理化，捕捉身体的运动和互动，通过将其他波动的动物情动标准化来控制未来。这与福柯对分析身体的空间化和信道化技术并创建新式图解地图的兴趣有关，但这些地图不是稳定的、封闭的结构，而是呈现为奇异的分布方式：决定图表边界并限定其转折和方向的虚拟元素都可以实体化。

按照德兰达的说法，图解学不仅要被理解为一种寄生性的捕捉，而且要被理解为对身体图示之强度奇点的追踪。这就是可能性空间和潜在奇点的拓扑结构，是某种身体计划的潜在实现模式。例如在进化过程中，脊椎动物、甲壳动物和昆虫已经发展并遵循了某种可能的图解空间，该空间定义了（不是预先存在的可能性，而是需要在强力的、具身的过程中实现的潜在性）特定动物的能力。[1]一个动物门类有一种特定的拓扑结构、一种可能的空间，本研究的一个主要前提就是分析为什么技术现代性逐渐对原初生命——尤其是昆虫的奇异性产生了如此大的兴趣。对我而言，这也是一个历史问题，它解释了对现代的关注。其实关于昆虫的讨论由来已久，古希腊的哲学家已经在各种文本中对该话题做出了贡献。但为了更具体地质疑技术现代性的生命政治，我想把本文限制在现代昆虫学和现代媒介诞生之后的时段。

在一个关键模式中，将动物转化为媒介一直是生理科学

1　Manuel De Landa，"Deleuze and the Use of the Genetic Algorithm in Architecture"．（网络文章）

的一部分，在这一卓越的转化图表中，与观察、感知主体相分离的媒介技术的感觉及知觉被创造出来。正如一些作者认为，感官和生理科学为19世纪新兴的技术媒介文化做出了贡献，这种文化热衷于将知觉、交流和组织程序合理化。[1]动物也是如此，甚至连昆虫这样看似无关紧要的"哑巴"生命形式，也在当时通过科学研究被转化为媒介技术的组成部分，这在概念上向着非人类情动开放，而后者正是即将到来的媒介之潜力所在。昆虫—媒介—技术的关联是一个挖掘（动物）生命原理的更大图解领域的一部分。

因此，图解学指的是一种分析、定义和复制动物情感作用（它从作为心理物理量来测量的人类感觉中枢扩展到昆虫的组织和感觉）的模式，并将其从严格的科学语境扩展到更广泛的社会领域。从19世纪开始，昆虫从时尚服装跨越到流行小说，通常呈现为具有恐怖能力的外星昆虫的故事。当然，这种图表化并非单向的，即从科学到大众文化，而是作为一个连续的反馈回路存在。这就是为什么昆虫媒介研究混合了如此之多的原始材料：从昆虫科学和计算机科学到媒介艺术、超现实主义、流行科幻作品、数字电影技术和20世纪末的女性主义概念等。这就是图解的一贯运作方式：通过对实践和话语进行混合、转运来发挥作用。

1　Jonathan Crary, *Suspensions of Perception: Attention, Spectacle and Modern Culture*, Cambridge：MIT Press, 2001；Laura Otis, *Networking: Communicating with Bodies and Machines in the Nineteenth Century*, Ann Arbor：University of Michigan Press, 2001. 对生物科学和信息学平行演进的分析，参见 John Johnston, *The Allure of Machinic Life: Cybernetics, Artificial Life and the New AI*, Cambridge, Mass.：MIT Press, 2008.

从动物情动到技术

最后，有几句话要澄清一下。昆虫并非我分析的唯一动物门类，但它们为我对动物情动的这种"兽性媒介考古学"的兴起提供了一个广阔的通路。为什么是昆虫？这不仅是因为动物在媒介史上具备普遍的重要性，正如尤金·萨克所指出的那样，昆虫可以被视为"特权案例研究"[1]：它们是众多案例中的典范，新型的虫群秩序对主权、生命和组织等概念提出了质疑，而这些概念对当前政治、网络和技术的阐述来说又是如此关键。如果说人类一直是西方政治哲学（以及组织哲学）的大多数论述的起点，那么昆虫就在这种思维模式中提供了一个关键的差异。当然，"昆虫"是一个巨大的类别，仅其现在的定义中就包括了从蜻蜓到蜜蜂、蚱蜢到飞蛾、苍蝇到蚂蚁、虫子到螳螂等 90 多万个物种的节肢动物亚类。本文倾向于只关注一些选定的、被大众文化和技术设计者所珍视的品种：蜜蜂、蚂蚁、黄蜂、蜘蛛以及其他一些案例，它们展现出与世界的一种奇妙的创造性关系。尽管 20 世纪有不少归纳性论述，将各种"生命的微小形式"——例如，无论是社会性昆虫（社会生物学）的行为特征还是基因——视为定义生命的要素，但本文仅仅是通过外在性和变化的关系来定义这些要素，因此它远远没有暗示一切都已经由自然界为我们进行定义和设定。

此外，昆虫还有一种奇怪的、朝生暮死的一面。它们可

---

1 Eugene Thacker，"Biophilosophy for the Twenty-first Century"，in *Critical Digital Studies: A Reader*，Arthur Kroker and Marilouise Kroker，eds.，Toronto：University of Toronto Press，2008.

能与被驯化的动物形象相去甚远，因为这些动物已经被包含在现代社会的宠物文化中，并且已经被合理化。[1] 然而，正如文中所指出的，昆虫已经逐渐成为当代媒介境况图解的一部分，成为感觉和组织的一种不可思议的模型。然而，它从根本上来说仍然是非人的：正如科幻作品中呈现的那样，昆虫来自外太空，并且与人类生活格格不入。它们呈现为一种奇怪的威胁，但也可能是未来非人类生命的一种可能。在 20 世纪 50 年代的美国，昆虫是冷酷的他者类型，此时是通过冷战政治的角度来看待它。对大卫·柯南伯格来说，这种联系和恐惧更为密切：或许昆虫已经在我们体内，或许我们体内有一种不可思议的动物性。在对 1958 年库尔特·纽曼《变蝇人》的翻拍中，柯南伯格植入了 20 世纪 80 年代的目光，将主人公塞斯·布伦德尔的变形过程呈现为分子水平的肇因。尽管发生了这种畸形的变化，但布伦德尔本人认为这仅仅表达了动物和人类之间潜在的连续性："我是一只昆虫，梦见自己变成了一个人，并且沉醉其中。但现在美梦结束了，昆虫已经醒了。"这种分子变异表现在情动和知觉的层面，即布伦德尔—苍蝇与他 / 它的环境发生关系的方式。这种新的"混血儿"与人类的区别在于其新的力量、能量、体毛、知觉能力和性欲。[2] 柯南伯格的电影可以被视为人类和昆虫情动的制图学。电影的媒介继续以显微镜的方式运作，以检查这个动物性的世界。然而，显微镜被嵌入记录、分析、再现动物的运动、感知和能力的科学实践，但柯南伯格的项目更具诗意，并且能在生

1　唐娜·哈拉维在《当物种相遇》中对犬类文化的辩护。

2　Steven Connor，*Fly*，London：Reaktion Books，2006，p.163.

态哲学方面发挥作用：作为一种技术媒介社会的动物力量催化剂，并且对这种源于技术装配的新力量之奇异性进行描绘。[1]

群集、变形和怪异的感觉很容易由数字成像技术产生，但这一主题不能被通约为技术的可能性。因此，这些简单的动物也有哲学性的一面，这在我的研究中不断呈现出来。昆虫成为对媒介技术现代性的非人类基础进行文化分析的一个哲学形象，它的标签绝非人的意识统一性，而是昆虫的群集、分布式智能、集体能动性和"情动的自主性"（autonomy of affect）这一不可思议的潜力。[2]

1　关于生态哲学，参见 Félix Guattari，*Chaosmosis: An Ethicoaesthetic Paradigm*，P. Bains and J. Pefanis，trans.，Bloomington：Indiana University Press，1995.

2　我使用自主性情动的概念指涉以下事实：（1）情动不为人类所有；（2）它们是前个体事件。参见 Paul Bains，"Subjectless Subjectivities"，in *A Shock to Thought: Expression after Deleuze and Guattari*，Brian Massumi，ed.，London：Routledge，2002，pp.101-16；Brian Massumi，*Parables for the Virtual: Movement，Affect，Sensation*，Durham，NC：Duke University Press，2002.

走向邪恶媒介研究[*]

（2009）

［英］马修·富勒、安德鲁·高菲 / 著　韩晓强 / 译

　　邪恶媒介（evil media）的研究并非一门学科，也非对一类特别让人不快的媒介对象之描述。它是一套非正式的实践及知识体系的工作方式，以策略（stratagems）为标志，充斥于当代网络媒介，跨越了理论工作与实践工作之间的区隔。

　　邪恶媒介的研究有意面对种种不合时宜的指责，以便反击并强化理论与实践领域内默认的欺骗与诡计。

策略1：绕过再现

　　基本的策略并非谴责，也非鼓吹，而是创造一个与再现隶属不同秩序的问题，继而从实践上加以贯彻。尽管从再现之问题化的角度来分析数字媒介的发展，分析与其相关的关于意义、真理、虚假的种种假设颇有必要，但再现造就的问题化很难适应一种对数字媒介世界中日益增长的通信基础设施性质的理解。尽管网络媒介很可能是由文化力量所塑造的，但它们的

---

* ［英］马修·富勒（Matthew Fuller）、安德鲁·高菲（Andrew Goffey）著，《走向邪恶媒介研究》（Toward an Evil Media Studies），韩晓强译，原文载《垃圾邮件书：论病毒、色情片和其他数字文化黑暗面的反常现象》（*The spam book: on viruses, porn and other anomalies from the dark side of digital culture*），尤西·帕里卡与托尼·辛普森主编，汉普顿出版社，2009 年，第 141-159 页。

物质性（materiality）始终是意义和象征主义无法具备的。同时，数字媒介在很大程度上通过编程硬件／软件的形式逻辑工作，也就是属于更接近语言秩序的东西。语言在此变成了对象，这体现在多个方面：被一系列将交流过程交付于编程量化程序的实践对象化；作为经济中的一个关键要素被投资；作为事物本身纯粹客体秩序中的一个元素，摆脱了主体与对象之间的互补性以及我们通常认为是介于两者之间的一系列过程。

策略2：利用过时之物

我们在此使用"邪恶"这个术语，是为了把握当代媒介的诡计、欺骗和操纵的实践。我们必须在希望摆脱批判秩序和再现假设的背景下理解向这一语境的转变，毕竟此种愿望在很大程度上影响了人们思考媒介的方式。谈及邪恶媒介的研究，便是要引起人们对一系列实践及其风格的注意，因为在以明确或隐含的以自主理性和知识理性的尺度来衡量时，它们都不易理解。事实上，邪恶媒介的研究拥有巨大的创造性使用能力，正如乔纳森·克拉里所言：

> 人类主体那确定的心理—生理能力及功能，或许很容易受到技术管理的影响，这在一百多年来一直是制度战略及其实践的基础（无论这些战略的相对有效性如何），即便这些制度的批评者必须否认这一点。[1]

1　Jonathan Crary, *Suspensions of Perception: Attention, Spectacle and Modern Culture*, Cambridge：MIT Press，2001，p.72.

正如克拉里指出的，大量的时间和精力都花在了专门研究媒介主体的经验可被操纵的方式上。然而，重点并非这种研究是否科学（它受到行为主义的启发，基本归属于心理学领域）。就像斯坦利·米尔格拉姆（Stanley Milgram）的著名研究一样，[1] 它们非常直接地指向了那些有效的技术与实践，即使它们既未导向科学知识，也非源于科学知识。

有鉴于此，重要的是谈论事物是否有效，而非它们是否正确。伊莎贝尔·斯唐热（Isabelle Stengers）与菲利普·皮尼亚尔（Phillippe Pignarre）最近谈到了资本主义的巫术（sorcery），这种巫术意味着被主流批判理性所指责的某些实践，如催眠等，它们实际上应该被更严肃地对待。在催眠的临床使用中，重要的并非暗示性的力量可以鼓励病人去想象那些未曾发生的事件的方式（即使这可能是一种结果），而是病人开始进入一种特定形式的现实的方式，这有可能治愈他们，也可能全然无效。此处发生的是"催眠师以一种不确定且暧昧不明的方式召唤'现实的生产'，但又无法解释或证明他在这件事情上的'权力'"。[2] 催眠暗示（hypnotic suggestion）与过时的媒介奇观不同，后者只是提供了一个"隐匿的"或神秘的现实形象，而前者本身就是直接生产现实的若干手段之一，这是公共关系的发明者早已知悉的事实。要利用这样的机制，就需要与媒介研究中通常采用的不同立场进行微妙

1　Stanley Milgram, *Obedience to Authority: An Experimental View*, New York, NY: HarperCollins, 2004.

2　Leon Chertok and Isabelle Stengers, *A Critique of Psychonalytic Reason: Hypnosis as a Science Problem from Lavoisier to Lacan*, Stanford, CA: Stanford University Press, 1992, p.164; Phillippe Pignarre and Isabelle Stengers, *La sorcellerie capitaliste*, Paris: Editions La Découverte, 2005.

的谈判。对那些职业性地，甚至偶然地嵌入媒介的人来说，声称我们被操纵、声称诡计和欺骗经常被有效执行，并非在否认人们不能思考或不去思考，而是在进一步欺骗和操纵我们自己，使自己认为理性主体并未被事件所超越。

策略3：激起恶意

谈论邪恶也是为了强调交流秩序所属现实的本体论层面：不能作为意义交换之物的非意义，只能无限地与再现相切（但也无须其压制）。就此而言，让·鲍德里亚谈到了邪恶的"原则"，并声称"在每一个主导和冲突的过程中，都铸造了一种秘密的共谋；在每一个共识和平衡的过程中，都存在一种秘密的对立"。[1] 如果每一种形式都有一种内在的激动性，那么也是就这种形式与其潜在的他异性进行斗争的意义而言。鲍德里亚经常复述的一个例子是堪称残酷的讽刺，即媒体越是再现某事件，在语义膨胀的不可阻挡的螺旋式上升后，它们就越倾向于消失，折回自身之上并取代现实。简而言之，人们可以欣赏一种全球超级战争机器的超精密技术，然而一旦以摩擦的姿态与之遭遇，就会退回到一种恐怖性的技术原始主义。而这些也许只是这一"原则"最明显的表现形式。换句话说，邪恶是赋予对象策略的一个绝佳名称，也是事物按其自身行事而无须费心诉诸意义之主观要求的一个绝佳名称。如果秘密是这种激动性所固有的，这或许是因为它是一个无主体的过程，是一个阴谋诡计，是一个取决于其不可知性的过程。而正是出于这个原因，它必须让我们感到惊

1　Jean Baudrillard, *The Intelligence of Evil or the Lucidity Pact*, London: Berg, 2005, p.163.

讶，甚至迷惑或欺瞒我们。[1]因此，这种策略暗中从恶性转向无罪。[2]

策略4：将庸常机器化

对最近的一些评论家来说，语言与交流是经济的绝对核心部分。[3]长期以来，语言与交流被视为思想交流的载体，因此是独立于经济基础之外的上层建筑要素，但这些作者认为它们应该被视为基础设施（infrastructure）的一部分。交流在经济中的这种地位变化，开启了一系列新的问题来思考当代经济中不断变化的工作性质，并为其提供了新的线索。从此处描绘出的有限的实践分析来看，一般的主张（而非具体的细节）表明了当代数字媒介实践有一些不太可能的前因。

最近，人们试图重新思考当代经济中不断变化的工作形态，而这种变化隐含的政治主体性的转变，似乎从亚里士多德的修辞学及其体现的述行原则中得到了奇怪的启发。对意大利理论家保罗·维尔诺来说，当代政治主体性涉及一种艺

1　虽然这里不是延伸这一讨论的地方，但我们对鲍德里亚的援引以某种看似矛盾的方式契合了某种实在论思维线索，也就是说这种思维线索绕过了批判性的、人类中心论的偏见，后者认为对现实的任何讨论都必须经由一个个人类主体。参见 Graham Harman, *Tool-being. Heidegger and the Metaphysics of Objects*, Chicago IL：Open Court, 2002.

2　在谈及"邪恶的原则"时，鲍德里亚评道："分析当代系统的灾难形式，分析其失败、其困境，同样分析它们过于成功的方式，并在它们自身运作的谵妄中失去自我，这就是使被诅咒部分的定理和方程到处涌现，这就是确证了其不可毁灭的象征性力量无处不在。"Jean Baudrillard, *La transparence du mal*, Paris：Galilée, 1990, p.112.

3　尤其需要重视保罗·维尔诺、克里斯蒂安·马拉奇与毛里齐奥·拉扎拉托的作品。参见 Paolo Virno, *A Grammar of the Multitude*, New York：Semiotext（e）, 2003；Christian Marazzi, *La place des chaussettes*, Paris：Editions de l'eclat, 1997；Maurizio Lazzarato, *Les révolutions du capitalism*, Paris：Les empêcheurs de penser en rond, 2004.

能展演（virtuosity）的原则。维尔诺认为，"我们每个人都是，而且一直都是一位演奏家、一位表演艺术家，即便有时平庸或笨拙，但无论如何都是一位演奏家。事实上，艺能展演的基本模式，即作为这一概念的基础经验，正是演讲者的活动"。[1] 如果维尔诺的分析为重新理解劳动与语言之间的联系提供了一种有趣的方式，那么我们或许可以说，它在探索媒介及交流实践体现现代生产的变化性质的范式方面只走了这么远。对维尔诺来说，今天要成为一名制作人、一位演奏家，就需要在庸常中工作，这些庸常之物是作为述行的语言所围绕的有限的、波动的点，以及它们所体现出的智慧之骨架形式。如果媒介成为劳动—资本关系中发生的变异范式，那是因为它们同在庸常中运作。在数字媒介中，关系数据库查询语言（SQL）中用来分析数据的基本运算符集可以被描述为一系列机器化的庸常符号（=、! =、<、>、≤、≥等）。只要我们不赋予自然语言一种自动的特权，只要我们认识到语言在媒介技术中的实例化必然标志着一个语言与无主体对象的无意义不可分割的区域，那么，一套以"通用的逻辑—语言形式"为特征的一般智力就以这种方式成为当代生产的核心。

维尔诺的方法类似于毛里齐奥·拉扎拉托（Maurizio Lazzarato）与克里斯蒂安·马拉奇（Christian Marazzi），它有着巨大的优点，其中尤其重要的是确定了一些为机器过程提供信息的基本智力形式（那些关系性术语，如等于、不等于、多和少等，至少俗语中如此表示）。然而，作为理解媒介的一种方式，这种方法远远不够。与之相关的第一个指标来自这

---

1 Paolo Virno, *A Grammar of the Multitude*, New York: Semiotext（e）, 2003, p.55.

样一个事实，也就是汉娜·阿伦特未曾忽视的亚里士多德作品中的观点：关于语言的诸多争论都是由击败智者学派的需求所决定的，这些人是交流形式中秘密对抗的完美至上且自相矛盾的大师。[1]事实上，亚里士多德正是通过排除一系列之前属于诡辩术范畴的交流技巧，完成了被默认为所有交往行动（由哈贝马斯等人提出）之前提的共识的谋划。无论我们把交往行动看作与工具性活动绝对分离的（如哈贝马斯）还是不可分割的（如维尔诺），从我们意识到共识性的交流与合作具备某种排除功能，从而扭曲我们对形式上未必理性的实践之理解的那一刻起，它们就是非物质性的。因此，从诡辩术入手是开启媒介形式研究的一种方式，它们作为对理性主义否决的操纵和精神控制的回应，需要通过真正有用的，因而也是邪恶的媒介研究来超越。

策略5：化偶然为必然

在古希腊，智者是对语言之缺陷、紊乱和特异性（其非意义）进行完美利用的人。他们将自身置于语言的裂缝中，在此一个词可能有诸多意思，两个完全不同的词听起来几无区别，意义和指称也被完全混淆。诡辩术有时幽默风趣，有时带着更阴险的煽动性意图，它利用语言的"半手术"（semiurgical）性质及其包含的不断翻滚的情动能量来创造和重塑我们与世界的关系。历史表明，他们为此被诋毁、诽谤，并被排除在语言的正常人类使用群体之外。哲学和对理性的

---

1 Hannah Arendt, *Between Past and Future*, New York: Viking Press, 1961/1968. 这部作品清晰地展现了对诡辩之重要性的认识。也可参见 Barbara Cassin, *L'effet sophistique*, Paris: Gallimard, 1995.

正确（思考）使用是这一历史性驱逐的主要施动者。通过发明非矛盾律等原则和修辞学等实体来消化语言的过剩，哲学不仅为交流创造了在超验层面运作［最近由哈贝马斯与卡尔 - 奥托·阿贝尔（Karl-Otto Apel）所调整］的强有力的规范性原则，还创造了一种对语言和逻辑的感知，其中缺陷、故障、漏洞开始被视为简单的意外，微不足道的反常现象很容易通过更好的语言内部管控来消除。即便是面对双头怪或类似的植物，你也不能说一件事物意味着两个东西。理性的规范排除了这一点：透明应该是对激动性的消除，而非其秘密的累积。但正如智者所知晓及实践的那样，双关语（double-speak）一直为政客所用，这一点众人皆知，且或多或少被视为良策。2500 年之后，随着解构和其他方法的出现，我们发现双关语实际上是"被压制的"、被理性否认的规范。[1]

策略6：递归策略

　　媒介研究若不回避诸如精神控制之类的可能性，就应该作为一系列的策略来加以阐述。为什么？因为同意与合作、读者的理性赞同，都属于结果而非预设。因此，对精神控制的相关研究应该是递归的，并以之应用于其自身。在任何情况下，策略性的方法都让我们有所针对：代码的自主性，即它不受人类干扰的独立性，与造就它们的施动者的大量策略整顿并不相容。在 19 世纪中后期，悲观主义的德国哲学家亚

1　一系列参考资料都会支持这一说法。显然，德里达的作品是这一发现的例证，或者再退一步讲，布鲁诺·拉图尔与伊莎贝尔·斯唐热的作品也是如此，这些作者都对诡辩术抱有赞许之意。关于亚里士多德发明的非矛盾律原则引起的"伦理"问题，可见于卡辛《诡辩效果》一书中的深度探讨，参见 Giorgio Agamben，*Remnants of Auschwitz: The Witness and the Archive*，New York：Zone，2002.

瑟·叔本华在其短文《永远正确的艺术》（The Art of Always Being Right）中提到一种论证的策略方法。叔本华的文本可谓是马基雅维利的《君主论》与巴尔塔沙·葛拉西安（Baltasar Gracián）的《智慧书》（The Art of Worldly Wisdom）这一传统下的实用手册。这三个文本都是非自然主义的，是关于权力运作以及有效使用权力所需的操纵、欺骗和其他形式语言强化的实用指南。叔本华的文本继承了智者的机会主义骗术且发挥了类似的效果：暂停将对—错、真—假、善—恶的对立作为赢得论证的先天准则。因此，它侧重于从论证展演的裂缝中产生的说服策略。

但是，即便我们的研究借用了叔本华的策略性方法，但并不赞同他对对话性互动之辩证情境的排他式关注，也不赞同他对自然语言的排他式关注。当代媒介中发生的绝大部分交流过程都不属于这一类型。事实上，数字网络世界中的绝大多数施动者甚至都不是人类，也不使用自然语言来操作。但信息交换的过程仍然是权力正常运作的一部分，也是我们的兴趣所在。

策略7：捕捉的狂欢

要试图理解数字通信世界中正在发生的事情，一个极其有用的术语就是捕捉（capture）。我们生活在一个"捕捉的世界"（world of captures），在这个世界中，权力——正如福柯和先前的其他学者表明的——主要不是通过压制、镇压或压迫来运作（尽管有时候它涉及对所有这类品质的积极评定），而是通过煽动、诱惑、生产乃至创造。捕捉的操作最为常见也最为经济，通过施加轻微的力量偏差，通过几乎觉察不到的能动性变化来完成。催眠师的暗示疗法是调整无意识情动的方向，让一个词语（教育、教育、教育）或者一个口号（邪恶轴心）充当一个吸引子（attractor）。被捕捉对我们来说同样有意义，我们感觉今天的社会是一个设计得多少有点笨拙的开放式监狱，我们不需要被关起来才觉得被困住，我们也不需要犯了罪才觉得自己被永久审判、服从于他人，甚至那些我们理解的有助于解放自我的知识，也屈从于一种可恶的、令人窒息的生活常规化的能力。捕捉同样提供了一种方法，以描述人类与机器、形式语言与自然语言、情动与技术之间发生的事情。策略是事件的处理者：它们捕捉到了能动性。

策略8：精密复杂的机制

从一个稍有不同的角度看，媒介理论家弗里德里希·基特勒假设了一种拉康式的无意识与计算机之间的大胆类比，这可能有助于我们理解这些捕捉技术如何跨越不同的平台（无论基于自然语言还是机器语言）发挥作用。基特勒采用了拉康的论断，即存在一个象征性的世界（文化），某些东西必须在现实中独立于任何主体性而发挥作用（否则就无法将其象征化），他认为计算机硬件在硅晶体芯片振荡基础上的运作表明，著名的无意识概念作为他人的话语，等同于一种电路的话语。在象征性的世界中，"信息的循环犹如在场/缺席的在场/缺席"。在现实中，即在计算机硬件中，这就是根据简单的电压差而开闭通路。对硅石英潜力的探索让拉康/基特勒能够将无意识的话语与电路的运作联系起来，有助于拓展对权力技术的字面理解。我们无须过于纠结，因为此处要说明的只是一个简单的问题。计算机硬件基本操作中起作用的在场/缺席的在场/缺席，指向的是一种符号体制的系统化，根据结构主义精神分析，欲望或情动被视为一种基本的编码现象。拉康认为，所有被编入修辞学的言语形象都为理解无意识的运作提供了绝佳的手段。就实践而言，这意味着我们的机器言说我们，而非相反，这是基特勒/拉康非常扼要地指出的一点：我们"在比所能想象的更大程度上，成为从显微镜到广播—电视等各类小工具的受试者"[1]。当人们觉得被机器言说这一点很奇怪的时候，我们应该注意到这或许是对的：机器总是忙于相互交流。

上述比较为我们指出了诡辩术的"技术性"以及它对自然语言和形式语言中情动的准自主运行的操作。遗憾的是，基特勒对话语"技艺"的处理方式，在其对历史指令栈坚定不移的语法剖析中并未提供任何出路：硬件电路的无意识运作总是已被编码，被数字能指的二进制逻辑所捕捉，这种能指通过基特勒将一套特定的科学话语绝对化的方式来获得其权力效果，并从它们倾向于卷入的排除和否定的权力游戏中获利。这或许并不奇怪，对基特勒来说，在重复化约论的经典姿态中，软件以及编程成为一种幻觉、一种掩盖真相的仿真（simulation），这是机器的欲望，或者是为了机器的欲望。

如果我们是被机器言说的自动主体，那么试图详细分析数字通信中的策略就没什么意义了。事实上，我们也很难理

---

1 雅克·拉康，转引自 Friedrich Kittler, *Literature*, *Media*, *Information Systems*, London：Routledge，1997，p.143.

解为何有这样的策略存在。该问题可以通过用话语及物质合生（concrescence）的偶然性混乱替代技术科学中发现的必然性来规避：然而吊诡的是，后者作为现实本身而产生于一系列实践当中。布鲁诺·拉图尔与伊莎贝尔·斯唐热等人在科学研究中探讨了这一悖论，对他们来说，现实正是通过人类与非人类行动者的偶然性网络而建构起来的，并赋予了自主性。正如斯唐热（在谈到中微子时）所言，"它'本身'成为无数事件的行动者，我们在这些事件中寻求物质的原则，是因为它们开始'为我们'而存在，成为实践、装置和更多无限可能性的组成部分"。[1]

策略9：对自然语言有益之物也对形式语言有益

我们在此处理的问题不仅仅是一个抽象的哲学问题。它在知识领域有着直接的效用，与我们的通信基础设施及维持它的诸多种类的工作相联系。对于计算机科学家马文·明斯基来说，与形式逻辑相比，常识性推理不可避免地存在缺陷。漏洞（bugs）即他所称的"无效或破坏性的思维过程"是那些必须被规避的错误，因为它们全无生产力且全无实用性。[2]明斯基的工作暗示了对语言监管的需求，这一过程开始于2500多年前批判理性走向世界统治的长征，如今迁移到软件开发、

1　我们从阿尔弗雷德·诺斯·怀特海那里取用了"合生"这个术语，参见 Alfred North Whitehead，*Process and Reality. An Essay in Cosmology*，London：The Free Press，1979. 关于事物被"制造"为自主性过程的讨论，参见 Bruno Latour，*Petite réflexion sur le culte moderne des dieux faitiches*，Paris：Les empêcheurs de penser en rond，1996；Isabelle Stengers，*Cosmopolitiques*，Paris：La Découverte，1997，p.29. 拉图尔的工作可以从他在《科学在行动》中对事实写作过程的讨论中，经由策略的角度来理解。
2　Marvin Minsky，"Jokes and their Relation to the Cognitive Unconscious"，1981.（网络文章）

计算技术及认知科学领域。然而，今天与其说是哲学，不如说是形式逻辑（对明斯基等人来说，是人工智能，也是某种思维影像）在某种程度上成问题地定义了构成健康"生产性"推理的参数，并抑制或压制了对理性交流的经济毫无贡献的情动漏洞。但明斯基对柏拉图的应用需要一个诡辩术的插件。如果故障、漏洞、缺陷和裂缝都是不可避免的（因为即便形式化的系统也是不完整的），那么技术规范、不断优化的指令和软件编程所需的形式逻辑那不合理的精确性，本身就是反常运动的生产，这些运动利用了形式语言和自然语言的双重特性，发明了病毒。

策略10：了解你的数据

并非所有形式的捕捉都以相当明目张胆的方式进行（这并非说这种技术一定会因为同样明目张胆的愚蠢而失去任何适用性），同时它们也并非明显的反常现象。就交流的生产而言，历史上由特定的理性规范及其所处的制度所完成的对语言的监管，在今天更多是由特定的技术装置来完成。这就是说，对语言的监管通过算法来完成，以及同等重要的是，通过这些算法在与常规数据结构的联系基础上运行的方式来完成。没有数据结构的算法全然无用。这同样适用于由抽象编程界面［通常是一个类库（library of classes），允许程序员编写一个类别与另一个类别之间互动的软件］管理的软件之间的关系，也适用于软件和作为用户形象的那些组件之间的关系。例如，从一个网站终端用户那里提取有用知识的可能性，取决于数据的结构化程度。有效的煽动行为（demagoguery）

取决于对受众的了解。就精密复杂的机器而言，艺能展演取决于对自身数据的了解。

我们可以把随之而来的将结构强加于数据的过程看作一个再编码的过程。显而易见，使用适当的技术形式（PHP，Perl，ASP.Net）将字段链接到数据库来设计一个网页，是完成这一过程的一个令人难以置信的简单方法。仅仅通过在分离的字段中输入信息，用户可以方便地将这些信息用于数据分类挖掘及其他有益的过程。在形式产生的可见体制之外，对用户输入数据所强加的验证，于语言的符号秩序中完成了细小的、微观逻辑的转变，将一个怪异的、瞬间的停顿变成一个错误、一个需要验证的指称状态。在人机交互专家研究的人体控制学原理中，这种突发事件通常会被抹平；而那些开启的裂缝，即一种语言制度和另一种语言制度之间的区别也会被掩盖。此类操作可以通过多种方式进行。用户在一个网站上完成了一个表格，该网站的开发者写了一点 JavaScript 放在客户端机器上，且在数据送回服务器处理之前被执行。这里的 JavaScript 可能会做一些全然无害的事情，比如将专有名称的首字母大写［运气不好的情况下可能会碰到像 bell hooks（贝尔·胡克斯）、ee cummings（爱德华·埃斯特林·卡明斯）这样的名字］。一项"网络服务"可能被启用，以返回对你邮政编码的风险评估（你正在被评判）。当表格中的数据被返回到服务器时，一系列"业务规则"可能被应用于你的数据。用户最初是输入信息的假定发声主体，如今则处在和一系列机器（编码）陈述的关系中。

经常困扰到个体终端用户的这种疏忽大意，同样适用于跨个体层面。你可以称之为健忘，也可以称之为习惯，这都无所谓：特定的捕捉技术得益于它们所替代或取代的技术和实践之间的某种伪连续性（pseudo-continuity），这使得人们更容易忽略区隔它们的巨大鸿沟。从 IPv4 到 IPv6 的转变堪称绝佳的说明：将 IP 地址的大小从 32 位扩展到 64 位，这在 TCP/IP 网络的运行方式上产生了质的非连续性。额外的地址空间使得在网络传输层区分不同类型的流量成为可能，并且将迄今为止 TCP/IP 协议运行方式中的端对端（end-to-end）原则相对化了。[1]

策略11：摆脱决定论

对使用解析器、编译器等软件开发核心工具的计算机程序员而言，一种有用且高度通用的策略早已不是秘密。计算机程序员与形式逻辑学家早就认识到两种抽象机器的存在——确定性的有限自动机（DFA）和非确定性的有限自动机（NFA）。这些逻辑机器是状态转换图（transition diagrams）——从一个给定的初始状态到一些终端状态集合的所有可能动作的抽象表达。在某种意义上，这些机器作为识别器（recognizer）发挥作用，因为它们通过测试这些输入是否会产生可接受的最终状态，从而为任何给定的系统或语言

1　数据通过互联网组成的网络，通过任何机器在网络中"可见"所需的四位数地址来引导。一个互联网地址被解析为四个数字组成的序列，每个数字都在 0 到 255 之间，255 是一个八位字符串（二进制数字，或 1 和 0）中可能的最大数字。由 64 位组成的地址空间显然要比由 32 位组成的地址空间大得多。额外的地址空间不仅容许更多的地址（想想看，如果你把电话号码的基本长度增加一倍，就可以同时使用更多的电话），同样容许对流量类型进行细致区分（就像与其在电话网络中增加更多的电话，不如用更长的号码作为区分不同类型电话用户的一种方式）。

定义可接受的输入或有效表达的范围。[1]

更具体来说，DFA 是一种逻辑或抽象机器，在给定的指令集和特定输入的情况下，总会以相同的方式通过固定的状态集做出反应。相比之下，NFA 面对相同的输入可能有不同的反应，可能会经历不止一个的后续状态。这里面临的问题是如何将 NFA 转变为 DFA，也就是说让一个 NFA 停止压制其内部的 DFA。作为计算机科学中的一项基本练习，这可以通过在一个确定的算法状态中纳入一系列非确定的选择点来完成。

在一个复杂的社会关系网络和为其提供工具及增强网络的计算机补充物中，用户作为个体化的样本特征簇而出现。通过博客、社交展示网站或群组软件等系统，他们能够让自己的思考随时可用、可共享，被编入收藏夹、群组、用户、网络与扩展网络、简介、元标签、表格、字段、资源描述框架条目、列表、搜索算法、评分系统、用户名，以及用于管理图像、背景音轨、媒体文件、馈送、聚合器、链接、朋友圈、剪贴画库和其他实体系统。将更多的可选择层聚集到确定性的路径中，会让这种复杂性变得可控和友好。文明的进步在于扩大我们可以不假思索地执行重要操作的数量。

当博客、维基或留言板中最重要的部分在所谓的新参与性网络中被打开时，它们会在短时间内停止更新条目，但是大部分的评论功能仍保持开放。这些平台中的大部分都保留了评论功能。编写一个程序并在这些页面上自动添加评论（包括 URL 链接）是很容易的事。这些评论在两个方面有所

1　对此的精彩分析参见 Aho，Sethi and Ullman，*Compilers. Principles*，*Techniques and Tools*，Boston，MA：Addison Wesley，1974.

帮助。首先，它们创造了一个搜索引擎上注册生效的网址链接，使其在某个排名系统中上升。其次，它们使用户有机会在自由浏览时找到新的和有价值的服务，并欣然参与到信息圈（infosphere）中。

社交网络服务有助于此类过程，因为它们容许用户通过人口统计学类别等因素来描述和确定自己，况且这些因素可以和其他用户共享。在这类网站上，为匹配特定的人口统计指标或这些指标的组合而生成的临时账户可以用来将被压制的信息发给那些可能感兴趣的人。

这类信息的重复使其变得不合时宜，让用户有可能跳出分配给他们的框架。数以千计的指向赌场、药店或成人娱乐网站的指针被添加到一篇心血来潮的博客上，这也可视为保持互联网活力的某种方法，而不仅是因为链接在本质上有意义。正如沃霍尔所熟悉的，重复、及时推进某件事是改变它的最强有力的手段，况且如此操作的同时也肯定了用户的改变能力。这类网站上的省力评论也向人们指出，改变手段正是他们的乐趣之一。

因此我们可以认为，文本分析、词频、共现性、预测性输入等工具已经成为当今"时髦"（switched on）文化术语的一部分，它们能与社交网络中个性化自动生成的便利性有效地结合起来，使得程序机器人能够完成大部分的工作。DFA也可能意味着被设计出来的亲密算法。

策略12：非注意力经济

终端用户的注意力资源是有限的，他们迟早会大意疏忽。

或许是因为有重复性劳损（RSI），或者是其键盘被设计得很糟糕。针对疲劳、工作过度、压力导致用户注意力不集中的问题的热切兴趣由此富于价值。在注意力经济的时代，人们将重点放在眼睛、耳朵、想象力和个体时间的捕捉上，但真正的收获却是在警觉的、有意识的、理智的失误中。网站的大量增殖，加上由规训产生的自身无纪律倾向，造就了利用某种漫不经心（inattentiveness）的可能性。

随着互联网 20 世纪 90 年代开始的第一阶段的大规模化，域名抢注者采取了购买数千个域名的策略，尤其是那些可能被知名公司需要的域名。这些域名随后被加价出售，再到后来，随着买卖变得部分规范化，域名被合法化地强制购买。访问网址的结果或许只是一个"建设中"的通知，实际访问可能一无所获。经济收益在于对大片词汇空间（lexical space）的仓储。购买域名并持有它们，直到有人愿意支付更多，至少比你当初支付的多。目前，域名抢注不仅意味着占据一个仅由一连串字母数字字符的注册所有权所定义的空间，还意味着将这些站点投入工作。

在名为 DNvorscher 的项目中，艺术家彼得·吕宁（Peter Luining）针对域名的使用绘制了一幅有效的初始地图。随着时间的推移，收集万维网域名已经成为一种技术上、经济上和文化上的精密复杂操作，其中假搜索引擎、间谍软件、搜索引擎垃圾信息及操纵都被部署在最粗糙和最细致的水平上。访问者进入一个由域名投资者维护的网站，很可能是因为输入了一个热门网站的错拼名称而造成的，他们很可能错拼了一个或两个字母。同样，一个受欢迎的网站名称保持原样，但最后的顶级域名部分（.org，.com，co.uk，.info，.int）被改成另一个。在万维网的词典中，这样的错拼很可能是某种同义词或近义词，是允许用户进入另一个参考维度的词语。错拼的网站名称、本应被遗忘的短语，却因为特殊的功能而被拯救。所有的错误都有其价值和指示，它们恢复了手的抽动和粗糙的传感器所固有的副语言倾向，即所谓的打字。

另一种策略是利用网站的短暂性：一个网站名称因其原始注册失效，随即被域名交易商买走，现在可能被分配到某个网站上，上面汇集了成千上万的此类域名的申请。这样的网站只是简单将所申请的 URL 名称作为其标题或头条呈现出来，且伴随着某些通用的图像或口号。在标题下方，那些活跃的用户通常会发现按类别区分的数千个网站链接。互联网能提供的最好的东西汇集于此：赌博、色情片、在线零售和搜索引擎。除了作为链接栏，某些网站还用于其他类型，如约会服务等。这些网站使用 IP 地址数据来确定用户的位置，以便输送"本地"信息，如照片和会员数据以便用户在其本地约会。方便的是，无论在世界上哪个地方，只要给定的位置发生了变化，用户就能在网格中的任何一点收到相应区域伙伴的照片。当点击这些照片时，网站会跳转到其他服务的提供者，其中多为视觉和视频素材的提供者。这里所链接的网站都有一个共同点，即它们都向这些通用链接聚合网站的所有者支付一笔固定的费用，以获得相应的点击率。

策略13：超越语言的大脑

"策略 12：非注意力经济"阐明了关于网络文化扩散的一

个相当明显的问题：资本在数字技术的再利用中的巨大优势。在一个精密复杂化的世界中，这种自我证明本身可能掩盖网络实践的真正利害关系。虽然愤世嫉俗的利奥塔指出，"所有的短语宇宙及其联系都是或者可以是服从于资本的唯一终点"[1]，但当代最发达的广告理论提供了一种更现实的方法。情动是矩阵的一个参数，矩阵借此被知悉；控制是矩阵的另一个参数，它运作于从敬畏到震惊的整个范围。

最近情动领域中涌现出的媒介理论的兴趣，有效地降低了各种能力需求，如技术性参与、同语言相联系以及与政治的相互交织。[2] 为了恢复身体的物质性，它已经开始让这种工作变得不可见，甚至直接抹去它们以支持直接进入神经系统的无法控制的不和谐或新奇的冲击。这样的作品能感觉到暴力言语，不是作为由多种语域及构造动态的措辞所运作的言语，而是作为一种令人不快的攻击或一种洗脑式的闪光。无论它是在惊恐中逃跑还是涌现出某种崇高，重要的是它对所开放语域的自愿约束，它由此同质化了。这样的工作当然值得欢迎，如果它想实现任何形式的霸权，那么留给邪恶媒介理论的机会也就越发减少了。

虽然一般的广播或印刷广告很难证实其直接的影响，但网络广告的一个重要创新在于它有能力在用户身上应用某种

1　Jean-Francois Lyotard，*The Differend*，Georges VanDenAbeele，trans.，Minnesota：University of Minnesota Press，1989，pp.171-181.

2　马苏米关于情动"自主性"的文章是此类研究的一个重要起点。参见 Brian Massumi，*Parables for the Virtual: Movement，Affect，Sensation*，Durham，NC：Duke University Press，2002. 对情动的关注同样涉及拉扎拉托、维尔诺、贝拉尔迪等人的工作。关于更紧密地遵循使其他能力从属于情动议程的工作，参见 Mark Hansen，*New Philosophy for New Media*，Cambridge，MA：MIT Press，2004.

相当精确的衡量标准。在这种体制下，广告商只为从收购网站链接到它们自己网站的实际点击次数付费，为完成表格或其他固有的可量化行动序列付费。越来越多的广告商也在为不太明显但在数字上可知的结果付费，如用户在其周围环境接触到广告商的符号、数据和内容。与传统媒体的展示广告一样，仅仅让用户知道你在那里就是一种有价值的领土占有，而且你必须保持这种占领。这种对情动的强调自然提高了赌注。如果我们被要求以爱和尊重的形式进行无限投资，大脑也必须被调用，认知思考的钩子便深深沉入其丰富的软组织。

情动许诺在低水平上提供一个进入用户的"秘密"途径。然而，它既没有被完全描述出来，也没有作为媒介支出的一个概率确定的方面来计算。这里需要的是一种将情动的新的首要地位与分析的严谨性以及技术的图标再现性结合起来的手段。在利奥塔看来，这样的资本只是变成一个停顿点，只是在一个更实质性的整合手段所带来的机遇来临之前的一个临时调节设备。

策略14：尽可能保密你的策略

病毒式营销（viral marketing）是这方面转变的一个标志。在不断缩小规模、不断合理化的企业界，病毒式营销的部分吸引力在于它将营销劳动的负担转嫁到了消费者身上。正如一份行业白皮书所示，人与人之间低强度、非正式的关系网，如电子邮件地址簿等，可以完成推广应用的所有工作，当然这最好是在人们未意识到有企业策略运作的情况下，或者至少是对此不关心的情况下。用户只是一个传递经验片段的节点。然而，就像病毒式营销指出了匿名情动流通的功效一样，这种实践所开辟的可能性被挪用（appropriation）的终极游戏破坏了。在这方面，病毒式营销是一种不完美的犯罪，因为罪犯的身份需要和行为本身同步构造。通过将营销推向体验式传播的领域，通过试图变成物质情动流的一部分，病毒越来越远离严格的编码信息，进入不确定的普遍传播领域。然而，为了克服主体对他们在设计者场域内受制于其铭写的合理抵制，有必要做出粗暴的尝试，使得营销策略不易被察觉，这一要求严格违背了品牌自身的原则。然而，在极限状态下，病毒式营销根本就不够病毒：它在它所能做的事情将成为一套纯粹的、无目的的手段时，就已然退缩了。[1]

策略15：把握住了符号，意义会随之而来

确切地说，利用计算机对自然语言进行建模的尝试并不完全成功。专家们普遍认为，正是自然语言那无可矫正的语义性质构成了令人信服的语言模型的基本发展障碍——那就是意义通常具有高度的语境特异性（context-specific）。在数字媒介的世界中，人们认为语义网的发展，至少其中的某些可想象的版本，将容许无限的关联链和从一个主观视角到另一个主观视角的中继，将在某种程度上解决在"纯粹"句法基础上工作的交流形式的那种显在的愚蠢。然而，更接近人类思维和行为的方式是否会使数字传播过程更加智能，这一

---

[1] "无目的的手段"这一概念来自意大利哲学家阿甘本。无目的的手段仅涉及可交流性的交流，"确切地说，它没有什么可说的，因为它所展示的是人类作为纯粹媒介性的语言存在"。Giorgio Agamben, *Means without Ends: Notes on Politics*, Vincenzo Binetti and Cesare Casarino, trans., Minnesota: University of Minnesota Press, 2000, p.70.

点尚不清楚，而且这往往是大量人工智能研究中的人类中心主义自负。计算机的智能并不在于它和人类的相似性。在一个人类作为机器附属品的世界中，最好是让人学会模仿机器，或者让机器完全无视人类。机器人、蜘蛛和其他相对简单的基于网络的程序是这方面的典范。从网站收集数据是一个使用和剥离网页渲染的标记语言的问题，如此便能检索感兴趣的数据并将其返回到数据库，继而准备挖掘。在这一点上，语义学基本上是无关紧要的。

策略16：物质的创造力

用户界面对用户假定的自主思考能力的持续束缚，经常以物质暴力行为而告终，这一点绝非无关紧要。关于愤怒管理的研究经常报道计算机用户在系统失灵的时候有攻击他们机器的倾向。在让-弗朗索瓦·利奥塔看来，一个短语体制和另一个短语体制之间的滑动，比如当用户创造作为输入的陈述语句时，就经常（但并非总是）发生这种情况并导致差异。利奥塔认为，差异的出现是因为缺少一个能将所有的短语无从遗漏地转换进去的共同体制。换句话说，它们证明了语言中的裂缝，其裂痕、故障及干扰。他声称这是"语言的不稳定状态和不稳定瞬间，其中一些必须能够诉诸短语的东西还未能做到"。[1] 在计算科学这个术语的意义上，信息于利奥塔的论述而言必然属于一种认知体制——它总是一个验证指称状态的问题。把阐释当作输入，不仅意味着语言处理的微妙转变，而且正如从人到机器的符号流断裂所显现的那样，它也

---

1 Jean-Francois Lyotard, *The Differend*, Georges VanDenAbeele, trans., Minnesota：University of Minnesota Press, 1989, p.13.

创造了情动。虽然未必能感知到，但一种差异可以表现为必须通过语言表达但又无法表达的感觉。

当然，如果认为物质暴力仅仅是一切事物持续转化为数据的最终结果，或者是符号流通过程中受阻的结果，那就完全错了。宕机以及在爆炸式情动的间歇中断中对全盘控制之模拟那顺畅的、个性化的遐想，是坚持将蛮力作为媒介物质性基本性质的症状。技术科学的实证主义导致了认知过程的强物质化，并试图将"思考"定位在大脑中的"东西"上。但它也转化为对媒介技术物理方面的广泛实验。在这方面，物质暴力不仅表现在情动从中升腾而出的语言内部的裂缝中，而且物质暴力本身就可以在媒介形式中积极运用其生产性价值，这表明了邪恶媒介从符号学到物理学的某种连续性。

对心理学的实际研究来说，至少在工作时间尺度的限制下，意识的东西仍然是"无法解释的"（insoluble）。然而就操作而言，意识相关的东西仍然具备一定的意义，能够越来越细致地追踪大脑活动，并发展出能够将这种映射与耦合刺激相匹配的能力，这都属于明显的长期优势。同样，对代谢、发育、神经和生态特征及相互关系的理解不断深化，也为新方法提供了有希望的新根据。然而，实用主义也要求我们在该领域的成绩之上继续前行。媒介研究在历史上涉及一个分支，该分支非常强调对媒介物质性的理解。[1] 与目前对大脑知识的定位不同，这是已经可以在技术上了解并纳入我们工作体系的东西。这些工作最有希望成为新应用的地方是在媒介系

---

[1] 媒介研究对物质性的关注可见于此领域的某些潮流，包括伊丽莎白·爱森斯坦（Elizabeth L. Eisenstein）、马歇尔·麦克卢汉、雷蒙德·威廉斯、弗里德里希·基特勒、凯瑟琳·海尔斯等人的作品。

统中找到新的能力，而这些能力被它们在消费经济和符号流通中的正常使用所阻挡。在市场的限制和普遍影响最小的地方，往往可以找到旨在与目标用户进行直接和非中介性接触的非再现性的媒介系统使用。从这种自由中获益最多的领域之一是国防。

即便是军事领域中最关注媒介效果的领域，针对国内和敌方潜伏人员的心理战操作的相关单元也往往流于粗制滥造，但媒介系统的其他军事发展领域或许能提供一些希望。西方势力的心理战通常以反向意图的行事而闻名。人们认为，在试图哄骗、威吓、告知和引诱敌方潜伏人员的过程中，表现得越是愚蠢粗鲁，就越是有效。飞机投下的传单，或者电视台编排的信息，主要是针对家庭受众，其次是那些堪称"漏网之鱼"的受众，这全无技巧可言，而只是让你想到那些策划和实施这类媒体的人的愚蠢和粗俗而产生一丝恐惧感。这里所追求的效果是激发目标用户的想象力，让他们想象这些发送者可能会采取什么样的实际行动。

如果我们可以想象一种从纯粹符号学到纯粹媒介系统的物质使用连续体，那么心理战在很大程度上属于前面一端。对想象的能力所施加的暴力，激发了人们对加之于那些不顺从目标身上的真实身体暴力的理解。以自身进行思考便知，心理战中表现出的符号贬损越大，对物理干预的需求就越小。

媒介的非再现性理论使我们能够理解诸如声波武器、微波武器等系统的有效性，以及信息战技术的物理端。尤其让人感兴趣的是，军队因成为媒介系统的一员而有能力去开发新的能力。例如，对"扬声器"产生声波的一种标准理解，在历史上一直受到该连续体的符号学末端的制约。鉴于军队允许从这种限制中解放出来，我们在此发现，在人与非人身体的直接互动中，声音的新路径被打开了。平板扬声器是一种相对较新的技术，其动态表面可被扰动以产生音频波形。这一技术目前由武器公司开发，用作潜水艇的覆膜表面。如果扬声器制造的波形能达到足够的规模，那么它既可以作为一种声音抑制技术，也可以作为一种击退鱼雷攻击的手段。就像当代音乐援助项目一样，声音能够直接拯救生命。然而更重要的是，认识到媒介的物质有效性，而非拘泥于单纯的符号学语域或无休止的强制沟通，将会让媒介自身具备充分的表现力。

进一步的演练

就像要对善恶进行严格区分一样，提供一份邪恶媒介策略的明确目录基本上是不可能的。自古希腊以来，狡猾的智力就溜进了大众认可的知识缝隙中，这就需要同样狡猾的智力来破译。对尼采来说，任何不证自明的、可辨别的善恶之分的瓦解之处，正是诡辩术所占据的领域：这是从那些西方思想史上备受诟病的局外人那里获取灵感的另一个好理由。善恶的不可区辨性及其秘密对立并不是悲哀和责难的原因：事实上，它要求我们于再现的道德之外重新思考我们应对媒介的路径，[1]它容许我们探索数字或网络媒介形式，且无须在理

1　这一论点的经典发展可见于德勒兹的《差异与重复》，尤其是"思维影像"一章，参见 Gilles Deleuze, *Difference and Repetition*, Paul Fallon, trans., London：Athlone, 1994.

论与实践之间进行类别区分。[1]

　　当然，在数字媒介中遭遇的挑战不仅仅是理论—实践的区别，同样受到挑战的还有物质与精神的区别、工作与休闲的区别、偶然与必然的区别等。如果说这里有什么接近一种理论主张，那或许是最近的工作理论所称的新资本主义革命：从这种分析中涌现的新型政治主体性，需要足够的智慧来跨越相关对象那些充满矛盾的策略。

1　造就理论—实践之区分的理性"自主"概念与理性和善的所谓先天亲和力相关。

基础设施主义：媒介作为自然与文化之间的交通[*]

（2015）

［美］约翰·杜海姆·彼得斯 / 著　　王敏燕 / 译

　　交通（traffic）[1] 的概念出自 14 世纪的地中海地区。根据《牛津英语词典》，该词的词源尚不明晰。意大利学者倾向于它的字面义：tra 来自 trans，fic 来自 ficare 或 facere，也就是跨越（move across）的意思。其他人则指出它源于阿拉伯文中一个意为寻求利润的词汇，进而将其与经济贸易联系起来。[2] 无论它的起源是什么，这个词都具有一种携带着跨越（carrying across）的隐喻，也就是来自不同地区 / 领域的货物和意义之间的相互传输。这样的隐喻就像交通一样，往往暗示着载具（vehicles），而载具又总是暗示着媒介。在英文中，交通还有一层罪恶的含义，体现在"走私毒品"（drug traffic）或"贩卖人口"（human trafficking）等术语当中。当然，所有的

---

[*] ［美］约翰·杜海姆·彼得斯（John Durham Peters）著，《基础设施主义：媒介作为自然与文化之间的交通》（Infrastructuralism：Media as Traffic between Nature and Culture），王敏燕译，原文载《交通：作为基础设施的媒介及其文化实践》（*Traffic: Media as Infrastructures and Cultural Practices*），马里昂·纳塞尔 - 拉瑟与克里斯托弗·诺伊贝特主编，Brill Rodipi 出版社，2015 年，第 31-49 页。

1　这里的 traffic 不仅指一种日常的交通概念，而且要回到"交汇贯通"的广义语境。——译者注

2　*Oxford English Dictionary*，s.v. "traffic，n. Etymology"（cf. OED）。

传播都涉及这种混合，而混合又暗示着危险。例如意指传播的古希腊动词 koinóō 就兼具使之共同化和使之不纯化的含义。Traffic 也有一种更接近媒介的意义，如词汇"无线电通信"（radio traffic），指的是由电台站点所发送和接受的一系列讯息，这意味着该词汇很可能源于航运。正如关系、性交、交道或交往等所有与传播相关的单词那样，交通不可避免地与性议题有着紧密的联系。这个词汇还具有一种戏剧性意义，正如莎士比亚的台词所表达的那样：

> 还有那两家父母的嫌隙，
>
> The death-marked passage of their parent's rage
>
> ……
>
> 演成了今天这一本戏剧。
>
> Is now the two-hours traffic of our stage.
>
> （《罗密欧与朱丽叶》开场诗）

在这里，"交通"被释义为戏剧本身，也就是剧中事件的来来回回。

在这篇文章中，我想要稍微撬动一下这个概念，从而表明媒介是调节自然与文化之间交通的基础设施（infrastructures）。[1] 它们在提供秩序和遏制混乱方面发挥着后勤的功用。这种媒

---

1 需要澄清的是，本文集的主编和译者都对业内将 infrastructure 翻译为"基础设施"的合理性持否定态度，这是一个相当糟糕的翻译方法，因为常规意义上的基础设施指的是 basic facilities，是那些保障生产和生活的物质工程设施。Infrastructure 虽然与前者在范畴上有部分重叠，但它更重要的一层意义是"底层架构""基底结构"等，这一点彼得斯在文中有着具体说明。同理，"media infrastructure"译为"媒介基础设施"也是糟糕的译法，但碍于目前中文学界的出版物和诸多期刊论文已经接受了这一译法，因此沿用该名称。——译者注

介观并不只是一种隐喻，而是对当前状况的反映。有关媒介的问题是在生态危机和通信过载的背景下兴起的。在当今的人类圈（anthroposphere）中，数字媒介起着几乎等同于物种的作用。这种融合的事实和趋势使我们头晕目眩。什么最能说明"人类世"（人类统治行星的时代），以及互联网出现以来数据景观的巨大转变？人们几乎不知道该从哪里开始分析。我们时代的关键指标是什么？忽略什么会让一切成为悲剧？消失的冰川？内分泌干扰物？蜜蜂的群体溃败和紊乱？不计其数的灭绝物种？全球气候破坏？还是说，我们应该聚焦于逐年翻倍的计算能力？与地球上人类数量等同的手机数量？谷歌每天生产的 PB 级数据海洋？脸书俘获的十万名用户？还是说那些像虱子一样蔓延到商品和衣物的微小数字标签？[1] 在50 年之内，关键的触发因素是什么或不是什么，将会变得更加明朗——而苹果、谷歌和脸书等当前的企业巨头甚至可能不复存在。今天，我们既有令人眼花缭乱的机会来获取知识，又对维持我们生活的基本手段与材料（媒介）全然无知。信息过载和对基础设施的无知相伴相生。

一

　　媒介不应仅仅被看作一种工具，用于扩展和扩大先前的人类世界，或者用于纪念和发表人类已经创作好的素材。在此之外还存在着非人类媒介。媒介研究需要自然，而自然也需要媒介研究（当然是在更小的程度上）。我们无法再设想媒介仅仅事关人类，或者设想自然（无论它意味着什么）与我

1　关于数字服装，参见 Mark Andrejevic，"Nothing Comes Between Me and My CPU"，*Theory*，*Culture and Society*，vol. 22，no. 3，2005，pp.101-119.

们的新陈代谢和基因重组毫无瓜葛。一旦传播不仅被理解为发送信号——这当然是一个基本功能——而且被理解为改变存在，那么媒介就不再只是演播室与电台、信息与频道，而是成为基础设施、栖居之所以及生命的形式。媒介不仅对于那些关心新闻与娱乐、教育与公共舆论、艺术与意识形态的学者及公民来说是重要的，而且对于需要呼吸、双脚站立或航行于记忆海洋中的每个人来说都是重要的。媒介是我们的环境，是我们存在的基础设施（infrastructures of being），是我们行动和成其所是的栖居之所和物料。这一观点由伟大的古人类学家安德烈·勒鲁瓦-古昂提出，并在德国媒介研究中得到了富有成效的发展。[1]

很难说自然在哪里开始，人工又在哪里结束。人类为进化创造了各种条件——我们不仅应该将进化视作一个漫长的冰川过程，而且应该将其视作对几代人之间的快速变化做出反应的过程。举例来说，在偷猎猖獗和国弱失治的压力之下，非洲南部的大象开始失去了它们的象牙。无牙大象不再吸引偷猎者，它们继续繁衍生息，令后代拥有了这种提高生存能力的特性，现在一些象群的无牙比例高达 2/5，且这一比例还在上升。有关自然的类人可塑性的其他例子还有野牛、棉花、玫瑰、郁金香，以及稍后将进行说明的玉米。生物的技术性不仅体现在它的基因结构能够被直接转变，而且体现在它可以与其他物种的行为共同进化而成——在我们的世界中，这一物种总归是人类："一旦我们开始从共同进化的角度进行思

1　例如 Hartmut Winkler, *Docuverse: Zur Medientheorie der Computer*, München: Boer, 1997, pp.107-108.

考，那么我们就是在鼓励自己不仅检视人类如何塑造有机体，而且检视有机体如何塑造人类。"[1]

以玉米的历史为例，从墨西哥的类玉米（teosinte）发展到生长于美国中西部的大玉米棒。这种植物属于基础设施型媒介吗？著名的植物学基础设施分析员迈克尔·波伦（Michael Pollan）认为，玉米愿意与人类共同进化，这对该物种来说是一个巨大的回报，就像狗和人类的共生一样有利可图。从宾夕法尼亚到内布拉斯加的大片土地覆盖着无尽的玉米地，梭罗称之为"谷浪滚滚"（cerealian billows），它们大肆汲取着阳光、水分和化肥，生产了过量的淀粉和食糖，而这些都助长了美国日益加剧的肥胖症——三种储存形式（化石燃料、碳水化合物和脂质）陷入不健康的反馈循环之中。人类直接干预玉米的性生活，去雄（detasseling）这项使人汗流浃背的工作是美国中西部青少年的一种成年仪式和暑期的资金来源，这意味着要将玉米穗从那些已经成熟到足以繁育的玉米秸秆上剥离下来。这种人类主导的阉割为的是选择性授精和新杂交品种的实验性育种。当然，这不仅涉及不同玉米品系的杂交，而且涉及布鲁诺·拉图尔扩展意义上的杂合性（hybridity）——一种处在玉米和人类的命令与控制之下的杂合体。在波伦的叙述中，你几乎可以看到碳氢化合物从史前动植物群流通到石油矿床，再到肥料和玉米作物，这些玉米作物被研磨成饲料以供给工业农场的养殖鸡食用，随后这些

---

[1] Edmund Russell，*Evolutionary History: Uniting History and Biology to Understand Life on Earth*，Cambridge：Cambridge University Press，2011，p.143；Michael Pollan，*The Botany of Desire: A Plant's Eye View of the World*，New York：Random House，2001，chapter 3.

鸡被屠宰、切碎、裹上玉米粉后在玉米油中炸熟，作为麦乐鸡块，蘸着以玉米糖浆为基底的番茄酱，最终成为人们的动脉血栓或腹部脂肪。[1]

自然并非惰性的，而是极其动态的，它在人为的修补下显得模糊不清。基特勒如此写道，在计算机中，自然（physis）和逻各斯是一齐降临的。[2] 了解自然与栖居之所在技术上的同构不仅是有趣的，而且是紧迫的。罗伯特·卡尔森直言不讳地说，生物学就是技术。[3] 我们生活在一个人类动物混杂的时代。这样的混杂已经持续多久，取决于你向谁询问，虽然我们对地球的大规模统治在过去的几个世纪中变得尤其显著，而且在过去的一个世纪中还达到了相当不同的规模，[4] 但是我们有充分的理由认为这类变化从 20 世纪中叶 DNA 和数字计算机的双重发现开始、从 18 世纪末工业革命开始、从大约一万年前农业的兴起开始、从大约一万五千年前大型哺乳动物的灭绝开始，甚至从数十万年前火的驯化开始，因为从郁金香到榆木再到无齿象，所有这些都改变了自然。遗传学已经成为一种有关生物算法和程序的信息科学，它经过数亿年的演变，并且从 20 世纪 50 年代开始以信息和代码作为其母

1　Michael Pollan，*The Omnivore's Dilemma: A Natural History of Four Meals*，New York：Penguin，2006，pp.15-108.

2　Friedrich Kittler，"Martin Heidegger，Medien und die Götter Griechenlands"，in *Die Wahrheit der technischen Welt*，Hans Ulrich Gumbrecht，ed.，Frankfurt/M.：Suhrkamp，2013.

3　Robert H. Carlson，*Biology is Technology*，Cambridge，MA：Harvard University Press，2010.

4　John R. McNeill，*Something New under the Sun: An Environmental History of the Twentieth-Century World*，New York：Norton，2000.

语。[1]数字计算机的生态系统与一个驱动和支撑世界金融体系（因此也包括它的大部分生物系统）的全球网络纵横交错在一起，相应地，它又在根本上依赖活的有机体，例如植物和人类，植物的叶绿素是为它们提供电力的能源链基础，而人类的能动性为计算机提供了维护、更新和故障排除（人类是数字生物的宿主物种，而数字生物存活在我们的大脑中，就好像细菌存活在我们的肠道中）。生物景观与数据景观的命运交织在一起。[2]人类圈由技术、蛋白质、媒介和有机物缠绕而成。

二

维特根斯坦曾经说过："在数学中，一切都是算法，没有什么是意义。"[3]对于媒介，他也可以发表同样的看法（对于音乐也是如此）。英尼斯坚决主张应该将基础设施置于媒介理论的核心，这正是对该观点的说明。作为一名加拿大民族主义者，他敏锐地感知到英、法、美三个帝国对其国家的经济、历史与文化的塑造，而当他借助桦树皮独木舟和铁路，沿着加拿大荒野的古老贸易路线旅行以进行他那经典的兽皮贸易史研究时，他对商路上的各种关卡了如指掌。和芒福德一样，他认为媒介史必须成为战争史、采矿史、林业史、渔业史、写作史和印刷史的一部分（芒福德这位更感性的思想家，应该会加上爱、建筑和制作的历史）。和媒介理论家詹姆斯·凯

1　Lily Kay，*Who Wrote the Book of Life? A History of the Genetic Code*，Stanford：Stanford University Press，2000.

2　正如贝尔纳·斯蒂格勒所言："统治……和开关是一回事。"Bernhard Siegert，*Passage des Digitalen. Zeichenpraktiken der neuzeitlichen Wissenschaften 1500-1900*，Berlin：Brinkmann und Bose，2003，p.19.

3　Ludwig Wittgenstein，*Philosophische Grammatik*，*Schriften*，vol. 4，Rush Rhees，ed.，Frankfurt：Suhrkamp，1969，p.468.

瑞（James Carey）一样，英尼斯认为媒介存在的事实比媒介传递的内容更重要。这和法兰克福学派不同，他们倾向于看到媒介通过编织美梦而得以行使的特殊权力，这些美梦用简单设想的美好世界愿景来抚慰社会上的不满，而英尼斯则以更老派的方式看到权力的行使发生在更为具体的层次上〔客观来讲，在思考深层黑格尔意义上的"媒介化"模式时，法兰克福学派当中没有人比阿多诺更加敏锐。而所有严肃的媒介哲学都必须以某种方式回到黑格尔，他认为整体只有通过手段、中介（Vermittlung）或媒介化（meditaion）才能被看见，这一过程从不意味着否认它们的本体论优先性〕。英尼斯先是研究了诸如皮毛、鱼货和木材等原材料，但是随后，他重新考虑了作为媒介的原材料，转而关注用于书面记录的材料，例如石头、黏土、莎草纸和纸张，他追溯了它们的坎坷命运：从古埃及和古巴比伦而来，穿越古希腊、古罗马和欧洲，直至20世纪的北美。英尼斯将媒介看作时间和空间的编织者，而整个人类的历史都是它展示的舞台。

如果人们像英尼斯这样有远见的话，就绝不会使用"旧媒介"这个词来形容20世纪的媒介。数字媒介令人钦佩——它们越来越小、越来越快、可以移动、远程遥控，就像敏捷的小型哺乳动物那样围在旧广播的恐龙身旁团团转——因而英语世界的许多评论家开始称呼20世纪庞大的新闻与娱乐业为"旧媒介"。与大众媒介相比，数字媒介确实像一个巨大的历史断裂。但是，如果我们将数字设备放置在广义的传播实践史中，那么新媒介看起来就会像旧媒介或古媒介。与"新媒介"相似，诸如登记簿、索引、人口普查、历法和目录这样的古媒介总是在从事文化的记录、传输和处理，总是在从事主体、客体和数据的管理以及时间、空间和权力的组织。媒介作为大型娱乐机器，使新闻和娱乐保持在持续的"流动"中并变得随手可得（雷蒙德·威廉斯语），而这是相对不寻常的。20世纪的主要传播模式——视听广播——就是历史上的例外。数字媒介让我们回归到常态：媒介作为不同大小、形状和制式的数据处理设备，这种情况下很多人参与其中，但精致的"内容"却很罕见。媒介能够实现多种形式的效用，而叙事仅仅是其中一种。[1]英尼斯是众多帮助我们将媒介视为存储、传输或处理容器这一概念的人之一。媒介的这个定义具有更长的历史跨度，既适用于硬盘驱动器，也适用于算盘。

媒介不仅仅是现代的，不同形状和大小的媒介为地球上和其他地方的智能生命历史做出了贡献。它们是组织的基础部分，构成了城市和蜂巢、档案和星群。自从大金字塔和《圣经》卷轴以来，自从波斯邮政系统和罗马人口普查以来，自从威尼斯账房和中世纪大教堂以来，自从秦始皇统一汉字和度量衡并开始修建长城、焚毁书籍从而统一中国（不论结果是好是坏）以来，就存在人类媒介。在开化之前，就存在诸如坟墓、篓筐、繁星、家族以及篝火等人类媒介。身体和语言本身——如果用恰当的角度来看的话——就可以被视作媒介。我们不应该说得好像媒介在1900年或1800年以前从未存在过（尽管以这种跨历史的方式来谈论媒介的能力直到20世纪中叶才出现）。所有复杂的社会都拥有媒介，因为他们使

---

1 John Durham Peters，"Mass Media"，in W.J.T. Mitchell and Mark Hansen，*Critical Terms for Media Studies*，Chicago：University of Chicago Press，2010，pp.266-279.

用材料来管理时间、空间和权力。在弗里德里希·基特勒的著名论断中，他说道，文明总是一套数据处理程序。[1]

三

英尼斯对文化与文明的兴趣使他一再陷入杠杆原理。当我说杠杆的时候，我指的是使用支点来集中力量的字面意思。治国之术、书写、灌溉控制和占候都是将权力转移到精英阶层的古老技术。找到正确的支点能够释放巨大的威力，如阿基米德所说，给我一个支点，我将撬起一个地球。海权时代的欧洲商人争相抢夺马六甲海峡的控制权，因为来自东印度的利润丰厚的香料贸易都要由此经过（全球每年 1/3 的海上交通仍要途经此地）。几个世纪以来，威尼斯、热那亚、布鲁日和阿姆斯特丹等城市的商人都采用簿记技术，它与枪支的贸易链连接起来，借助苏门答腊岛和马来半岛之间的海上通道来撬动地球。他们的复式簿记对于远程控制航船、商品和人来说具有同等效力。账房中的造纸机就像海峡一样，通过针眼引导资金和库存的流动，并使其可以被那些保存（或伪造）账簿的人所看到。这里的点——小数点——也起着显著的杠杆作用，它们使操作成为可能。[2]

文件中没有的事物，也不会存在于世界之中。16 世纪海上帝国鼎盛时期的西班牙国王菲利普二世喜欢重复这句格言，来证明他的测绘与信息收集局在管理庞大业务时所产生的大量纸张是合理的。近期德语系的媒介理论家也持这种观点，例如伯

1　Geoffrey Winthrop-Young, "Hunting a Whale of a State：Kittler and His Terrorists", *Cultural Politics*, vol. 8, no. 3, 2012, pp.399-412.

2　Wolfgang Schäffner, "Körper im Takt", *Kaleidoskopien*, no. 3, 2000, pp.188-205.

恩哈德·西格特（Bernhard Siegert）和已故的科妮莉亚·维斯曼（Cornelia Vismann）。这句格言简明扼要地表达了数据能够描绘和管理世界的方式，这将主客体置于新的控制形式之下，并成为媒介学者颇为青睐的套式，这些学者着迷于通过干预来再现以及通过再现来干预的过程。媒介理论家和企业家、黑客以及革命家一样，都在离格（ablative）的情况下进行思考，即"通过某种手段"（by means of which）。[1] 对我的大多数本科生来说，丢失手机就意味着丧失功能性生命。他们的生命远不止他们的手机，但他们的生命却通过手机来维持。这些设备是一道窄门，他们的精神性和社会性新陈代谢都要由此通过。

菲利普二世的格言使人想起英尼斯对待掮客和中间人的态度——那些掌握文件、控制枢纽或者讲述两种语言的人——正是那些人谋取了利益、创造并破坏了帝国。英尼斯的一个关键洞察是每种新媒介都培育了一支专家队伍，他们设法操纵和编排这个媒介所特有的承载能力和标准。对英尼斯来说，媒介的历史也是职业的历史，是工匠的历史，这些人掌握媒介特异性的战术技巧并守护着它们的访问权限——英尼斯所说的"知识垄断"，随后又借用这一优势来获取利益。古埃及象形文字的祭司和中世纪的行会为他提供了生动的例子，尽管这并非唯一。电脑迷和企业家不相称的权力和财富是一个更为晚近的例子。媒介的属性和怪相一旦被掌握，就会揭示出全新的控制可能性（媒介通常具有狭窄的加密控制点，例如光圈、镜头、密码、刻度盘和电缆。对于生物体

1　Marshall McLuhan，"Letter to Walter Ong，8 February 1962"，in *Letters of Marshall McLuhan*，Corrine McLuhan，Matie Molinaro and William Toye，eds.，New York：Oxford University Press，1987，p.285.

来说也是如此，它由膜状物和组织所构成——这不仅是网络，而且是非常特定的过滤器）。对英尼斯来说，媒介历史学家的任务就是去了解时间、空间和权力之间难以捉摸的比例以及基础设施的盲点和瓶颈，而早期的操作者已经想方设法通过杠杆原理对这些事物进行利用了。

媒介具有撬动世界的力量。当列宁看到苏联共产党的核心位置是书记时，他的思想变得非常激进（因为所有文件都要经书记之手），并利用书记来获得党的控制权，这就导致了后来苏联的领袖都是总书记而不是总统（他还享有书记作为工人阶级组织者的"街头信誉"）。列宁深知记录和传播的力量，深知文件的流通如何能假冒事物的流通。在媒体中，符号往往等同于其所指物本身。新闻媒体不仅报道新闻，还制造新闻。威廉·伦道夫·赫斯特的《纽约新闻报》是报道了还是引起了美西战争的爆发？故事的爆发本身也是一个故事。声称某个候选人赢得了政治辩论的大标题不仅报道了事件，而且塑造了事件。电视是报道了奥运会，还是使其成为可能？谷歌和脸书也具有类似的构造可能性的权力。在房地产行业中，所有权并不等同于房屋，但是那些拥有所有权的人拥有房屋本身。在国外没有身份证明的情况下，你这个人虽然存在，但在许多实际情况下你并不存在。渠道的特性并非微不足道；它在很多方面都能发挥杠杆作用。因为少了一颗钉子，国家就会灭亡。期权交易商购买和出售的是合同，而不是郁金香、小麦或是几扇牛肉。它们以日期和交易的模式流转，而非以商品的模式流转。[1] 体育也有类似的残酷事实：你

1　James W. Carey, "Technology and Ideology: The Case of the Telegraph", in *Communication as Culture*, Boston: Unwin Hyman, 1989, pp.201-230.

能做什么并不重要，重要的是在"作数"的时候你做了什么（也就是当公众注视文件时，我们称运动成绩为"纪录"）。数据对商品的叠加以及文件对价值的叠加不仅对现代资本主义来说是关键的，而且对整体媒介的操作来说也是关键的。[1] 哪里有数据被管理和操纵，哪里就有媒介。

媒介在当下意味着什么？这个问题将我们直接带到有关秩序和组织的问题上面。所谓的新媒介已经将媒介的后勤角色推至舞台的中心。我们生活在新旧交替难分彼此的时代。尽管偶尔会有衰落的预言，但是最基本的媒介仍然与我们同在。身体、声音和面孔始终处于我们所有互动的核心，正如书写始终处于我们所有交易的核心。广播、电视、电影和新闻事业仍然迎难向前，即便它们常常被迫转变为新的形态。旧媒介鲜少死亡，它们只是退居幕后，变得更加本体化。

所有媒介都指出了文明中长期存在的问题：生活问题。"这些奇迹，"如梅尔维尔所说，"（正如所有奇迹一样）都不过是时代的重复。"[2] 数字媒介提供了一种历史性的和想象性的服务：它们对我们的交易进行无休止的标记、跟踪和追溯，这提醒我们，为了权力、利润和祈祷而进行的数据管理既是古老的又是现代的。媒介总是在那种我们称为文明的混乱综合体中发挥作用。在成为内容交付系统之前，它们是后勤系统。从人群中搜集有用的指标就像提供戏剧和新闻一样基础。从广义上讲，计算（computation）这一行为从古代祭司观看星象一直延续到现代人畅游"云"海。并非所有政府都会像

1　关于现代资本主义和"有价证券"的发明，参见 Werner Sombart, *Die Juden und das Wirtschaftsleben*，Leipzig：Duncker & Humblot，1911，chap.6.

2　Herman Melville, *Moby-Dick*，New York：Norton，1967，p.81.

文艺复兴时期的欧洲那样将数据管理发挥到巴洛克式的极端，但在某种意义上，所有国家都是信息国家。[1] 新媒介的历史是陈旧的。[2] 媒介研究的基本问题和生活本身的基本问题一样长盛不衰，也就是时间、空间和权力。这意味着媒介研究的历史视野比迄今为止所推测的更悠久、更丰富。如乔叟所说："新玉米都是从旧土地里长出来的。"

我认为刘易斯·芒福德的经典著作《技术与文明》巧妙地捕捉到了媒介研究的对象领域。其中"技术"一词译自德文词汇 technik，就如同我们将 politik 译为 politics（政治），将 physik 译为 physics（物理）那样。这个术语理应在英文中得到复兴。自那以后，芒福德博学的野心为媒介研究奠定了基础，他认为我们应该利用整个图书馆作为文献来源。研究媒介不能仅仅研究媒介本身：在这点上，英尼斯和麦克卢汉、凯瑞及基特勒都同意学者应该着眼于"荒谬"的类比和混杂的学习［道格拉斯·柯普兰（Douglas Coupland）称呼麦克卢汉为"信息鼓风机"[3]］。大卫·亨迪（David Hendy）则表示："在书写媒介的历史时，我们实际上是在写作关于其他一切的历史。"[4] 为了理解媒介，我们需要理解火、沟渠、电网、种子、污水处理系统、DNA、数学、性、音乐、白日梦以及绝缘体。媒介学者热衷于展现的是，那些迄今未知的对象一旦

1　Jacob Soll, *The Information Master: Jean-Baptiste Colbert's Secret State Intelligence System*, Ann Arbor: University of Michigan Press, 2009.

2　Benjamin Peters, "And Lead Us Not into Thinking the New is New: A Bibliographic Case for New Media History", *New Media & Society*, no. 11, 2009, pp.13-30.

3　Douglas Coupland, *Marshall McLuhan: You Know Nothing of My Work!*, New York: Atlas, 2010, p.200.

4　David Hendy, "Listening in the Dark: Night-Time Radio and a 'Deep History' of Media", *Media History*, vol. 16, no. 2, 2010, p.218.

得到恰当的理解，就会成为对人类生活具有绝对核心价值的媒介。对于麦克卢汉来说，它们是电灯泡和自行车、衣物和武器。自基特勒以来，德国媒介研究的创造性活力不仅来自理论革新，而且同样来自档案狂热，也就是不断地开发新材料，而这些新材料迄今为止还未被开发为媒介史的资源。[1]

四

　　文明是一系列基础设施。航运、消防、农业、畜牧、政府机构、城市住区以及家谱皆为例证。在过去的 20 年里，基础设施作为一个学术话题备受关注，这反映了它更为广阔的政治和经济启迪，尤其是在冷战消退、基础设施老化而互联网被建立起来的情况下。"基础设施"一词最开始是个军事用语。在二战期间，英国军队发现冰岛的着陆跑道不足以满足他们的需求。当他们在雷克雅未克建造一座新机场时，他们向冰岛方要求资金上的支持。"不了，谢谢，"据说冰岛政府如此答道；"不过当你们离开的时候，你们可以随意将机场带走。"后来的事实表明，英国当然没能将机场带走，而是将它仍用于国内航班的飞行。基础设施总被认为是那些难以携带的、笨重的、无聊的材料系统，例如机场、公路、电网或沟渠。19 世纪早期以来，这个世界就在见证基础设施的空前发展：铁路、电报、跨洋电缆、时区、电信网络、水坝、发电厂、天气预报系统、高速公路、太空计划以及城市。最近，正如希拉里·克林顿所说，互联网是"我们这个时代最具代表性的新基础设施"，它继续向我们提出种种问题。无论现代

1　Lorenz Engell and Bernhard Siegert，"Editorial"，*Zeitschrift für Medien- und Kulturforschung*，no. 1，2010，p.6.

性是什么，它都意味着基础设施的激增，"成为现代人意味着生活在基础设施之中并依赖于它"。[1]

基础设施可被定义为"跨越大规模空间和时间，将人员与机构连接起来的大型增力系统"或"大型、持久和运行良好的系统和服务"。[2] 通常来说，它们由政府或公私合营机构所支持，只有这些机构才拥有资本、法律或政治力量以及某种狂妄自大来推动它们。从胡夫到斯大林，基础设施一直是独裁者和暴君的玩物；互联网缺乏集中的控制，因此它看起来就像是一个例外。由于技术复杂、成本高昂，基础设施通常不受公众监督，它们的巨大风险和难以预料的后果也被公众讨论的一致印象管理所庇护。传统意义上的基础设施通常被认为——或者被主动地设计为——对民主治理免疫，但是如果它们充满惯性（拒绝改变）的话，它们仍然会被破坏。[3] 另一方面，基础设施总是容易遭到劫持。"冲突"是"基础设施生命中一个始终存在的特征"。几乎没有基础设施能完全免于威胁，这些威胁来自蓄意破坏者、腐化或找乐子的恶作剧者。诸如船只这样的基础设施是非常容易叛变的。每座塔都有坍

1　Paul Edwards，"Infrastructure and Modernity：Force，Time and Social Organization in the History of Technical Systems"，in *Modernity and Technology*，Thomas J. Misa，Phillip Brey and Andrew Feenberg，eds.，Cambridge，MA：MIT Press，2002，p.186.

2　Paul Edwards，"Infrastructure and Modernity：Force，Time and Social Organization in the History of Technical Systems"，in *Modernity and Technology*，Thomas J. Misa，Phillip Brey and Andrew Feenberg，eds.，Cambridge，MA：MIT Press，2002，p.221；Paul Edwards，Geoffrey C. Bowker，Steven J. Jackson，et al，"Introduction：An Agenda for Infrastructure Studies"，*Journal of the Association for Information Systems*，vol. 10，no. 5，May 2009，p.365.

3　John Keane，"Silence，Power，Catastrophe：New Reasons Democracy and Media Matter in the Early Years of the Twenty-First Century"，Samuel L. Becker Lecture，8 February 2012，University of Iowa.

塌的危险。"一旦就位，基础设施就会为其自身的腐败和寄生创造可能性。"[1] 如诗人罗伯特·弗罗斯特所写，总有人不喜欢有一道墙。

存在坚硬和柔软的、物质和文化的基础设施。大坝和网站、公路和协议同样都是基础设施。基础设施可以是轻巧便携的，也可以是厚重固定的。罗马人建造城市、道路和沟渠，而希腊人和犹太人创立数学和历史、哲学和道德、音乐和假期，在如今，后者那柔软的基础设施比罗马的混凝土剧院运作得更为鲜活有力。的确，相比于持续运作的水利系统，文化的持续性通常是更为伟大的成就：在现存的文化中，只有中国人、希腊人、印度人和犹太人在几千年来设法保持民族认同（当然这需要不断的再创造）。一份历法可能比一座塔更持久。软件比硬件更长久。在地质时代，所有基础设施都遭受了一种奥兹曼迪亚斯式（Ozymandian）的命运。没有一种基础设施能够比任何文明的生命期更为长久。历法可能是一个例外，它的运行没有期限，有时甚至能在比人类维护的更大规模上运行，虽然由于地球的自转和公转所带来的误差，人类制定的历法与星象之间的同步只能维持几千年。迄今为止，文明仍然局限于以千年为单位的持久性。

基础设施还有许多其他关键特征，它们具有一个稀奇古怪的拓扑结构。基础设施服务于数百万甚至数亿人口，它们通常表现为人形大小的接口：水龙头、气泵、电源插座、计算机终端、手机和机场安检。这些通向更大且更鲜为人知的

1　Brian Larkin，"Degraded Images，Distorted Sounds：Nigerian Video and the Infrastructure of Piracy"，*Public Culture*，vol. 16，no. 2，2004，p.289.

系统的入口是我们知识和兴趣的冰山一角，通常也是质疑停止的地方。基础设施总是被设计来降低基本元素（天气、火和疾病）的风险，但在这么做的同时也引发了新的风险。举例来说，公共健康隐患可以和最传统意义上的基础设施联系起来，比如电力线路就增加了儿童患白血病的风险。基础设施越大，潜在的灾难就越大：这是保罗·维利里奥的核心观点。在火车之前，不存在火车相撞；在块茎进口及其在爱尔兰的单一栽培过度投资之前，不存在马铃薯饥荒。布莱恩·拉金（Brian Larkin）在尼日利亚的民族志研究表明，基础设施的损坏在第一世界国家意味着一场重大的危机，而对于世界上的其他地区来说，故障与抢修是生活中恒常的事实。阿基米德式搏击也可以被用来反击其使用者。最终，基础设施倾向于渐进式改变。它们可以以过往的创新惯性为基础，按照模块化进行改进，因而这明显体现出一种路径依赖的原则。[1] 它们需要运行和维护。只有当它们被常态化为理所应当，只有当它们兼具柔软与坚硬、社会与技术要素，只有达到这样的程度时，它们才是基础设施。[2] 在我们的媒介中保留古老的功能与结构，和在我们的组织中保留它们同样重要。我们的身体器官与社会器官是一个大杂烩，它们由不同的环境层次相互叠加在一起。这同样适用于所有的自然语言。我们可以称之为 QWERTY（标准键盘）原则，由于路径依赖，这种模式长期停留在其初始条件之上，就效率而言只能算作一种次

1　Susan Leigh Star, "The Ethnography of Infrastructure", *American Behavioral Scientist*, no. 43, 1999, p.382.

2　Susan Leigh Star and Karen Ruhleder, "Steps toward an Ecology of Infrastructure: Design and Access for Large Information Spaces", *Information Systems Research*, vol. 7, no. 1, 1995, pp.111-134.

优模式。[1]

五

我不愿再强加另一种"主义"于这个充斥着各种准学术分支的世界，但如果让我选的话，我会选择基础设施主义（infrastructuralism）。伴随着以一种意义组合的方式来解释各种原始或现代思想原则（或者说克劳德·列维-斯特劳斯所惯称的"人类精神"）的野心，结构主义出现了；此后，伴随着对鸿沟、困惑与不可能性的爱恋，伴随着对故障、渴望与失败的赞颂，伴随着对任何自以为安定身份的孜孜不倦的戳伤，以及伴随着对各种荒谬类别的追求，后结构主义被提出来，也许现在是时候轮到基础设施主义登场了。它的魅力在于那些基本的、无聊的、平凡的事物以及所有在幕后进行的恶作剧。它是关于环境与细微差异的学说，是关于窄门与针眼的学说，是关于不是那么站得住脚的事物的学说。也许麦克卢汉的"理解媒介"这一名称是个双关语。既是理解媒介，也是指基础设施位于世界之下（stand under the world）。

基础设施主义使得诸如水、虫和云这类事物变得富有魅力。它太谦虚了，无法企及其结构主义同僚的高地，而是乐于在单调的水洼中埋头苦干。基础设施主义关注到我们的文化工艺品是如何在本体论的浅滩上搁浅的，而现实又是如何从我们的范式中走出了一条道。它并不满足于广义的社会建构主义，这些尖锐的问题不只是空谈。病毒、臭氧层空洞、

1　Paul A. David, "Clio and the Economics of QWERTY", *American Economic Review*, vol. 75, no. 2, 1985, pp.332-337；S. J. Liebowitz and Stephen E. Margolis, "The Fable of the Keys", *Journal of Law and Economics*, vol. 33, no. 1, 1990, pp.1-25.

物种灭绝、石油泄漏、气候变化、人口贩卖、战争、肥胖、洪水和碳消耗都有明确无误的象征意义，但无一能够被化约至此。言论自由和碳足迹既关乎道德，又关乎生态，还关乎媒介理论。[1] 社会建构当然与此相关，但这不够全面。正如拉图尔所呼吁的那样，这些自然与文化的"杂合体"要求我们以新的方式来思考唯物主义与唯心主义对立的僵局。基础设施主义颂扬固执、反抗、第二性以及实践的偶然性。它关爱普通人，喜欢将间离效果作为一种智识策略。基础设施所有的（无论是物质的还是文化的）种类都进行公平竞争；事实上，这个概念本身就表明不可能在二者之间做出严格的区分。不管本体是什么，它通常都是被遗忘的基础设施。

从广义上讲，基础设施由任何能感知其背景的条件组成。在大多数情况下，基础设施都反对或远离聚光灯。后撤是它的惯用手法。马克思显然是一位基础设施理论家，他着迷于铁路、工厂、煤矿和产权安排的全套工业装置，而且还分析了我们最重要的社会关系在意识形态视野中消失的方式。最伟大的基础设施思想家从来不只对器械装置感兴趣；他们想知道的是为什么对于这种基础事物的意识消逝得如此之快。弗洛伊德热切地使用基础设施作为隐喻，从城市、下水道、废墟、归档系统和邮政审查的角度来谈论心理，但他同时也对模糊意识（无意识）进行了分析。他认为我们最重要的精神生活大部分都流动在意识的阈值之下，我们与自己的交流是扭曲的。

1　Geoffrey Winthrop-Young, "Hunting a Whale of a State: Kittler and His Terrorists", *Cultural Politics*, vol. 8, no. 3, 2012, pp.399-412.

研究基础设施的学者已经探索了基础设施是如何主动消失或被迫消失的。也许理解基础事物如何退居幕后的最显著成就来自弗洛伊德的同代人埃德蒙德·胡塞尔，他发展了哲学的现象学流派，以揭示心智从零碎的感觉材料中编织出一种脆弱秩序的过程。马克思、弗洛伊德和胡塞尔都生活在一个大规模基础设施变革的生活条件下，并且认为无聊乏味与平淡无奇是一种诡计，意识借此隐藏了非凡的且往往是狡猾的运作，而正是这些运作使其成为可能。这同样适用于达尔文、涂尔干和索绪尔对生活、社会和语言的基础设施分析。他们都相信理性的强大力量可以廓清事物的真相。弗洛伊德的名言——"本我过去在哪里，自我就应在哪里"应该被理解为使所有基础设施变得可见的迫切需要。"它"必须变成"我"；表面的无聊必须变成知识与辩论的目标。这个世界对于存活其中的人来说，在某种程度上总是不透明的。

最近引起人们对基础设施兴趣的一本重要著作是杰弗里·鲍克尔（Geoffrey C. Bowker）和已故的莉·斯塔尔（Susan Leigh Star）合著的《分门别类：分类及其结果》（*Sorting Things Out: Classification and its Consequences*），它给基础设施研究留下了强烈的现象学遗产。在很大程度上，基础设施是关于基础类别和标准如何被建立起来，以及它们如何被塑造为寻常事物的问题。那些理所应当的事物如何被建构起来？这首先是一个经典的现象学问题：对鱼来说，水究竟是如何变得不可见的？鲍克尔和斯塔尔认为我们的世界充斥着标准和无形的规矩，这些标准和规矩在生活中产生日常事物，并得到了很多幽灵般机构的支持。诸如 CD 和铅笔这样的日常物品隐藏了"几十年的协商"。如人们所打趣的那样,"你只有非常努力才能看起来毫不费力"[1]。为了冲破第一层外壳,他们提供了"基础设施倒置"的概念。更确切地说,他们遵循的是民族方法论传统,说明了哈罗德·加芬克尔所说的"冒犯"(breaching)的智识价值——故意违反社会规范以暴露其背景(就像一头巨鲸冲破海洋表面)。类似的事情也发生在意外和故障当中:基础设施总是突然冒出来的。小故障在实际工作中使人感到沮丧,但也能给人带来智识上的收获。[2]如海德格尔(在谈论亚里士多德时)所说,本质在偶然中得以显现。[3]基础设施就像窗外的蒙蒙细雨那样,难以被看见。

基础设施不仅在本质上是不可见的,而且通常也被设计伪装起来,这被丽莎·帕克斯(Lisa Parks)称作"基础设施遮蔽"(infrastructural concealment)。[4]有些基础设施(水、下水道和电缆线)确实是被埋藏在了地底下(或水底下),而其他的基础设施则与所在环境融为一体。消音器掩盖了燃烧的引擎。比较罕见的是,高塔或水电大坝是有意展示权力和现代性的,并且已经出现了突出建筑物内部的建筑时尚(正如巴黎的蓬皮杜中心,其管线和通道属于浮夸设计的一部分)。在 20 世纪,广播大厦作为传送信号的殿堂颂扬着自身的技术

---

1 Geoffrey C. Bowker and Susan Leigh Star, *Sorting Things Out: Classification and its Consequences*, Cambridge, MA: MIT Press, 1999. 第 9 页和第 35 页对基础设施的定义很有帮助。

2 Peter Krapp, *Noise Channels*, Minneapolis: University of Minnesota Press, 2011.

3 Martin Heidegger, *Sein und Zeit*, Tübingen: Niemeyer, 1993, p.74.

4 Lisa Parks, "Technostruggles and the Satellite Dish: A Populist Approach to Infrastructure", in *Cultural Technologies: The Shaping of Culture in Media and Society*, Göran Bolin, ed., London: Routledge, 2012, pp.64-84.

性。[1] 与此类似，中世纪钟楼是市政财富与地位的象征（技术从来都不是纯功能性的：任何设备都具有社会比较和展示的元素）。基础设施的溃败暴露了我们对于生活其间的系统的无知，因此也指出了工具知识与专业技能方面基本的民主赤字，这也证明了基础设施并不总是内部一致的系统。

遗忘似乎是基础设施运作方式的关键部分。斯塔尔注意到它们通常"平凡到使人厌倦的地步"[2]。但这一切都取决于基础设施以什么为基础。基础设施通常被定义为无法被探测和被注意，或是在台后 / 台下的事物。冗余往往被认为是无聊的，但它却是稳健的工程系统的精髓，它储备了多种可能性以应对环境的偶发事件。相比之下，技术是一个偏向新颖性的概念；消防、呼吸、写作或城市的运作很少被算作技术，尽管它们需要大量艰苦的劳动。我们有一个无药可救的习惯，也就是将人造环境那明亮的、闪耀的或怪异的部分单拎出来，并称之为"技术"，而忽视了老旧的、看似乏味的部分。要知道维持是与创新同等伟大的功绩，即使无聊的事物也可以发展出相关的政治学。保罗·爱德华兹如是说："成熟的技术系统栖息在自然化的背景中，如树木、阳光和尘土一样寻常。"[3]此言着实不假，但是树木、阳光和尘土当然是不寻常的，它们也是成熟的技术系统。海德格尔及其热切的读者福柯都珍

1　Staffan Ericsson and Kristina Riegert, *Media Houses: Architecture, Media and the Production of Centrality*, New York: Peter Lang, 2010.

2　Susan Leigh Star, "The Ethnography of Infrastructure", *American Behavioral Scientist*, no. 43, 1999, p.377.

3　Paul Edwards, "Infrastructure and Modernity: Force, Time and Social Organization in the History of Technical Systems", in *Modernity and Technology*, Thomas J. Misa, Phillip Brey and Andrew Feenberg, eds., Cambridge, MA: MIT Press, 2002, p.185.

视惊讶的态度，这种态度可以通过朴素而奇特的方式来实现。如爱默生所说："智慧永恒不变的标志，是在寻常中看到奇迹。"[1] 对乏味的感知是衡量思维广度的标准：在上帝的心灵中，没有什么是无趣的。每个斑点都是一个宇宙。谷歌宣称自己是上帝的心灵，它就像基础设施一样，通过聚合并分析这样的斑点来获得巨大的利润。

六

在这一点上，基础设施主义遭遇了媒介理论的经典观照：使环境可见的当务之急。或许，麦克卢汉最基本的道德号召——反抗他关于人类成长为单一性集体思维的恐怖幻想——也是对意识的呼唤。[2] 麦克卢汉将那些忽视我们的技术性栖息地的人称作"梦游者"（somnambulists），他援引了古希腊的那喀索斯神话来阐释我们的媒介麻醉现象。基特勒说，他们真幸运，能够在光盘和迪斯科舞厅灯光中感受到电子回路。[3] 对他来说，基础设施型失眠症是对海德格尔所说的存在的揭示。马克思、达尔文和弗洛伊德也同样严肃地对待设备。实用主义——约翰·杜威更倾向于称之为工具主义——全都与手段有关。对于出生在19世纪中期的思想家来说，不去观察这种联系是疯狂的。他们见证了蒸汽、煤油、电力、铁丝网和标准时间的到来。现代思想中存在着一种深刻的基础设

1　Donald McQuade, *Nature*, *Selected Writings of Emerson*（1837）, New York：Modern Library, 1981, p.41.

2　"今天，我们要做到信息灵通、见多识广，同样是需要意志力的。"参见 Marshall McLuhan, *Understanding Media*, New York：New American Library, 1964, p.75.

3　Friedrich Kittler, *Gramophon*, *Film*, *Typewriter*, Berlin：Brinkmann und Bose, 1986, p.5.

施伦理。媒介研究很自然地与生态学联系起来，因为二者首先都与人类和非人类存在的纠缠有关。基础设施主义并不将精神生活弃置不顾，而是敞开了广阔的荒野。首先研究物质，信息自会随之而来。基础设施会因为我们的忽视而对我们施以报复，奋起而攻之。我们的最终根基是地球，是这个行星。我们的存在以之为前提。我们理所当然地以之为条件和基础。正如保罗·爱德华兹所说，自然是"最终极的基础设施"[1]。

为了维持人类生活其间的人工生命形式的复杂网络，我们需要对这些元素进行技术管理。水被存储和输送，火被驯化成火焰，地球被烧毁成田野、被塑造为城市，天空作为时间的标记而被观察。我们的身体也是依赖大量文化技艺的自然有机体，这些文化技艺大多被传统传播理论所忽视，被认为是制造意义的次等工具。为了建造一个可存活 70 亿人的世界，众多基本的基础设施和训练形式必须要站稳脚跟。如今，各种各样的消防、住房、衣物、口语、农业、畜牧、住区、写作、公用事业和各种技术几乎支撑着所有人类的生命。所有这些智能设计都同时跨域了物质与思维、自然与艺术以及生物与文化。基于生命科学中"媒介"一词的广泛使用，我将媒介看作一种友好的（enabling）环境。它们为各种不同的生命形式（包括其他媒介）提供栖息地。媒介是自然元素和人类工艺的合奏曲。一旦人们能够在这一扩展意义上来理解媒介，那么媒介的哲学就具有举足轻重和紧迫的意义。

将媒介理解为自然与工艺的混合，与这个人类活动将生

---

1 Paul Edwards, "Infrastructure and Modernity: Force, Time and Social Organization in the History of Technical Systems", in *Modernity and Technology*, Thomas J. Misa, Phillip Brey and Andrew Feenberg, eds., Cambridge, MA: MIT Press, 2002, p.196.

物圈置于危险境地的时代息息相关。"云端"上的数字过载以及大气层的碳超载这两个事实之间可能存在深刻的联系。因此，我们必须学会超越明确的自然—文化二分法。当我们说恶劣的思想导致了环境危机的时候，我们可能赋予了哲学一个过于宏大的世界历史角色。毕竟对于我们消费碳的方式来说，还存在更简单、更不雅的解释。尽管如此，我还是选择加入这些思想家的行列，他们把标准形式的主客体区分看作生态学和形而上学上的双重灾难。我们的数据媒介和更为基本的自然—工程媒介（例如燃烧、耕作、放牧或建造）一样，扮演着引领行星的角色。每一种媒介，无论是我们的身体还是计算机，都是人类工艺和自然元素的合奏曲。维基解密、玉米糖浆、鲸油、鱿鱼、脸书、时差、天气预报及直立行走同属于媒介理论的主题，而我们无法将任一主题简单区分为人工的或是自然的。

以各种形状和尺寸呈现出来的媒介位于自然界的核心。进化就像修辞和政治一样，是在可行的范围内发生的。植物和程序员都同样寻找 kairos，即机会之窗。媒介中有瓶颈，而基因库中有奠基者效应（founder effects）。媒介应该有一部自然的历史。究竟媒介和自然这两个难以捉摸的概念将如何契合，这需要更详细的阐述，但我们可以用环境概念来结尾。自从人们开始思考这一概念时，媒介作为环境的想法就隐含其中，并且经由各种思想家得到了充分的发展。正如乌苏拉·海斯（Ursula Heise）所指出的那样，它留下了两大遗产。一些媒介理论家使用生态理论来论证技术对文化的整体影响，另一些媒介理论家使用该术语来强调在同一环境下不同有机体的能动性。环境的媒介理论化概念总结了在社会理论中关于结构和能动性的更广泛讨论。[1] 环境作为媒介的想法不比媒介作为环境的想法更典型，但是这一想法更容易实现。对于生活其间的有机体来说，环境就像媒介一样，是由偶然条件所构成的精密系统。环境选择并强化从变异中产生的特性。但是，环境也以一种递归的方式由其承载的生命形式所构成。环境和媒介都是充斥着信息和能量供应的栖息地，它们滋养、巩固和摧毁各种生命形式。这种交通应该成为我们媒介学者所关注的焦点。

1　Ursula Heise，"Unnatural Ecologies：The Metaphor of the Environment in Media Theory"，*Configurations*，vol. 10，no. 1，winter 2002，pp.149-168.

生存媒介：走向一种数字被抛境况的理论化*

（2017）

［瑞典］阿曼达·拉格奎斯特／著　　王敏燕／译

引言

人类的生命总是处在危险之中，这一点无须多言。然而在今天所谓的连接性文化（culture of connectivity）中，整个生活世界呈现出一种生存意义上的奇特脆弱性，且产生了深远的影响。面对迅猛的技术变革、数字文化中涌现的社会规范以及强大的算法和协议那难以捉摸的运作，传统的生存论（existential）[1] 议题越发与我们的数字生活纠缠在一起。我们对时间、记忆、空间、自我意识、社交以及死亡的感觉皆卷入其中——至少对北半球的网络人口来说是这样。借用海德格

* ［瑞典］阿曼达·拉格奎斯特（Amanda Lagerkvist）著，《生存媒介：走向一种数字被抛境况的理论化》（Existential media: Toward a theorization of digital thrownness），王敏燕译，原文载《新媒介与社会》（new media & society），第 19 卷，第 1 期，2019 年，第 96-110 页。

1　作为本文的核心关键词，existential 需要放在生存论／存在主义哲学的脉络中（包括海德格尔、雅斯贝尔斯、萨特、阿伦特等）理解，在国内哲学界常常被翻译为存在的、存在主义的、生存的、生存论的等，就如 existentialism 会被翻译为存在主义或生存论。本文在不同的地方进行了灵活的翻译，但在整体层面使用了生存论的、生存这一译法。——译者注

尔的术语，我们似乎被抛入（thrown into）[1]数字化人类生存之中，在此等待着我们的矛盾且艰巨的任务，是抓住我们脆弱的置身所在（situatedness），同时在间或未知的水域中航行。[2]

在历经连接转向（connective turn）之后，鉴于控制论自动化已经超出了人类的意志、意图与考量，我们很容易将重点放在我们数字化生存的反常现象（anomies）上。毋庸置疑，社交媒体技术有力地塑造了我们的交往实践、记忆与身份，因为微型系统与我们的用户模式共同演化。[3]这些危险的情况显然削弱了"无尽机遇"、"透明性"或"无限"这样广为流传的硅谷意识形态光芒。然而与此同时，我们也在技术强制的生活世界中看到了一些东西，它们的存在比可供性（affordances）更强，但又比决定论（determinism）更弱。数字媒介也是生存媒介（existential media），这尤其体现在当人们在网上分享和探索"丧失""创伤"等生存议题时，或者在访问数字纪念馆、在点燃数字蜡烛的仪式中、在书写关于绝症的博文或者浏览自杀网站的时候。这些案例表明，我们的通信文化既带来了新的存在困境，也为探索诸多生存主题和生命的深度提供了新的空间。因此，关于数字技术的问题就是关于人类存在 / 生存的问题。

作为一篇理论文章，本文认为现在是媒介研究调整生活中

---

1 此处的"被抛入"（thrown into）是在海德格尔哲学语境中使用的，它来自thrownness（德文 geworfenheit），在国内学界主要翻译为"被抛境况"或"被抛状态"。——译者注

2 Martin Heidegger, *Being and Time*, New York：Harper & Row, 1927/1962, p.174.

3 José van Dijck, *The Culture of Connectivity: A Critical History of Social Media*, Oxford：Oxford University Press, 2003, p.158.

那些宏大而又基本的问题的时候了，同时也是对数字强制的生活世界中那些活跃的、通常复杂且模糊的经验发出声音并进行批判性审问的时候了。媒介哲学最近试图提出一种媒介本体论，其核心是存在的植根性（groundedness）和技术的世俗物质性。[1]除此之外，我还建议我们保持对生活经验（lived experience）的迫切关注，并提出以下问题：在数字时代，作为一个人意味着什么？在此追问之下，我将把汉娜·阿伦特开创性地界定为生存哲学的一些关键概念与一般的媒介研究进行对话，尤其是与媒介、宗教和文化领域进行对话。[2]我将表明，生存论媒介分析还需要解释数字人类境遇中的被抛境况（thrownness），并使其与自身的存在论主张相协调。按照海德格尔的说法，我们的被抛境况意味着面对这样一个世界：我们摇摇欲坠，位于一个特定的居所、一个特定的历史时刻以及一组特定的人群之中，肩负着应对周遭世界并使之有意义这一不可逃避的任务。

为了挑战那些主要将"生存论意义建构"作为一种日常活动来看待的学术研究，我将表明只有考虑到由世俗（mundane）和非凡（extraordinary）共同创建（虽然它们在世俗文化中通常维持在分离的经验领域）的连接性的生存领域，才能富有成效地思索我们的数字被抛境况。唐·伊德在20世纪70年代末提醒我们，所有的"人—机关系都是生存关系，这种关

1　John Durham Peters, *The Marvelous Clouds: Toward a Philosophy of Elemental Media*, Chicago，IL：The University of Chicago Press，2015；Paddy Scannell, *Television and the Meaning of Live*，New York：Polity，2014.

2　Hannah Arendt，"What is existential philosophy？"in *Essays in Understanding 1930-1954: Formation*，*Exile and Totalitarianism*，Hannah Arendt，ed.，New York：Schocken Books，1946/1994，pp.163-187.

系牵涉着我们的命运，但也受制于所有生存关系都具备的特定模糊性"¹。今天，人们可能会认为机器已经演变成环境式的或可穿戴的生存工具。而我们的存在如今正借助这些工具，在一种关联、紧张、矛盾与变化的动态关系中被探索、体验与定义。²用雪莉·特克尔的话来说，依赖那些生活中必不可少的设备，我们"通过技术被连接到存在"³。如她所说，这意味着一种具身连接的在场和 / 或焦虑孤单的强烈感觉充斥于我们世俗的在世存在。但是，我们的数字化生存也牵涉那些雅斯贝尔斯式的极限境遇（limit-situations），也就是我们深深感受到自身被抛境况以及我们的安全受到威胁的时刻。我将在这两个维度上强调人类的深度不确定性及脆弱性，且表明一种针对数字文化的生存论方法可以更具体地探讨在我们这个时代如何寻求、实现或失去生存的安全感，并详细了解到当人们的生活和记忆越来越为数字媒介形式（且在其中）所塑造时，应该如何追求基本的生存议题。

由此，本文将沿着四个涉及传统生存论主题（死亡、时间、此在和在世存在）的新兴研究领域来追溯我们的数字被抛境况。借由这种方式，本文旨在开启一个智性的空间，并在此阐明我们的媒介是生存媒介。不过，为了更进一步勾勒出生存论媒介分析的轮廓，我们首先要将其与媒介和传播研究及其不同子领域的先前工作联系起来。

1 Don Ihde, *Technics and Praxis*, Dordrecht：D. Reidel Publishing Company，1979，p.4.

2 W. J. T. Mitchell and Mark B. N. Hansen, *Critical Terms for Media Studies*，Chicago，IL：The University of Chicago Press，2003.

3 Sherry Turkle, *Alone Together: Why We Expect More from Technology and Less from Each Other*，Boston，MA：MIT Press，2011，p.liv.

存在：从匮乏到优先

存在的问题，即"生命"的意义，在媒介与传播研究中随处可见，同时也被视而不见。[1]

我们的媒介总归是生存媒介——这是一个尚未被媒介研究充分认可的事实。除了一些重要的例外，生存论方法在分析媒介或分析我们的媒介文化时发挥的作用微乎其微。然而，在历史上的再现性媒介中（例如，从岩画和希腊悲剧到现代小说和电影），生存论却是显而易见的，并使人们对生命的稳定性以及"我们为何在此"的基本问题产生了认识。这可见诸电视的仪式性事件和报纸的想象性社区当中，媒介与流行文化在此充任了宗教的角色，提供了与生者的交流，更重要的是也提供了与死者的交流。对冥界或非人的召唤以及由此带来的超验感可见诸纪录性媒介的诸多讽喻当中，例如召唤了缺席者和／或逝者的照片，使死者得以与生者对话的文字，以及电报的灵媒连接。[2] 杰里米·斯托洛（Jeremy Stolow）总结了媒介的技术灵性（techno-spirituality）被激活的原因：

> 由于它们那不可估量的复杂性，它们那自主的网络行动性，它们那压缩时间、抹除距离和复制同一的能力，现代技术被理解为具有超验与怪怖的特征。[3]

1　Paddy Scannell, *Television and the Meaning of Live*, New York：Polity, 2014, p.9.

2　John Durham Peters, *Speaking into the Air: A History of the Idea of Communication*, Chicago, IL：The University of Chicago Press, 1999.

3　Jeremy Stolow, *Religion*, *Technology and the Things in-between*, New York：Fordham University Press, 2013, p.5.

数字媒介涉及以上所有方面，但以某种特定的方式将其凸显出来，因为它们已然成为这个世界的环境力量。[1]因此，本文的任务就在于展现数字媒介如何具有一种独特的生存意义上的负担、共鸣与潜力。这意味着要树立这样一种认识，即媒介的确是日常存在的工具，但同时它们也举足轻重且关乎生存。

尽管社群、意义以及存在方式的问题是早期网络文化民族志[2]和数字现象学[3]的重中之重，但这类分析主要强调的是被视为当然的世俗框架内的技术机遇。文化研究的早期主导形式对"生存"之于现代人的意义进行过类似的解读。例如约翰·汤姆林森（John Tomlinson）[4]显然无视了"生存的重要意义"领域和"生存的问题"之间的联系，认为后者"要么出现在生存论哲学的本体论焦虑中，要么出现在对人类境遇庄重的宗教反应范围中"。由此，他将其化约为世俗的活动、叙事以及表达形式，个体借此来为其私人生活创造意义，进而使得日常生活得以成形（例如去商场购物或者收听流行音乐）。

文化研究内部对于宗教和灵性的忽视首先受到了来自媒介、宗教和文化跨学科领域的攻击，这些领域认为应该对宗

1　Luciano Floridi, *The Onlife Manifesto: Being Human in a Hyperconnected Era*, Heidelberg：Springer Open，2015.

2　Annette N. Markham, *Life Online: Researching Real Experiences in Virtual Space*, Walnut Creek，CA：AltaMira Press，1998；Sherry Turkle, *Life on the Screen: Identity in the Age of the Internet*，Boston：MIT Press，1995.

3　Joohan Kim，"Phenomenology of digital-being"，*Human Studies*，no. 24，2001，pp.87-111.

4　John Tomlinson, *Culture and Globalization*，Chicago，IL：Chicago University Press，1999，p.20.

教的意义建构和媒介化特性以及媒介的宗教特性有更为豁达的理解。而数字媒介领域通过提供富有成效的新型分析，强调人们与生活中那些超验和生存维度之间不断变化的关系，从而将焦点转向了未知和白话形式的生存论意义建构。[1]为了提出一种针对数字文化的生存论方法，我将追随以上讨论的步伐，不过，我的志向在于超越它们。我建议重置框架，以求能在其中设想一种不完全（或非首要）涉及"宗教"的生存论方法。我并不从信仰或信条以及它们的宿命或转变开始，而是假设存在先于宗教（existence precedes religion）。因此，起始点也就变成了以下发问：在数字时代，我们作为一名人类而存在意味着什么？

近期，生存媒介本体论的一个微小但显著的热潮提供了与这一问题有关的重要线索。[2]佩蒂·斯坎内尔（Paddy Scannell）对日常生活中的电视进行了海德格尔式的解读。电视作为上手（ready-to-hand）的方式，一如诸多技术与设备作为"世界—解蔽"（world-disclosing）的方式。为了追求一种信任的解释学（hermeneutics of trust），斯坎内尔主张要看到（包括数字技术在内的）后现代技术中的"善"，并坚称其中内置着一个关怀结构——它们确实是用户友好的并且"使我

1　Mia Lövheim and Heidi A. Campbell, "Introduction: rethinking the online-offline connection in the study of religion online", *Information*, *Communication & Society*, vol. 14, no. 8, 2011, pp.1083-1096.

2　例如，米歇尔和汉森的技术—人类学依赖于斯蒂格勒的研究，并且强调了人类与技术的共同起源，参见 W. J. T. Mitchell and Mark B. N. Hansen, *Critical Terms for Media Studies*, Chicago, IL: The University of Chicago Press, 2003. 肯伯和齐林斯卡的生机论观点认为，媒介化是描述生命本身的诞生和生成的混合过程，人类和非人类实体在其中纠缠在一起，参见 Sarah Kember and Joanna Zylinska, *Life after New Media: Mediation as Vital Process*, Boston, MA: MIT Press, 2012.

们与世俗的自我和解"[1]。电视正是通过告知我们是谁以及我们是什么而回答了古老的存在问题。也就是说，电视通过现场感揭示了生命的意义。

即便对数字时代没那么乐观，但约翰·杜海姆·彼得斯仍然在类似的海德格尔式沟壑中耕耘，并为存在本身和媒介理论提供了一种物质性的说明。通过将西方哲学中的主客体二分问题化，他旨在将媒介研究与自然科学、神学和哲学进行对话。彼得斯超越了经验与现象、人类主体性与智慧，并以人类的技术性（technicity）这一事实作结，最终回答了"人类是什么"这个本体论问题。人类的双手和工艺以一种递归的方式渗透着这个世界和人类境遇，而元素型媒介（elemental media）则是让世界得以存在的容器和过程：它们既解蔽又遮蔽这个世界，且是生命繁荣的先决条件。这种分析确定了存在那枯燥的、物流式的以及基础设施式的先决条件，指出了栖居处（habitat）和具身化（embodiment）之于交流的首要地位。与后人类的学术思潮相一致，这种分析的目标之一就是要进一步质疑"意义无论如何都是人类心智的特权"这一观点。因此，这一目标本着实用主义的精神提供了一种媒介哲学，它维护并珍视那些宇宙学的、神奇的奥秘，而我们技术化的自然—文化存在（natural-cultural being）正是其中的一部分。最终，彼得斯要做的就是在媒介研究中引起一场神学的转向。

接下来，我将会强调媒介实际上是"我们居住和移动的地方，也是'我们的存在'所在之处"[2]。不过，我也将表明，

---

1 Paddy Scannell，*Television and the Meaning of Live*，New York：Polity，2014，p.86.
2 W. J. T. Mitchell and Mark B. N. Hansen，*Critical Terms for Media Studies*，Chicago，IL：The University of Chicago Press，2003，p.xi.

在创造性地重新设想人类的存在计划时，抓紧某物永远是有效的，也是一种迫切的需要。承认我们的存在与技术之间的同构关系是这一本体论转向的主要任务，它不会削弱反而会强化这一事实：我们也是在线的存在（beings on the line）。因此，生存论媒介分析除了能够对我们深邃的植根性进行媒介本体论上的重要反思，也应该能够处理我们与生俱来的被抛境况。这种观点坚决认定脆弱性是人类存在的条件，强调了匮乏与后匮乏文化中所有人类生命的磨难与挣扎，并且凸显了当前数字时代所特有的困境。

走向数字被抛境况

鉴于技术—科学官僚机构、新自由主义经济的专制逻辑、计算机工程师、神经科学的骨干，甚至越来越多的人文学者似乎都疏远了人与此在（dasein）的等式，我还是希望能够捍卫此在，它指向主体性、社会性、能动性、道德责任、精神性、苦难以及寻求因人类被抛境况而产生的意义。尽管意义也存在于非人的环境当中，而且人类也是与其技术环境共同构成的，但是以下说法仍是合理的：

> 此在是一种存在者（entity），但并不仅仅是置于众存在者之中的一种存在者。相反，它在本体论上的区别在于一个事实：在它的存在本身之中，这种存在对其而言是一个问题……这个存在者的特殊之处在于，随着且经由它的存在，这种存在得以向它披露出来。对存在的领会本身就是此在的存在的规定。[1]

1　Martin Heidegger，*Being and Time*，New York：Harper & Row，1927/1962，p.12.

我设想了一种"具备悟性"的主体，它遥相呼应着卡尔·雅斯贝尔斯哲学中作为"存在者"的自我。这意味着由于人类生命包含着重大的挑战：

> 个体被抛回其自身。没有人能替我感到内疚或受苦；没有人能替我而死。"存在者"的"自我"是生存哲学所关注的自我，而不是一个能够以其绝对自由意志来实现自我的自主主体意义上的自我。[1]

存在者处于一种独断且全知的主体性神话之外，既不是全知全能者，也不是"万物的尺度"。存在者是凡夫俗子，是一个奋力挣扎、蒙受苦难、关系芜杂的人类。作为一个有意识的（尽管通常是无知的）具身存在，她所处的媒介间位置提供了唯一已知的"入口"（entry point），使其能够导向并创造被抛入其中的世界。如此方式的生存构想既重申又重置了主体性，因为它在以"人类"为中心的同时也破坏了其稳定性。

存在者利用生存工具在相互连接的生存地形中移动。对斯坎内尔来说，这样的导航解蔽了人类那有意义的和现象化的当下。与此相反，技术哲学家往往声称技术使我们与作为人类的自我相疏远，它掏空了意义和价值，导致了能动性、在场感和真实性的危机。海德格尔的著名论点是我们在本质上被技术所集置（enframe）：技术向我们解蔽和遮蔽我们的世界，并且极其危险地引导我们以一种特定的方式来看待

---

1 Paul Verbeek, *What Things Do: Philosophical Reflections on Technology*, *Agency and Design*, Philadelphia, PA: The Pennsylvania University Press, 2005, pp.33-34.

它，也就是将其看作开发性的资源储备（standing-reserve）。[1]他忧虑地思忖有关自主技术的危险，这种方式呼应了近期针对自动化操作的数字时代所展开的哲学思考，这种自动化操作取代了精神、能动性和思考本身，因而"缺乏时间上或存在上的绵延"[2]。媒介学者甚至描绘了更为黯淡的图景，其中技术领域与生存领域之间的区别已然消弭：社交媒体已经成为"意义机器"（meaning machines），通过数据挖掘来"编排人们的存在/生存感并从中获取价值"，再将我们的"意义感"（meaningfulness）纳入协议。[3]存在意义上的寄存器已经被直接参与我们情感体验的软件据为己有。出于同样的关切，文森特·米勒（Vincent Miller）分析了当代数字文化中的在场危机，并沿用海德格尔对技术的锈带（rustbelt）定义来描述数字化的核心。数字集置（digital enframing）将我们化约成可计算的资产，从而解蔽了一个个体化的世界。与此同时，我们在这个世界中将人类以及社会本身工具性地物化为一种储备资源——等待被开发的一次性用品。

这些论述披露了与当前的非物质资本主义形式有关的我们的数字被抛境况的重要方面，从而颠覆了"日常在技术世界之中存在并成为技术世界的一部分"这个广泛流行且看似和谐的媒介本体论观点。[4]为了进一步探讨这些成问题的表述，

1　Martin Heidegger, *The Question Concerning Technology and other Essays*, New York: Garland Publishing, 1977.

2　Byung-Chul Han, *I svärmen: Tankar om det digitala*, Stockholm: Ersatz, 2013, p.66.

3　Ganaele Langlois, *Meaning in the Age of Social Media*, Basingstoke: Palgrave Macmillan, 2014, p.106.

4　Sarah Kember and Joanna Zylinska, *Life after New Media: Mediation as Vital Process*, Boston, MA: MIT Press, 2012, p.xv.

我会将宏大断裂（grand interruptions）和风险（stakes，包括死亡、丧失、偶然和危机）这些令人不安的概念插入持续"生成"的世俗流动以及对数字资本主义的批判当中。与汉娜·阿伦特对"生存论"的定义一致，[1] 我坚持认为生存论的方法可以澄清人类的例外。在全然被抛的状况下，也就是在死亡、丧失、冲突、苦难和愧疚等相关的生死攸关时刻——卡尔·雅斯贝尔斯称之为极限境遇——为自己的生命负责并赋予其形式的责任就会显现自身。这等于将所有人置于深渊面前，置于无解的难题面前，然后将一些我们必须对之采取行动的东西交给我们："我们横眉冷对极限境遇，从而成为我们自己。"[2] 我们在这里遭遇了无法言说之物、遭遇了我们理解的极限，这些都隐藏在阴影之中，超出了我们的直接理解与控制。因此，生存经验恰恰是与限制和局限相关的。此外，我们的被抛境况也是一个悖论，即一种在极限中成为人类的开放性。[3]

为了回应我们的被抛境况，这里关注的数字媒介实践会有一些共同点：它们都展现了对于生存安全的追求。我对这种矛盾修辞法（oxymoron）的界定与诺里斯和英格尔哈特有所不同，[4] 他们关注的是物质可预测性方面的生存安全，认为这不仅是宗教热忱的解药，也是世俗化的关键阐释。我们显

1　Hannah Arendt, "What is existential philosophy?" in *Essays in Understanding 1930-1954: Formation, Exile and Totalitarianism*, Hannah Arendt, ed., New York: Schocken Books, 1946/1994.

2　Karl Jaspers, *Philosophy*, vol. II, Chicago, IL, London: The University of Chicago Press, 1932/1970.

3　Michael Jackson, *Life Within Limits: Well-being in a World of Want*, Durham, NC: Duke University Press, 2011.

4　Pippa Norris and Ronald Inglehart, *Sacred and Secular: Religion and Politics Worldwide*, Cambridge, NY: Harvard University Press, 2004.

然有必要进一步证实生存安全中的生存论特征，而这需要重新引入它与传统的现象学以及生存哲学之间的联系。人们或许可以在吉登斯对本体安全的德文定义找到该方向上的一种可能性，[1]他强调了现象学和情感意义上的"在世存在"，相信人、事物、地点和我们的自我感觉或多或少都是一致的。然而，生存安全在这种对社会、物质和情感的关注上增加了一种意义，即个人在面对生活的挑战与不确定时，可能会或可能不会将他们的在世存在融入有益的意义创造实践，或者融入富有意义的停泊（moorings）中。因此，我想要反其道而行之，从生存层面来定义生存安全。

就此来说，我追随着索伦·克尔凯郭尔的思想，他强调不确定性概念是描述人类、人类世界和上帝之间关系的基础。[2]他强调生命作为一种运动：从本质上讲，生存就是置身于暴风雨的海洋中，我们乘着小船穿梭其间，而这艘船本身也处于无限的颠簸之中。[3]尽管我们的生活存在偶然性和有限性、矛盾和荒谬，但我们仍然试图在这些境遇下航行并创造意义。因此，该路径的关键问题就在于：生活在不确定性中的我们，应如何或是否能够获得一丝凝聚、意义、方向、目的、道德准则、基础、连贯和社群的感觉，也就是数字时代的生存安全。对生存安全的追求可能涉及试图在我们数据驱动的生活中重新掌权的世俗斗争。但它也可能涉及入世（this-worldly）

---

1 Anthony Giddens, *The Consequences of Modernity*, Cambridge, NY: Polity Press, 1990, p.92.

2 Soren Kierkegaard, *Concluding Unscientific Postscript to Philosophical Fragments*, Princeton, NJ: Princeton University Press, 1846.

3 Don Ihde, *Technology and the Lifeworld: From Garden to Earth*, Bloomington, IN: Indiana University Press, 1990, p.10.

和出世（otherworldly）的深刻、意义和 / 或灵性与神圣的方面。换句话说，生存论方法解释了内在的超越性，也解释了日常生活的神圣性。

生存哲学强调开放性、残缺性和依赖性是生命中不可避免的部分，因而它既能精准地定位我们，又能将我们从人类个体的孤立中带回来。[1] 在这种意义上，生存安全不仅是个体的追求，而且通常是寻求公共意义的事项。[2] 存在被视为已然同在（already being-with），而生存总是已经与其他人共存。[3] 雅斯贝尔斯认为，生存安全只能被暂时实现。他将生活的过程描述为面临他所谓的人类境遇的二律背反时一种对秩序的追求：对个体 / 集体创造并保护世界观和信仰体系的"外壳"的追求。既然人类生存是高度自相矛盾的，那么生存安全无论如何都是一个期望的目标，它永远无法在明确或永久的意义上实现。因此，这个概念的重点不在于它自身的现实性，而在于对它的追求。况且，（终极的）意义和无意义、社群和孤立、光明和黑暗是人类生存中从未被解决的紧张关系的一部分。因此，生存的意义和安全就与西方思想史上既定的理想截然相反，后者将意义界定为"信号的澄澈"（clarity of signal），将交流界定为"思想的融合"（fusion of minds）。[4] 生

---

1 Hannah Arendt, "What is existential philosophy?" in *Essays in Understanding 1930-1954: Formation, Exile and Totalitarianism*, IIannah Arendt, ed., New York: Schocken Books, 1946/1994.

2 Zygmunt Bauman, *Liquid Times: Living in an Age of Uncertainty*, Cambridge: Polity Press, 2007, p.14.

3 Jean-Luc Nancy, *Being Singular Plural*, Stanford, CA: Stanford University Press, 2000.

4 John Durham Peters, *Speaking into the Air: A History of the Idea of Communication*, Chicago, IL: The University of Chicago Press, 1999.

存安全可能涉及意义的建构和实际的遭遇，但它们是由矛盾且执拗的意义所组成的，因此还包含了追溯、不可避免的限制、故障以及悬置。该方法涉及一种交流的理念，即"用碎片来做文章"和"在不完美中保持耐心"。[1] 它使我们能够靠近那些在生存中看似无意义的东西，这些东西只能被情感性地标记、被感受、被赞叹或被笃信。这意味着它认识到中断和虚空、沉默和断裂、限制和局限是数字时代人类生存所无法避免的甚至有价值的部分。而既然"网络就像这个世界一样，充满了黑洞"[2]，那么这将会在理论和经验层面上推动我们走向数字化生存的二律背反。

研究领域：传统主题——新的议题

生存论媒介分析将使我们有效远离人类能动性与技术决定论这一非此即彼的惯性逻辑。除了将互联网视为一种解放性的或控制性的、意义深刻的或微不足道的事物，还可以将其视为一个生存的、矛盾的领域。接下来，我会概述四个相互关联的研究领域，并进一步强调我们数字化生存那特殊的被抛境况。我关注传统的生存主题和有关"永恒"的议题，也关注它们如何在当前数字时代的特定困境中得到表达，这同时涉及日常和例外状态。既然生存哲学通常将死亡作为生存领域的关键分母，那么我不妨从这一终结点开始说起。

1　John Durham Peters, *Speaking into the Air: A History of the Idea of Communication*, Chicago, IL: The University of Chicago Press, 1999, pp.60-61.

2　John Durham Peters, *The Marvelous Clouds: Toward a Philosophy of Elemental Media*, Chicago, IL: The University of Chicago Press, 2015, p.357.

一、死亡：我们的有限性与数字来世

当人们在生物学死亡后，依靠网络生存来延续生命时，死亡和哀悼的特定概念会如何改变？丧失的极限境遇开始在不断涌现的经验现象中发挥作用，如网络纪念馆（在这里，你可以通过发布图像、文字和声音来创造回忆以纪念死者，或是点燃数字蜡烛）、纪念性的脸书资料（在这里，你可以通过状态更新、墙帖、照片和评论区的哀悼来表达悲伤）和虚拟哀悼的支持团体（通过社交网络，人们像在前现代社会中那样一起悲伤）。[1] 针对新兴的在线死亡领域中的上述现象的研究，表明了当代社会对死亡的去隔离化（de-sequestering）和延迟化（deferral）[2]。

《数字来世》（*The Digital Afterlife*）一书涵盖了各种各样的现象和感受，包括再循环的文本残余和搜索痕迹、我们的数字传家宝、来世诸众的社交媒体在场、死后的记忆、来世行动元、死后的交流以及后人类和跨人类设计。人们可以将数字来世作为一个管理化的理性空间，因为它集合了我们可以购买的服务，从而得以计划与朋友和熟人告别、终结我们已故亲属的数字生命或是控制人们如何能够／应该如何记住／忘记我们。相比之下，当哀悼者直接与死者交谈时，死者似乎真的作为一个在线收听终端而存在，[3] 此时，一种技术灵性的感觉就显现了。而我认为，与死者的交流反映了我们

1　Tony Walter，Rachid Hourizi，Wendy Moncur et al.，"Does the internet change how we die and mourn?"，*OMEGA*，vol. 64，no. 4，2011/2012，pp.275-302.

2　Amanda Lagerkvist，"New memory cultures and death：existential security in the digital memory ecology"，*Thanatos*，vol. 2，no. 2，2013，pp.1-17.

3　Anders Gustavsson，*Cultural Studies on Death and Dying in Scandinavia*，Oslo：Novus förlag，2011.

时代社交媒体实践的要领，自我处在不断连接之中，甚至要与那些终极的他者——即死者相连接。因此，与死者的连接更多是将某个自我传导至无处不在的超连接流当中，而非从异世界发出声音或渴望与他们交流。另外，与"脸书幽灵"（Facebook ghosts，即逝去用户的活跃账号）的邂逅是一种间离的现象，一种超越的媒介间领域。它也是一个时间危机的空间和回归的空间。在线的哀悼和纪念实践反映了 19 世纪现代媒介的历史，它表明了虽然"我们的身体会感到疲倦和有限……但是我们的肖像（effigies）一旦被记录下来，就可以在媒介系统中无限地循环"[1]，这类实践标志着逝者及其身体的"重新在场"（re-presencing）。随着用户的帖子能够以不可预料的方式弥漫整个网络，脸书的异步性质（asynchronous nature）进一步造成了时间的滑移。这就引出了时间的主题。

二、时间：速度、记忆与技术老化

当代学者对我们的时代进行了诊断，并强调了它的 24/7 文化、我们匆忙的生活，或是我们绝对现在（absolute present）的生活。由于数字时间性的管理体制，我们看见"日常生活被包围在实时或是近乎瞬时的交流当中"[2]，这也衍生了我们比先前几代人生活在"更现代的世代"的说法。笼罩在信息缺失的恐惧之下，我们在"追踪、记录、检索、存储、归档、备份和保存"的同时，也不得不对自己进行持续的更

---

1 John Durham Peters, *Speaking into the Air: A History of the Idea of Communication*, Chicago, IL: The University of Chicago Press, 1999, pp.60-61.
2 Andrew Hoskins, "Media, memory, metaphor: remembering and the connective turn", *Parallax*, vol. 17, no. 4, 2011, p.20.

新。[1] 这在我们的当代存在中构成了介于保存和删除、记忆和遗忘之间的基本张力。这种对于速度的强调已经受到了来自媒介理论家的挑战，他们认为我们活跃的时间感依赖于我们技术化存在的"权力编年史"（power-chronographies）中普遍存在的不均衡的物质特权。[2] 虽然现在的管理体制确实经常占据主导地位，但也出现了相反的趋势，例如一种在线无限感的存在或是作为数字时间构成部分的"持久的短暂"（enduring ephemeral）。因此，数字时间性实现了短暂与永恒的对立统一。

然而，由于我们的时代既赞扬又促进时间的瞬时性和超连接性，这给北半球的网络化人口带来了格外现实的挑战和悖论。其中之一便涉及我们在濒死媒介中的生命，这来自快速的技术老化，并使我们在媒介记忆的状态上显得很脆弱，这些媒介记忆能否被存储？如果我们失去了这些记忆，它们又能否被恢复？[3] 我们拯救自我的个人问题以及我们的个人数字档案热病，与我们所有的谷歌搜索被相关公司记住、记录和保存以面向后世的意义是平行的，甚至在事实上也超越了这一意义。[4] 对于数据那种带有不祥之兆的永存的高度焦虑，促使互联网的几代人有所选择地删除数据，而近来有关"遗忘权"（right to be forgotten）的讨论也值得我们认真关注。

1　Joanne Garde-Hansen，Anna Reading and Andrew Hoskins，*Save As ... Digital Memories*，Basingstoke：Palgrave Macmillan，2009，p.5.

2　Sarah Sharma，*In the Meantime*，Durham，NC：Duke University Press，2014.

3　John Durham Peters，*The Marvelous Clouds: Toward a Philosophy of Elemental Media*，Chicago，IL：The University of Chicago Press，2015.

4　Viktor Mayer-Schönberger，*Delete: The Virtue of Forgetting in the Digital Age*，Princeton，NJ：Princeton University Press，2008.

三、此在：在场与缺席

当我的痕迹无处不在时，我在哪儿？数字文化中的"此在"意味着什么？数据的持久和萦绕以及搜索引擎能记住我们所有虚拟步骤的知识，都使我们感到矛盾而又脆弱：我们的痕迹会被置于何处？它们又将如何影响我们的生活和来世？[1] 这关涉到我们的数字代理（digital surrogates），这是我们身上的一部分，但我们却不知道它们位于何处、如何流通，甚至是否存在。[2] 由此，数字文化挑战了具有明确界线的"此在"（there）。这让现代媒介生活中在场与缺席这一关键的二律背反得以实现，如彼得斯所说，当"信号的捕捉和扩散意味着人类个性的视觉和听觉标志不再与个人身体在场紧密地联系在一起"时，这就意味着"对人类匿名身份的一系列侵犯"。[3] 如今，在我们具身化存在中彼此交叠的不透明数字集合体当中，我们的此在带来了我们对数字数据追踪状态的不安全感以及对其进行掌控之能力的不确定性。这种焦虑涉及保护或持续追踪我们的记忆及"痕迹体"（trace bodies）的可能性，此时我们知道它们的存在和在场，然而无法感受到它们的实质影响和去向。它们对我们来说是令人困惑且无从知晓的，就像我们（就大多数人而言）所屈从的监视系统一样。

在日常生活的具体化中，我们的"此在"预示了数字生

1　Viktor Mayer-Schönberger, *Delete: The Virtue of Forgetting in the Digital Age*, Princeton, NJ: Princeton University Press, 2008.

2　Amanda Lagerkvist, "The netlore of the infinite: death（and beyond）in the digital memory ecology", *New Review of Hypermedia and Multimedia*, vol. 21, no. 1-2, 2014, pp.185-195.

3　John Durham Peters, *Speaking into the Air: A History of the Idea of Communication*, Chicago, IL: The University of Chicago Press, 1999, p.140.

活的脆弱性，此时我们的技术化生存似乎在道德上枯竭，满足于嘲弄（通常在性别和种族方面）、网络霸凌和报复性色情，进而导致了一个责任化的在场危机并造成了人类的警惕、不满与伤害。[1] 例如，我们在隐私侵犯方面的脆弱性受制于查尔斯·埃斯（Charles Ess）所说的"动态模糊性"（dynamic ambiguity），并且触发了试图重新夺回控制权（也就是建立生存安全）的需要，因为我们意识到自己会成为公司和政府的目标。[2]

四、在世存在／与世同在：自我与他者

在数字文化中，公共与私人领域的消失越发明显，而人们可能会问，在网络世界中作为一个主体意味着什么？当我们的时代充斥着以"网络个人主义"为名进行自我推销的冲动时，关于"我是谁"这个问题就变得复杂起来。而一旦考虑到自我是不稳定的，它不仅是媒介化的、程序化的和叙事化的，而且越来越被量化、分发、挖掘和视觉化，那么这个问题甚至会变得更加复杂。[3] 我们的表演性和情感性的"设备身体"（device bodies）[4] 要求对连接的主体性（一个具身化的、技术化的以及关系化的自我）进行理论化，以及对实际上作为自我技术的媒介进行理论化。这种技术化的自我形成可见

---

1 Vince Miller, *The Crisis of Presence in Contemporary Culture: Ethics，Privacy and Disclosure in Mediated Social Life*, London：SAGE，2015.

2 Charles Ess, *Digital Media Ethics*, Cambridge：Polity Press，2014，pp.55-56.

3 Lieve Gies, "How Material Are Cyberbodies? Broadband Internet and Embodied Subjectivity", *Crime，Media，Culture*, vol. 4. no. 3，2008，pp.311-330.

4 Amanda Lagerkvist, "Embodiments of Memory：Toward an Existential Approach to the Culture of Connectivity", in *Memory Unbound: Tracing the Dynamics of Memory Studies*, Lucy Bond，Stef Craps and Pieter Vermeulen，eds.，New York：Berghahn，2016.

于（视频）博客、个人信息管理和自拍实践当中。通过自拍，我们的身体、自我的一部分以视觉和图表的形式被记录下来，有时还会通过分享和再现在情动化社会能量和反射性姿态响应的回路中得到病毒式传播。[1] 在这里，一个不稳定的具身化存在者通过"被准许"的自我呈现而出现，但是这些实践可能也包含怀疑、距离和疏远的经验。

研究在线互助小组或是研究围绕个人和集体创伤以及悲伤的记忆而聚集在一起的公众时，除了关注这些出现在道德协议瓦解时的消极社会面向，我们还可以关注极限境遇中那些团结的、显著的交流。[2] 受密码保护所支持的在线环境提供了一幅有关连接性文化的不同图景，它们构成了深度、意义和连接性在场的群岛，部分避免了社交媒体和维系性交流的企业逻辑的影响。[3] 另一条重要的研究路径则刻画了在现代数字社会的晚期中，媒介如何持续履行仪式的作用。就此来说，我们可以通过将数字仪式（在哀恸的社区中点燃数字蜡烛或进行纪念工作）作为个人、团体和整个社会的集体修复工作的一部分，将虚拟的哀悼实践作为寻找生存安全的仪式来追求。[4]

结语：生存媒介

在这篇文章中，我提出了一种受生存哲学启发的研究数

1　Paul Frosh, "The Gestural Image: The Selfie, Photography Theory and Kinesthetic Sociability", *International Journal of Communication*, no. 9, 2015, pp.1607-1628.

2　Mia Lövheim, "Negotiating empathic communication: Swedish female top-bloggers and their readers", *Feminist Media Studies*, vol. 13, no. 4, 2013, pp.613-628.

3　Vince Miller, "New Media, networking and phatic culture", *Convergence*, vol. 14, no. 4, 2008, pp.387-400.

4　Johanna Sumiala, *Media and Ritual: Death, Community and Everyday Life*, London: Routledge, 2013.

字文化的方法，它借鉴了几个研究领域，同时为每个领域的重新架构提供了可能性：对于媒介研究来说，生存论方法将媒介生活视为一个无法被缩约为（但总是关系到）社会、文化、经济或政治领域的生存领域，从而设想了一种主流世俗框架之外的数字世界。在媒介、宗教和文化领域，这一路径挑战并超越了对宗教的先入式关注，并将存在作为理解我们当代数字文化的一个有效的出发点。最终，它为互联网研究和技术哲学提供了重要的重构思路，使我们免于陷入庆祝式的乌托邦话语或是那些批评眼前发展的片面话语。

本文讨论了一种生存论的媒介分析，用一种对我们的数字被抛境况来说非常敏感的方法补充了斯坎内尔（关怀媒介）和彼得斯（无聊但令人惊奇的媒介）的媒介本体论研究。更重要的是，生存媒介也是举足轻重的媒介。作为生存工具，它们包含了不确定、矛盾和脆弱性的经验。它们带来了意义和不可避免的悲剧，跨越了世俗与非凡。因此，在日常生活的过程中（持续追踪、记录和保存的数字记忆实践），在悲惨的时刻（丧亲和纪念）或是在高度愉悦的时刻（爱恋、团结和社群），在为了身份形成而进行艰苦的在线导航中，一个我称之为生存的寄存器出现了。了解这个寄存器以及它如何与数字生存工具交换信息，也就意味着了解人们对生存安全和意义的追寻，了解人们对意义的丧失、无以名状的情感性或直言不讳的绝望的追寻——这涉及丧失（或不知所措）的体验——而这一切都发生在我所说的连接性的生存领域。这一路径强调了关注数字/社交媒体物质性的能动性及其当前诸特征的重要性，这些特征包括自动化、量化以及意义、社会性和记忆的协议化。但是，数字文化涵盖并展示了人类生存中关键的二律背反和紧张关系，因此问题依然在于生存最终是否能够超越意义机器。

本文认为，我们需要将以技术为导向的、从本体论意义上探究数字化生存的观点与以民族志、文本研究为基础的方法结合起来，进而审视数字世界的文化实践和生活体验。在描绘四个新兴的研究领域时，我短暂追溯了我们岌岌可危的数字人类境遇所面临的生存困境与潜力。这涉及死亡和哀悼的重新定义，以及记忆丧失（技术老化）和永久数据萦绕之间的紧张关系。它们暗示了增强的连接性在场感和社区感以及/或者潜在的在场危机，并通过分布式自我的出现来加强公众与个人之间的边界消弭。

最终，我将数字人类境遇下的人类假定为一个存在者，那是一个不稳定的、具身化的、关系化的、终有一死的造物；有时她会失意、迷茫，在深渊面前寻找意义。她被堆叠在社会—技术的合奏曲之中，或多或少地成功穿行于这些地形之间，寻找那种可以被谨慎地命名为生存安全的东西。生存论媒介研究实际上需要一次范式的铸造性转变。数字生态中的主要居民以及媒介研究中的优先主体并不是一个精明的早期用户，而是一个有时会跌跌撞撞、摔倒、被误解、挣扎的人类，她是脆弱的、受伤的、失语的，并且找不到解决办法的人；但是，在穿越数字化生存的洪流时，她也可能经历终极意义、社群、支持和充盈的时刻。

作为历史主体的媒介*

（2006）

［美］丽莎·吉特尔曼 / 著　朱兆宇 / 译

在《新新不息：媒介、历史与文化数据》（*Always Already New: Media，History and the Data of Culture*）一书中，我探讨了媒介（尤其是新媒介）作为历史主体被体验和研究的方式。该研究以录音和万维网为例，前者是 1878 年至 1910 年间的"新事物"，后者是今天人们所熟悉的、统称为"新媒介"的核心实例或应用。在配对这两个例子时，我从所有媒介都曾经是"新事物"这一不言而喻的道理，以及其他人广泛认同的假设出发，来审视不同媒介作为新奇事物的年代、过渡状态和身份危机。这可以告知我们很多东西，帮助我们了解媒介历史的进程，澄清媒介和传播正在与已然被塑造的广泛条件。我是以时间顺序来记述的，如此介绍录音和数字网络的历史，是为了将它们引入对话。尤其是，我的意思是把"留声机的案例"和"网络的问题"对立起来，从而引导读者去想象今日饶有意义的新媒介的历史最终会是何种样貌，并思

---

* ［美］丽莎·吉特尔曼（Lisa Gitelman）著，《作为历史主体的媒介》（Media as Historical Subjects），朱兆宇译，原文载丽莎·吉特尔曼，《新新不息：媒介、历史与文化数据》（*Always Already New: Media，History and the Data of Culture*），MIT 出版社，2006 年，第 1-14 页。本文为该书的导言部分。

考对媒介的一般描述应该如何书写。

因此，这是一本关于学者和评论家如何做媒介史研究的书，更重要的是，它聚焦于人们体验意义的方式，即如何感知世界和相互沟通，如何区分过去并识别文化。媒介史按不同版本和风格来说确实有别。媒介的历史应该首先是技术方法和设备的历史？或者媒介的历史最好被理解为现代传播思想的故事？或者它是关于感知的模式和习惯？或者是关于政治选择和结构？我们是否应该寻找涵盖断裂、革命或范式转变的一连串独立的"时代"？或者我们应该看到更多的进化或一种进步？对类似上述问题的不同回答表明了不同的智识计划，它们对媒介史的研究和写作方式产生了实际影响。一些关于媒介史的描述提供了一个充斥着发明者和机器的时间序列，另一些则追溯了理念或认识论的发展，还有一些描述了一套不断变化的社会实践，同时也有许多人结合了上述几种方法的要素。在每一种情况下，历史都带有一系列假设：关于什么是重要的，什么是不重要的，谁是重要的，谁是不重要的，以及关于媒介的意义、人类传播的特性和解释历史变化的因果机制。如果说今天有一种普遍模式在广为流传，我想那就是将媒介自然化或本质化的倾向——简而言之，就是将它们的历史交还给属于它们本身的更强大的历史，而不是我们的历史。

每当有人在英语中说到"the media"这个词汇的时候，就会在词汇层面发生自然化、本质化或将能动性让渡于媒介之事，这就好像媒介是一个统一的自然实体，像风一样。这一词义转向的出现，无疑是因为人们普遍认为今天的新闻和娱乐机构共同组成了一个相对统一的体制。因此，人们提到

"the media"在做什么时候，就像提到"石油巨头"（Big Oil）在做什么或纳斯达克在本月表现如何一样，在本质上是同一种态度。这等于忘了 media 是个复数，而不是单数。media 是复数，而 medium 才是单数。除了无可争辩的，甚至是默许的对其企业所有权的整合，最近"媒介"这个词被用得如此模糊还有另外一个原因，那就是媒介经常被认定为技术本身或至少与技术相联系，而现代性的负担之一似乎是将技术本质化或赋予技术能动性的倾向。这里有一个简单的例子：当哈勃太空望远镜在 1990 年投入使用时，它被发现有一个安装不正确的地面镜，因此呈现了一个扭曲的太空视图。当天的报纸报道说，该望远镜"需要一副眼镜"。这当然是开玩笑，事实上，望远镜已经是眼镜了。它是一种媒介。除了在隐喻的意义上，它不会自己眯起眼睛，它在我们的眼睛和它所帮助我们从视觉体验到的太空地点之间起着中介作用。当技术作为一种证据的形式出现时，类似的混淆中不那么明显和不那么卡通化的版本往往会出现在媒介理论家的作品中，这个问题我将稍后再谈。语言使用自然需要谨慎，但是媒介这一概念似乎很难被准确地谈论或书写。出于这个原因，在介绍早期录制声音的具体情况和对媒介以及撰写媒介史提出更大的论点之前，我首先要对媒介下一个广泛的定义。我的目的是尽可能清楚地挑战我所认定的今天的新媒介，特别是倾向于那些被视为媒介史的终结之物的新媒介。因此，在调整"历史的终结"这一短语时，我也改写了弗朗西斯·福山一篇很有影响力的文章及书籍的标题。福山提出了他所谓的"一个连贯的、有方向的人类历史，最终将引导大部分人类走向自由民主"[1]。"自由"在这里指的是致力于开放的、自由放任的市场。福山认为，随着"冷战"的结束和资本主义的兴起，这段大写的历史之终点更加清晰地出现在眼前。无论这篇论文的最终命运如何——它所引发的争议既尖锐又多样——我的观点是，"媒介"有点像福山的"人类"，倾向于不假思索地被视为沿着一条必然的道路、一个大写的历史，走在某种"一致而有方向"的道路上，朝着一个具体而不那么遥远的终点前进。今天，美国人对这一终点的想象仍然不加批判地充满了对自由民主的信心，其中最独特的特点是，人们欢呼雀跃地期望数字媒介都朝着某种和谐的组合或全球"协同"融合，即便不是，也至少是朝着"人"与机器的完美和解而融合。我注意到欢呼声，是因为相同的观点并不总是让人快乐。分布式数字网络长期以来被描述为另一种意义上的终极媒介：就总体来说，它们是可以在热核战争中生存的媒介。

这种对达到媒介历史终点的过度确定的感觉，可能是今天对新媒介进行奇怪常新性描述的一个原因。它萦绕在现代主义已经"完成"和熟悉的时间感受力已终结的概念身后。[2]而且，它也解释了许多流行的历史书和纪录片之标题产生的原因，如《未来的历史》(*The History of the Future*)、《未来简

---

1 Francis Fukuyama，*The End of History and the Last Man*，New York：Free Press，1992，p.xii.

2 詹姆逊想要"撇开技术决定论的问题不谈"，但却认识到一种症状性的"从新媒介中投射出"适合全球化金融资本逻辑的"一整套新的意识形态"；后现代主义是完成态的现代主义，因为即时通信使全球各地以及殖民地和宗主国之间的时间性体验趋于均衡。参见 Fredric Jameson，"The End of Temporality"，*Critical Inquiry*，no. 29，2003，p.705.

史》（*A Brief History of the Future*）和《发明未来》（*Inventing the Future*）。在学术界，同样的终结感油然而生。例如，弗里德里希·基特勒以"哀伤"的姿态承认，"渠道和信息的普遍数字化抹去了各个媒介之间的差异。所以很快，在数字基础上的总体媒介联系将抹去媒介这个绝对概念"[1]。同样，根据彼特·鲁南菲尔德（Peter Lunenfeld）的说法，数字技术提供了"通用的溶剂，让所有媒介之间的差异都溶解在一个脉冲式的比特和字节流中"[2]。这一观点有效地暗示了"后现代时代的终结游戏的终结"[3]。根据这些说法，媒介是它们所推动的历史中正在消失的主体。

容我澄清一下：所有的历史主体当然都不一样。例如，科学史和艺术史在各自主体的构建上有很大不同。很久之前的艺术史对象——花瓶、绘画或雕塑——今天仍然是艺术，无论鉴赏如何改变。但是，很久以前的科学对象——水蛭疗法、以太、地心太阳系等——已不是科学了。它是神话或者虚构。媒介是哪种历史的主体呢？它们更像是非科学的或科学的对象吗？两者之间的区别与其说是关于不同种类的历史书写方式，不如说是关于人们共同享有的一种深刻的心理图谱。作为启蒙运动的遗产，这种心理图谱按照惯例将人类文

---

1 Friedrich A. Kittler，*Gramophone*，*Film*，*Typewriter*，Geoffrey Winthroup-Young and Michael Wutz，trans.，Stanford，CA：Stanford University Press，1999. 关于整体上的德国媒介研究，参见 Michael Geisler，"From Building Blocks to Radical Construction：West German Media Theory since 1984"，*New German Critique*，no. 78，Fall 1999，pp.75-107.

2 Peter Lunenfeld，"Unfinished Business"，in *The Digital Dialectic: New Essays on New Media*，Peter Lunenfeld，ed.，Cambridge：MIT Press，1999，pp.7-22.

3 Peter Lunenfeld，*Snap to Grid: A User's Guide to Digital Arts*，*Media and Culture*，Cambridge：MIT Press，2000，p.xxii.

化与非人类自然区分开来。[1]艺术和其他非科学的诉求产生于文化，或许也表征着文化；而科学则表征着自然（请允许我在"表征"这个词上有多向度的发挥）。所有的现代学科都牵涉其中。一些知识分支，如人类学，甚至突出了进行区分的问题，因为第一代人类学家倾向于把文化当作自然来对待。其他学科，如历史学本身，则阐明了这种区分被部署的随意性，因为"历史"一词既表示我们对过去所做的事情，也表示我们所做的这件事情的过去。英语这一语言学事实在每本历史书的"不平衡却具有象征意义的两个半区"中同样明显。每本历史书都有一个外部的导言，就像你正在阅读的这部分一样，以及一个内部或主体。在第一部分中，作者要解释她的研究计划，在第二部分中，她要提供她的研究结果，即她所得出的过去的细节。[2]这种组合变得有效，部分原因在于她的读者会不假思索地认为这种分割是为了呼应文化/自然的区别，外部是人工制造的，内部（"仅仅是事实"）是真实且准确呈现的。

媒介把图谱弄得一团糟。如古老的艺术一样，古老的媒介仍有其意义。想想中世纪手稿、八轨磁带、转盘拨号电话，或者旗语、立体视镜和穿孔卡片编程：只有古玩收藏者才会使用它们，但这些都可被识别为媒介。然而，就像古老的科学一样，古老的媒介也带有一种难以接受的不真实感。无论

---

1 在这里，我借鉴了布鲁诺·拉图尔［《我们从未现代过》（1993）；《关于部分存在或存在与不存在的物体》（2000）］的观点。这是本段中拉图尔关于人类学的观点，以及后来他对铭文的可移植性的强调。我希望能澄清，我并不是在支持或反对我所描述的认识论条件（自然和文化被刻意地分开）。我只是说这些情况是司空见惯的。
2 Michel de Certeau, *The Writing of History*, Tom Conley, trans., New York: Columbia University Press, 1988, p.21, 38.

是默片还是黑白电视，似乎都不合时宜了，除非作为一种复古之用。就像声学（非电子）模拟录音一样，它们只是不再运作了。这种"运作"在很大程度上存在问题，尽管这不能作为独一无二的表征，但作为历史主体的媒介的很多浑浊状态都来自它们与这个摇摆术语之间的纠缠。媒介对于理解表征究竟是什么，以及何为充分的（因而也是商品化的）表征方面是如此不可或缺，以至它们与艺术史对象和科学对象的一些传统属性有相似之处。即使是像电报这样看起来与表征关系不大且更接近于传输（transmission）的媒介，也在以代码、连接或者今天评论家称之为"远程在场"的形式，也就是能感受到线程的另外一端有其他人在那里的体验,[1] 提供了对文本、空间 / 时间和人类在场的充满敏锐说服力的表征。正如马歇尔·麦克卢汉很久以前指出的那样，每一种新的媒介不仅表征了其前辈们的特点，而且是正如里克·阿尔特曼（Rick Altman）所阐述的那样,[2] 媒介既在表征也限定了表征，因此新媒介为表征的持续性和本地性的经验提供了新的场域。

当言及"作为历史主体的媒介"时，我的意思只是要激发这种复杂性。如果历史是一个既指称过去发生的事情，又指称表征过去各种实践的术语，那么媒介在几个不同的层面

1　关于远程在场，可参见 Jeffrey Sconce, *Haunted Media: Electronic Presence from Telegraphy to Television*，Durham，NC：Duke University Press，2000. 诚然，在最近的历史学研究中，将媒介作为表征而非作为认识论、认知和感知之物的情况并不多见。其部分原因仍然是决定论导致的。盖斯勒指出，德国媒介研究对"实际的文本性"不感兴趣，并解释说，这种"程式化的"回避实际上是技术决定论（"把媒介作为范式形成的技术来处理的巨大优势是，我们不需要关注表征"）以及构成法兰克福学派之遗产的高 / 低假设这个未被认可的理论包袱。
2　Rick Altman，"Toward a Theory of the History of Representational Technologies"，*Iris*，vol. 2，no. 2，1984，p.121.

上都是历史性的。首先，媒介本身寄居于过去。即使是今天最新的新媒介也是来自某处，无论这个某处被广泛地描述为接续发生的社会必然，还是狭义地指向一些众所周知的绘图板和一两轮贝塔测试。[1] 媒介是历史性的，也同样是因为它们在功能上与一种过去的感觉不可分割。其次，人们不仅经常通过媒介表征——书本、电影等——来了解过去，对媒介的使用也涉及与产生有关表征的过去之间的隐性接触。这些与过去的隐性接触存在多种形式，例如，一张照片提供了其主体的二维视觉表现，但它也作为证据、索引而独特地存在，因为这张照片是在它所表征的过去的那个时刻产生的。其他与过去的接触可能不那么清晰，不那么有因果关系，也不那么有索引性。例如，在电视新闻节目的观众被"直播带入"到刚刚发生某事件的大楼外面，或者当数字图像将摄影索引的概念变得更为复杂的时候。

正如我间接提到的哈勃太空望远镜所表明的，将媒介视为整个社会范围的科学仪器或许是一种有益的思考方式。17世纪末以来，科学仪器是作为由志同道合和相当富裕的人组成的社群内的共识事项出现的，这批人最终被称为科学家。如果一位科学家或一群科学家发明了一种新的仪器，他们必须让人信服地证明，该仪器的作用或含义与他们所说的一样，表征了他们所期望的那种现象和秩序。其他科学家开始使用该仪器，在理想情况下，普遍接受有助于使它迅速成为科学实践中的一个透明事实。现在，各地的科学家几乎都是不假

---

1 关于接续发生的社会必然性，参见 Brian Winston, *Media Technology and Society: A History from the Telegraph to the Internet*, London：Routledge，1998.

思索地使用空气泵或者凝胶电泳。他们像用望远镜观看一样对待各类仪器，而不会被卷入已经提前赢得的关于仪器是否可用及如何使用的争论中。仪器及其所有支持性协议（关于如何使用和在何处使用的规范，以及像计量单位等标准）已经成为不证自明的结果，这源于同实验室实践和科学出版交织在一起的社会进程。

媒介技术也以这样的方式运作。第一批电话的发明、推广和使用涉及对电话的大量自觉的关注。但是今天，人们通过电话交谈时，根本不用考虑这个问题。这项技术和它所有的支持协议（你要回答"喂？"，你需要向公司付款，需要按键拨号和12伏直流供电这样的标准）已经成为社会进程的结果，包括与其他相关媒介有关的习惯，这一点显而易见。对于电子游戏、广播节目或低俗小说来说，其不言自明或透明性似乎没有电话那么重要。然而，正如批评家长期以来所指出的那样，所有媒介的成功在某种程度上取决于人们对媒介技术本身（以及它们的所有支持协议）的忽视乃至"盲目"，并取而代之地关注它们为了用户的娱乐和享受所再现的现象或"内容"。[1] 当人们使用像立体视镜这样的古董媒介时，当人们遇到不熟悉的协议时（比如在国外使用公用电话），或者当媒介发生故障时（如哈勃太空望远镜的情况），关于媒介是否可用以及如何使用等被遗忘的问题就会浮出水面。

当媒介仍是新媒介的时候，它们提供了对其运作方式被建构起来的不同方式。我尤其感兴趣的是那些以不同方式践

1　麦克卢汉言道："任何媒介的'内容'都会使我们对媒介的特性视而不见，这是很典型的。"参见 Marshall McLuhan, *Understanding Media: The Extensions of Man*, New York：McGraw-Hill，1964，p.9.

行着铭写（inscription）工作的媒介。和其他媒介一样，铭写媒介也进行表征，但它们所产生和传播的表征在本质上既是物质的也是符号的。例如，与无线电信号不同，铭写是稳定的、可保存的。铭写不会像广播那样消散在空气中（尽管广播和电视可以被录下来，也就是被铭写下来）。这种区别似乎很明显，但重要的是要注意铭写的稳定性和可保存性是作为社会性特征，因而也是作为感知性特征而出现的。例如，印刷品作为一种铭写形式之决定性的固定性，被证明为早期现代印刷品流通的一个社会后果，而非来自印刷版本与手稿版本之间的任何感知或认识论差异。与之相似，风景摄影明确的科学性或自明性品质也是由 19 世纪的插图和叙述实践所产生的，而非由摄影区别于彩绘全景图或者其他形式的任何内在精确性导致的。[1]这些例子表明，新媒介的引入从来都不是完全革命性的：新媒介与其说是认识论上的断裂点，不如说是社会上正在进行的意义协商的嵌合点。比较和对比新媒介能够从中提供一个可协商性的观点。这一观点阐明了决定新媒介最终成为旧事物的发展道路上有争议的力量关系。

在科学仪器和媒介之间进行这种类比的好处之一，是它有助于将媒介置于权威和遗忘的交叉点。正如科学因与政治及更大社会领域的分离而享有权威性一样，媒介因其定义和传播的社会过程被分离或遗忘，因其协议形成和接受的社会

1　"照片内在的精确性"的观点可参见 Adrian Johns，*The Nature of the Book: Print and Knowledge in the Making*，Chicago：University of Chicago Press，1988. 关于摄影术，参见 Martha A. Sandweiss，*Print the Legend: Photography and the American West*，New Haven，CT：Yale University Press，2002.

过程被忽视而成为权威。[1] 甚至可以说，科学与媒介共享的支持性协议正是支持性协议的最终克制和不可见。当科学家和社会大众忘记了他们所关注的许多规范和标准，进而忘记了他们面对着规范和标准这一事实时，科学和媒介就变得透明了。然而，透明性总是虚构的。就像人们通过电话交谈而忘记了电话本身一样，打电话的场景对他们说话的内容及说话的方式都会产生不同的影响。科学也是如此：遗传学家使用果蝇作为实验对象，如果使用了不同的生物体，遗传学本身会有实质性的不同。[2] 科学的特殊权威性使得这种说法令人不舒服，所以跨越到集体心理地图的另一边，会让人们更清楚地表达出这一观点。正如单纯欣赏一件艺术品而不关注其媒介（用水彩或油彩画的？用花岗岩或泡沫塑料雕刻的？）是无意义的，单纯思考"内容"而不关注传达该内容并表征或帮助设定该内容之限度的媒介，也同样是无意义的。即使这里谈论的内容是 20 世纪被称为"信息"的东西，它也不能被视为"自由的"，或脱离了帮助它定义自身的媒介。无论人们如何普遍地认为信息是可以与媒介分离的，或者纯粹地包含在媒

1　传统上认为科学是有界限的、非政治性的，但正如夏平和塞弗在对罗伯特·波义耳、托马斯·霍布斯和空气泵的描述中表明的那样，这种传统的界限本身是现代科学从中涌现的深层政治社会性的一个产物。参见 Steven Shapin and Simon Schaffer, *Leviathan and the Air-Pump: Hobbes, Boyle and the Experimental Life*, Princeton, NJ: Princeton University Press, 1985, pp.341-342.

2　遗传学在"研究的节奏以及（其）问题被架构的方式"方面会有所不同，参见 Geoffrey C. Bowker and Susan Leigh Star, *Sorting Things Out: Classification and its Consequences*, Cambridge, MA: MIT Press, 1999, p.36. 同样参见 Timothy Lenoir, "Helmholtz and the Materialities of Communication", *Osiris*, no. 9, 1994, pp.185-207; Adele E. Clarke and Joan H. Fujimura, *The Right Tools for the Job: At Work in Twentieth-Century Life Sciences*, Princeton, NJ: Princeton University Press, 1992; Thomas Hankins and Robert Silverman, *Instruments and the Imagination*, Princeton, NJ: Princeton University Press, 1999.

介中，或者不受媒介的影响，这种想法都只是徒增了一种已然存在的结构性失忆。

我将媒介定义为社会性实现的交流结构，其中结构包括技术形式及其相关协议，而交流是一种文化实践，也是不同的人在同一心理地图上的仪式化搭配，或者在普遍的表征本体论中的共享或参与。[1] 因此，媒介是独特且复杂的历史主体。它们的历史必须是社会性和文化性的，而非一种技术如何催生另一种技术的故事，也非孤立的天才对世界施展魔法的故事。正如威廉·乌里奇奥（William Uricchio）所说，任何全面的描述都需要"拥抱多元性、复杂性，甚至是矛盾性，如此才能理解这种普遍和动态的文化现象"[2]。

诚然，如此定义媒介会让事情变得很复杂：如果媒介包括我所说的协议，它们包括大量杂乱无章的规范性规则和默认条件，并且像一个模糊的阵列一样聚集并附着在技术核心周围。协议暗示着大量的社会、经济和物质关系。因此，电话通信涵盖了招呼语"Hello?"（至少对讲英语的人来说如此）、每月的账单周期，以及连接我们电话的电线和电缆。电子邮件包括所有精心分层的技术协议和构成互联网的互联服

1　对于这一定义的文化（尤其是受到基尔特理论的影响）方面，它超越了更纯粹的符号学交流模型，参见 James Carey, *Communication as Culture: Essays on Media and Society*, Boston：Unwin Hyman, 1989, pp.13-36. 对于该定义的技术形式和协议方面，我改写了波克和斯塔尔书中第一章关于基础设施的讨论。我希望"表征本体论"能摆脱对媒介形式纯粹的感知性描述，并指向一种不加掩饰的知识的人文社会学。我想到达（即便不完全是）马克·汉森所说的"表征的'界槛'"，因为我认为他的想法更接近"整体主义"方法和"文化主义"方法。参见 Mark Hansen, *Embodying Technesis: Technology beyond Writing*, Ann Arbor：University of Michigan Press, 2000, p.4.
2　William Uricchio, "Historicizing Media in Transition", in *Rethinking Media Change: The Aesthetics of Transition*, David Thorburn and Henry Jenkins, eds., Cambridge：MIT Press, 2003, pp.23-38.

务提供商，但它也包括用于字符输入的标准键盘和人们对电子邮件这一类型共同的感觉。电影则包括一系列事物，从沿着胶片两侧排列的齿孔，到人们能够以视频形式在家等待或观看"影片"的广泛共享感等。部分协议是由美国国家标准与技术研究院或 ISO 等机构强制执行的。其他协议由微软这样的企业巨头以有效的方式强制执行，这是因为它们享有足够的市场份额。但也有许多其他协议是在相对弱势的层级内出现的。其中有些似乎是自成一体的、离散的和完全成型的；而许多媒介，如数字版本、视频租赁和电脑键盘，则是在不同媒介之间的复杂约定中出现的。协议远不是不变的。尽管它们拥有非凡的惯性，但规范和标准可以且确实在改变，因为它们表达了不断变化的社会、经济和物质关系。

技术核心（technological nuclei）也不像我所暗示的那样稳定。事实上，它们作为核心的大部分一致性可能是启发式的（也就是说，它们只有在被看到的时候才看起来如此）。正如瓦尔特·本雅明在谈到历史主体时指出："现在决定了在来自过去的对象中，该对象的前历史和后历史会在哪里发生分歧，从而限定其核心。"[1] 因此，将"电话"、"照相机"或"电脑"（如今则轮到了"互联网"和"网络"）作为"媒介"进行宽泛的书写是一种错误，这等于将技术自然化或本质化，仿佛它们是从未变化的、"具有既定的、自我定义属性的不变物体"，变化围绕着它们展开，历史也以它们结束，或以它们

---

[1] Walter Benjamin, *The Arcades Project*, Howard Eiland and Kevin McLaughlin, trans., Rolf Teidemann, ed., Cambridge: Harvard University Press, 1999, p.476.

开始。[1] 相反，更好的方式是具体阐明 1890 年美国农村的电话、20 世纪 20 年代布达佩斯的广播电话，或者 21 世纪初北美的移动电话、卫星电话、有线和无线固定电话的具体性。正如乔纳森·克纳里所说，每一种媒介都涉及"一连串的替代和淘汰，这是现代化疯狂运作的一部分"，而非静态的、迟钝的和不变的技术。[2] 再考虑一下今天数字媒介的变化有多快。应该明确的是，媒介是一个非常特殊的场所，是特殊且重要的在社会、历史和文化方面具备特定意义体验的场所。出于这个原因，我的主要研究模式是案例研究。

就其所有的特定性而言，媒介经常被不同的思想流派混为一谈，以求能够总体把握。如果媒介是意义体验的场所——批评家思考过这一点——那么在多大程度上，意义及其体验会被技术条件所决定或限制？它们在多大程度上被"文化工业"，即好莱坞、贝塔斯曼、美国在线／时代华纳，以及越来越少的跨国媒体巨头的联合利益所强加或结构性的影响？或者说，意义的经验是否更应该正确地被生产出来，而不是被决定和强加？在这种情况下，生产如何能同时包括普通人（体验意义的人）和跨国企业，毕竟他们在力量上差异巨大。[3] 这种抽象的困惑背后必然有一种实际的政治。如果意义

1　该思想来自拉斯特拉，他对他所谓的"照相机的咔嚓声"版本的媒介史进行了批判。参见 James Lastra, *Sound Technology and the American Cinema: Perception, Representation, Modernity*, New York: Columbia University Press, 2000, p.13.

2　Jonathan Crary, *Suspensions of Perception: Attention, Spectacle and Modern Culture*, Cambridge: MIT Press, 1999, p.13.

3　读者可能会在这些问题中辨认出麦克卢汉式的媒介研究决定论（有点像基特勒）、法兰克福学派对文化工业的看法（像阿多诺的大部分观点），以及一种我一贯抱有同情心的文化研究的感觉，尽管我也对这种感觉的"肯定性"有所警觉。Mike Budd, Robert M. Entman and Clay Steinman, "The Affirmative Character of U.S. Cultural Studies", *Critical Studies in Mass Communications*, no. 7, 1990, pp.169-184.

是由产业强加的，那么对媒体的监督就成了一个可行的项目：遏制电视上的暴力和标明冒犯性的歌词，将会保护未成年人免受伤害，并导致暴力犯罪的减少。但是，如果观众和听众以其各自不同的方式来创造出它们喜欢的意义，那么对媒介的监管就几乎没有意义了。观众仍然会按照他们想要的那样摄取暴力内容。这关系到两种不同版本的能动性。要么媒体受众缺乏能动性，要么他们拥有能动性。几乎没有人会说，真相不可能介于这两种极端简化的立场之间，但当问题出现时，立法者仍然不得不投下赞成票或反对票。

　　能动性的问题对媒介史来说至关重要。正如我已经指出的那样，有一种趋势是将媒介视为其自身历史的具有自我行动性的施动者。因此，杰伊·大卫·博尔特和理查德·格鲁辛写道，新媒介以如下方式呈现自身：

> 作为其他媒介的重塑和改进版本，数字媒介可以通过它们对线性透视的绘画、摄影、电影、电视和印刷品的致敬、竞争和修正的方式得到最好的理解。似乎没有一种媒介是在孤立于其他媒介的情况下运作的，就像它们也无法脱离其他社会和经济力量的情况下运作一样。新媒介的创新之处在于它们重新塑造旧媒介的特殊方式，以及旧媒介重新塑造自己以应对新媒介挑战的方式。[1]

　　在此，博尔特和格鲁辛对媒介作为社会和经济力量的认定出现在许多看似将媒介变成有意图的施动者的语句中，似

1　Jay David Bolter and Richard Grusin, *Remediation: Understanding New Media*, Cambridge：MIT Press，1999，p.15.

乎媒介有目的地重新塑造对方，并"产生文化上的影响"。无论他们对不同媒介在形式层面上的比较和对比进行了多么精辟的解读，博尔特和格鲁辛都摈弃了人类施动者的存在，仿佛媒介天生就是这样的，没有作者、设计师、工程师、企业家、程序员、投资者、所有者或受众。当然，博尔特和格鲁辛对此知道得更为深入。[1]雷蒙德·威廉斯曾谈论道，人们这样书写，因为能动性是如此难以明确。威廉斯也谈道："在我们未能识别和挑战其真正能动性的情况下，技术创新似乎是自主的。"[2]

但具有讽刺意味的是，那些颂扬个人发明家的真正能动性的批评家，有时也会最终走向博尔特和格鲁辛这样的观点。基特勒的媒介话语分析维系了对托马斯·爱迪生的重视，并且对他在发明录音方面的能动性提供了几个彼此对立的版本。根据基特勒的说法，"爱迪生的留声机是通过节省昂贵的铜线来优化电话和电报的一个副产品"[3]。但基特勒也指出，爱迪生"研发他的留声机，是为了提高莫尔斯电报机的处理速度，使其超越人类的限制"。在他研发的过程中，"一台（用于合成声音的）威利斯型机器（Willis-type machine）给了他这一灵感，一台（用于绘制声波的）斯科特型机器（Scott-type machine）

1　Jay David Bolter and Richard Grusin，*Remediation: Understanding New Media*，Cambridge：MIT Press，1999，p.78. 两人对他们自己的写作也提出了同样的看法，我很感谢乔纳森·奥尔巴赫（Jonathan Auerbach）指出这一点。

2　Raymond Williams，*Television: Technology and Cultural Form*，Hanover，NH：Wesleyan University Press，1992，p.129.

3　Friedrich A. Kittler，*Gramophone*，*Film*，*Typewriter*，Geoffrey Winthroup-Young and Michael Wutz，trans.，Stanford，CA：Stanford University Press，1999，p.27.

推动他的发明最终实现"[1]。尽管这些陈述听起来很有说服力，而且都保留了人类的能动性和人类的意图，但基特勒没有提供任何证据来支持它们。他可能引用了几千页的既有文件，来自爱迪生的实验笔记或 1877 年的信件。例如，那年 7 月的文件表明，爱迪生正在努力改善亚历山大·格雷厄姆·贝尔电话的嗞嗞声。在同年 7 月 18 日的一份题为"可发声的电报"的技术笔记中，爱迪生评论说，"Spkg（发声）的振动很好地被刻印在拥有压印点膜片的蜡纸上"，因此，他认为它"能够储存人类的声音，并在未来任何时候自动完美地再现它们"。[2] 这一实现可被称为留声机的发明，其中也包括在接下来的几个月里，在新泽西和门洛帕克市的一系列其他相关的事件。我的观点是，与其说是基特勒夸大其词，不如说他似乎是从杰弗里·温斯洛普-扬和迈克尔·伍兹所说的"内在技术逻辑"（intrinsic technological logic）逆向推导而得出的结论。[3] 这种逻辑被基特勒解读为留声机一经发明就与生俱来的特质。[4] 无论他对媒介的认识，以及对它们所支撑的"话语网络"的认识有多么丰富，一切就好像基特勒不需要说服他的读者关于留声机为何被发明或如何被发明的细节，因为他已经知道留声机是什么，所以他也知道它们意味着什么（尤其是如何

1　Friedrich A. Kittler，*Gramophone*，*Film*，*Typewriter*，Geoffrey Winthroup-Young and Michael Wutz，trans.，Stanford，CA：Stanford University Press，1999，p.190.

2　Thomas Edison，*Menlo Park: The Early Years: April 1876-December 1877*，Vol. 3 of The Papers of Thomas A. Edison，Robert A. Rosenberg et al.，eds.，Baltimore：Johns Hopkins University Press，1994，pp.443-444.

3　Friedrich A. Kittler，*Gramophone*，*Film*，*Typewriter*，Geoffrey Winthroup-Young and Michael Wutz，trans.，Stanford，CA：Stanford University Press，1999，p.xiv.

4　我从来没有看到一丝证据表明爱迪生发明留声机是为了节省铜线的开支，或者是在考虑"威利斯式的机器"。

产生这样的意义）。同样，这是为了使一种媒介既成为自身历史的证据，又成为自身历史的缘由。

我反对将媒介本身视为社会和经济力量，并且抵制内在技术逻辑的观念。媒介是社会和经济力量的结果，因此它们所拥有的任何技术逻辑都只在表面上是内在的。也就是说，我拒绝采用归纳性的反决定论立场。在某些层面上，媒介是非常有影响力的，它们的物质属性确实（无论是字面上还是具形层面）很重要，在更广泛的交流中决定了一些当地特有的交流条件，这些交流同时表达和构成了社会关系。媒介的这种"物质性"是我最感兴趣的事情之一。提供精细案例研究的好处是它容许这些复杂性的出现。在处理留声机和数字网络的案例时，我都在狭小的历史时间范围内研究，而且还把范围进一步限制在我最熟悉的美国文化地理上。虽然这样的视角有明显的缺陷，但每个案例的细节和特殊性使得我的论述是严谨的，同时这些论述广泛地暗示了新媒介在其文化和经济背景中涌现并参与其中的方式，当然还有新媒介被同一环境中的符号学、感知和认识论条件塑造及反向塑造的方式。

通过放大两个具体的案例研究，一个是过去的，一个是现在的，《新新不息：媒介、历史与文化数据》的模式形似且确实借鉴了最近一波批评家所提出的"媒介考古学"。正如基尔特·洛文克对考古学观点的概括："媒介考古学"首先是一种方法论，是对相对于过往之"新"的解释学阅读，而非讲述从过去到现在的技术历史。[1]洛文克认为，通过将数字媒

---

1 Geert Lovink，*My First Recession: Critical Internet Culture in Transition*，Rotterdam：V_2 Publishing/NAI Publishers，2003，p.11.

介"读入历史，而不是反其道行之"，媒介考古学家寻求一种对目的论的内在拒绝，以及对那些在结构上带有元历史色彩的叙事解释的拒绝。[1]由于故事的讲述是将一种逻辑追溯性强加到事件之上，这些批评家试图避免讲故事并对其大加批判（就像文化研究中没有人愿意承认技术决定论，文化研究中似乎也没有人愿意成为"新"历史主义范式之外的任何形式的历史主义者）。这有助于解释列夫·马诺维奇在俄罗斯结构主义电影和今天的新媒介之间进行的平行研究。[2]这也解释了艾伦·刘（Alan Liu）对泰勒主义科学管理中使用的纸质表格和今天的"编码话语"进行的精彩比较，它揭示了"令人惊讶的带宽连接"，在其中，过去只是作为"未来的索引或占位符"，而非其原因或前因。[3]简而言之，抵制历史叙事的冲动将批评重新划定为一种"美学"或"文学"事业的形式，与此同时，它也倾向于施加一种时间上的不对称性。[4]过去常常作为（或通过）逸事的形式，被离散地、形式化地在孤立状态中表现出来；现在保留了一种高度细微的或始终活跃的周期性，就如同洛文克的批评如此细致地解析了20世纪90年代中期"Mondo 2000和《连线》（Wired）两本杂志的神话——自由主义的技术想象、伴随着网络热潮而来的媒介大众化，以

1 Geert Lovink, "Interview with Wolfgang Ernst: Archive Rumblings", February 2002, 我在这里借鉴洛文克的观点是因为他对德语和英语资料有着非常丰富的理解。

2 Lev Manovich, *The Language of New Media*, Cambridge: MIT Press, 2001.

3 Alan Liu, "Transcendental Data: Toward a Cultural History and Aesthetics of the New Encoded Discourse", *Critical Inquiry*, no. 31, Autumn 2004, pp.49-84.

4 这是洛文克所谈到的"美学事业"，参见 Geert Lovink, *My First Recession: Critical Internet Culture in Transition*, Rotterdam: V_2 Publishing/NAI Publishers, 2003, p.14; 以及克雷顿所谈到的19世纪在后现代主义中的"文学"引用，参见 Jay Clayton, *Charles Dickens in Cyberspace: The Afterlife of the Nineteenth Century in Postmodern Culture*, Oxford: Oxford University Press, 2003, p.39.

及 2000—2002 年萧条期的整合"[1] 和今天的网络。[2]

    我想在几个方面把我的方法与媒介考古学及相关的文化研究区分开来。媒介考古学正确且富有成效地注意到了历史叙事是一种当下的文化生产。但我选定的两个案例试图进一步挑选出相对过去而言的有意义的形式。为什么是这两个案例？因为这两个案例都描述了——甚至叙述了——当代事件的未来可叙述性被人们对技术和社会变革的普遍担忧所质疑的时刻，以及它被卷入——不管是意会还是深知——我称之为"文化数据"（the data of culture）的事物中时被质疑的时刻。这些"文化数据"指的是记录和文件，即现代文化中可归档或不可削减的部分。这些不可削减的部分在现行的和不断发展的知识结构下似乎可以归档，因此可建议、要求或拒绝保存。历史在这个意义上与其说是现在的文化生产，不如说是过去的文化生产。我的第一个案例涉及 19 世纪末发生的事件，当时人文学科在体制上和认识论上都出现了类似于现在的形式，都成为劳伦斯·维西（Lawrence Veysey）所说的"面向过去的特殊（堡垒）"（人文学科是我们面向过去的学科：历史、英语、古典文学、哲学、艺术史、比较文学）。[3] 我的第二个案例涉及 20 世纪末的漫长时段内发生的事件，当时美国

---

1 Geert Lovink, *My First Recession: Critical Internet Culture in Transition*, Rotterdam: V_2 Publishing/NAI Publishers, 2003, pp.43-44.

2 对于这种类似的细微周期性，参见 Alan Liu, "Transcendental Data: Toward a Cultural History and Aesthetics of the New Encoded Discourse", *Critical Inquiry*, no. 31, Autumn 2004, p.63; Alan Liu, *The Laws of Cool: Knowledge Work and the Culture of Information*, Chicago: University of Chicago Press, 2004.

3 Lawrence Veysey, "The Plural Organized Worlds of the Humanities", in *The Organization of Knowledge in Modern America*, *1860-1920*, Alexandra Oleson and John Voss, eds., Baltimore: Johns Hopkins University Press, 1979, pp.51-106.

的人文学科依靠国家赞助的形式，很可能步入集中化的格局，但实则进入了人们普遍视为持续性"危机"的时期。我提供两个案例是为了从对比和比较中获益，而非以牺牲一个案例为代价来完善另一个案例。这两个案例之间的时间差帮助我保持"一只眼睛关注历史的变异性，而另一只眼睛关注认识论的恒定性（要素）"。这些恒定性仍然支撑着人文科学，就像所有的协议一样，如果不去探寻或者加以创造，就很难看到那些不连续的半影（penumbra），例如我的研究中所呈现的时间框架中接合的非连续性以及新媒介的新颖性。[1]

1　James Chandler, Arnold I. Davidson and Adrian Johns, "Arts of Transmission: An Introduction", *Critical Inquiry*, no.31, Autumn 2004, p.3. 比起考古学，我更喜欢家谱学。如果这个标签是培根式的，而不是福柯式的，那么我追求的则是"传播的艺术"，就如同最近在《批评探索》特刊的导言中描述的那样。

大都会文献翻译小组

（按姓氏拼音字母排序）

许多青年学者和研究生先后参与了"新迷影丛书"的文献翻译工作，他们是：

蔡文晟，巴黎第十大学电影学博士，湖北经济学院新媒体系副教授

常馨，北京大学艺术学院博士研究生

陈初露，华中师范大学美术学院研究生

程思，北京舞蹈学院芭蕾舞系副教授、北京大学艺术学院博士

丛峰，诗人、独立电影导演，《电影作者》杂志编委

从金华，北京大学艺术学院硕士研究生

陈瑜，上海大学上海电影学院副教授

陈天宇，上海大学上海电影学院硕士生

陈迅超，青年策展人，中国美术学院跨媒体艺术学院硕士生

崔艺璇，北京大学艺术学院硕士

丁昕，实验艺术家、中央美术学院教师

丁艺淳，北京大学艺术学院硕士研究生

窦平平，剑桥大学建筑系博士

杜可柯，北京外国语大学同声传译专业硕士，日本武藏

野美术大学美术史博士

冯豫韬，北京大学工学院博士，北京联合大学讲师

符晓，东北师范大学文艺学博士，长春理工大学文学院教师

甘文雯，北京大学外国语学院法语系硕士

高兴，中国农业大学人文与发展学院硕士

高逸凡，北京大学艺术学院电影硕士

谷壮，北京大学艺术学院硕士、青年导演

韩晓强，西南政法大学新闻传播学院副教授，主要研究电影理论与媒介理论

贺玉高，郑州大学文学院副教授，主要研究兴趣为西方批评理论与文化研究

洪知永，北京大学艺术学院博士

黄海涛，中山大学中文系毕业，广州独立撰稿人，专栏作家

黄燕，北京大学心理与认知科学学院硕士

黄奕昀，上海大学上海电影学院硕士生

黄兆杰，北京大学艺术学院博士，北京师范大学艺术与传媒学院博士后

贾云，北京大学法语系硕士、里昂第二大学电影硕士，主要从事影视翻译工作

蒋含韵，北京大学艺术学理论博士，研究方向为艺术批评

蒋雨航，中国美术学院跨媒体艺术学院硕士生

缴蕊，中国人民大学文学院讲师，研究方向为电影史，

电影理论和文化研究

金桔芳，华东师范大学法语系教师，法国巴黎第三大学比较文学系博士

柯腾，华中师范大学美术学院研究生

柯云风，北京大学建筑学研究中心硕士

孔令旗，英国拉夫堡大学博士，北京大学艺术学院博士后

蓝江，南京大学哲学系教授、博士生导师

李竞言，巴黎索邦大学比较文学博士

李念语，北京大学信息科学技术学院博士

李奇，上海大学上海电影学院副教授

李睿康，北京大学艺术学院博士生

李斯扬，北京大学艺术学院艺术理论专业 2020 级博士研究生

李诗语，北京大学艺术学院博士研究生

李思雪，英国伦敦大学伯贝克学院电影策展硕士，北京电影学院电影学硕士

李忆佥，北京大学艺术学院硕士

李洋，北京大学艺术学院教授、博士生导师

李宗衡，李宗衡，导演、当代艺术家，北京大学艺术学院硕士

梁栋，芝加哥大学电影学博士，现任斯坦福大学在线教学设计师

廖鸿飞，荷兰阿姆斯特丹大学人文部阿姆斯特丹文化分析研究院博士

林宓，纽约大学社会学学士，哈佛大学公卫学院硕士

刘小奇，北京大学艺术学院硕士

刘宜冰，东北师范大学文艺学博士，主要研究电影音乐史

刘振，湖南财经学院讲师 武汉理工大学艺术学博士

娄逸，北京大学艺术学院硕士

罗朗，南京师范大学电影学博士生

罗婉匀，美国约翰斯·霍普金斯大学法语文学博士在读，北京大学法语文学系硕士

马故渊，导演，北京大学艺术学院硕士，英国伦敦电影学院 MFA

马帅，北京大学艺术学院 2018 级艺术硕士

闵思嘉，影评人、电影策划，中国电影资料馆硕士

钱可心，北京大学外国语学院翻译硕士

钱正毅，英国东英吉利大学电影学硕士，研究兴趣是观影文化学

邵一平，东北师范大学文艺学博士

沈安妮，北京大学外国语学院博士、厦门大学外文学院副教授

史润林，英国南安普顿大学电影学硕士生

宋嘉伟，南京理工大学讲师，中山大学 - 伦敦国王学院联合培养博士

宋伊人，北京大学艺术学院硕士

孙啟栋，法国斯特拉斯堡大学美学硕士，上海民生现代美术馆展览部总监

孙松荣，巴黎第十大学电影学博士，台北艺术大学艺术跨域研究所、电影创作学系合聘教授

孙一洲，复旦大学哲学硕士

孙茜蕊，北京大学艺术学院博士研究生

谭笑晗，东北师范大学文学院副教授，主要研究华语电影海外传播与法国电影

谭晓雨，华中师范大学美术学院研究生

唐宏峰，北京大学艺术学院研究员、博士生导师

唐柔桑，北京大学艺术学院硕士

唐卓，哈尔滨师范大学文艺学硕士

天格斯，北京大学艺术学院硕士

田亦洲，南开大学新闻与传播学院教师，中国传媒大学博士，北京大学博士后

佟珊，博士，策展人，现就职于中国传媒大学戏剧影视学院

涂俊仪，北京大学新闻与传播学院博士

汪瑞，中国艺术研究院副研究员，主要研究西方艺术史与艺术理论

王继阳，东北师范大学文艺学博士，长春大学美术学院副教授

王佳怡，吉林大学文学院教师，研究方向电影美学与电影批评

王俊祥，北京电影学院博士研究生

王蕾，上海大学上海电影学院硕士生

王立秋，北京大学国际关系学院比较政治学博士，哈尔滨工程大学人文社会科学学院讲师

王萌，深圳职业技术大学讲师，研究方向为电影史与电影批评

王敏燕，浙江大学传媒与国际文化学院博士生，主要研究媒介理论

王琦，西南大学文艺学博士生

王杉，北京大学艺术学院博士研究生，南开大学新闻与传播学院博士后

王伟，深圳大学传播学院助理教授，北京大学艺术学院博士后

王巍，北京大学城市与环境学院博士

王晓宇，北京大学艺术学院博士研究生

王垚，北京电影学院中国电影文化研究院教师，主要研究东欧电影

魏百让，华中师范大学美术学院讲师 博洛尼亚大学美术史博士

魏楚迪，北京大学法学院硕士

尉光吉，中国人民大学哲学院博士，南京大学艺术学院助理研究员

邬瑞康，上海大学上海电影学院硕士生

吴键，北京师范大学艺术与传媒学院讲师

吴萌，北京大学艺术学院戏剧与影视学硕士

吴啸雷，自由学者、艺术史与艺术理论的研究者与翻

译者

吴倩如，北京大学艺术学院硕士

吴昱苇，北京大学艺术学院博士生

肖林琳，北京大学艺术学院硕士

肖熹，法国戴高乐大学硕士，东北师范大学博士，北京电影学院中国电影文化研究院教师

肖瑶，曼彻斯特大学硕士，北京大学艺术学院博士研究生

徐末子，北京大学艺术学院艺术学理论博士

许珍，东北师范大学文艺学博士，吉林建筑大学艺术设计学院讲师，北京大学访问学者

薛熠，北京大学艺术学院硕士

严婧瑞，北京大学艺术学院硕士研究生

杨国柱，山东艺术学院副教授

杨佳凝，南京大学电影学硕士生

杨晶，北京大学新闻与传播学院博士研究生

杨柳，北京师范大学艺术与传媒学院艺术学系硕士，现供职于小桌电影文化传播有限公司

杨若昕，北京大学艺术学院硕士

杨贤宗，华中师范大学美术学院教授

杨守志，北京师范大学艺术与传媒学院影视系硕士，现为自由编剧

杨旖旎，德国柏林自由大学东亚艺术史博士在读，北京大学艺术学理论硕士

姚远，北京大学艺术学院硕士

叶馨，北京大学艺术学院硕士

尹星，中国人民大学外国语学院讲师

于昌民，美国爱荷华大学电影艺术博士生

于蕾，北京大学艺术学院硕士

于小喆，北京大学艺术学院博士

俞盛宙，巴黎高等师范学校哲学博士

岳毅，华中师范大学美术学院研究生

曾薇佳，英国伦敦玛丽女王大学电影学博士生，北京大学戏剧与影视学硕士

张大可，北京大学艺术学院硕士，编剧，即兴剧指导

张铎瀚，青年诗人，中国美术学院跨媒体艺术学院硕士生

张蔻，北京大学历史学院硕士

张立娜，北京大学艺术学院博士，北京师范大学新闻与传播学院博士后

张泠，芝加哥大学电影与媒介研究系博士，纽约大学Purchase分校助理教授

张斯迪，上海大学上海电影学院硕士生

张仪姝，北京大学艺术学院硕士

赵斌，北京电影学院中国电影文化研究院副院长、副教授

赵书睿，北京大学艺术学院2018级MFA

周朋林，北京师范大学文学院硕士生

朱兆宇，宁波诺丁汉大学讲师，英国伦敦大学国王学院博士

竺翠，浙江科技学院艺术设计与服装学院讲师，北京大学心理与认知科学学院博士研究生

祝婧琦，巴黎西岱大学文学艺术电影跨学科研究中心（cerilac）博士生

庄沐杨，北京大学艺术学院硕士，香港中文大学博士

庄宁珺，巴黎索邦大学硕士，自由译者，主要翻译法国现当代文学艺术作品

祖恺，北京大学艺术学院硕士

本书出版受到北京大学视觉与图像研究中心、北京大学图像学实验室支持。

图书在版编目（CIP）数据

走向媒介本体论：欧美媒介理论文选 / 韩晓强主编. —北京: 中国国际
广播出版社，2024.5（2024.11重印）
ISBN 978-7-5078-5561-6

Ⅰ.①走⋯　　Ⅱ.①韩⋯　　Ⅲ.①传播媒介一文集　　Ⅳ.①G206.2-53

中国国家版本馆CIP数据核字（2024）第096172号

走向媒介本体论：欧美媒介理论文选

主　　编	韩晓强
责任编辑	屈明飞
校　　对	张　娜
版式设计	邢秀娟
封面设计	周伟伟　赵冰波

出版发行	中国国际广播出版社有限公司 ［010-89508207（传真）］
社　　址	北京市丰台区榴乡路88号石榴中心2号楼1701
	邮编：100079
印　　刷	北京启航东方印刷有限公司

开　　本	880×1230　1/32
字　　数	450千字
印　　张	17.25
版　　次	2024 年 7 月 北京第一版
印　　次	2024 年 11 月 第二次印刷
定　　价	68.00元